한국밀교문화총서 20

한국
현대밀교
교단 연구

진각종
역사

일러두기

- 《진각종 역사》는 진각종 70년사를 역사의 맥락에 따라서 3편으로 나누었다. 종조의 열반 후 종단의 본부(총인원)를 서울로 이전한 시점을 전후하여 1편 2편으로 정하고, 또한 최초 종헌[총강]을 종단의 종지에 맞추어 바르게 개정한 이후를 3편으로 하였다.
- 각 편은 장·절·항으로 나누고 기술 방법은 편년체를 기본으로 하면서 장·절·항은 주제별로 통시적으로 서술하였다.
- 역사 서술의 자료는 종단의 교사(教史)·회의록·공문서와 종단의 각종 출판·인쇄·프린트물 등을 기본으로 하였다. 또한 필자가 수집한 종단 내외의 인물들의 육성 증언, 종단에 전해오는 전언, 종단 외의 종단 관련 등 역사 사실로 여겨지는 내용은 자료로 사용하였다.
- 역사적 사실에 충실하면서 역사의 상황에 맞추어 사실의 의미를 해설하여 역사 이해를 돕도록 하였다.
- 종조의 호칭은 회당대종사, 혹은 대종사로 하고 문맥에 따라서 속명도 표기하였다. 또한 종사에 등장하는 인물의 호칭은 불명을 기본으로 하면서 동시에 속명도 밝히고 가급적 한자를 병기하였다. 그리고 모든 호칭은 존칭을 생략하였다.
- 본문에 게재된 날짜 표기는 '진기, 년.월'이며, 예를 들어 (1, 5.16)은 '진기1년 5월 16일'이다. 진기의 서기 변환은 본문 436쪽 '진기 서기 대조표'를 게재하여 확인할 수 있도록 하였다.

한국밀교문화총서 20

한국
현대밀교
교단 연구

진각종 역사

경정 김무생 지음

대한불교진각종
한국밀교문화총람사업단

간행사

무엇을 남긴다는 것은 이름 모를 어느 행위자의 흔적이지만 시간을 더해 남겨진 자취는 그 누군가에게 공감의 인연씨앗이 되기도 합니다. 이런 생각 속에 항상 조심스럽게 다가서고 보다 진실하게 일상을 드러내는 습관을 역사는 중요한 덕목으로 여겨왔습니다. 나아가 그 흔적이 한 개인이 아니라 집단의 흔적이라면 우리는 있는 그대로의 진실함을 더욱 중요시 여겨야 할 것입니다.

대한불교진각종의 지난 시간은 수행으로 드러낸 문화와 실천으로 드러내고자 고심苦心했던 순간들로 채워져 있습니다. 물론 보다 합리적인 다가섬을 위해 심사숙고했던 수많은 시간 속에는 갈등과 갈등을 해결하고자 했던 수많은 인연이 더해져 진각 74년이라는 현재에 이르고 있습니다.

진각종단사는 선각자의 수승한 뜻에 공감으로 동참하고 수행으로 동행하였던 수많은 인연의 기록입니다. 아쉽게도 모든 것을 다 담지 못하였으나 주어진 시간 속에서 언어의 그물로 길어 올린 진각종단의 과거 속에는 믿음이 실천으로 드러나고 다시 이를 증명하여 나눔으로 키워온 역사가 상세히 담겨져 있습니다. 특히 수많은 인물과 사건이 앞으로 나아가야 할 길을 만들었으며 제도와 문화의 변화는 함께하고자 하는 동행의 큰 물길을 만들어 왔습니다. 물론 그 시작은 진각종단을 창교한 회당대종사로부터 채워져, 대종사를 따르고 수행으로 이끌어온 선대스승과 이를 받들어 저마다의 자리에서 다함없는 수행터를 지킨 여러 스승들의 생각과 의견 그리고 진언행자의 뜻이 담겨져 있습니다.

이러한 대한불교진각종의 종단사 속에는 스승과 교도를 포함한 인연 동참자의 국가의 안위와 가정의 평안 그리고 저마다의 서원을 수행으로 성취하고자 했던 진호국가불사鎭護國家佛事의 큰 뿌리가 자리하고 있습니다. 나아가 이를 대중의 동참서원으로 키워 교육과 복지의 실천적 문화로 이끌었던 순간들이 가지를 이루고 숲을 이루었던 지난 과정이 담겨져 있습니다. 이제 그 과정을 '진각종 역사'라는 한 권의 책으로 드러내어 지난 부족함은 다시금 수행으로 채우고 다함없는 인과因果의 순간은 나누어 키우는 인연으로 새기고자 합니다. 나아가 종단의 지난 기록은 '남김'이라는 진실한 자취가 되고 다시 펼쳐 미래를 밝히는 빛이 될 것입니다. 또한 그 빛은 나누어 키우는 무주상의 보시가 되어 다가서는 모두에게 저마다의 복과 지혜가 될 것입니다.

끝으로 남김없이 비추어 복과 지혜 가득한 인연을 서원하며, 돌이켜 지난 시간을 정리하고 다시금 한국불교의 밝은 미래를 담을 수 있도록 지원해 준 문화체육관광부와 종단과 함께 동사섭同事攝하며 지난 시간의 진실함을 드러내주신 필자와 스승님 여러분께 거듭 감사드립니다.

진기 74(2020)년 3월
한국밀교문화총람사업단 단장 회성 김봉갑

머리말

역사는 역사적 사실의 나열이 아니다. 역사적 사실이 현재에서 상호 유기적 관계로써 의미를 가질 때 역사가 된다. 역사는 현재에서 역사적 사실의 의미를 새롭게 창출하는 생명이다. 역사의 생명은 늘 현재와 소통하여 유기적 의미를 새롭게 창출하며 순환하여 간다. 현재는 역사의 의미를 새롭게 창출하며 역사의 생명이 살아 움직이는 현장이다. 현재에 살아 숨 쉬는 과거의 역사는 다시 미래의 역사를 창출하여 간다. 역사적 사실에서 현재와 소통하며 유기적 의미를 창출하는 주체는 지금 여기서 살아가는 우리이다. 우리가 역사의 주체이고 역사는 우리의 생명이다.

국민이 역사의 주체이고 역사는 국가의 생명이다. 국민이 없는 역사는 있을 수 없고 역사가 없는 국가는 생존할 수 없다. 그렇듯이 진각종은 종사의 주체이고 종사는 진각종의 생명이다. 종단이 없는 종사는 있을 수 없고 종사가 없는 진각종은 존립할 수 없다. 종단이 종사의 사실에서 유기적 의미를 창출하며 새로운 자양분을 공급할 때 교화활동은 활기를 더하여 왕성하게 전개할 수 있다. 진각종은 불교역사에서 새 불교운동의 새로운 지평을 열었다. 진각종은 불교의 근본 교리를 충실히 계승하면서 특수한 교리와 의식의 체계를 세워서 종파 분립의 새로운 형식을 창안하였다. 진각종의 새 불교운동은 즉신성불과 현세정화를 수행과 교화의 지표로 세워서 개인의 인격완성과 국가사회의 정화를 종교적 이상으로 삼고 있다.

진각종은 창교 70주년을 바라보며 한국 밀교가 집적한 역사적 사실을 집대성하여 미래에 전승할 계획을 수립하였다. 밀교정신을 바탕으로 창교한 진각종은 한국밀교의 역사적 사실, 즉 한국밀교 문화를 집대성하여 전승할 의무를 지니고 있었다. 한국밀교 문화는 한국불교 문화를 넘어 한국종교 문화이고 그대로 한국의 역사문화이다. 한국 역사문화의 중요한 영역인 한국밀교 문화를 집대성하여 전승하는 사업은 정부(문화체육부)와 종단이 공동으로 '한국밀교문화총람' 사업으로 추진하였다. 한국밀교문화총람 사업은 한국밀교 문화를 집대성하여 전승하고 종교적 신행과 학술적 연구의 기본 자료로 활용하려는 목적으로 출발하였다.

진각종 역사는 한국밀교문화총람 사업 중에서 한국밀교 역사 사업의 하나이었다. 역사의 서술에서 역사적 사실, 곧 역사적 자료는 매우 중요하다. 종단의 역사자료는 교사敎史, 회의록, 공문서, 진각종보(밀교신문)를 비롯하여 종단이 발행한 문헌, 종단 구성원의 증언, 사회의 진각종 관련 문서, 필자의 경험 등 다양하게 존재한다. 종사의 자료 중에는 진위眞僞를 밝혀야 하는 내용도 들어 있다. 종사의 자료가 머금고 있는 진위의 검증은 자료를 검토하여 상호간의 내용을 비교하고 확인하는 어려운 작업이다.

진각종사의 서술에서 역사적 사실을 충실히 밝히고 역사적 상황과 맥락을 감안하여 의미를 부여하였다. 종단 역사의 인물이 많이 현존하는 상황에서 역사 사실과 역사 해석은 이해가 상충할 수 있다. 종사의 사실과 역사해석은 객관성을 견지하며 사실의 당위성과 필자의 경험에 비추어서 서술하였다. 필자는 종단의 첫 종비생으로 종조의 열반 이듬해에 종단에 입문하여 진기21(1967)년부터 총인원에서 생활하였다. 그리고 진기 30(1976)년경부터 자발적으로 종조의 생애를 추적하며 종단의 역사 정리를 시작하였다. 이와 동시에 종조의 사상과 진각종 교학을 조사 연구하여 진기35(1981)년경부터 강의를 하였다. 그리하여 진각종보에 '진각종지를 말한다'와 '초기 진각종사를 말한다'를 연재하여 각기 '현대밀교'와 '현대밀교사'로 출간하였다.

    이번 진각종사는 '현대밀교사'의 연장선에서 진각종 70년의 역사를 담았다. 종사의 서술은 역사 발생의 순서를 기본으로 하면서 역사적 전환점과 맥락 그리고 내용에 따라 '편·장·절·항'으로 나누어서 정리하였다. 종사의 자료 수집상 새로운 자료가 발견되면 수정 보완하여 더 충실한 종사가 되기를 희망한다. 진각종사가 '실행론', '교학체계', '진각의범'과 더불어 종단의 수행과 교화에 중심축이 되리라 확신한다.

    진각종의 역사는 현재에 살아 숨 쉬고 있다. 종사는 진각행자의 여법한 신행활동에서 활력을 충전 받을 수 있다. 중생의 인격완성(즉신성불)과 세상의 평화세계(현세정화)에 대한 종조의 무진서원이 다하는 그 날까지 진각종사가 무궁하기를 서원한다. 종단의 교법과 수행에 대한 돈독한 신심으로 용맹정진하는 진각행자의 이익과 안락을 발원한다.

진기74(2020)년 3월
총인원 자재정사(自在淨舍)에서 경정

목차

간행사 · 4
머리말 · 6

제1장 진각의 세계를 열다

1. 창교의 연원과 법맥상승 · 19
   1) 창교의 의미 · 19
   2) 교법의 보편성과 특수성 · 20
   3) 법신 비로자나불과 당체설법 · 21
   4) 금강살타와 당체설법의 체험 · 22
   5) 당체설법의 전수상승 · 23
   6) 회당대종사의 심인상승 · 25
2. 회당대종사의 수행과 진각 · 27
   1) 탄생의 인연 계기 · 26
   2) 향학의 의지와 세상 경험 · 29
      (1) 서당에 공부하다 · 29
      (2) 보통학교에 입학하다 · 33
      (3) 배움의 의욕을 키우다 · 35
      (4) 사회생활을 체험하다 · 38
   3) 구법정진의 편력 · 40
      (1) 불법을 만나다 · 40
      (2) 구법순례와 용맹정진 · 42
      (3) 생식수행을 시작하다 · 45
      (4) 전법의 방향을 모색하다. · 47
      (5) 도덕정치를 구상하다 · 49
      (6) 득병의 인생계기 · 51

목차 · 9

(7) 농림촌의 대정진 · 53
　3. 창교와 초기 교화 · 56
　　1) 교화의 시작과 참회원 · 56
　　　(1) 대종사의 깨달음 · 56
　　　(2) 농림촌의 교화 · 57
　　　(3) 계전동의 초전법륜 · 57
　　　(4) 참회원의 개설 · 62
　　2) 교화의 전개와 심인불교 · 65
　　　(1) 교화의 개척 · 65
　　　(2) 교화단체 참회원의 조직 · 69
　　　(3) 심인불교의 수립 · 71
　　3) 심인불교의 조직과 교화활동 · 74
　　　(1) 참회원의 조직정비 · 74
　　　(2) 교화 방안과 교육 · 78
　　　(3) 공민학교 개설과 조국통일기원강도 · 81
　4. 종단체제의 정비와 교학의 증진 · 84
　　1) 진각종의 성립 · 84
　　　(1) 헌법의 제정 · 84
　　　(2) 진각종의 성립 · 86
　　　(3) 종단의 정체성 확립 · 90
　　2) 교화방편의 증진과 교화역량의 강화 · 93
　　　(1) 교화방편의 증진 · 93
　　　(2) 교화역량의 강화 · 97
　　　(3) 종행정조직의 개선과 정비 · 99
　　3) 교육사업과 사회참여 활동 · 101
　　　(1) 심인중고등학교의 설립 · 101
　　　(2) 자선사부와 직포공장 · 103
　　　(3) 양수원과 미장원 설립 · 105
　　　(4) 사회참여 활동 · 106
　　4) 법난의 발생과 극복 · 107
　　　(1) 법난의 발생 · 107

(2) 법난의 전개와 대응 • 110
  (3) 공판의 진행과정 • 112
  (4) 언도공판과 법난의 종결 • 115
 5) 교세의 확충 • 119
  (1) 5도 파견의 교화 • 118
  (2) 이원식 심인당 구조 • 122
5. 교법의 정비와 종조의 열반 • 124
 1) 교법의 정비 • 124
  (1) 역경과 출판 • 125
  (2) 교주 비로자나불과 본존해인 • 130
  (3) 삼밀 정송법과 수행방편 • 133
 2) 교화제도의 정비 • 139
  (1) 사분법과 삼종시법 • 139
  (2) 출가법과 수계 실시 • 142
  (3) 진호국가와 종비생제도 • 143
  (4) 대일상의 제정 • 145
 3) 종명의 정착과 종행정체계의 변화 • 146
  (1) 종명의 변천과정 • 146
  (2) 종행정체계의 변화 • 148
 4) 인사행정과 교화사업 • 151
  (1) 교직자 칭호의 변천 • 151
  (2) 심인당 양식과 교화사업 • 152
 5) 교화의 외연 확대 • 153
  (1) 세계불교도우의회(WFB)와 국제활동 • 153
  (2) 사회 참여 활동 • 158
  (3) 위덕학사의 설립 • 159
 6) 종조의 열반과 종제의 재정비 • 163
  (1) 종조의 열반 • 163
  (2) 종단체제의 재정비 • 167
  (3) 심인당 고유명칭 작명 • 170

제2장 총인원 이전과 교화의 계승

1. 총인원 이전과 교법파동 · 175
   1) 총인원 건설 · 175
      (1) 총인원 건설 경과 · 175
      (2) 총인원 부지문제 · 178
      (3) 토지소송의 시작과 결과 · 180
   2) 종조법통과 교상확립 · 184
      (1) 종조법통의 논의 · 184
      (2) 교상확립의 갈등 · 189
   3) 교법파동과 종행정의 난맥 · 194
      (1) 교법파동 · 194
      (2) 종행정의 난맥 · 197
   4) 종제의 개편 · 203
      (1) 종헌과 종법의 개편 · 203
      (2) 종단행정의 개선 · 208
   5) 불공법의 수립과 교화활동 · 210
      (1) 법불교문의 출판과 불공정진법 · 210
      (2) 중앙강원의 개설과 불교연합활동 · 214
      (3) 도량의 신설과 정비 · 216
      (4) 심인중고등학교 재설립 · 220
2. 종행정의 혼란과 교화의 지속 · 221
   1) 종행정의 불안 · 221
      (1) 종권 장악의 갈등 · 221
      (2) 종권 파동의 전말 · 222
      (3) 종단 파동의 수습 · 224
   2) 종무행정의 추진 · 226
      (1) 회당장학회 설립과 종조탄생지 성역화 · 226
      (2) 종단업무의 개선 · 227
      (3) 중앙교육원 설립 · 229

3) 교법의 개선과 의식의례 · 231
　(1) 진각교전 간행 · 231
　(2) 법의 제작과 선대스승 추념불사 · 232
4) 금강회와 청년회 조직 · 233
　(1) 중앙금강회의 조직 · 233
　(2) 전국청년회 창립 · 234
5) 교육활동과 교육사업 · 237
　(1) 연수교육의 시작 · 237
　(2) 종립유치원의 설립 · 238
　(3) 진선여자중고등학교 설립 · 239
3. 종행정의 변혁과 교법의 체계화 · 242
　1) 종행정의 변혁과 저변확대 · 242
　　(1) 종행정의 변혁 · 242
　　(2) 종행정의 저변확대 · 246
　　(3) 종단 성지조성사업 · 249
　　(4) 해외교화의 개척 · 250
　2) 도제교육의 강화와 교법의 체계화 · 252
　　(1) 중앙교육원의 개편 · 252
　　(2) 진각대학의 설립 · 255
　　(3) 교법의 체계화 · 257
　　(4) 진각의범의 제정 · 260
　　(5) 본존가지와 대일상 · 262
　　(6) 성전의 출판과 서원가 · 263
　3) 신교도의 활동과 청소년 교화 · 265
　　(1) 금강회 활동 · 265
　　(2) 학술과 문학 활동 · 269
　　(3) 자성학교 교화 · 270
　　(4) 청년회 활동 · 273
　4) 교화행사와 대외활동 · 277
　　(1) 교화행사 · 277
　　(2) 불교연합 활동 · 279

(3) 불교방송 참여 · 281
(4) 경승 활동 · 282
5) 국제활동과 불교성지 답사 · 283
(1) 국제활동 · 283
(2) 불교성지 답사 · 285
6) 스승의 동정과 심인당 신개축 · 285
(1) 스승의 동정 · 285
(2) 심인당의 신개축 · 288
7) 종립 교육기관 증설 · 294
(1) 유치원의 설립 확대 · 294
(2) 위덕대학교 설립인가 · 295

제3장 교법의 정체성과 교화의 사회화

1. 종단체제의 개선과 복지시설 확충 · 301
    1) 종단체제의 개선 · 301
        (1) 종행정의 전개 · 301
        (2) 종단 정체성의 정비 · 307
        (3) 종행정의 개선 · 314
    2) 사회복지사업의 전개 · 317
        (1) 진각복지회 설립 · 317
        (2) 복지사업과 복지시설 수탁 · 318
    3) 교법연구와 교육활동 · 322
        (1) 교법연구와 회당사상 연찬 · 322
        (2) 밀교문화대학 개설 · 327
    4) 교화사업과 기념행사 · 328
        (1) 청정국토가꾸기 운동 · 328
        (2) 종조 기념사업 · 330
    5) 포교활동의 다각화 · 332
        (1) 방송매체와 대중포교 · 332
        (2) 사회 지원활동 · 335

6) 심인당 헌공불사와 화합승단 • 338
   (1) 심인당의 신설 • 338
   (2) 스승의 발자취 • 341
7) 청소년과 신교도의 교화활동 • 345
   (1) 자성학교와 심인당 활동 • 345
   (2) 합창단 활동 • 346
   (3) 금강회의 역량강화 • 351
   (4) 학생회 청년회 활동 • 354
8) 남북교류와 국제교류 • 357
   (1) 남북교류 • 359
   (2) 국제교류 • 363
9) 종립 사회교육기관 • 366
   (1) 유치원의 활성화 • 366
   (2) 위덕대학교의 개교 • 367
2. 교법의 결집과 총인원 성역화 • 371
   1) 세대교체와 종행정의 발전 • 371
      (1) 세대교체와 종행정의 갈등 • 371
      (2) 종행정의 정비 • 379
   2) 교법결집과 교학증진 • 384
      (1) 교법결집회의 • 384
      (2) 교법정리와 교학연구 • 392
      (3) 도제의 양성과 진각대학원 • 398
   3) 총인원 성역화와 교화의 다변화 • 401
      (1) 총인원 성역화와 교화환경 개선 • 401
      (2) 문화 복지 포교와 산내 연수원 • 409
      (3) 종조탄생 100주년, 창교 60주년 기념사업 • 418
      (4) 교화활동의 대중화 • 422
      (5) 국제교류 활동 • 431

부록 : 진기 서기 대조표 • 436
색인 • 437

제 1 장

진각의 세계를 열다

1. 창교의 연원과 법맥상승

1) 창교의 의미

진각종은 회당대종사(이하 '대종사'라 칭함)가 진각을 성취하여 창교한 불교종단이다. 대종사는 불법의 심수인 밀교정신을 자내증自內證하고 진각을 이루었다. 나아가 그 자내증의 교설을 종지로 삼아서 교법을 창립하고 진각종을 일으켰다. 그리하여 진각종은 대종사의 자증교설을 시대에 맞는 교화이념과 방편으로 펴면서 널리 전하였다. 즉 진각종은 "불법의 심수인 밀교정신을 본지로 하고 밀교의 법맥을 심인으로 전수한 대종사의 자증교설을 종지로 삼아서 교법을 세우고 종문을 열어서 시대에 맞는 교화이념과 방편을 펴는 불교종단"이다.

  진각종은 창교의 근본취지로서 밀교정신을 본지로 하고 있다. 대종사는 밀교의 가르침을 자내증하고 진각을 얻어서 진각종을 열었다. 그리고 진각종을 일으킨 사실을 창교라고 일컬었다. 창교라는 말은 두 가지의 뜻을 가지고 있다. 창교에서 '교'가 종교를 의미하기도 하고, 또한 교법을 가리키기도 한다. 대종사가 교화를 시작할 즈음 창교의 뜻은 종교의 의미에 무게를 두었으며, 전래의 불교를 마치 이교異敎처럼 혁신하여 교화하려는 뜻을 가졌다. 불교의 정신을 내면에 지닌 새로운 종교를 세우는 창교의 의도를 가진 것이다. 그리고 자내증의 교설을 중심에 세우고 불교를 비롯한 여러 종교의 가르침을 방편으로 삼아서 새 종교를 세우려 한 것이다. 참회원이라는 명칭에는 그 뜻이 숨어 있었다.

  대종사가 참회원을 세워서 교화를 하여도 불교의 범주에서 벗어날

수는 없었다. 그래서 오히려 불교 내에서 마치 이교처럼 성격이 분명한 종파를 열어서 교화하는 방안을 생각하였다. 불법이라는 보편성과 종파라는 특수성이 조화를 이루는 종파를 구상한 것이다. 불교 내에서 성격이 분명한 종파를 열어서 전문적인 교화를 전개하는 것이었다. 이처럼 불교에서 종파성이 분명한 종파가 많이 분화하면 종파간의 분열을 막고 상호 반영하고 영향을 받아서 불교가 대발달할 수 있다는 것이다. 교화단체의 최초 명칭을 심인불교라고 하였다. 그러나 '심인불교'라는 명칭이 자칫 종파아宗派我적인 배타적 인상을 줄 수 있다는 입장에서 '진각종'이라 개명하였다. 여기서 창교는 새로운 교법의 창립을 의미하게 된다. 진각종은 마치 이교와 같이 새로운 교법을 창립하여 세운 불교종파이다.

2) 교법의 보편성과 특수성

대종사는 교화 중에 불교의 전적典籍을 두루 섭렵하고 밀교의 교설이 바로 자신이 내증한 교설과 상응하는 사실을 체득하였다. 밀교의 전적에서 자내증의 교설과 상응하는 교설을 찾아서 교법의 보편성을 마련하여 전통 밀교의 교설을 보편적인 날줄로 하고 자내증의 교설을 특수한 씨줄로 삼아서 새로운 교법을 짜서 종파성이 분명한 진각종을 세운 것이었다. 따라서 진각종은 밀교의 교설을 보편적 본지로 하고 있는 점에서 밀교이다. 그러면서 대종사의 자내증의 교설에 따라서 특수한 교법을 세우고 있는 면에서 전통 밀교와 다른 점이 많았다. 따라서 진각종은 밀교라는 보편성과 자증교설이라는 특수성이 조화를 이루는 성격이 분명한 불교종파이다. 그리고 종지가 분명한 진각종의 교법을 전통 밀교와 구별하여 진각밀교라 부른다. 대종사는 '불교는 종지가 분명한 종파로서 분화하고 다시 불교라는 보편성으로 협동하면서 큰 발달을 할 수 있다'고 강조하였다.

3) 법신 비로자나불과 당체설법

대종사는 "법계의 성은 하나이라"라고 설하고, 이어서 "비로나자부처님은 시방삼세 하나이라"라는 교설을 남겼다. 법계의 성, 즉 법성을 비로자나부처님으로 바꾸고 있다. 이 말씀은 "여래가 세상에 출현하든 출현하지 아니하든 법성은 상주하다"는 경전의 교설과 맥을 같이 한다. 석가모니부처님은 단지 상주하는 법, 즉 진리 그 자체를 깨달아서 붓다가 되었을 뿐이고, 석가모니부처님의 출현과 관계없이 법성은 항상 존재한다. 그래서 불교는 시간과 공간을 초월하여 존재하는 법을 법신, 또는 법신부처님이라 부른다. 시간과 공간을 초월하여 존재하는 법 그 자체가 그대로 깨달음의 몸이라고 생각한다. 그리고 불교는 석가모니부처님처럼 누구든 이 법을 깨달아서 성불, 곧 부처님이 될 수 있다고 가르친다.

    그런데 불교는 법, 곧 진리는 오직 추상적인 개념이고 법신은 진리인 법의 보편적 총체라고 생각하였다. 이처럼 형이상학적인 추상성의 법신이 밀교에서는 현실세계에서 구체적으로 활동하고 있는 존재로서 받아들이게 된다. 진리는 추상적인 원리가 아니라 현실세계 그 자체로서 활동하고 있고, 현실세계의 모든 현상은 본질적으로 법신이 구체적으로 활동하고 있는 모습이기 때문이다. 밀교는 현실세계에서 구체적으로 활동하는 법신을 비로자나불이라 일컫는다. 선무외 삼장은 비로자나불을 태양에 비견하여 대일여래라 번역하였다. 태양이 세상을 밝히고 뭇 생명을 양육하면서 끊임없이 활동하는 것처럼 비로자나불은 더 크게 세상을 밝히고 뭇 생명을 생성 양육하고 시공을 초월하여 활동하기 때문이다. 밀교의 눈으로 보면 비로자나불은 현실세계의 모든 존재를 생명내용으로 하고, 현실세계의 모든 현상은 비로자나불의 구체적인 활동 모습이다. 비로자나부처님은 시방삼세, 시간과 공간을 초월하여 활동하는 존재, 즉 전일全一의 생명존재이다. 전일의 생명존재인 비로자나부처님은 언제 어디서나 생명활동을 지속하고 있다. 이렇게 시공에 걸림이 없는 비로자나부처님의 활동은 또한 그대로 세간을 향해서 설법하는 모습이다. 현실세계의 모든 현상은 그대로 비로자나부처님의 설법상이다. 대종사는 "시방삼세 나타나는 일체 모든 사실들과 내가 체험하고 있는 좋고 나쁜 모든 일은 법신불의 당체로서 활동하는 설법이라"는 교설을 남긴다. 세간의 모든 일과 사실이 설법이고, 이 설법이 진실로 활동하는 경전이라는 뜻이다. 비로자나부처님의 이러한 설법을 대종사는 당체설법이라 일컫는다.

4) 금강살타와 당체설법의 체험

대종사는 "체험이 곧 법문이다"라고 설한다. 세간의 모든 일과 사실이 곧 설법이고 경전이라도 이를 체험하면 의미가 있는 가르침인 법문이 되고, 체험하지 못하면 아무 의미도 없게 된다는 뜻이다. 법신불의 설법은 어디서나 항상 하고 있어도 누구든지 그 설법을 체험할 수 없다. 용수보살은 "태양이 떠올라도 눈먼 자는 보지 못하고 천둥이 쳐도 귀먹은 자는 듣지 못하듯이, 법신불이 광명을 놓아 비추어도 중생이 우몽하여 보지도 듣지도 못한다"고 일러준다. 그런데 밀교는 법신불의 설법을 체험할 수 있는 인물을 금강살타라고 일컫는다. 대종사는 밀교경은 대일여래가 삼밀로써 설하여서 "오직 삼밀행자만이 이 법문을 본다"라고 설한다. 삼밀은 부처님의 행위 활동을 가리킨다. 부처님의 전인격적 행위인 몸·입·뜻의 활동은 아무나 쉽게 이해할 수 없기 때문에 세 가지 비밀한 활동, 즉 삼밀이라 한다. 법신불은 삼밀 활동으로써 늘 설법을 한다. 따라서 법신불의 설법을 체험하려면 법신불의 삼밀 활동과 상응하는 체험이 필요하다. 밀교는 법신불의 삼밀활동에 감응하여 소통하는 인물을 금강살타라고 부른다. 밀교경전에는 금강살타가 비로자나불의 당체설법을 듣는 대고중對告衆의 대표로서 세간에 전하는 인물로 묘사하고 있다.

  금강살타는 비로자바불의 경지에 합일하고 상응하여 소통하는 인물이다. 중생이 어리석고 몽매함을 벗어나서 비로자나불과 상응하여 소통하면 누구든 금강살타가 될 수 있다. 금강살타는 특정의 인물이 아니라 법신불의 삼밀에 상응하는 인물을 일컫는다. 금강살타의 금강은 영원불멸의 뜻이고, 살타는 살아 있는 존재, 중생을 가리킨다. 금강살타는 영원히 살아가는 존재를 말한다. 법신불의 삼밀에 상응하는 금강살타는 영원한 생명존재로서 법신불의 설법을 중생의 세간에 전한다.

5) 당체설법의 전수상승

밀교는 법신불의 비밀한 삼밀설법은 누구나 체험할 수 있는 가르침이 아니기 때문에 설법을 듣고 전하는 사실을 매우 중요하게 여긴다. 법신불의 삼밀설법을 전하고 계승하는 사실을 부법付法이라 하고, 부법의 과정을 물이나 혈액이 흐르는 사실에 비견하여 법맥이라 한다. 법맥의 과정이 마치 사람의 몸에 혈액이 흐르는 것만큼 중요하기에 혈맥이라 부르기도 한다. 부법은 스승이 제자에게 법을 부촉하여 전하는 것이어서 부법상승, 또는 제자에게 법을 전하는 도구로 삼는다는 뜻에서 사자상승師資相承이라 부르기도 한다. 밀교가 전파된 나라와 전통에 따라서 법맥상승도 많은 부류가 있다. 불공삼장은 밀교의 교법이 비로자나여래에서 시작하여 자신에 이르기까지 7조의 부법의 과정이었음을 열거하고 있다. 즉 석가모니부처님이 비로자나부처님에게 법을 받아서 금강살타에게 전하고, 금강살타에서 용맹보살→용지보살→금강지삼장→불공삼장으로 법맥이 상승하였다는 것이다. 그런데 때로는 석가모니부처님이 곧 금강살타로서 비로자나부처님에게 법을 받은 것으로 보아서 6조의 상승으로 보기도 한다. 우리나라에는 명랑이 용맹으로부터 법을 받은 9조라는 삼국유사의 내용이 있으나, 그 자세한 상승의 과정을 알 수 없다. 밀교의 종파로서 신인종과 총지종이 고려를 거쳐서 조선시대의 세종 시기에 각기 교종과 선종에 통합되면서 법맥의 상승을 밝힐 수가 없다. 일본 진언종은 역사상 여러 법맥도의 전승을 밝히고 있다.

부법은 스승이 제자의 면전에서 법을 주고받는 사자상승이 기본이다. 그러나 역사적 사실로서 사자상승의 부법의 과정을 정확히 밝히기 어렵다. 다만 종교적 교의상에서 사자상승의 법맥과정을 그려볼 수 있다. 종교적 수행의 체험으로 역사적 사실을 초월하는 경지를 증득할 수도 있기 때문이다. 부법의 과정에는 법을 받는 제자의 법기가 가장 중요하다. 법을 받을 수 있는 법기를 갖춘 제자는 언제든지 스승의 법을 받을 수 있다. 사자상승은 스승과 제자가 법성의 경지를 주고받는 것이다. 스승과 제자는 오직 법을 증득한 경지로써 서로 감응하고 상응하는 것이다. 법성의 체험은 오직 자신의 마음 내에서 증득되는 자심내증의 경지이다. 스승과 제자가 자심내증의 경지를 교류하는 과정이 사자상승이다. 이처럼 자심내증의 경지를 주고받는 사실을 이심전심이라 부르기도 한다. 법맥은 스승과 제자 사이에 자심내증의 경지가 소통하고 흘러서 형성하는 것이다. 그리고 역사적으로 사자상승의 사실을 구체적으로 의발이나 관정의 의식을 통하여 징표로서 상징하기도 하였다.

6) 회당대종사의 심인상승

그런데 법성은 오로지 자심내증의 경지에서만 주고받을 수 있다. 법성은 시공을 초월하여 언제 어디서든 누구나 자심으로 내증할 수 있다. 부법은 스승과 제자의 면전에서 뿐만 아니라, 법성의 자내증으로 할 수도 있다. 더욱이 스승과 제자의 면전은 자심내증의 경지가 만나고 상응하는 시점의 구체적 상징에 지나지 않는다. 대종사는 "옛날에는 의발이요 이제는 심인법이라"고 설한다. 법성을 증득할 수 있는 경지의 청정한 본래 마음이 심인이다. 심인과 의발은 안과 밖의 관계이다. 심인을 통하여 사자상승하는 구체적 징표가 의발이다. 사자상승에서 심인의 소통은 본질이고 의발의 전수는 드러난 상징 형식이다. 의발의 전수가 없어도 부법은 이루어진다. 옛날에도 심인법이 근본이고 이제도 의발의 전수는 할 수 있다. 회당대종사는 예나 이제나 심인법이 부법의 본질인 점을 강조하고 있다. 형식은 내용의 그릇이고 내용은 형식의 본질이다. 그러나 형식에 치우치면 내용이 부실해 진다.

    대종사는 전통 밀교의 교법을 심인으로 전수하고 자증교설을 널리 펴서 밀교를 중흥하려 하였다. 밀교의 교법을 자심으로 내증한 대종사는 금강살타의 경지에서 교법을 전수하여 세간에 널리 깨우치려 한 것이다. 대종사는 "자기의 마음을 스승으로 삼아 먼저 행하고 지비용을 세워가야 한다"고 일러준다. 심인을 스승으로 삼고 밝혀서 지혜와 자비 그리고 용맹심을 일으켜서 생활하라는 말씀이다. 심인은 나의 특수한 입장에서 자성법신이고 법계는 보편적인 면에서 법계법신인 비로자나불이다. 부법에서 스승은 역사적 인물뿐만 아니라 오히려 스승의 자내증의 경지가 되기도 하다. 금강살타가 비로자나불의 교법을 세간에 전수한 후 법맥을 상승한 스승들도 모두 금강살타의 경지에서 밀교의 교법을 사자상승하였다. 대종사는 수행정진을 통하여 금강살타의 경지를 터득하고 전통 밀교의 교법을 자내증으로 전수하여 진각의 교법을 창립하고 진각종을 세웠다. 진각종은 전통 밀교의 가르침을 대종사의 자내증의 교설로써 특수한 교법과 방편을 세워서 세간을 널리 일깨우고 있다.

2. 회당대종사의 수행과 진각

1) 탄생의 인연 계기

대종사는 1902년 평범한 유교가문의 장남으로 울릉도에서 탄생하였다. 한방에 조예가 깊은 아버지(孫允燮, 1884-1927)와 어진 성품의 어머니(金良三, 1883-1949) 사이의 2남 3녀의 장남으로 태어났다. 월성 손씨 21세손이며, 선조는 경주에서 상주 순흥(順興, 안동) 영천 군위 등을 거쳐 영일 계전(桂田; 12세조 득상得尙, 송헌宋憲)에 정착하였다. 그 후 조부가 울릉도로 이주하였다.

근대 울릉도에 공식적으로 민간인의 거주를 허용한 것인 1883년의 일이다. 그 이전에는 자연발생적으로 사람들이 왕래하고 거주하여 나라에서 순찰하고 관리해 왔다. 그리고 1882년 울릉도를 주람순찰周覽巡察한 보고서는 함흥사람 사인士人 김석규金錫奎 등 한국인 14명, 일본인 78명의 거주를 밝혔다. 그 보고에 의해 나라에서 민간인을 모집하여 울릉도에 이주시키는 개척명령을 내렸다. 그리고 고종 20(1883)년 본격적인 개척사업을 추진하여 4척의 배에 모집 민간인 16가구 54명과 식량과 종자 등을 싣고 울릉도에 이주 정착시켰다. 그 때부터 중앙정부는 울릉도를 다스리는 정식관리를 임명하여 관리했다. 그리고 일본인의 퇴거를 명령하였다. 울릉도의 근대사는 이때부터 본격적으로 진행되었다.

대종사의 증조부(洙浩, 1831-1889)의 사망은 1889년이고, 조부(秉秀, 1859-1937)의 탄생은 1859년인 것을 감안하면 울릉도에 이주는 조부 때인 것으로 보인다. 그리고 정확한 연대는 1883년에서 대종사의 탄생(1902) 전해인 1901년 사이인 것으로 추정된다. 그러나 공식적인 개척정책 이후 울릉도의 생활여건과 별다른 이주 모집 사실이 보이지 않는 것으로 보아서 1883년 개척선을 탔을 가능성도 충분히 있다. 역사 기록에 의하면 1890년과 1892년에 도민에 대한 구휼활동이 있었고, 1894년에는 흉년에 의하여 도민이 도탄에 빠진 사실을 볼 수 있다. 부친(允燮)의 탄생이 1884년이나 출생지가 알려져 있지 않기 때문에 더 이상 울릉도 이주 시기는 추정할 수 없다.

대종사의 조부가 울릉도로 이주한 이유는 생존을 위한 선택이었다. 집안이 울릉도로 이주한 시기에는 정치적으로는 일본이 조선 통치 야욕을 노골적으로 진행하고 있었고, 사회적으로는 개화의 새 기운이 무르익던 때였다. 당시의 경제적 상황은 매우 열악하여 주민들의 생존이 힘들었다. 대종사의 조부가 울릉도로 이주한 까닭도 이와 관련이 있었다. 그러나 조부가 울릉도로 이주한 출세간적 연기적인 의미는 대종사 탄생의 인연 계기가 된 것이다. 이리하여 대종사는 아침마다 가장 먼저 온 몸을 밝히는 울릉도 성인봉聖人峰과 기연을 맺었으며, 불기2446(1902)년 5월 10일 푸른 바다가 내려 보이는 산기슭 언덕진 곳, 지금은 금강원金剛園이라 부르는 사동沙洞 중령中領 외가에서 육신을 나투었다. 진각성존의 탄생은 곧 대일여래의 광명을 받아 중생의 심전을 밝히는 대종사의 한 생애를 예고한 것이다. 항시 동해의 서광을 가장 먼저 몸에 두르는 성인봉의 명칭은 미래 성인의 탄생을 짐짓 지시한 예언적 이름이 되었다.

2) 향학의 의지와 세상 경험

(1) 서당에 공부하다

대종사의 청년기까지 이름은 덕상德祥이었다. 울릉도라는 자연환경이 소년기의 정신에 많은 영향을 주었다. 울릉도를 감싸고 있는 푸른 바다와 청명한 하늘, 그리고 그 가운데 우뚝 솟은 성인봉은 생득적 순수성과 총명에 사색의 동기와 환경을 제공하기에 충분하였다. 여기에 만상이 나타나고 사라지는 수평선은 동경심의 대상이 되었다. 수평선 넘어 펴져 있을 비밀의 세계는 사색의 동인이 되었다. 대종사는 가난하지만 화목하고, 그러면서 엄격한 가풍의 집안에서 자랐다. 자상한 조부, 한의술에 조예가 깊은 부친, 그리고 엄한 시어머니인 조모, 순종하고 슬기로우면서 불심이 돈독한 모친 슬하의 2남 3녀의 장남으로서 성장하였다. 매사에 의욕과 의지력이 강하면서 남을 배려할 줄 알고 효순심이 강하였다. 모친은 월성 김씨(良三, 1883-1949) 가문의 출신으로 매우 자애롭고 사려가 깊었다. 외가가 언제부터 울릉도에 거주하였는지 모른다. 외조부(金秉斗)가 울릉도에 거주한 사실을 확인할 수 있는 호적도 찾을 수 없다. 모친은 지중한 인연으로 대종사를 출산하고 열반에 들 때(1949년, 8.9)까지 뒷바라지 하였다. 대종사의 삶에는 모친의 정성이 깊이 스며들어 있다.

    대종사의 가문은 선대부터 소문난 한의韓醫의 집안이었다. 부친도 한의에 조예가 깊었다. 그리고 학문의 깊이도 있었으나 단명하였다. 조부도 주위의 병고를 많이 돌보았다. 그러한 집안의 분위기 속에서 한의에 대한 관심이 많고 식견도 깊었다. 울릉도에는 개척 이전까지 교육이 없었다. 개척 후 육지에서 글을 읽던 사람들이 서당을 열거나 필요에 따라서 훈장을 육지에서 초빙하거나 하였다. 나리서당羅里書堂, 중저서당中苧書堂 등 13개소가 있었다. 그러나 대다수 일제 강점기에 폐쇄 당했다. 사동서당沙洞書堂은 사동 1리의 옥류재玉流齋라는 재실齋室에서 시작하였다. 김광호金光鎬가 훈장을 맡았다. 그리고 사동 2리 옥천에 옥천서당이 있었다. 박시현이 훈장이었으며, 박시현은 북면 석포에서 서당을 차려 훈장으로 있다가 옥천으로 이주하면서 옥천서당을 설립하였다. 김광호 훈장이 옥류동에서 이주하자, 사동서당은 사동 삼리(간령)로 옮겨 간령서당簡嶺書堂이 되었다. 그리고 사동서당은 폐쇄되고 지금은 옥류재 터만 남아 있다. 대종사는 7세 때에 서당에 들어가서 공부하였다. 그렇다면 대종사가 들어간 서당은 사동서당으로 보여 진다. 부친의 밑에서 천자문 등을 공부하고 7세에 서당에서 공부를 시작하였다. 그러나 훈장 김광호가 1910년 11월 18일 도동에 신명학교新明學校를 세우고 교장에 취임 하였다. 그렇다면 사동서당의 김광호 훈장 밑에서 3년간 공부 한 것으로 보인다. 김광호 훈장은 울릉도에 들어오기 전에 육지에서 감찰벼슬을 하였다고 하여 세칭 김감찰로 통하였으며 울릉도 교육공로자로 여겨지고 있었다.

대종사의 총명은 서당에서 나타났다. 지금 대종사가 10세에 지은 것으로 알려진 미완성의 한시漢詩의 시구詩句가 남아 있다. 그 시구는

"마음하나 천만을 당적하고(心一當千萬)

흰 바탕에 단청을 그린다(質白畵丹靑)"

라는 이구二句로서 미완성의 오언시五言詩이다. 한시는 보통 절구(絶句; 四句) 율시(律詩; 八句) 배율(排律; 十句) 등의 형식이 있다. 오언 시구는 어떤 형식의 일부인지 모른다. 본래 미완성의 시구인지, 아니면 일부의 시구가 없어진

것인지도 모른다. 아마도 10세라는 나이를 고려하면 본래부터 미완의 시구라고도 짐작할 수 있다.

이 시구는 대종사의 삶을 상징하는 의미를 지니고 있다. 그리고 불교적 분위기가 물씬 풍기고 있다. 이 시구가 본래 시의 전반부인지 후반부인지는 모른다. 마치 설산동자가 무상게를 들을 때의 상황을 연상케 한다. 어린 대종사의 총명에 바다와 하늘이 감싸고 투영되어서 마치 명경明鏡같은 광경이 눈앞에 어린다. 세상만사를 품안에 안고 있는 저 푸른 바다, 온갖 모양을 다 그리고 싶은 청명한 하늘, 그것은 비단 바다와 창공이 아니라 맑고 티 없는 자신의 순수 속에서 투영되어 나온 영감이고, 심비深秘일 수도 있다. 여기서 대종사의 생득적 순수성과 총명을 볼 수 있다. 이미 이 시구는 대종사의 앞길을 예견하고 있다. 수평선은 있기는 있지만 그 지점은 없다. 수평선은 있지만 보는 위치에 따라서 그 위치가 변한다. 울릉도는 수평선에서 나타났다가, 수평선에서 사라져 버린다. 울릉도는 나타났다가 사라져도 수평선만은 거기에 있다. 모든 것은 수평선에서 나타났다 사라진다. 하지만 그 수평선은 잡을 수가 없다. 대종사의 총명한 마음은 이 수평선의 비밀을 찾아 길 없는 여행, 사색의 여로를 넘나들면서 수평선의 비밀을 이와 같은 시구로 읊었다.

마음하나[心一]의 경지, 이는 곧 수평선의 경지이다. 거기서 만상이 나투고 사라지는 경지이기 때문이다. 모든 것이 나타났다가 사라지는 그곳, 그 경지, 그것이 무엇인가. 공空이라 할까, 진실眞實이라 할까, 심心이라 할까. 무엇이라 하여도 그것은 그렇게 표현한 것에 지나지 않는다. 하지만 분명히 눈앞에 전개하고 있는 세계, 이 신비한 우주 세계의 비밀한 경지가 대종사의 마음을 통과하여 마음하나[心一]라는 말로 흘러나온 것이다. 이 시구 중의 '하나'는 지식에 대한 지혜의 경지를 가리키며, 이 지혜의 경지는 안[內]의 경지를 언급한 것으로 보인다. 또한 나아가 이 지혜의 경지는 밖에 나타난 현상세계에 자리 잡고 있는, 물질세계의 이면에 숨어 있는 생명의 세계를 보는 경지다. 그렇기 때문에 이러한 혜안慧眼에 비친 경지는 천지가 하나로 연결되어 있어서 생명적 교감을 나누고 있는 모습일 것이다. 이 하나의 생명적 흐름, 여기서 뭇 상대적 현상이 나타나고 사라지는 바탕, 이를 마음하나[心一]라고 나타내고 있다. 말이 궁하여 마음[心]이지만, 심心은 본래 너와 나의 상대적 마음이란 의미가 아니다. 우주 법계에 보편적으로 흐르고 있는 의식, 즉 생명성이라 보아도 된다. "의식의 흐름이 세계다"라는 말도 있지만, 이것을 좀 더 실감나게 말하면 "생명의 흐름이 이 법계다." 그래서 이 뭇 생명의 원천이요 근원인 이 전일생명全一生命의 경지를 부처님의 세계라 보고, 후에 '하나부처님'이라 하였다. 다시 말하면 '하나(부처)님'이다. 여기서 대종사의 마음하나[心一]의 사색은 종교적 세계를 펼쳐가고 있음을 볼 수 있다.

　　대종사의 사고의 바탕에는 '밝게 사는 원리'가 깔려 있었다. 이것은 「금강정경」의 중심 사상이기도 하다. 세상을 어두운 눈으로 보면 어둡게 보이지만 밝은 눈으로 보면 모두가 밝게 보인다. 진각행자가 늘 예참하는 '삼십칠존의 세계'는 밝은 사회건설의 틀을 보여 준다. 그러나 대종사는 이를 "흰 바탕에 단청을 그린다"는 말씀으로 보여준다. 이렇게 해서 철학적 이론적인 언어를 빌려 대종사의 말씀을 조감하여 보면 "마음하나 천만을 당적한다"는 실상實相 반야적[空]인 면을 암시하고, 「대일경」적인 본유本有의 사상을 담고 있다. 그리고 "흰 바탕에 단청을 그린다"는 연기緣起 유식유가적唯識瑜伽的인 면을 암시하고 「금강정경」적인 수생修生의 사상을 담고 있다. 이 본유와 수생은 실질적인 삶의 현장에서는 불이不二이며, 하나로 통일된다. 이것이 진실의 경지를 실제로 체감하는 실천의 길이다. 이 시구가 머금고 있는 경지는 이미 어린 시절부터 대종사의 심경에 싹트고 있었다. 소년 덕상의 마음은 이처럼 우주 진실의 경지를 향하여 사색의 나래를 젓고 있었다. 그래서 소년 덕상에게는 배움이 더 절실하였다.

(2) 보통학교에 입학하다

울릉도에 근대 교육기관으로서 울릉공립보통학교가 설립되자 대종사는 14세(1915)에 입학하였다. 울릉도에 근대교육기관 설립은 1901년에 시작한다. 1901년 황성신문 2월 27일자 잡보에 "울릉군수 배계주裵季周씨가 해군인민該郡人民의 교육차로 학교를 설시하고 학부에 인허를 청하였다"라는 기록이 있다. 이것은 울릉군수 배계주가 울릉도가 울릉군으로 승격된 것을 계기로 1901년 1월 울릉도에 처음으로 근대학교를 설립하고 학부에 인허를 신청한 사실을 알려 주고 있다. 그 후 1908년 군수 심능익沈能益이 관어학교觀於學校를 건립하고 교장에 취임하였다. 교원은 조현우趙鉉禹와 일본인 요시다 히츠지吉田未藏의 2인이고, 학생 수는 12-13명 이었다. 교과목은 일어·산수·한문 등 서당식으로 수업하고, 수업 연한은 일정하지 않았다. 그러나 재정적 문제로 이듬해 1909년 휴교하였다.

관어학교가 휴교하자 관어학교를 이용하여 사립 신명학교新明學校를 설립하고 옥류서당(玉流書堂, 사동서당)의 훈장 김광호를 교장으로 초빙하였다. 교원은 진형호陳衡浩와 일본인 타카야 레이메이高谷靈明이었다. 교과는 예과와 본과를 두었고, 예과에는 한문·습자, 본과에는 일어·산술·체조·한문·습자 등을 가르쳤다. 수업 연한은 예과 1년 본과 3년이고, 총 26명의 학생이 공부하였다. 그런데 1911년 '사립학교법 규칙'이 공포되자 신명학교는 울릉사립보통학교로 설립 인가를 받고 교장은 일본인 마노眞野威光

가 맡았다. 교과목은 종전과 같고, 학생 수는 36명 이였다. 1913년 3월 13일에 울릉사립보통학교는 다시 울릉보통학교로 인가되어 울릉도에서 첫 공립학교로 4월 1일 문을 열었다. 그 후 울릉도에는 일본인 전용학교, 또한 중요 지역에 공립보통학교를 설립하여 교육을 실시하였다.

　울릉보통학교는 1913년에 설립되었고, 대종사는 2년 후인 14세(1915)에 입학하였다. 학적부에 따르면 이름은 덕상으로 1915년 4월 2일에 입학하였다. 본적과 주거지는 울릉군 남면 옥천동이고, 생년월일은 6월 10일로 잘못 기술하고 있다. 호적은 5월 10일로 기록하고 있기 때문이다. 그리고 보호자의 직업은 농업으로, 입학 전 경력으로 가주학家住學 천자문으로 적고 있다. 가정에서 천자문을 공부했다는 의미이다. 아마도 입학할 때 서당에서 공부한 사실을 밝히지 않은 듯하다. 그리고 교과목은 1-2학년 때는 조신條身·국어(일본어)·조선어 및 한문·산술·과학·도화圖畵·체조·창가 등이고, 3-4학년은 여기에 이과와 농업초보가 들어 있다. 성적은 평균 9점(10점 만점)을 받아서 평점 갑甲(2학년 때는 乙)을 받았다. 학적부에는 신장(4.56), 체중(9.50), 흉위(2.30)이며 체격 강强이라는 재미있는 기록이 보인다. 그리고 18세(1919)에 3월 25일에 졸업하였다. 따라서 보통학교 재학시절 공부를 열심히 잘 한 것으로 보인다.

　그런데 소년 덕상은 입학하여 6개월 만에 할머니의 반대로 학교를 쉬게 되었다. 본의 아니게 학교에 가지 못한 소년 덕상은 어머니의 농사일을 도왔다. 그런데 하루는 어머니와 밭을 매러 갔다. 어머니가 밭을 매던 중 밭 매던 아이가 사라진 사실을 알았다. 잠시 일을 쉴 겸 밭 주위를 살펴보았다. 보이지 않던 아이가 밭머리에 깊은 웅덩이를 파 놓고 그 속에 들어 있었다. 깜짝 놀라서 '여기서 무엇 하느냐?'고 나무라듯 물었다. 아들의 대답에 깜짝 놀랐다. "학교에 가서 공부도 못하게 하는데 그럴 바에야 차라리 여기서 죽어 버리는 것이 낫겠다"며 버티고 나오지 않았다. 어머니는 아들이 또 무슨 일을 저지를지 모르겠다는 생각이 들어서 결국 학교에 보내주겠다는 약속을 하였다. 그 사실을 할머니와 상의하여 다시 학교를 다닐 수 있었다. 배움에 대한 간절한 마음과 자신이 하고 싶은 일은 하고야 마는 의지력을 볼 수 있다.

소년 덕상은 학교에 다니면서 가끔씩 산에 가서 귀버섯(목이버섯) 등 나물을 해다 팔아 달걀을 사서 선생님에게 선물하기도 하였다. 그리고 그 선물은 꼭 해가 저물어 땅거미가 져서 남의 눈에 띄지 않을 때 가져 갔다. 선생님 중에는 일본인도 있었다. 누군가가 일본 선생님께 선물 하는 것을 못 마땅하게 말하는 이도 있었다. 그 때 "일본인에게 선물하는 것이 아니라 선생님께 선물 한다"는 대답을 하였다. 어릴 때부터 은혜를 생각하고 갚으려는 심성이 싹튼 것으로 보인다.

대종사가 탄생하여 보통학교를 졸업할 때까지 한국사회는 실학사상과 양무사상洋務思想 그리고 문명개화론 등의 요인에 의하여 일어난 개화적인 분위기 속에서 국치國恥의 비운을 맞게 된 시기였다. 그리고 졸업하던 해에 3.1 만세 운동을 경험하였다. 소년 덕상은 아마도 이러한 서구사상과 일제의 침략에 적지 않은 영향을 입고 관심을 가졌을 것이다.

(3) 배움의 의욕을 키우다

대종사는 울릉보통학교를 졸업한 후 집안에서 농사일을 하면서 계속 공부를 하였다. 특히 의생醫生공부에 관심을 기울였다. 「방약합편方藥合編」 등의 의서를 읽었다고 전하고 있다. 그러나 부친은 아들의 의생공부를 반대했지만 대종사는 학교 공부를 계속할 뜻을 세웠다. 그렇지만 집안 사정은 그럴 여유가 없었다. 그 때 집안에서 청년 덕상의 혼사를 추진하였다. 그리하여 20세 때(1921) 18세의 배씨 규수와 결혼하였다. 배씨 가문은 일찍이 울릉도에 입도入島하였다. "고종 27(1890)년에 대구인大邱人 배상삼裵尙三을 도수道首로 삼아 도장島長을 대리하였다"는 기록으로 보아 배씨 가문은 이때쯤 울릉도에 정착하였을 것이다. 그리고 고종 건양원년(建陽元年, 1896)에 배계주裵季周가 도감島監에 임명되고, 광무光武 4(1900)년 울릉군으로 개칭되어 군수가 되었다. 배계주는 광무 7(1903)년까지 군수를 하다가 그만 두었다. 이로 보아서 울릉도에서 배씨 가문은 명문부자 가문이었다. 청년 덕상의 사람됨에 신부 집안에서 결혼을 청하였다. 신부 집안에서 장롱을 맞추는 등 혼사의 성사에 매우 기뻐하였다.

　　대종사는 결혼 이듬해 21세(1922)에 공부를 계속하기 위해 대구로 떠난다. 결혼 7개월 만에 처가의 도움을 받아서 대구 경북중학교에 원서를 냈다. 그러나 시험 당일 설사증상으로 시험에 응시하지 못하였다. 다시 계성학교에 지원하여 합격하였다. 입시시험이 4월 6일이고, 입학이 4월 7일이었다(학적부는 4월 3일). 신입생은 157명이었다. 동갑내기 삼촌도 따라와서 같이 학교에 다녔다. 그 때가 바로 삼일독립운동이 일어난 직후였으며 계성학교도 예외 없이 독립운동에 참여하였고 그래서 학교의 수업은 원활하지 못하였다. 그러나 계성학교 생활은 6개월 밖에 하지 않았고 그 해 10월 24일 퇴학을 하였다. 퇴학의 사유는 알려져 있지 않는다. 퇴학 사실을 부인에게 알리지 않고 바로 일본으로 건너갔다. 집안에서는 학교가 휴업하여 퇴학한 것으로 알려져 있다. 그러나 학교의 교무일지에는 휴업한 사실이 없다. 아마도 후일 퇴학의 이유를 그렇게 말했을 가능성도 있다. 학교의 교육이 정상적으로 진행되지 못하고, 학교의 교육에 만족감을 얻지 못해서 퇴학을 하였을 것이다. 삼촌도 역시 따라 갔다.

도일渡日에 대하여 재미있는 이야기가 있다. 부인이 어느 날 꿈을 꾸었다. 콩 타작을 하는데 대종사는 흰 콩을 타작하고, 일본 사람은 검은 콩을 타작하였다. 꿈 이야기를 시어머니에게 하였다. 시어머니가 "덕상이가 일본 간다"고 대답하였다. 흰콩 검은콩의 이미지가 의미를 가지는 것 같다. 이 이야기로 보아서 도일의 사실을 부모님께는 알리고 부인에게는 모르게 한 것으로 보인다.

일본에 건너간 청년 덕상은 동경에서 낮에는 노동을 하고 밤에는 예비학교에 다녔다. 예비학교는 정규학교에 들어가기 위한 준비기관으로 보인다. 그런데 일본생활 1년이 되던 22세(1923)에 관동대지진關東大地震이 일어났다. 관동대지진은 1923년 9월 1일 도쿄가 있는 관동지방에서 일어난 규모 7.9의 대지진을 말한다. 지진은 가나가와神奈川현에서 일어나 도쿄와 요코하마 등 관동지방을 휩쓸었다. 지진발생 후 통신이 두절되고 민심이 흉흉해지자 일본 정부는 국민의 불만을 다른 곳으로 돌리려는 음모를 펼치기 시작하였다. "조선인이 살인 방화를 하고 있다"는 유언비어를 유포하였다. 소문은 커져 "조선인이 우물에 독을 넣었다,"또는 "산업시설을 파괴하고 있다,"나아가 "약탈 강간까지 하고 있다"는 등 근거 없는 소문을 퍼뜨렸다. 그러자 공공연히 "조선인은 죽여도 좋다"는 발언이 나왔다. 그러자 계엄군과 경찰은 조선인을 무차별 폭행하고 살해하는 현상이 일어났다. 그 수가 무려 10만에 이르는 참상이 일어났다.

대종사가 귀국 후 가족에게 전한 사실은 당시 긴박했던 상황을 짐작하게 한다. 저녁식사 후 등교준비를 하는데 동네 아랫쪽에서 불길이 치솟아 올랐다. 동료들과 모여서 상황을 지켜보는데 불길이 세 집 건너까지 번져 올라왔다. 동료들과 피신하여 학교 담장 밑에 숨었고 나중에 돌아가 보니 집은 불에 타 버렸다. 그래서 이재민 수용소에 들어갔으나 경비원이 한 눈을 파는 틈을 타서 탈출하였다. 조선인에 대한 무차별 폭행과 살인을 피해서 산으로 도망갔다. 산으로 도망가는 중 삼촌이 따라오지 못하자 업고 갈 정도로 급박한 상황이었다. 며칠이 지난 후 폭행과 살상의 상황이 진정되고 식비와 여비를 요청하기 위해 고국의 집에 연락을 취하였다. 그리고 일본을 탈출하기 위하여 니이가타新潟항구로 갔다. 니이가타는 일본 혼슈本州의 니이가타현의 현청 소재지로 니이가다현의 동북부의 동해에 면하고 있는 가장 큰 도시이다. 그 때 니이가타항은 북방의 나라, 그리고 태평양으로 나아가는 통로였다. 청년 덕상은 귀국하느냐 아니면 하와이로 가느냐를 놓고 심적인 갈등을 하게 된다. 그 때 하와이로 간 사람도 많았지만 결국 귀국하였다. 이렇게 일본 유학은 천재지변과 흉흉한 지역정서 때문에 중도에 그만 둘 수밖에 없었다. 그러나 짧지만 일본생활을 통하여 많은 경험을 얻었다. 후일 과학기술과 물질문명 등을 중요하게 여기고 혁신적 사고를 가지는데 큰 영향을 미쳤다. 일본유학이 대지진이라는 자연재해로 좌절되자 청년 덕상의 상실감은 매우 컸다. 귀국 후 이러한 심정을 다스리기 위하여 전국을 주유周遊하는 여행을 하였다. 평양 을밀대를 배경으로 삼촌과 함께 찍은 사진이 그 때의 사정을 말해준다. 팔도를 돌면서 일본생활에서 겪은 나라 잃은 설움과 배움에 대한 열망을 다독이고 새로운 삶을 고민하였다.

(4) 사회생활을 체험하다

긴 여행에서 돌아온 청년 덕상은 우선 면사무소에서 일을 하였다. 일본 경험과 한학의 지식이 면사무소 근무를 가능하게 하였다. 면사무소 근무는 2년 정도 하고 그만 두었다. 25세(1926)에 규상圭祥으로 개명하고 도동으로 이사하여 학용품 가게를 열었다. 장남(昌鉎)이 태어나자 새로운 길을 개척하려는 뜻이 담겨 있었다. 학용품 가게는 기대 이상으로 발전하여 포목·잡화·미싱 등으로 넓혀갔다. 이렇게 해서 청년 규상은 사업가로 알려졌다. 이즈음 포항의 사업가들이 울릉도를 자주 왕래하였다. 사업가 규상은 이들과 거래를 하였다. 모두가 대종사의 성실성과 사업능력을 높이 평가하고 거래를 자청하였다. 특히 그 중에 포항의 큰 사업가 김두하(金斗河)가 젊은 사업가 규상의 사업능력을 눈 여겨 보고 각별한 관심을 보였다. 그래서 마치 형제처럼 교유하게 되었다.

　　김두하·김두만·김두수 삼형제는 당시 포항의 경제계에 큰 활약을 하였다. 김두하(1894~1957)는 1920년부터 포항상공수산회 조직준비위원회에서 주도적인 역할을 하고, 1933년 포항상공회 설립의 발기인이 된다. 그리고 그해 8월 발족한 포항상공회의 초대 및 2대 부회장을 맡는다. 회장이 일본인이라는 점을 생각하면 실질적으로 포항상공회에서 김두하의 활약은 매우 컸다고 볼 수 있다. 따라서 포항상공회가 1954년 포항상공회의소로 재창립될 때 김두하는 발기인 대표 및 임시의장을 맡아서 산파역할을 한다. 김두하는 젊은 사업가 규상을 매우 크게 평가하고 형제처럼 아끼며 포항으로 이사할 것을 권유하였다. 그런데 조부가 몹시 반대하였다. 젊은 사업가 규상은 26세(1927)에 부친이 사망하자 조부의 반대에도 불구하고 29세(1930.4.3)에 사업 환경이 좋은 포항으로 이사하였다. 경북 영일군 포항면 포항동(현 南濱洞) 487번지가 포항의 첫 번째 정착지이다. 물론 김두하 집의 일부분 이였다. 그만큼 김두하는 젊은 사업가 규상을 크게 도와 주었다. 여기서 포항의 유력 사업가들과 거래하면서 사업을 확장하여 갔다. 잡화점·포목·제과, 그리고 축돈(畜豚)을 비롯한 가축도 길렀다. 사업 활동을 왕성하게 하면서 신용을 중요하게 여겨서 믿을만한 사업가로 알려졌다. 그러자 사람들이 찾아와서 교유하기를 희망하였다.

사업의 규모가 넓어가자 자신의 호를 춘농春儂이라 하고 사업을 춘농상회라 하였다. 춘농상회에 사랑방을 마련하고 사업뿐만 아니라 지역의 유력 인사들과 경학經學도 함께 논의하면서 교유하였다. 사서 삼경을 읽고 토론하는 등 인생과 사회의 문제를 논의하였다. 특히 주역과 풍수지리에도 큰 관심을 가졌다. 아마도 식민지 국가의 장래와 국민의 생활상을 염려한 까닭도 담겨 있었을 것이다. 그렇게 하여 포항에서 유력 사업가로 주목받게 되었다. 이 시기에 대종사는 유교 경서의 본말本末사상과 서양문물의 과학적 혁신사조에 깊은 관심을 가졌다.

3) 구법정진의 편력

(1) 불법을 만나다

대종사가 사업을 키우고 유교의 경학 등에 열중하고 있는 즈음에 조부가 돌아가셨다. 36세(1937.9.27)때의 일이다. 조부는 가솔을 이끌고 새로운 삶의 터전을 찾아 울릉도로 이주 하였다. 그리고 조모가 돌아가시고(1923) 부친이 돌아가신(1927) 후에 집안의 정신적인 지주로서 집안을 다스렸다. 또한 집안의 어른으로 처음에 포항 이주를 반대하였다. 조부가 돌아가시자 모친이 조부의 극락왕생과 가정의 액운을 소멸하기 위하여 포항 죽림사竹林寺에서 49재 불공을 올리겠다고 상의하였다. 대종사는 모친의 불심이 돈독하고, 한편 그즈음 집안에 여러 액난이 있어서 조모의 불공에 동의하였다. 조부의 49재 회향재는 11월에 있었다. 모친은 아들에게 조부의 49

재 회향재에 동참할 것을 권유하자 흔쾌히 수락하고 동참하였다. 이렇게 해서 조부의 열반은 대종사의 생애에 대전환을 가져다주었다.

회향재가 끝나고 대종사는 주지스님과 법담을 나누고 가겠다며 뒤에 남았다. 그런데 그 이튿날 새벽이 되어서야 집에 돌아 왔다. 몹시 환희하고 고무된 표정으로 귀가하였다. 대종사는 주지스님과 불법과 인생에 대하여 깊은 대화를 나누었다. 밤을 새우면서 토론하여 지금까지 피상적으로 알고 있던 불법에 대하여 새로운 세계를 발견한 것이다. 집에 돌아오자 가족에게 그 이튿날부터 일 년 동안 새벽 불공을 하겠다고 하였다. 대종사는 아마도 가까이는 자녀들의 단명과 조부의 극락왕생, 그리고 멀리는 사업과 인생에 대하여 무엇인가 새로운 계기를 마련하려 한 것이다. 그러한 문제를 풀기 위하여 1년 새벽불공이라는 굳은 결심을 하였다. 새벽 일찍 일어나서 찬물에 몸을 청결히 한 후 집에서 한 시간 정도 경전을 독송하고 절에 가서 희사를 한 후 독경과 절 등의 기도를 하고 돌아 왔다. 대종사는 무엇인가 새로운 것을 접하고 마음이 결정되면 하고야 마는 성품을 지니고 있었다.

1년 불공은 이처럼 용맹정진으로 지속되었다. 1년 불공의 회향 13일 전날 아침 아주 환희한 마음으로 일어났다. 기상 직전 꿈결에 상서로운 꿈을 꾸었다. 대웅전 불전佛前에서 절을 하고 있는데 부처님으로부터 둥근 불덩이가 눈부시게 굴러 와서 대종사의 가슴에 안겼다. 그렇게 꿈을 깨었다. 이렇게 해서 1년 새벽불공은 용맹정진으로 회향하였다. 불공의 회향 며칠 후 주지스님이 방문을 하였다. 그리고 예금통장을 내 놓았다. 불공 동안 희사한 금액이 너무 많아 쓸 수가 없어서 예금해 두었다는 것이다. 대종사는 희사한 것인데 왜 그러느냐며, 불법을 위해 알아서 쓰라고 하였다. 그리고 모자라면 더 보태어 드리겠다고 하였다. 그리하여 주지스님은 지장보살상과 관세음보살상을 조성하였다. 그리고 대종사가 비용을 더 보태어 대세지보살상을 조성하였다. 1년 불공 후에도 대종사는 더욱 용맹정진을 계속하였다. 불상을 조성하기로 상의한 후 얼마 지나지 않아서 또 다른 상서로운 현몽現夢을 하였다. 대종사가 기도하기 위해 절을 찾아 오르막길을 올라가고 있었다. 그 때 한 스님이 차를 타고 내려오고 있었다. 그런데 그 스님은 대종사 가까이 와서 차에서 내리고 대종사에게 차를 타고 올라가라고 하였다. 그런데 스님은 사라져 버리고 대종사는 차를 타고 올라갔다. 그리고 꿈을 깨었다. 이러한 일련의 현몽이 구법 정진에 원력을 더욱 북돋우라는 뜻으로 여겼다.

(2) 구법순례와 용맹정진

대종사는 1년 불공을 회향한 그 이듬 해(38세, 1939) 정월 초이튿날 명주옷을 새로 갈아입고 형산兄山 절을 찾아 기도불공을 하였다. 집에 돌아올 때 새 바지의 무릎이 헐어 있었다. 그 만큼 용맹정진을 한 것이다. 형산 절은 형산에 있는 절이라는 말이라서 구체적으로 어느 절인지 명확하지 않다. 대종사께서 그저 형산 절에 간다고 하였기 때문이다. 오늘날 형산에는 암자 규모의 절이 몇 있기는 하다. 형산은 경주시 강동면 유금리와 포항의 경계가 되는 산이다. 본래 유금 뜰과 포항을 가로막고 있는 산을 형제산으로 불렀다. 산이 가로 막아 강물이 잘 흐르지 못하여 유금 뜰에 침수가 심하자 용이 승천하면서 꼬리를 쳐서 산을 두 쪽으로 나누었다는 전설이 있다. 그래서 남쪽 산을 형산, 북쪽 산을 제산이라 부르고, 그 강을 형산강이라 부르고 있다. 대종사는 형산 절의 정진에서 돌아온 후부터 가족에게도 알리지 않고 구법의 길을 나섰다. 우선 기림사祇林寺를 비롯한 주위의

절과 스님들을 찾아 기도하고 법담을 나누는 것부터 하였다. 수행정진과 법담의 자세한 이야기와 기록을 남기지 않았기 때문에 구체적인 사실은 가려져 있다. 대종사는 구법순례를 할 때부터 사업은 지인에게 맡기고 구법정진에 마음을 쏟았다. 한번 집을 나가면 적어도 열흘 이상 지나서 돌아오는 일이 일상처럼 되었다.

대종사의 구법은 금주, 금연 등 개인수행에서 시작하였다. 금연을 하면서 마치 친한 친구를 이별한 것처럼 섭섭하다며 인간적인 면을 보이기도 하였다. 그리고 경전을 인쇄 반포하기 시작하였다. 일과는 거의 정진, 독경 그리고 경전을 인쇄하고 반포하는 일이었다. 가장 먼저 「법화경」을 반포하였다. 인쇄한 경전은 주로 법보시하였다. 「법화경」을 가장 먼저 인쇄한 것을 보면 그 당시도 「법화경」이 가장 신심을 일으키는 경전으로 인식되었던 것으로 보인다. 「법화경」을 비롯하여 많은 경전을 반포하였다. 훗날 교화를 하면서 설한 말씀을 감안하면 번역 경전 중에 「금강경」도 들어 있었다. 그렇지만 구체적인 경전이름은 남아 있지 않다.

그런데 「법화경」 외에 이름이 알려진 경이 「고왕관음경高王觀音經」이다. 모친과 스님의 권유로 「고왕관음경」을 인쇄하였다. 그리고 자녀를 비롯해서 가족과 친지에게 지송하도록 하였다. 아들 서주(西宙, 손제석孫製錫) 전 교육부장관은 그 사실을 뜻깊게 기억하고 있었다. 「고왕관음경」은 관음보살의 영험담에 대한 일화를 품고 있는 경전이다. 중국 동위東魏(원위元魏)의 왕인 고환顧歡이 서사書寫한 관음보살의 영험경이라는 의미에서 「고왕관음경」이라 부른다. 또한 관음보살의 영험을 입어서 죽음의 위기를 면하고 연명하게 한 경전이여서 「연명십구관음경延命十句觀音經」 또는 「연명관음경」 등으로 불린다. 그런데 세간에서는 꿈 속에서 받은 경이라는 뜻에서 「몽수경夢受經」이라고 더 알려져 있다. 「연명관음경」은 10구 42자의 짧은 경전이기 때문에 외워서 암송하기 좋은 경이다. 그래서 대종사는 자신뿐만 아니라 많은 사람에게 외워서 수지하도록 권한 것이다. 일종의 관음기도의 경전이기 때문에 후에 농림촌의 관음정진과도 인연관계가 닿아 있다.

이 경은 '관세음 나무불'로 시작하고, '조념관세음朝念觀世音 모념관세음暮念觀世音 염념종심기念念從心起 염념불이심念念不離心'으로 끝을 맺는다. '관세음 나무불'은 관세음을 염송하면 그 자체가 부처님에게 귀명하는 것이라는 의미다. 그리고 '조념관세음 모념관세음'은 아침저녁으로 늘 관세음을 염송한다는 뜻이다. 또한 '염념종심기 염념불이심'은 순간순간의 마음이 관세음을 염송하는 마음에 일어나고, 관세음을 염송하는 마음에서 떠나지 않는다는 의미이다. 관세음을 염송하는 마음은 그 자체가 본심이고 불심이다. 「고왕관음경」을 읽으면 곧 언제 어디서나 본심과 불성으로 살 수 있게 되는 것이다.

관음정진에 대한 대종사의 신심을 일러주는 일화가 있다. 대종사가 포목과 제과업을 중심으로 양돈업 등 다양한 사업을 할 때이다. 그 때 제과 공장에 큰 화재가 발생하였다. 화재를 당하여 공장을 다 태웠는데도 주인은 보이지 않았다. 모두들 걱정을 하면서 찾았다. 그런데 대종사는 죽림사 법당에서 아주 편안한 모습으로 관음정진을 하고 있었다. 공장의 큰 화재를 당한 와중에서도 먼저 법당을 찾아서 정진을 한 것이다. 화재를 당하고 재산의 손실 앞에서 법당을 찾아서 자신을 추스르고 주위 사람들을 안심하게 하려고 법당에서 정진을 하였다. 어떤 상황에서도 자신을 먼저 다스려야 그 상황을 잘 수습할 수 있다는 사실을 몸소 보여준 것이다.

이즈음 대종사는 본인이 마련한 집으로 이사하였다. 포항에 이사한 지 10년 후 39세(1940) 2월 21일에 새로운 집을 마련하여 이사를 하였다.

그곳이 영일군 포항읍 본정(상원동) 504번지이다. 그 때까지 김두하가 제공한 포항동 집에서 10여 년간 살았다. 대종사는 29세(1930) 음력 9월에 포항으로 옮겼다. 호적부에는 1931년 1월 27일로 되어 있다. 아마도 이사 후에 호적 정리하였을 것이다. 그 터가 포항면 포항동(남빈동) 487번지이다. 그 일대는 김두하 형제의 땅이 많이 있었다. 자택을 구해 이사한 것은 대종사의 사업 규모가 정상 궤도에 올랐기 때문이다.

(3) 생식수행을 시작하다

제과 공장 화재 이후 대종사는 또 다른 사업을 구상하였다. 수행정진 중에서도 사업의 큰 가닥은 직접 구상하고 그 후의 일은 다른 사람에게 맡겼다. 그것은 광산업이었다. 광산업은 일제가 만주사변(1931) 중일전쟁(1937) 태평양전쟁(1941)을 거치면서 시행한 군비증강 정책의 하나였다. 일제가 금광 탐사의 비용을 지원하고 금을 비싸게 사들이자 많은 사람들이 광산업에 뛰어 들었다. 그래서 광산업에 관한 책들이 출판되어 사람들의 마음을 더욱 부추기기도 하였다. 그런데 광산업을 시작한 것은 민족자본의 문제도 있었다. 그 당시 일제는 한반도의 산업을 독점하는 정책을 폈다. 특히 광업은 90%이상 일본인의 자본이었다. 한민족에 의한 자본을 증대시켜야 한다는 생각을 한 것이다. 그러나 광산업의 비약적인 진흥은 일제의 획책인 것을 알고 나서 광산업을 불시에 중지하였다.

그 즈음 또 하나의 사건이 일어났다. 이것은 교화의 문을 연 후에도 가끔씩 주위 사람들에게 언급한 일이었다. 그것은 삼(대마大麻) 사건이다. 그 당시 삼 장사도 매우 중요한 사업으로 큰 관심을 끌고 있었다. 김두하가 먼저 시작하였다. 그리고 대종사에게 삼을 구해줄 것을 요청하였다. 그 때 대마사업에 대해서 정보가 밝다는 사람을 만났다. 이웃에 살면서 자주 관계가 있던 젊은 사람이었다. 대종사는 그 사람에게 대마를 구해줄 것을 부탁하였다. 그런데 그 젊은이는 대마 구입비를 받아서 대마를 구입한다면서 이북으로 가서 소식이 없었다. 대마 구입비용은 적지 않았다. 결과적으로 대마 구입비를 대신 갚아야 하였다. 물론 김두하는 돌려받을 생각을 하지 않았다. 대종사는 교화시작 이후 가끔 법문을 하면서 당시의 일을 참회하기도 하였다. 대마 구입비를 온전히 갚지 못한 것이다. 그 남은 부분이 늘 마음에 남은 것이다. 무엇이든 갚을 것은 갚고 살아야 한다는 법문은 그래서 더 설득력을 얻게 하였다.

이렇게 되자 대종사의 수행정진은 용맹을 더하였다. 몸과 마음을 함께 다스리는 수행을 찾았다. 그리고 생식수행을 시작하였다. 43세(1944)의 일이다. 생식의 시작은 또 다른 의미를 가지고 있었다. 그 때 일제는 광산업뿐만 아니라, 산미증산産米增産 정책을 펴고 있었다. 일제의 산미증산 정책은 1918년 일본의 쌀 부족 파동으로 시작하였다. 그런데 1940년대에는 조선의 산미증산 정책을 더욱 강화하였다. 그래서 생산한 쌀은 일본으로 가져가서 국내에는 쌀이 무척 귀하였다. 대종사의 생식 수행은 국민들이 겪고 있는 쌀 부족의 고통을 함께 하는 의미도 있었다. 그래서 고향인 계전에 땅을 더 구입하여 쌀농사를 시작하였다. 그리고 생산한 쌀을 비밀리에 이웃에게 나누어 주었다. 이를 계기로 계전에 머물면서 약초를 심고 동네 사람들에게 유교 불교 등의 경전을 가르치기도 하였다. 고향 마을에서 조용히 수행을 하면서 수행의 한 방편으로 약초도 기르고 교육도 하였다. 후에 첫 교화지로서 계전을 택한 것도 이러한 체험이 작용하였다.

이처럼 대종사의 구법정진은 크게 두 가지로 진행되었다. 첫째는 구법순례이고, 둘째는 전법불사이다. 구법수행을 위해서 특정의 장소나 인물에 오랫동안 머물지는 않았다. 자신이 알아낸 사찰과 인물을 찾아 수행 정진하고 법담을 통하여 구법활동을 이어갔다. 그리고 그 가르침을 구체적으로 실천하는 방법을 생각했다. 그것이 자신의 수행과 더불어 직접적 전법 활동으로 이어졌다. 불상을 조성하고 경전을 인쇄하고 반포하는 일, 그리고 가족과 친지들에게 독경을 권유하여 불법으로 인도하였다.

(4) 전법의 방향을 모색하다.

대종사는 구법과 전법활동에 몰두하면서 세상을 바라보는 인식에 변화를 일으켰다. 특히 시야에는 시대상황의 어려움과 국민의 생활고가 처절하게 들어 왔다. 여기에는 대종사가 불법에서 느낀 심경이 크게 작용하였다. 특히 불교의 불성사상과 자비심에 깊은 감명을 받았다. 그래서 사회와 나라의 문제에 더 관심을 가지게 되었다. 젊은 시절 유교경전의 영향을 많이 받았다. 그 중에서 특히 「대학」의 경문經文 첫 장의 소위 삼대강령과 팔조목이 품고 있는 본말의 이치에 큰 관심을 보였다. 즉 "물사에는 본말과 종시가 있고 그 선후를 알면 도에 가깝게 된다"는 이치와 치국과 평천하의 실천을 마음에 담고 있었다. 그리고 치국평천하는 삼대강령인 "밝은 덕을 밝히고 백성을 새롭게 하고 지극한 선에 머무르는 것"이 근본이 되는 것에 흥미를 느꼈다. 그런데 후에 불교의 불성사상을 만나고서 불성의 실현이 치국평천하의 근본이라는 신념이 더욱 굳어졌다. 아들 서주에게 "남자는 활동적인 일을 해야 한다"면서 정치학을 선택하게 하였다. 여기서 일컫는 '활동적인 일'에는 정치라는 함의를 품고 있었다. 대종사는 불성의 실현을 위한 수행정진은 결국 치국평천하로 회향되어야 한다고 믿은 것이다.

이렇게 해서 대종사는 국가와 사회의 문제 해결에 대하여 더욱 적극적인 관심을 가졌다. 국가와 사회 문제에 관심을 갖기 시작한 것은 여러 가지 요인이 있었다. 구법순례를 하면서 많은 대덕들을 만나면서 식민지 상황의 나라에 대한 담화도 나누었다. 그러나 그 직접적인 계기는 일본의 광공업 정책과 산미증산 정책을 직접 겪으면서 형성 되었다. 그리고 그 실천을 처음에는 자신의 수행정진과 연계시켜서 구체화 하였다. 그 일이 계전의 생활이다. 대종사는 상원동으로 이사를 한 후 고향 계전에 전답을 마련하였다. 논에는 쌀농사를 짓고 밭에는 약초 등을 심었다. 그리고 그 밭을 심수전心修田이라 하였다. 그 밭은 단순히 곡식을 경작하는 노동의 장소가 아니라, 수행정진을 하는 '마음을 닦는 밭'이었다. 그리고 그 구체적인 실천행으로서 계전에 머물러 지내는 시간이 많았다. 문중의 재실인 송헌재松憲齋에서 지내며 수행 정진하였다. 고행정진은 강도를 더 하였다.

심수전은 비학산 남쪽 신분릉新墳陵의 자락에 있다. 비학산은 포항시 북구 신광면과 기북면의 경계에 있는 해발 762m의 산이다. 1940년 즈음에 그 산자락을 몸소 개간하여 심수전이라 이름 짓고 수행지로 삼았다. 지금 신수심인당의 뒷길에서 북쪽으로 1km 지점에 있다. 그 당시 손수 접목한 감나무가 고목으로 남아 있었다. 대종사는 처음 일가 집에서 끼니를 해결하다가 그 일이 잦아지자 자신이 재실에서 끼니를 직접 마련하였다. 그러나 생식을 시작하면서 끼니는 자연스럽게 해결하였다. 대종사는 염천의 여름철에는 햇볕이 비교적 약한 아침과 늦은 오후 농부들이 일할 때 재실에서 심공心工하고, 그들이 쉬는 한낮에는 들에 나가 노동일을 하였다. 그리고 엄동설한의 겨울철이 오면 농부들이 일하는 한 낮에는 재실에서 심공하고, 그들이 쉬는 아침과 저녁에는 들에 나가 일하였다. 그러다보니 여름에는 강열한 햇볕의 열기를 식히기 위해 윗도리를 벗고 일하기가 일쑤였다. 그래서 햇살에 몸이 그을리고 피부가 타서 수포가 생기는 등 상처가 심하였고, 겨울에는 혹한에 동상에 걸려 마비성 부종이 생기기도 하였다. 그 때마다 마을 사람들이 치료할 것을 권유하면 "세상 사람들은 약물로써 치료하지만 나는 '마음 쓰는 요법'으로 치료한다"고 하면서 자신의 상처를 치유하였다. 손수 심수전을 개간하여 수행정진의 고행처로 삼은 대종사는 체험하고 증득하는 실행정신을 중하게 여겼다. 훗날 "자신이 체험 증득하지 않은 법을 설하지 말라"는 법문을 하신 까닭도 여기서 연유한다. 이처럼 대종사는 계전을 수행정진의 본거로 삼고 포항과 계전, 그리고 주요한 사찰과 인사들을 찾아서 법답을 나누고 고행 정진을 하였다.

(5) 도덕정치를 구상하다

대종사는 중생사회의 문제해결을 모색하던 중 사회참여의 구체적인 실천으로서 정치문화를 생각하였다. 치국평천하의 정치문화가 국가와 사회 문제 해결의 가장 직접적이고 구체적인 일이라고 여긴 것이다. 그래서 대종사는 '도덕정치'라는 정치강령을 구상하고 소위 정법정치의 길을 모색하였다.

　　대종사가 현실 정치에 뜻을 두게 된 직접적인 계기가 있었다. 대종사는 6대조인 무민재无悶齋의 문집을 편찬하려는 계획을 세웠다. 무민재(1785-1858)의 휘는 염조念祖이고, 자는 백원白源, 별호는 약서藥西이며, 무민재는 후호後號이다. 그는 정조 9년 을사(1785)년에 계동에서 탄생하여 철종 9년 무오(1858)년에 74세로 명을 다하였다. 그는 문행이 뛰어 났으며 말년인 1848년에 무민정을 지어서 학구에 매진하고 후학을 양성하여 세인의 존경을 받았다. 무민정은 지금 계전에 학고정鶴皐亭이라는 이름으로 남아 있다. 후손들이 이씨 가문에 넘겼기 때문이다. 무민공은 많은 시문을 남겼으나 화재로 소실되었다. 그러나 재실과 다른 여러 곳에 흩어져 있던 것을 모아서 후일에 문집 4권으로 인간印刊되었다. 대종사가 문집의 간행을 주도하였다. 그런데 문집의 서문은 1944년 5월에 썼다고 되어 있다. 그리고 문집의 후기에 해당하는 근지謹識 중에는 1923년에 쓴 글이 있다. 이것은 곧 문집의 간행을 그 이전부터 준비해 왔다는 것이다. 문집 끝에는 그 연유를 밝힌 대종사의 근지도 있다. 근지의 내용을 감안하면 그 일을 부친이 진행하다가 이루지 못한 것을 대종사가 이즈음에 문집 간행을 구체적으로 진행하였다. 그리고 1950년 석판 인쇄로 최종적으로 간행하였다.

그런데 대종사는 문집을 간행하면서 변영만(卞榮晩, 1889~1954)에게 서문을 청탁하였다. 실제 문집에는 그의 아들 민보敏甫가 1944년 5월에 쓴 서문이 실려있다. 아마도 대종사의 부탁을 받고 그 일을 아들에게 맡긴 것으로 보인다. 변영만은 법률을 전공하여 법관과 변호사로서 활동하고, 한편 한문학의 대가로서 성균관대학의 교수를 역임하는 등 당대의 지식인이었다. 대종사는 문집간행을 계기로 자연히 변영만과 친분을 쌓으면서 나라의 상황과 정치에 관한 생각을 나누었다. 그리고 그의 동생 변영로(卞榮魯, 1897~1961)를 소개 받았다. 변영로는 영문학자이면서 시인으로서 나라를 걱정하던 지식인이었다. 대종사는 변영만의 형제들을 통하여 많은 지식인과 정치인을 알게 되었다. 그러나 알려져 있는 인사는 백관수(白寬洙, 1889~?)이다. 그는 일제 강점기의 교육자 언론인으로서 독립운동을 하였다. 해방 후에 정치인으로서 활동하다가 6·25때 납북되었다.

대종사는 해방되던 해의 추석 이튿날 측근 익당(益堂 孫仲達, 1911-1980)

을 대동하고 상경하였다. 자신이 구상한 '도덕정치'의 강령을 중심으로 변영로 백관수 등의 정치인과 지식인을 만나서 진지한 대화를 나누었다. 해방정국의 정치상황은 미국, 소련 양국이 남북에 진주하여 군정을 실시하고, 남한에는 민주.공산주의를 표방하는 50여개의 정당들이 난립하여 정치적 혼란이 극심하였다. 또한 정치적 무질서뿐만 아니라, 일본에 의존하고 있던 경제 상태는 더욱 혼란하였다. 대종사는 많은 인사들과 해방 후의 나라의 안정과 발전에 대하여 의견을 교환하였다. 그런데 해방정국의 현실정치의 냉혹성과 혼란을 목격하고 정치적 사회 참여의 길을 석 달만에 접고 동짓달에 귀향하였다.

(6) 득병의 인생계기

대종사는 귀향하던 중 대구에서 한 달여간 머물며 그간의 심경을 정리하였다. 그 때 아들(서주 손제석)이 경북중학교에 다니고 있었다. 그리고 설 (1946.2.2)이 다가오자 포항으로 돌아 왔다. 설을 맞아 고향에 돌아오자 모친이 생식의 중단을 권유하였다. 생식을 2년 가까이 하면서 수행정진과 사회활동을 병행하였다. 효순심이 강한 대종사는 모친의 권유에 수순하고 화식으로 전환하였다. 그런데 설을 지내고 득병을 하였다. 득병의 직접 원인은 화식 전환의 부작용이었다. 그러나 그 당시 생식과 수행정진, 그리고 사회활동 특히 상경의 생활 등으로 심신의 무리를 느끼고 있었다. 또한 사업과 김두하의 재산관리, 그리고 삼 사건 등으로 심려가 깊었다. 그런데 그 당시 널리 퍼진 전염병 이질이 또한 큰 작용을 하였다.

　　대종사는 득병의 고통 속에서도 약을 쓰지 않았다. 득병의 치유를 위해 수행정진에 용맹을 더하였다. 약을 쓸 것을 권유하던 모친도 대종사의 불공을 적극적으로 도왔다. 그러나 병세는 점점 더하여 갔다. 그러자 그 해 가을에 대구의 아들이 기거하는 집으로 갔다. 치병의 징조가 보이지 않았다. 병세는 사경으로 몰아갔다. 가족은 수의까지 마련하였다. 이처럼 득병은 모든 것을 놓도록 이끌어 갔다. 병세를 잡기 위한 현실적 노력은 효과가 없었다. 그래도 가족들은 치병을 위한 노력에 전력을 쏟았다. 대종사의 수의를 짓고 있는 어느 날 한 인척이 집에 들러서 농림촌에 대한 이야기를 하였다. 그곳에 병고 해탈을 위한 수행처가 있다는 것이다. 그 이야기를 들은 대종사는 완강히 거절하였다. 그렇지만 주위 사람들은 끝까지 간청하였다.

　　농림촌은 대구시 서쪽 달서구 감삼동 일대를 가리키는 옛 지명이다. 살기 어려운 사람들이 이곳에 모여들어 농토를 개간하고 농사를 지으면서 동네를 형성한 곳이었다. 이곳에 점차 더 많은 사람들이 모여들자 그냥 농림촌이라 불렀다. 여기에 관세음보살 염불수행을 하는 한 수행자가 있었다. 가문의 비전秘傳을 전수받은 그 수행자는 새로 형성되고 있는 농림촌을 찾아서 관세음보살 염불수행을 하였다. 자신이 가진 수행력으로써 자연히 동네사람들의 어려운 일들을 돌봐주면서 상당한 인지도를 갖게 되었다. 사람들은 그 수행자를 속칭 관심보살觀心菩薩이라 불렀다. 관세음의 염불을 빠르게 하는 소리가 마치 관심觀心으로 들렸기 때문이다.

　　대종사는 가족의 간청에 못 이겨서 농림촌으로 갔다. 득병이 농림촌으로 인도한 것이다. 이렇게 득병은 결국 세간 생활에서 출세간 생활로 돌리는 인생전환의 계기가 되었다. 득병을 인연 계기로 삼아서 농림촌에서 수행정진의 대전환이 이루어진 것이다. 대종사가 농림촌에 도착하자 그 수행자가 반갑게 맞으면서 법당으로 인도하였다. 그리고 "큰 인물이 오실 줄 알았다"라고 하면서 아랫목에 좌정하게 하고 큰 절을 올리려 하였다. 대종사가 만류하여 서로 인사를 나누고 오랫동안 대화를 나누었다.

(7) 농림촌의 대정진

대종사는 집에 돌아와서 몸과 마음이 한결 가볍고 환희함을 느꼈다. 며칠간 사색하면서 농림촌이 새로운 수행처로서 적합하다는 심경이 일어났다. 이곳에 생사의 문제를 해결하겠다는 신심을 세우고 정진의 준비를 갖추어서 농림촌에 갔다. 이때가 늦가을 음력 동짓달이었다. 농림촌에서 관세음 염불로 49일 정진을 시작하였다. 관세음정진은 이미 경험이 있었다. 그 수행자는 정진 중에 관세음 염불 등 불법에 대하여 가르침을 청하였다. 자신은 불법에 대하여는 구체적인 배움이 없었기 때문이다. 대종사는 그 수행자에게 불법을 바르게 가르쳐서 수행에 삿됨을 없애려 노력하였다. 이렇게 49일 관세음 염불수행을 회향하였다.

　　대종사는 농림촌과 그곳의 수행자를 최후의 수행정진에 디딤돌로 삼았다. 인생의 전환점이 되는 길목에는 항상 어떤 계기가 있기 마련이다. 대종사의 생애와 수행에서 득병은 세간생활을 정리하게 한 계기가 되었다. 나아가 수행자와 농림촌을 또 하나의 계기로 삼아서 최후의 수행정진을 하였다. 그리고 깨달음과 중생교화의 길로 나섰다. 인생의 전환점에는 반드시 그렇게 될 수 있는 계기가 있기 때문에 이것을 인연 계기라 한다. 누구든 인생에서 인연 계기가 된 어떤 것이든 소중하게 여기고 잘 활용해야 삶을 잘 개척할 수 있다. 그래서 후일 농림촌 수행의 인연 계기가 된 수행자에 대하여 각별하게 관심을 가졌다.

　　대종사는 49일 관세음 염불정진을 예비정진으로 삼고 다시 육자진언 염송의 100일 정진을 마음에 두었다. 49일 관세음 염불정진 중에 육자진언이 새삼스럽게 마음에 떠올랐기 때문이다. 육자진언은 그 동안 수행하면서 이미 잘 알고 있던 진언이었다. 그런데 수행 중에 문득 '관세음보살 미묘본심 육자진언'이 마음에 새롭게 다가온 것이다. 관세음보살 염불은 관세음보살의 미묘한 본심을 일으키는 수행이다. 그리고 관세음 명호 염불보다 관세음보살 본심진언인 육자진언을 염송하는 수행이 더욱 수승하다. 관세음 염불 49일 정진의 끝 무렵에 이처럼 마음의 변화를 경험하였다. 그리고 같이 정진하는 수행자에게 육자진언 염송을 가르쳐 주었다. 그 수행자의 관세음 염불정진이 사도에 빠지지 않고 정도로 인도하려는 뜻도 들어 있었다. 그 수행자는 대종사에게 본인은 관세음 염불수행을 더 잘 하고 대종사는 육자진언 염송을 하면 좋겠다고 말하였다.

대종사가 육자진언으로써 100일 정진을 시작한 것은 매우 중요한 의의를 가진다. 관세음 명호 염불을 중단하고 육자진언의 염송을 한 점이다. 대종사는 육자진언과 언제 인연을 맺었을까? 이에 대하여 구체적인 말씀을 남기지 않았다. 육자진언을 구법정진 중에 자연스럽게 인연하였으나 특별한 관심을 가지지 않았다. 그리고 관세음 염불 49일 정진 중에 육자진언을 새롭게 인식하였다. 대종사가 이러한 마음을 가지게 된 것은 구법정진 중에 불교의 불성사상에 큰 관심을 가진 까닭도 있었다.

대종사는 100일 정진을 그해 음력설을 지낸 후에 시작하였다. 1947년 음력설은 양력 1월 22일이었다. 100일 정진을 위해 토담집을 새로 지었다. 농림촌의 수행자들을 곁에서 돕던 이종석李鍾錫이 언 땅을 파서 매우 힘들게 집을 지었다. 45세인 1946년 늦가을에 농림촌에 가서 며칠을 보내고 49일 불공을 시작하였다. 또한 49일 불공을 회향한 후 설이 겹치고 집을 짓는 등의 기간에 100일 정진의 준비를 하였다. 그리고 양력 2월 초에 100일 정진을 시작하였다. 100일 정진에는 모친이 함께 하였다. 대종사의 건강을 무척 염려한 모친은 49일 불공으로 병세가 크게 호전되자 아들의 정진에 동참하여 곁에서 보살폈다. 그리고 정진 중에 무염식을 하였다.

대종사의 100일 정진은 몇 가지 단계로 나눌 수 있다. 처음 고성염송高聲念誦의 정진을 하였다. 그리고 혼자서 한 것이 아니라 많은 사람들이 동참하였다. 동참한 사람이 고성으로 육자진언의 염송을 하였다. 농림촌에서 함께 정진에 동참한 사람 중에는 후에 보원심인당에서 수행한 구보살 등도 있었다. 그리고 100일 정진 중에 동참한 사람들에게 불법을 가르치기도 하였다.

대종사는 회향 13일전부터 몇 가지 수행 영험을 보였다. 염송정진 중에 낙루落淚를 하면서 말문이 막히고, 안면과 몸이 부어오르기도 하였다. 그러나 정진은 계속되었다. 말문이 막혀서 심송心誦을 할 수 밖에 없었다. 동참한 사람들은 고성염송으로 더욱 용맹 정진하였다. 그리고 깨달음 일주일 전부터 말문이 트이기 시작하고 연필로 무엇인가 쓰기 시작하였다. 무엇인가 정확하지 않는 발음을 하면서 처음 '도道'를 쓰기도 하고, 4일전에는 완전한 발음을 하면서 '정도正道'를 노트에 쓰면서 말문이 열렸다. 그 때 동참한 사람들도 참회의 눈물을 흘리고 환부가 터지는 등 여러 신이神異 현상을 보였다. 이처럼 정진 중에 겪은 심신의 체험은 대종사의 수행 과정을 보여주는 심비深秘 현상의 하나이다. 그리하여 대종사는 100일 정진을 회향한 익일翌日 5월 16일 육자진언의 묘리가 터득되고, 심신이 상연爽然하여 지며, 일체의 이치가 밝게 내관內觀되면서 심중心中에 환희심이 충만하였다. 그리고 문득 동천에 떠오르는 태양을 바라보며 불은佛恩이 무변하고 천지天地의 은혜가 지중하게 느껴지면서 홀연히 깨달음을 성취하였다.

3. 창교와 초기 교화

1) 교화의 시작과 참회원

(1) 대종사의 깨달음

대종사는 100일 정진 중에 고성염송에서 심상염송心想念誦의 이득과정已得過程을 거치면서 염송삼매念誦三昧를 증득하였다. 진언염송의 수행은 음성염송에서 심송心誦으로 수행의 경지가 깊어지면서 심신이 정화되고 삼마지의 상태에 이르게 한다. 삼마지의 경지는 늘 지금 여기의 청정한 마음에 머물러서 몸과 마음, 그리고 나와 세계가 일여一如한 경지를 내관內觀하게 한다. 대종사는 먼저 육자진언의 염송수행으로 심신이 상연하고 신병이 돈유되는 불가사의 한 경험을 하였다. 그리고 심일경心一境의 삼마지를 체험하고 법계진리를 내관하는 경지를 체득하였다. 나아가 법계 천지의 은혜가 지중함을 온 몸으로 느끼고 육자진언의 묘리를 증득하는 깨달음을 얻었다. 깨달음에 대하여 대종사의 비문은 "5월 16일 새벽 심신이 상연爽然하여지고 문득 동천에 솟는 태양을 보매 불은의 무변함과 천지은혜 지중함을 몸에 사무치게 느끼신 후 홀연히 대각을 성취하셨다"고 기록하고 있다. 대종사는 불법에 인연하여 10년의 수행과정을 거치고 농림촌의 대정진을 통하여 46세(1947) 5월 16일에 진각을 성취하였다. 깨달음은 훗날 대종사의 행적에 비추어서 진각眞覺이라 일컫는다.

(2) 농림촌의 교화

대종사의 진각은 삶의 여정을 새롭게 하였다. 진각을 성취한 후 지난 날에 수행한 곳들을 돌아보면서 그간 남겨둔 세간의 일들을 정리하고 다시 농림촌에 돌아왔다. 농림촌의 수행처소에는 함께 수행했던 사람들이 여전히 많이 남아 있었다. 그들은 대종사와 수행을 함께 하면서 육자진언의 묘리와 진각에 깊은 신심을 일으키고 있었다. 농림촌에서 얼마간 깨달음의 경지를 사색하며 교화의 방향을 구상하였다. 그리고 약 한 달이 지나 진기 원년(1947) 6월 14일 최초의 교화를 착수하였다. 대중은 대종사를 중심으로 수행 정진하였다. 농림촌의 교화동안 진각의 심경을 내관하는데 주력하였다. 그리고 앞으로 교화의 가능성을 확인하고 방향을 세우는 과정으로 삼았다. 농림촌의 환경여건이 교화를 지속할 만큼 성숙하지 않았다. 당시 농림촌에 살고 있는 사람들은 거의 일시적인 정착민이었다. 또한 대다수 당면한 생존에 시름하면서 사도적邪道的인 기복에 빠져 있었다. 그래서 농림촌 교화는 한 달 후 7월 15일 중지하였다.

(3) 계전동의 초전법륜

대종사는 농림촌 교화 중에 교화의 새로운 인연지를 궁구하였다. 그리고 구법수행 중에 머물었던 고향 계전동桂田洞을 새 교화 장소로 정하였다. 농림촌 교화를 중지한지 약 한 달 후 8월 17일 계전에서 다시 교화를 시작하였다. 우선 우당(愚堂, 1892-1977)의 사랑방에서 3주간 심공을 시작하였다. 그러자 심공하려는 사람들이 모여들고 우당의 사랑방이 넘쳐났다. 수행정진 당시에 머물었던 재실인 송헌재로 심공장소를 옮겼다. 송헌재는 계동의 입향조인 10대조(월성 손씨 12세) 송헌松憲 득상得尙의 재실이다.

송헌재는 월성 손씨 계동파의 재실로서 대종사와 인연이 깊다. 송헌재는 계동서당桂洞書堂에서 출발한다. 계동서당은 1693년에 세워졌다. 그 후 1820년 중수하여 4칸의 기와집으로 개축하였다. 그리고 송헌재라는 현판을 재미(齋楣, 재실의 정면)에 걸었다. 그런데 1936년 대종사가 기존의 현판보다 더 큰 송헌재 현판을 마련하여 재실 안의 마루 강당의 벽면에 걸고, 재미에 걸려 있던 기존의 현판은 문중의 의견을 모아서 내렸다. 따라서 교화를 할 당시의 재실의 명칭은 송헌재였다. 그런데 그 후 1968년 계동파 문중은 의견을 모아서 이송정二松亭이라는 현판을 다시 걸었다. 이송二松은 10세조 송암(松巖, 중삼重三)과 12세조 송헌松憲에서 송松자를 따서 붙인 이름이다. 그리고 건물의 구조가 재실의 형식이지만 구태여 정자를 붙인 것은 문중의 사정이 좋아지면 정자亭子에 합당하는 건물을 지으려는 희망을 표현한 것이다. 이송정은 명칭에 어울리는 건물을 지을 때까지 한시적으로 사용하는 현판이라는 의미이다. 그 후 문중의 의견을 모아서 모든 현판을 다시 내려 버렸다.

대종사는 농림촌 수행 중에 구상한 교화방편으로 교화를 실시하였다. 처음 심공 동참자들은 보통 3주간의 심공을 계속하게 하였다. 매일 오전 2시간 오후 2시간 저녁 1시간씩 하루 최소한 5시간 이상의 염송을 하게 하였다. 식사하고 잠자는 시간을 제외하고 오로지 진언 염송에 전념한 것이다. 그리고 틈틈이 설법을 하였다. 특히 앉는 자세를 바르게 하고 염송을 소리 내어 하면서 심공하는 것을 강조하였다. 훗날 교사는 농림촌의 최초 교화에 대하여 아래와 같이 기록하고 있다.

"손회당님의 창교로서 육자심인 및 금강경 사구게 무주상법과 법화경

십악참회 등의 국역한 원해인原海印으로서 공부한 결과 여하한 질병자라도 다 낫게 되는 방편을 만들어서 달성군 성서면 속가에서 교화에 착수하였다."

이어서 계전의 교화에 대해서도 아래와 같이 서술하고 있다.

"경상북도 영일군 계전동에서 상기의 해인 방편으로 교화를 시작하는데 교도 병환자가 많이 들어와서 이때는 거개가 난치병으로써 가산은 탕진하고 가정은 불화한 이가 많았다. 그러므로 병이 낫는 동시에 일체고통은 해탈하며 비로소 자성불이 있음을 깨닫고 부자자효父慈子孝하고 부화부순夫和婦順하며 모든 서원이 다 성취되었다."

대종사는 수행 중에 이미 금강경과 법화경 등을 공부하고 인쇄 반포하였다. 그리고 교화를 시작하면서 육자진언의 염송을 수행의 기본으로 하고, 우선 금강경의 무주상법과 법화경, 그리고 십악참회를 주요 방편으로 삼았다. 대종사는 교화를 시작하면서 수행정진을 통해서 깨닫고 증득한 내용을 언설로 표현하고 실천하는 문제에 깊은 관심을 가지고 있었다. 교사의 기록도 수행정진의 과정에서 마음에 품고 있던 심경을 표현한 한 부분이다. 대종사는 당시의 사회적 문제를 해결할 경전의 가르침을 찾아내었다. 그 중 하나가 금강경의 사구게四句偈의 무주상법이다. 금강경은 반야지혜에 의한 무주상의 보살행을 강조하고 있다. 대종사는 무주상법을 자내증하여 새롭게 해석하고 무상법의 실천을 강조하였다. 무상법은 처음 아집 등 사상四相을 다스리는 실천에서 시작하여 무등상불의 교리에 이르기까지 폭넓게 전개하였다.

대종사는 무주상과 더불어 참회법을 주요한 수행덕목으로 삼았으며 대정진 과정에서 참회의 낙루를 경험하였다. 그 참회는 불은과 천지의 은혜에 대한 깊은 통찰 과정에서 자기 성찰의 심경으로서 저절로 쏟아난 것이었다. 참회의 구체적인 내용으로서 불교의 십악참회를 수용하였다. 무주상과 참회는 깊은 관계가 있다. 참회법도 개인의 허물을 참회하는 유상참회에서 무상의 진리를 깨닫는 '무상참회'까지 교법의 전개과정을 가지고 있다. 대종사는 무주상 참회법과 더불어 법화경의 교설도 받아들였다. 법화경은 그 자체 일승一乘으로서 불승佛乘의 신행을 강조한다. 불승의 신행을 통하여 무여중생無餘衆生이 불승에 드는 것을 구경으로 하고 있다. 그리하여 중생이 남김없이 불승에 들게 하려는 회향의 교설을 수용하였다. 모든 중생이 불승에 이르게 하려는 뜻을 담아 무상과 참회를 실천한 것이다.

대종사가 처음 교화의 방편으로 무상·참회·불승의 교설을 삼은 것은 당시의 정세와 관련이 있었다. 교화를 시작할 당시의 정세를 서술한 교사의 기록을 보면 대종사의 시대관을 읽을 수 있다.

> "36년간의 일제 학정에 물심양면의 고난을 겪고, 해방 이후는 급속도의 사상적 물질적 혼란으로 모든 질서가 문란함에 따라 수신도덕은 이미 없어진지 오래임에도 불구하고, 조선 오백년 숭유배불하든 끝에 일본불교와 같이 겨우 대중불교로 향하고 있으나, 아직 각성覺性종교는 일어나지 못하였기 때문에 국민 거개가 대소병을 막론하고 의약으로서는 완치할 수 없는 질병이 말할 수 없이 허다하였든 특수한 시대이었던 것이다."

대종사는 당시의 상황을 우선 사상적 물질적 혼란 시대로 보았다. 일제의 학정과 해방정국의 무질서에 의해서 수신도덕이 무너지고 의약으로 완치할 수 없는 질병이 허다하게 일어났다. 이러한 시대상황의 치유는 각성종교覺性宗敎로서의 대중불교를 일으켜야 한다고 판단하였다. 따라서 각성종교로서 대중불교를 세우고 육자진언의 수행을 통하여 무상과 참회를 실천하고 모든 사람이 자성불을 깨닫도록 교화를 시작하였다. 이처럼 무상·참회·자성불의 교화방편은 교화의 이득과정을 거치면서 밀교의 교설을 통하여 정치精緻한 교법체계로 전개하였다.

계전동의 교화는 병고의 해탈과 가정의 화순 등 세간의 어려움을 해결하는데 힘을 쏟았다. 세간의 문제를 해결하는 심공 중에서 결국 자성불을 깨달아서 일체의 고통을 해탈할 수 있기 때문이다. 교사의 기록 중 "이때는 거개가 난치병으로써 가산은 탕진하고 가정은 불화한 이가 많았다"는 내용은 중요한 의미를 담고 있다. 당시 사람들에게는 병·빈·불화 등의 고난이 당면한 문제였다. 병고·빈고·쟁(불화)고의 삼고三苦가 당시의 대중이 겪고 있는 당면한 고난으로 이해하였다. 그리고 병·빈·쟁의 고난은 상호 원인과 결과가 되어 세간의 생활을 더욱 어렵게 하는 것으로 여겼다.

난치병의 치료는 가산의 탕진으로 이어지고 가산의 탕진은 결국 가정의 불화를 불러 온다. 이처럼 당면한 현실의 고난을 해결하려면 우선 참회법이 필요하였다. 참회심공은 먼저 자신을 철저히 살펴서 자기허물을 찾고 고치는데서 시작한다. 육자진언을 지심으로 염송하면 마음이 밝아지고 내 허물이 드러나서 절실한 참회를 하게 된다. 참회가 지극하면 동시에 아집을 버리게 되고 병·빈·쟁의 당면고當面苦는 결국 자기허물과 아집의 결과라는 이치를 깨달을 수 있다. 참회와 아집의 상相을 버리는 과정에서 당면고가 해탈되고 동시에 본심을 찾아 자성불을 깨달아 일체고를 해탈할 수 있다. 즉 참회하고 상을 다스려야 자성불을 속히 볼 수 있고, 자성불은 능히 모든 고통을 해탈하게 한다는 법문이었다. 여기서 상은 '나'라는 생각이 만들어 내는 인습적인 사고와 행위 등을 포함한다. 부귀한 사람은 부귀한 대로 가난한 사람은 가난한 대로 자신이 처한 현실에 집착하여 사고하고 행동하는 것이다. 따라서 상이 많은 사람은 유세하고 자만하기도 하고, 혹은 자책하기도 원망하기도 하는 등 굳어진 고집에 묶여서 살아가는 것이다. 그리고 그러한 사람은 새롭고 발전적인 생각이나 행동보다 부정하고 거부하는 경향을 가지게 된다. 그래서 당시 교화 중에 참회하여 관습에 고착하고 있는 상을 버릴 것을 매우 강조하였다. 그래야 무엇인가 바꾸고 변화를 시켜서 발전적인 생활을 할 수 있다고 가르쳤다. 이렇게 병·빈·쟁의 고난을 해탈하자 심공하려는 사람들이 나날이 모여들었다. 그래서 계전동은 실질적으로 교화를 시작한 초전법륜의 터전이 되었다.

(4) 참회원의 개설

계전의 교화가 자리를 잡자 교화를 우당에게 물려주고 진기 원년(1947) 9월 25일 양동의 관가정觀稼亭으로 교화 장소를 넓혀갔다. 양동은 월성 손씨의 종가가 있는 마을이다. 관가정은 본래 월성 손씨 3세조 손소(孫昭, 1433~1484년)의 둘째 아들로서 경주 동강서원東江書院에 배향된 우재愚齋 손중돈(孫仲暾, 1463~1529년)이 분가하여 살던 사가였다. 사랑채 누마루에 관가정이라는 당호를 붙여 집 전체를 관가정이라 불러왔다. 진선여중 손인수가 1980년대에 손소의 영정을 이곳에 배향하였다. 그런데 교사는 관가정 앞에 송첨松簷이라는 명칭을 붙여 송첨관가정이라 부르고 있다. 송첨은 손소의 아호로서 그가 살던 서백당(書百堂; 현 월성 손씨 종택)의 큰 사랑방의 대들보에 걸려 있는 편액이다. 교사에 관가정의 명칭 앞에 송첨을 붙여서 송첨관가정이라 서술한 까닭은 알 수 없다.

양동은 월성 손씨의 종가뿐만 아니라, 손씨와 인척 관계에 있는 여강 이씨의 종택도 있는 마을이다. 우재 손중돈의 생질인 회재晦齋 이언적(李彦迪, 1491~1553)이 대표적인 인물이다. 그 만큼 양동은 유가의 전통이 살아 있는 곳이다. 양동의 교화도 계동 교화방편에 따라서 처음 순조롭게 진행되었다. 먼저 육자진언의 염송이라는 간편한 수행법이 사람들의 관심을 끌었다. 본성을 찾아서 사상四相을 없애고 원망하지 않고 은혜의 마음을 가져야 한다는 가르침이 새로웠다. 그 위에 삶의 현실을 받아들이고 참회를 통하여 자신의 행위를 새롭게 개선해야 한다는 설법이 가슴에 와 닿았다. 나아가 남에게 의뢰하지 않고 자성불을 깨달아야 공덕을 크게 얻어 잘 살수 있다는 말씀이 호기심을 일으켰다. 양동뿐만 아니라 인근 지역의 사람들이 모여 들었다. 그러자 당시 손씨 종가의 종부가 심공에 동참하였다. 그러자 좋은 일에는 반드시 마장이 있듯이 대종사의 교화에 부정적인 생각을 하고 있던 사람들이 반감을 드러내었다. 특히 배불과 숭유의 사고에 젖어 있는 유가의 인사들이 교화에 대한 경계심을 가지고 항의를 시작하였다. 당시의 상황을 교사는 간명하게 설명하고 있다.

"전기 계전동 도량은 손우당에게 맡기고 경주군 강동면 양동 송첨관가정에서 도량을 열고 교화를 개시한 바 역시 교도들이 사방에서 운집하여 본성을 다 찾고 모든 고통을 해탈하였다. 아직 방편선교지가 원만하지 못하였음으로 봉건 유가의 완고한 분들이 조희阻戱하고 관권을 의뢰해서 방해하므로 교화를 일시 중지하였다."

전통 유가의 마을에서 이처럼 교화에 반발한 것은 어쩌면 당연한 현상이기도 하였다. 그러나 그들은 교화를 저지할 합당한 방안이 없어서 관권을 동원한 것이다. 그 당시는 사회가 몹시 불안한 시기였다. 관의 허가 없이 대중 집회를 할 수 없었다. 아직 적법한 관의 허가를 받을 만큼 준비된 상태가 아니어서 교화는 무허가 집회가 되었다. 관의 제지에 더 이상 교화를 지속할 수 없었다. 공공의 법과 질서를 지키고 존중해야 한다는 대종사의 생각이 불법不法을 허락하지 않았다. 그리고 대종사는 '봉건 유가의 완고한 분들이 조희하고 관권을 의뢰해서 방해'하는 것을 비난하지 않고 '아직 방편선교지가 원만하지 못한' 결과라고 참회의 실천을 하였다. 상대 허물보다 내 허물을 먼저 찾은 것이다. 관가정의 교화는 오래 가지 못하였다. 그러나 양동의 교화는 약 1년 반이 지나 진기 3년(1949) 1월 15일 인광仁光 류풍산(柳豊山, 1885~1959)을 파견하여 재개하였다. 대종사가 공식적으로 교화를 중지하여도 많은 신교도들이 자발적으로 심공하고 있었기 때문이다.

그런데 양동 교화는 교화의 기틀을 갖추는 중요한 계기를 마련하였다. 양동 교화에서 처음으로 '참회원'이라는 명칭을 사용하여 '양동참회원'이라 불렀다. '참회원'은 교화의 장소, 동시에 교화 단체를 가리키는 명칭이다. 교화의 방향과 성격을 구체적으로 '참회원'이라는 명칭으로 표현하였다. 그래서 교화를 불교라는 틀 속에 한정하지 않고 폭넓게 하려는 의미를 참회원이라는 명칭에 담은 것이다. 불법은 모든 부류의 사람들을 위한 보편적인 가르침이 될 수 있기 때문이다.

이렇게 양동의 교화는 큰 의미를 가지게 되었다. 고향인 계전의 교화에 이어서 종가가 있는 곳으로 교화의 장소를 옮긴 일이다. 유가의 본향에서 교화를 하면서 큰 저항을 경험하고 선교방편便巧方便의 필요성을 확인하였다. 그 당시 교화는 두 가지 극복 과제를 경험하였다. 첫째 전래의 민간 생활 습속과 유교적 의례의식이었다. 둘째 서양 문물과 예수교의 신앙 형태이었다. 양동의 교화에서 이러한 과제를 극복할 수 있는 방편선교지의 필요성을 깨달았다. 그래서 일차적으로 봉건시대와 민주시대, 의뢰와 자주, 정과 성품, 일원통솔과 이원자주, 물과 심, 형식과 실천 등의 대비적인 설법과 교화방편을 마련하여 갔다. 구체적이고 실질적인 사실을 통해서 보편적인 가르침으로 교화의 폭을 넓히려는 노력을 지속하였다. 양동의 교화가 그 시발점이 되었다.

2) 교화의 전개와 심인불교

(1) 교화의 개척

양동참회원의 교화 중에 인연이 있는 곳부터 교화의 범위를 넓이기 위해 포항에서도 교화를 시작하였다. 먼저 대종사의 상원동 속가에 도량을 개설하고(1,10.15), 동참자가 늘어남에 따라서 자회심自悔心의 자택으로 옮겼다(1,11.1). 그리고 정해영의 주택 전체를 도량으로 삼아서 교화하였다. 한편 포항의 교화를 시작하면서 대구에서도 원정각源淨覺이 남산동 청정심(淸淨心, 신길이申吉伊)의 자택에서 자발적으로 심공하면서 교화하였다. 청정심은 후일 교화에 동참한 소암素庵의 모친이었다. 청정심은 남편의 심한 외도로써 속병이 나서 고생하던 중에 이웃 원정각에게 육자진언의 공덕을 전해 듣고 심공하여 해탈하였다. 그리고 자신의 집 아래채를 교화 장소로 제공하고 원정각을 도와서 교화를 시작하였다. 그즈음 원오제圓悟濟

와 실상행實相行 자매가 심공에 동참하여 대구 교화는 크게 일어났다. 원오제는 수도산 서봉사의 신도회 부녀회장으로 실상행과 함께 능인학교의 설립 모연금을 모으기 위해 남산동 골목길을 지나다가 육자진언 염송 소리를 듣고 찾아와서 심공에 동참하였다. 심공 동참자가 나날이 모여들자 대구의 신교도들이 대종사의 도움을 요청하였다.

대종사는 포항의 교화를 정해영 및 손원도孫元道에게 맡기고 대구에서 교화를 하였다(2,1.20). 대구 교화는 물밀듯이 일어났다. 심공 동참자들은 불상 앞에 공양하고 절하며 예불 드리는 불공보다 '마음 닦는 공부'를 주로 하는 불공이 신기할 만큼 느껴졌다. 신교도들은 가족과 친지에게 '새불교가 나왔다'고 좋아하면서 참회원 이야기를 전하였다. 이렇게 참회원의 교화가 크게 일어나자 우선 현교의 인사들이 주목하였다. 먼저 참회원 인근에 있는 응원사應圓寺 주지 김원경金圓鏡이 관심을 가졌다. 그는 참회원에 사람들이 몰려드는 것을 보고는 참회원을 응원사로 옮길 것을 제의하였다. 대종사는 도량을 응원사로 옮겨 교화하였다(2,2.20). 처음으로 해인(海印, 한지에 인쇄한 경문 또는 말씀)을 인쇄 배포하였다(2,3.10). 해인의 내용은 사상四相 십악참회와 은혜의 말씀 등이었다. 이로부터 교화를 위하여 지속적으로 다양한 해인을 인쇄하여 활용하였다. 해인의 인쇄는 주로 김희옥(金熙玉, 자비인慈悲人)의 보시로 하였다. 자비인은 이화여전 출신으로 응원사 신도회장이었다. 참회원의 심공법과 가르침에 마음이 이끌려서 참회원의 신교도가 되었다.

응원사의 교화가 활기를 더하여 신교도가 급속히 불어나자 김원경 등이 불순한 의도를 품고 있는 사실을 인지하고 응원사의 교화는 그만 두었다(2,3.10) 그 내막을 교사는 자세히 밝히고 있다.

"김희옥님의 단독 보시로서 갈망하던 해인을 처음 인쇄하여 각 교도에게 1부씩 배부하게 되어 교화상 편리하게 되었다. 이로서 일대진전을 보게 되었으나 지도자가 아직 일체지지를 증하지 못하였음으로 현 교지마들이 준동을 일으켜서 교화에 방해를 받기 시작하였고 5.10 선거장소 사용을 빙자로 도량의 명도를 요구한 것도 이의 일례이며 본사 원경승은 제자가 되어 겨우 교화의 방편을 표면으로 알게 되어서 교화방편만을 찬양하는 것을 볼 때 방편을 모방하여 자기네들이 교화방편을 만들 의도가 은연중에 보였다."

김원경은 참회원의 교화방편을 배우고 참회원의 신교도를 응원사로 인도하려는 의도를 가지고 있었다. 응원사의 참회원 교화는 불교계의 관심을 불러일으켰고 결국 큰 위기감을 주었다. 한편으로 그들은 대종사의 교화 방편만을 모방할 궁리를 하였다. 그 일환으로 응원사의 김원경을 앞세워서 대종사의 응원사 교화를 못하게 할 구실을 찾았다. 김원경은 대종사가 응원사를 떠나면 신교도들은 자기가 배운 교화방편으로 교화할 수 있다는 생각을 가지고 있었다. 그때가 마침 대한민국 건립을 위한 5월 10일 선거를 앞둔 시점이었다. 그래서 선거장소의 하나로 응원사의 사용을 빌미로 삼은 것이다. 그러나 대종사는 역시 스스로 '일체지지의 증득'에 먼저 원인을 찾았다.

응원사의 교화 이후 참회원의 교화가 불교계의 방해와 세인의 관심을 받으면서 교화에 큰 고비를 맞았다. 신교도를 모아서 대중 집회로써 교화를 하는 일이 어렵게 된 것이다. 하지만 관官의 허가를 받아서 공식적으로 교화하기로 하였다. 그 동안 신교도들은 대종사의 지도하에 개별적으로 심공하고 있었다. 그리고 여러 가지 여건을 갖추어 계산동桂山洞

의 건물 2층을 빌려서 도량을 열고(2,5.5) 대구경찰서에 2개월간 집회허가를 받았다(2,5.15). 집회 허가를 위하여 참회원의 선교宣敎에 대종사, 원장에 김희옥, 부원장에 서행래徐倖來로 하였다. 이렇게 해서 참회원은 처음으로 관의 허가를 받아 교화하게 되었다.

계산동에서 관의 허가를 받아서 교화를 시작하자 수일 만에 200여 명의 동참자가 모여들었다. 남산동에 도량을 하나 더 개설하여 선교는 대종사, 하영택河寧澤, 윤신진(尹信眞, 원오제)을 대표자로 하여 경찰서의 집회 허가를 받았다(2,5.30). 신교도들이 계속 밀려들자 시장 북통으로 장소를 옮겨서 참회원을 개설하였다(2,9.1). 역시 선교는 대종사, 대표자 배덕원裵德遠, 대리대표 하영택으로 변경하였다. 남산동의 교화가 발전하면서 대구 전역에서 신교도들이 몰려들었다. 그 때 김희옥(金熙玉, 자비인)이 건물을 무상으로 제공하여 대봉동에 참회원을 설치하고(2,12.15) 송두남宋斗南에게 교화하게 하였다. 이어서 동성로에 건물을 임대하여 참회원을 개설하여 (2,12.20) 윤신진에게 교화하도록 하였으나 마장이 많아서 그만 두게 하였다. 이와 동시에 남산동 참회원의 신교도들 사이에 참회원을 건축하자는 열성이 높아갔다. 참회원 건축을 결정하고 남산동 84번지에 부지를 구하였다(3,2.20). 건축 경비는 신교도들이 유상 무상의 희사로써 충당하고 이영중李榮重이 감독하였다. 건축은 음력3월초에 착공하여 음력7월말에 가假준공하고 교화를 실시하였다. 남산동 참회원이 완성되어 시장 북통 참회원과 동성로 참회원은 남산동 참회원에 이전하였다(3,7.30).

참회원의 개설은 지속적으로 확산하였다. 남산동 교화와 동시에 경주 황오리에도 교화가 시작되었다. 자회심이 포항에서 경주로 옮겨서 자택에서 교화를 하였다(2,5.16). 신교도가 많이 모여들자 신교도 자비慈悲의 집으로 옮기고(3,12.20) 다시 참회원을 건축하여 교화하였다(4,11.9). 그 즈음에 울릉도 배관천裵觀天의 주택에서 참회원을 개설하고 심인각心印覺이 지도하였다(2,7.15).

(2) 교화단체 참회원의 조직

참회원의 교화가 급속히 일어나면서 동시에 참회원 안과 밖에서 여러 가지 난관도 맞았다. 우선 밖의 난관을 극복하기 위하여 계산동 교화에서 처음으로 관의 집회허가를 받았다. 교화의 훼방이 계속되어 참회원을 '교화단체참회원'의 이름으로 간부조직과 강령을 마련하여 사회단체로서 경상북도 공보과에 등록하였다(2,8.3). 이러한 사정을 교사는 자세히 기록하고 있다.

> "현교지마顯敎智魔들의 시기 질투로서 신문 여론을 환기하고 각 기관을 움직여서 담화가 발표되자 경찰은 무장 경관을 동원하여 남산동 도량은 문 닫게 하고 계산동 도량은 허가 기간 만료의 이용하여 허가를 계속하여 주지 않게 훼방하였음으로 교화는 결국 무기 중지 되었다. 이로 인하여 선교님과 하영택 외 수명의 간부가 대구서에 야간 호출을 당한 일도 있었다. 교화가 중지되자 신교들의 전부는 각 요로 당국에 진정하였으나 그대로 계속하지 못하고 당시 지사 장인환長仁煥씨 및 경찰서장 강수창姜燧昌씨의 지시에 의하여 종교자유의 원칙하에 법적 수속 방법을 모색한 결과 교화단체 참회원을 조직하고 동년 8월 3일에 사회단체로서 경상북도 공보과에 등록을 완료하였다. 이 해는 우리 정부가 수립되는 해라 이 등록을 위하여 동인동 신흥공업주식회사 상무 박석윤朴錫潤씨 사택에서 일주간 강도講度를 하다."

참회원이 사회단체로서 등록하고 교화는 더욱 활발해졌다. 이때 일시 중단하였던 양동 참회원을 재개하고 유인관을 파견하여 교화를 이어 갔다(3,1.15). 경주 사방士方에 주택을 빌려서 참회원을 열어 신교도들이 스스로 모여 심공하게 하였다(3,3.13). 포항의 신교도가 나날이 불어나서 대종사의 사택을 참회원으로 건설하여 이전하니 청정관이 교화하였다. 그리고 군위 대율에 복전화를 파견하고(4,4.4), 의성군 용기에 신교도들이 자수自修하게 하여(4,5.5) 교화하고, 내당동에 손원도가 일부 희사하여 참회원을 지어서 교화하였다(4,4.4).

그러나 참회원에 대한 불교계의 방해는 일시적이지 아니하였다. 그들은 각가지 수단 방법을 통하여 지속적으로 방해를 하였다. 대봉동의 참회원이 개설되면서 방해의 강도는 더하였다. 그러나 참회원에서 외마가 일어나는 것은 '지도자가 아직 일체지지를 증하지 못한' 결과라는 대종사의 자주적 참회의 말씀에 힘을 얻어 교화는 더 발전하였다.

> "이때에 현교지마들의 책동으로 시내 각 신문사를 충동하여 기자가 매일 수명씩 내힐來詰하고 지상으로는 비평을 하는 등 그야말로 도고십척道高十尺의 마고십장魔高十丈의 격으로서… 재래 구교가 방해함은 고금이 상부되는 진리라고 믿고 교화하고 배격하여 왔다. 이와 같이 현교지마들과 투쟁할수록 신교도는 매일 불어 다 수용할 수 없는 상태에 이르렀다."

외마를 극복하기 위해 신교도의 신심은 더욱 높아 갔다. 6·25 전쟁이 일어나자 국민방위대가 남산동 참회원을 사용하였다(4,7.7). 정치와 종교가 분리되어 상호 침해하지 않는 이치와 나라에 소요가 일어나면 오히려 소재도량을 건립하여 그것을 다스리는 법을 모르는 까닭에 부득이 국가의 참회원 사용 요청을 받아들였다. 다시 남산동 참회원은 제27육군병원 부속 건물로 징발되어서(4,11.27) 교화를 할 수 없었다. 그리고 전쟁 중의 특수상황에 의하여 국방부에 사회단체로서 '참회원'의 명칭으로 등록하였다(5,1.18).

참회원의 교화는 전쟁 중에도 더욱 활발하게 진행하여 참회원의 설립은 더욱 늘어갔다. 매일 불어나는 신교도를 받아들이기 위하여 대봉동 참회원의 건축을 시작하였다(4,6.20). 그즈음에 6·25전쟁이 발발하였다. 그래도 동요 없이 건축공사를 계속하여 준공하고(4,9.1) 교화를 하였다. 그리고 대봉동 참회원의 교화는 이원화하여 서원당誓願堂은 김희옥, 심인당心印堂은 송두남이 담당하여 교화하였다. 남산동 신교도 김홍섭金洪燮이 스스로 밀양에서 참회원을 개설해서(4,7.15) 선교님이 현지 상황을 시찰하여 참회원으로 인정하고, 다시 2층 건물을 구입하여 그로 하여금 교화하게 하였다(4,10.1). 부산 창신동에 참회원을 개설하고 남산동 참회원에서 교화하던 윤신진을 전임하였다(4,10.10). 이외에 대구 침산참회원을 비롯하여 서부리(5,3.15) 내남(5,3.20) 법산(5,3.30) 안강(5,5.17) 비산(5,9.9) 유금(6,3.5) 등에 참회원을 개설하였다. 그 중에서 안강참회원은 손원도 개인이 건축하여 개설하고, 유금참회원은 실상행 스스로 주택을 매수하여 개설하였다.

(3) 심인불교의 수립

참회원의 교세가 빠른 속도로 확산하여 중앙정부에 단체등록을 하고, 참회원의 교화가 전국적으로 합법성을 가지게 되었다. 하지만 부산 창신동 교화 중에 교화의 합법성 문제가 일어났다. 이를 계기로 참회원은 중앙공보처에 대종사를 대표로 하여 '심인불교건국참회원'이라는 명칭으로 등록하였다(5,7.29). 그리고 부산 창신동참회원은 심인불교건국참회원의 부산지원으로 하였다. 교화단체참회원은 심인불교건국참회원으로 명칭을 개칭하고 공보부에 등록하면서 참회원의 취지와 조직체계 등의 문서를 첨부하였다. 그 중에는 '선언(심인불교를 세우는 선언)' '강령' '서원문' '원헌규약園憲規約'과 '재산목록' '업적보고서,' 그리고 인적사항 등을 갖추었다. 심인불교건국참회원의 선언은 "새로운 심인불교 수립의 강헌綱憲을 세우고 일어난다"면서 심인불교의 취지를 밝히고 있다.

> "한국불교의 혁신이요 대승적으로 방편을 들어 실천주의로 뻗어나가는 심인불교다. 이 출발점을 중심하여 팔만법우가 한 다발이 되어 일대 강헌을 높이 세우고 무주無住 무상無相 자주 실천 통일진영으로 일동일정一動一靜을 같이 하는 곳에 공헌적 혁신불교가 되는 것이요 대중화 대승적 실천불교가 되는 것이다."

심인불교는 대승적 실천불교로서 불교의 대중화에 공헌하는 혁신불교이다. 따라서 심인불교의 '강령'은 대승적 혁신불교로서 심인불교의 실천 강령을 세 가지로 열거하고 있다.

> "1. 심인불교는 깨달음을 근본으로 한다. 남의 허물 보지 말고 자과自過를 참회하자. 어진 국민의 밝은 지혜는 참회하는데 있다.
> 1. 심인불교는 실천주의이다. 남에게 의뢰 말고 자주로 행하자. 화랑도 오계정신 삼국을 통일 했다.
> 1. 심인불교는 무상진리 불교다. 사상四相을 버리고 증득을 취하자. 사

색당파는 조국을 망쳤다."

심인불교는 깨달음을 근본으로 하고, 실천주의이며, 무상진리 불교라고 규정하였다. 또한 깨달음은 참회, 실천은 자주, 그리고 무상진리 불교는 증득을 주요덕목으로 강조하였다. 깨달음은 참회로 시작하고, 실천은 의뢰 없이 자주로 이루고, 무상진리 불교는 형식보다 증득을 취한다는 의미이다. 심인불교건국참회원은 단헌규약을 10장 25조로 정하여 총칙 2조에서 "본원本園은 선언과 강령의 관철을 목적으로 한다"고 정의하였다. 특히 규약(5장 15조)은 참회원의 교화방편을 교종과 진언종으로 정하고 그 의미를 설명하였다.

> "1. 교종은 금강경의 종지와 기타 대승경전 가운데서 한글로 간단히 번역하여 그 진리를 설명하고 깨닫게 하여 과거의 잘못을 참회하고 지비용으로 실천하게 하여 미신타파와 가정화목을 주로 한다.
> 2. 진언종은 허망한 산란심을 버리고 본심을 일으키게 하여 오리견성 悟理見性의 경지에 도달하도록 육자대명왕주를 묵념하게 한다."

규약의 설명은 교종이란 교리를 의미하고 진언종은 진언수행을 일컫고 있다. 심인불교참회원은 금강경의 교리를 중심으로 하고 육자진언 수행을 기본으로 하여 창교 당시의 교화방편을 그대로 계승하였다.

그러나 심인불교건국참회원을 등록하면서 교화의 덕목이 '참회'에서 '심인'으로 심화하였다. 참회는 자기 허물의 깨달음에서 시작하여 심인의 밝힘을 구경으로 하는 수행법이다. 참회원은 교화를 시작하면서 먼저 참회를 내세웠다. 창교 당시의 사회적 상황에서는 참회가 수행이나 생활에서 첫 출발점이고 무엇보다 절실하였다. 그래서 종교적 참회운동을 일으키고, 당면한 현실고의 원인으로서 자신의 허물을 깨닫고 참회하여 현실고의 해탈을 얻게 하였다. 따라서 교화를 시작하면서 참회를 강조하고 교당을 참회원이라 하였다. 그리고 참회원은 수행의 심화과정으로서 참회의 궁극 이상인 '심인'을 드러내었다. 대종사는 교화의 이득己得 과정에서 육자진언의 수행을 통하여 밝혀지는 마음[본심]을 일컬어 심인이라 하였다. 심인은 마음의 의미도 있고, 한편으로 심인의 상징형태로서 진언을 뜻하기도 한다. 그래서 육자진언은 달리 '육자심인'이라 실감나게 부른다. 나아가 심인은 만유실체의 진리로서 '심인진리'라고 증득하였다. 심인불교는 '심인진리를 깨닫고 밝히는 불교'라는 의미를 가진다. 그래서 심인불교는 '심인(밝히는)공부' 즉 '심인공부'를 수행의 근본으로 하였다. 따라서 교화단체참회원은 불교의 성격을 분명히 하고, 참회를 통하여 심인진리를 깨닫는 불교라는 의미에서 심인불교(건국)참회원이 되었다.

3) 심인불교의 조직과 교화활동

(1) 참회원의 조직정비

참회원의 교화가 심인공부를 드러내면서 교당의 명칭을 참회원에서 심인당으로 개칭하였다(6,4.8). 따라서 교단의 명칭은 심인불교참회원, 교당의 명칭은 심인당으로 정해졌다. 심인불교참회원의 교화는 활기를 더하여 심인당은 전국으로 확산하여 갔다. 대구 동인동에 심인당을 건축하여 박대준朴大俊이 교화하고(6,8.11), 이어서 서울심인당(밀각심인당)의 건축에 착공하여(6,9.29) 다음 해 2월 8일에 준공하고 대종사가 교화를 맡았다(7,2.8). 서울 심인당 건축은 특별하게 진행되었다. 대종사는 북한군이 낙동강을 건너 대구에 진입하기 직전에 피난길을 권유하는 측근에게 "전쟁이 물러가지 내가 물러가나. 가고 싶은 사람만 가라"고 하며 피난을 가는 대신 남산동 참회원에 소재도량을 열어 불공을 하였다. 그리고 휴전이 진행되는 동안 서울에 소재도량을 열어야 전쟁이 끝난다면서 전투 중에 깨어진 벽돌을 주워 모아서 심인당을 짓고 스스로 교화를 맡았다. 서울심인당을 개축한 후 윤신진이 출가하여 자발적으로 부산 초량동에 주택을 얻어 전교하고 심인당을 개설하였다(6,12.10). 윤신진은 교화에 대한 열정을 놓을 수가 없어서 자진하여 초량동에 가서 교화를 하였다. 그리고 대전 심인당을 건축하여 교화를 시작하였다(7,8.12). 이와 동시에 대구 인근의 심인당 개설은 나날이 불어났다. 성당동(7,8.15) 중동(7,8.17) 대명동(7,8.18) 원대동(7,8.19) 계전동(7,8.21)에 심인당을 건축하고, 신암동 심인당은 주택을 매수하여 개설하였다(7,8.20). 그리고 부산 부민동에 주택을 매수하여 신창동 심인당을 이전하고(7,8.22) 신창동 심인당은 폐지하였다.

　　심인불교는 초기부터 교화를 급속히 확산시켜 나아갔다. 그것은 조직적인 교화활동 덕택이었다. 그 와중에 참회원은 양동 교화 과정에서 벌어진 관권을 동원한 유가儒家의 방해에 대응하기 위해 적법한 교화활동을 생각하였다. 교화가 활기를 더할수록 외부의 방해가 높아졌기에 대구 계산동 교화에서 처음으로 집회 허가를 받았다(2,5.15). 그 때 선교宣敎 대종사, 원장 김희옥, 부원장 서행래로 하는 참회원의 조직을 구성하였다. 참회원 교화의 최고 지도자로서 선교라는 호칭을 처음 사용하여 참회원의 행정 책임자로서 원장, 부원장과 구별하였다. 남산동 참회원에서도 선교는 대종사, 대표자는 하영택, 윤신진(원오제)이 공동으로 하였다(2,5.30). 신교도들이 계속 밀려들자 시장 북통으로 장소를 옮겨서 선교는 대종사, 대표자 배덕원, 대리대표 하영택으로 변경하였다(2.9.1). 그리고 참회원을 '교화단체참회원'라는 명의로 경상북도 공보과에 사회단체로서 등록할 때는 선교 대종사, 대표자 배덕원, 하영택 2인 공동대표로 하였다(2.8.3).

참회원은 공보과 등록과 함께 정식 간부회의를 개최하여 교화사항을 논의하였다. 간부 회의록 중 현존하는 최초의 것은 진기4년 3월 26일 회의록이다. 그 회의록은 참석자 15명 중 선교 대종사를 비롯하여 원정圓淨 배덕원, 전수 이용규, 원무 김철, 정사 윤신진, 해공解空 신옥申鈺, 공로해공功勞解空 이영중李榮重 등의 내용을 남기고 있다. 이즈음 참회원에 선교와 더불어 원정 전수 정사 원무 해공 공로해공 등의 명칭을 사용하였다. 참회원이 선교와 대표자를 분리하여 교화활동을 하는 중에 참회원 운영에 불편한 일들이 있어서 대표를 대종사로 하고 대리대표를 윤신진으로 하여 등록하였다(4.7.10). 그리고 심인불교건국참회원은 다시 '대표자 교주 선교'를 대종사로 하여 중앙공보처에 등록하였다. 또한 간부에 정사(正師) 배신(裵信), 전수傳授 송대덕화宋大德華, 원무圓務 손규복孫奎福, 처무處務 강욱姜旭으로 하였다. 이와 함께 경남지원 대표자 정사 김홍섭, 부산지원 대표자 정사 윤신진, 대표대리 처무 배덕원 등으로 하였다(5.6.25). 그리고 심인불교건국참회원의 정사전수회의에서 정사 박보강朴普岡, 전수 배신 등으로 사용하고, 교화자 호칭을 남자는 정사, 여자는 전수로 확정하고(5.9.3), 정사 전수의 통칭을 스승이라 하였다. 그리고 심인불교건국참회원은 원헌규약에 따라서 교화활동을 진행하였다.

참회원은 조직의 정비와 함께 재정의 활용 방안도 강구하였다. 참회원의 교화활동은 처음 대종사의 자비로 충당하였다. 그리고 교화가 진행되면서 심공과 교화 동참자의 자발적인 기부, 또는 위탁으로 감당하였다.

자진해서 재산을 기부 또는 위탁하고 교화에 동참하는 사람이 늘었다. 응원사 교화부터 불교의 전래 신행관습에 따라서 신교도들이 자발적으로 보시를 하였다. 그러나 남산동 참회원의 건축이 진행되면서 전래의 보시를 '희사喜捨'라고 부르고 희사법을 설하였다(3,2.20). 그래서 참회원의 건축 경비는 신교도의 자진 유상有相 무상無相 희사로 충당하였다. 그때 희사법과 동시에 절량법도 설하였다. 그러나 유상희사에 관심이 높아서 무상희사를 강조하였다. 희사법는 자비 즉 희사심을 실천하는 방편으로서 후에 결국 심인공부의 중요한 수행법이 되었다. 절량법은 일용 양식糧食의 중요성과 은혜로움을 깨닫고 재물을 아껴 쓰는 심성을 기르는 실천법이 되었다.

　　참회원은 희사법을 실시하면서 희사에 대한 경전의 전거를 찾아서 희사의 보편적 원리를 일깨웠다. 그리고 경전의 분재分財에 관한 법설 중 특히 사분법四分法에 관심을 가지고 다양한 희사법의 방편과 제도를 마련하였다. 희사법의 실시로 희사금이 모이자 희사금의 사용 방안도 마련하였다. 남산동 건축부터 참회원의 경비를 구체적으로 관리하기 위하여 희사금 사용의 회계를 실시하였다. 참회원 업무종사자에게 일정액의 급여를 지급하였다(4,3.26 이전). 이어서 재산을 위탁한 정사 전수에게 생활보장을 실시하였다(5,8.3 이전). 그 외 정사 전수에게는 일정액의 급여를 지급하였다(5,9.3 이전). 이즈음 생활보장을 받는 정사 전수에게는 특별히 관혼상례비 보건비 교육비 등을 본원에서 지급하였다. 그리고 스승의 생활 문제는 종단의 교화 발전에 따라서 개편하여 갔다. 보건비, 교육비, 특수교육비, 식모비, 공과금 등을 지급하였다(5,11.3). 일정액의 급료(6,9.5)와 피복비(6,11.24), 그리고 식량비(주식비)(6,9.5) 부식비(8,7.16) 등도 지급하였다. 이렇게 스승의 처우는 종단의 발전에 맞추어 다양하게 진화하였다. 특히 식량비와 신탄비를 합하여 식신비食薪費라 부르기도 하였다(9,9.5). 식량과 연료비가 스승의 필수 생활비였기 때문이다.

희사금은 처음 전액을 본원에 납부하였으나 교화도량이 늘어나면서 일정한 비율은 본원에 납부하고 나머지로써 각 도량의 비용으로 사용하였다. 본원에 납부하는 비율은 처음 1/10로 하고, 동시에 식신1/10과 강도금 잉여금을 합하여 납부하였다(6,9.5 이전). 식신 1/10은 식량비와 연료비[薪炭]의 1/10 희사를 말하고, 강도금은 정사 전수가 특별한 서원을 위하여 도량의 희사금으로 희사한 금액, 그리고 잉여금은 희사금에서 1/10 본원납부와 강도금 그리고 심인당 경비를 지출하고 남은 금액을 일컫는다. 그리고 희사금 1/10의 납부는 다시 2/10의 납부로 바꾸었다. 동시에 정사 전수의 수입금과 도량의 지출경비도 2/10 희사를 하게 하였다(7,7.7). 그리고 신교도에게는 수입의 1/10의 희사를 권유하였다. 희사의 방편은 재시財施를 법시法施로 회향하는 원리를 본거本據로 하였다. 참회원은 초기부터 희사행을 자비심을 일으키고 희사심을 실행하는 수행으로 여기고, 희사심의 실천행으로서 희사한 희사금의 사용도 또한 수행의 과정으로 여겼다.

(2) 교화 방안과 교육

참회원의 교화 중에는 외마의 뿐만 아니라 내마內魔도 일어났다. 그것은 교화자와 신교도의 문제였다. 교화자의 자격에 관련하여 교사는 상세하게 기록하고 있다.

"아직 자기도 제도 못한 사람을 중생교화에 지도자로 뽑아서 포교문을 연 까닭으로 더욱 마장이 심했다(2,12.12). 스승의 진리가 어두운 까닭이다(3,7.30). 일원주의에 전도한 설법으로 인해서 부득이…휴직하게 하였다(3,12.12). 소실 둔 남편만 무자격한 것을 발견 실행 중에 교도 가운데 허다히 보는 바와 같이 역시 소실 둔 본부인은 자격이 없다는 것이 누구나 다 남편과 가족을 화도 못하는 것은 분명하게 나타나 있음으로 어찌 자기 가족을 제도 못하고 남을 제도하랴. 그러므로 부득이…자진 사퇴하게 하였다(5,9.15). 가정외도로서 인법印法에 맞지 아니하여 교화에 지장이 막대하므로 정사직을 사면하고…(5,3.30)."

교화자의 자격을 인법印法이라 부르고 인법에 어긋나는 사람은 정사 전수로서 교화 자격을 주지 않았다. 인법은 심인법의 준말로서 심인에 비추어 적절하지 못하면 교화자의 자격이 없다는 의미이다. 먼저 소실을 둔 남자와 본부인이 인법에 어긋났다. 자기 가정을 제도 못하면서 남을 제도할 수 없기 때문이다. 그래서 인법에 따르기 위해서 출가를 하기도 하였다. 그리고 인법에 잘 맞지 않는 경우는 일원주의 설법이다. 일원주의 설법은 자기는 실천하지 못하면서 학식을 유세하듯이 설법을 하는 것이다. 마음의 자만심, 즉 상相을 항복 받지 못했기 때문이다. 교화 초기에 소실 둔 남편 중에 대표적으로 배덕원과 손원도를 들 수 있고, 소실을 둔 아내는 김희옥과 윤신진이 대표적이다. 윤신진은 결국 출가하여 교화를 계속하였다.

참회원은 일찍부터 교화스승의 교육을 실시하였다. 먼저 교화스승을 기회 있을 때마다 모아서 강습을 하였다. 그 후 강습은 매월 정기적으로 실시하고 필요에 따라서 임시 강습도 하였다. 그리고 강습을 강공講工으로 개칭하였다(6,9.4). 강공은 매월 정기적으로 열었지만 겨울 1~2월과 여름 7~8월은 추위와 더위로 중지하였다(6,9.5). 그리고 도량에서 심공은 자유롭게 하였다. 그런데 춘분부터 추분까지는 저녁공부를 주로 하고, 추분부터 춘분까지는 아침공부를 주로 하였다. 아침 오전 5시에 종을 치고 5시 15분부터 공부를 시작하고, 저녁6시에 종을 치고 7시부터 공부를 시작하였다. 그러나 지방에 따라서 공부시간은 달리할 수도 있게 하였다. 참회원 시기에는 도량에 종을 설치하고 공부시간을 알렸다. 그리고 공식 낮 공부는 10시부터 2시간동안 하였다. 대중이 동참하는 공식불사가 실시되면서 언제쯤인가 죽비竹篦가 사용되었다. 죽비는 스승이 불사를 진행하는 법구法具로서 법구가 사용되기 이전에는 손뼉으로 대신하였다. 그 시기에 일요일을 자성 찾는 날의 의미로서 '자성일自性日'이라 부르고 특별히 중요하게 심공을 하였다. 공식 낮 불사는 정사 전수가 지도하고 해인海印을 공부하고 설법도 하였다. 해인은 각해심인의 준말로서 공부에 필요한 경전이나 설법의 자료를 말한다. 해인은 주로 대종사가 교화자 강공을 위해서 준비하고, 다시 심인당에서 교도와 공부하게 하였다. 그 해인을 달리 '꼬지경(꽃이경)'이라 불렀다. 심인당 전면에 걸어서 신교도와 함께 공부한 데서 붙인 명칭이다. 심인당 전면에 걸어둔 꼬지경을 공부하면서 법대法帶가 사용되었다. 꼬지해인의 글자를 한 글자씩 짚는 긴 대나무 막대를 법대라고 불렀다. 신행이 깊은, 즉 법을 잘 지키는 보살이 법대를 짚었는데 법대보살이라 일렀다. 법대의 실시는 해인의 내용에 집중하게 하고 글을 모르는 신교도가 글을 깨우치게 하는 목적이 있었다.

  스승의 심공은 특별히 정한 규정이 없이 용맹정진하게 하였으나, 다시 정사 전수 그리고 지원대표자 간부 등 교화 종사자는 '심인염송'을 매일 일만독讀을 철저히 하는 규정을 세웠다(6,2.7). 그리고 심공 중에서 특별한 심공은 강도라 하고 필요에 따라서 강도를 하였다. 남산동 교화 중 외부의 압박에 의해서 일시 교화가 중지되고 교화단체참회원을 경북도 공보과에 등록할 때 박석윤의 사택에서 일주간 강도하였다(2,5.30). 서울 심인당 건축을 위하여 전교 일제히 일주간 강도를 실시하였다(6,10.5). 또한 신교도의 소상小祥 대상大祥의 파재일에 강도를 하도록 하였다(7,3.3).

　　교화자의 자격과 심공의 방안이 차례로 마련되면서 참회원은 심공방편도 실험적으로 시행하였다. 육자심인 염송의 신행체험과 교학체계의 이득과정으로 남자는 아미타불 본심진언 '단야타 옴 아리다라 사바하'를 염송하고 여자는 육자진언을 염송하였다(7,7.2). 남녀의 성정에 따라서 각기 부합하는 진언염송을 하여 이원상대의 심공을 세우려는 방편이었다. 그러나 미본진언 염송은 마장은 있고 증득되는 일이 없어서 폐지하였다(11,10.9). 또한 참회원은 대소사의 행사를 양력으로 시행하기로 하였다(7,3.3). 심인 밝히는 수행은 양陽에 부합하고 번뇌를 없애는 일은 음陰에 어울리기 때문이다.

(3) 공민학교 개설과 조국통일기원강도

교화자의 교육과 더불어 신교도의 교육도 필요하였다. 처음 교화를 하면서 신교도 중에는 글을 읽지 못하는 사람이 많아서 국문강습을 시작하였다. 강습의 수강생이 증가하여 당국의 수속을 밟아서 건국고등공민학교를 도량 내에 개설하였다(3,3.1). 강사는 신교도 중 신옥申鈺이 맡았다. 그러나 건국고등공민학교는 6·25전쟁 직전 폐지하였다(4,5.15). 당시에는 교육환경이 매우 열악하였다. 심인불교는 다시 오서근이 운영하던 공민학교를 인수하여(7,6.5) 심인고등공민학교로 개명하고 대종사가 초대 교장을 받았다(7,6.6). 그리고 경북여자고등학교의 가교사假校舍를 차용하여 교육을 실시하였다. 가교사는 낮에는 경북여자고등학교가 사용하고 밤에만 공민학교가 사용하는 조건으로 차용하였다. 그 때 야간부 남녀 1, 2학년 2학급으로 112명이었다. 심인고등공민학교는 후에 심인중학원에 이어 심인중학교로 발전하였다. 심인불교참회원은 직영 고등공민학교의 운영자금을 본원과 각 지원의 찬조로 지원하기로 하였다(7.7.7).

6·25전쟁이 휴전되고 나서 불교청년회가 '조국통일기원대제'를 열기로 하고 동참을 요청하였다. 참회원은 기원대재에 동참하기로 하고 미리 '조국통일서원강도'를 올리기 위해 강도절차와 동참취지문을 첨부하여 공문을 각 심인당에 보냈다(7.7.29).

"한국불교의 신세대의 생활불교 확립에 매진하는 불교청년회에서 조국통일기원대제의 8월 8.9.10일 거사를 앞두고 전체불교도의 총궐기를 촉구하는 작금에 있어서 심인불교 각 지원에서도 신교도들에게 차 취지를 주지시켜 8월 9일 자성일은 좌기 요령에 의하여 조국통일강도를 하기로 요망."

조국통일기원 강도 공문에 첨부한 강도절차는 당시의 강도의 일면을 볼 수 있다.

"I. 조국통일기원강도절차

1. 서원강도 시작
2. 부처님 출세…해인 낭독
3. 열반요문 낭독(전몰 장사 영식을 위하여)
4. 염송

5. 마음은 곧 부처요 부처는 곧 마음인 고로 불법은 마음의 법이라…
  해인낭독
6. 서원강도 마침

II. 강도시간은 자성일 첫 시간에 실행할 것."

여기서 특이한 내용은 '자성일'과 자성일 공부는 첫 시간과 둘째 시간으로 실시한 것을 엿볼 수 있다. 또한 동참취지문은 "희사에 대하여 말은 아니 할 것이로되 이와 같은 일은 처음이라 상식을 가르쳐서 이후라도 다 알고 실행하기까지 말을 하게 될 것입니다."라고 하여 기원대재에서 심인불교 신교도는 반드시 희사를 실시할 것을 강조하였다. 세상에 희사의 중요성을 일깨우는 신행을 보여주려 하였다. 대구종합운동장에서 개최되는 조국통일기원대재에 전 교도가 참가하였다(7,8,8).

참회원은 교화 초기부터 해인을 한글 위주로 만들었다. 남산동에서 공민학교를 열어서 국문학습을 실시하고 사회에 한글보급 운동을 하였다. 남산동 참회원을 신축하여 참회원의 해인판에 한글로 된 해인을 부착 게시하여 공부하였다. 참회원은 도량의 전면 벽을 해인판이라 부르고 육자진언을 비롯하여 중요한 해인을 부착하여 공부하였다. 한글사용에 대한 참회원의 사실이 알려져서 당시 최현배 등 한글학자들이 한글보급의 좋은 실례로서 찾아오기도 하였다. 그리고 특이한 사항은 대종사가 대한불교도 군포교사의 고문이 되어 심인불교에서도 유자격자를 5명을 임명하기로 하고 추후 통지하기로 하였다(7,8,4).

4. 종단체제의 정비와 교학의 증진

1) 진각종의 성립

(1) 헌법의 제정

심인불교참회원은 창교부터 구성원의 의견을 모아서 공의共議로 운영하려는 노력을 하였다. 참회원의 운영과 신교도의 생활에서 공사公私의 문제를 중요하게 다루었다. 참회원은 교세가 확산되고 규모가 커지면서 행정조직과 교화활동의 체제를 다시 정비하였다. 헌법을 제정하여 참회원의 체제를 완전히 개정하였다. 헌법제정 경과문은 헌법제정의 필요성을 잘 밝히고 있다.

> "본교는 단기 사이팔십년 시월(?)에 참회원으로 발족하였을 때는 하등의 시행법을 가지지 못하였으나 본교의 발전함에 따라 단기 사이팔일년 팔월 사(?)일 교화단체 참회원으로 본도 공보과에 등록 때는 간부조직과 강령을 세웠고, 단기 사이팔사년 칠월 이십구일 심인불교건국참회원으로 중앙공보처에 등록할 때에는 단원규약을 세웠던 것이다. 그러나 현재 보살회의 발전하고 있는 범위는 벌써 현용의 단헌규약으로서는 도저히 적합지 않고 또 그 일부를 개정하여도 적용되지 않을 뿐 아니라 전부를 개정하여야만 될 단계에 이르렀음을 자각하고 본교에서는 단기 사이팔육년 삼월에 민주주의 자유국가에 합당한 대승적 종교헌법을 새로 제정하고자 기초에 착수한 것이다."

참회원은 헌법제정을 3월에 착수하여 헌법기초위원회를 구성하였다. 대종사와 김희옥이 기초위원으로 선출되어 4월부터 6월까지 초안을 완성하였다. 스승으로 이루어진 헌법기초위원회는 7월 7일 초안을 토의하고 대종사에게 재수정을 위임하였다. 대종사는 강준(姜竣), 강창호姜昌鎬를 대종사가 개명하여준 이름)을 전문위원으로 삼아서 재수정하여 헌법안을 마무리하였다. 그리고 단기 4286(1953)년 스승 23명과 신교도대표 50명으로 구성한 헌법제정총회에서 8월 20일부터 3일간 헌법안을 축조 심의하고 만장일치로 통과시켰다(7,8.24). 또한 헌법제정 경과문은 새로 제정하는 헌법의 기본체계를 확실히 기술하고 있다.

> "동양에 근거를 두고 있는 교단은 거개가 종합적이요, 종파로 나누어진 것도 일원주의 조직이라, 한 불교로서 이교異敎와 같이 양극 음극으로 이원주의로 조직된 헌법이 없었던 것이다. 그러므로 동양 불교가 오늘날 대발달하자면 계율과 각오覺悟는 성전으로 할 것이요, 교정敎政을 치행治行할 법을 반드시 따로 세워야 할 것이다."

헌법의 기본체계는 종교적 수행과 세간적 행정의 이원주의를 중심으로 삼았다. 계율 수지와 각오, 즉 깨닫기 위한 수행은 성전[경전과 계법]에 의거하고, 교단 행정의 운영체계를 위해서 법을 제정하였다. 이에 따라서 헌법의 내용은 종교적 이법으로서 신장信章과 행정체계로서 교정敎政의 이원을 세웠다. 또한 신장은 교리의 요약으로서 약리約理(27항)와 스승의 자격요건과 행위규범으로서 인법印法(37항)을 정리하였다. 교정은 전 22장과 부칙으로 구성하고 기본조직체계로서 심회心會 인회印會 총인회總印會를 두었다. 심회는 각 심인당, 인회는 일정 지역, 총인회는 중앙의 조직을 일컫는다. 다만 인회의 조직이 하나일 경우는 그 인회가 총인회의 역할을 하기로 하였다. 그리고 징계유도규례懲誡誘導規例(14장)·심공의범(19장)·십중계·해인행·사십팔심인계 등을 제정하였다. 그리고 헌법을 제정한 후 참회원의 재산을 효과적인 유지관리하기 위해서 재단법인의 설립을 결의하였다.

제헌총회는 헌법을 제정한 후 8월 24일 공포하였다. 그리고 제1회 인회를 열어서 교정조직의 구성을 위해서 인회회칙전문(39조)을 심의 결의하고 대종사를 인회의 회장으로, 박대준을 부회장으로 선출하여 인회를 구성하였다. 이어서 인회는 대종사를 재단 이사장으로 선출하고 박대준 등 이사 5명과 감사 2명을 선출하여 재단임원을 구성하였다. 특이하게 제헌총회 동안 매일 대종사가 불교어요해 등 중요한 교법의 강설을 동시에 하였다.

(2) 진각종의 성립

심인불교참회원은 헌법을 제정하면서 몇 가지 중요한 결정을 하였다. 교화단체의 명칭을 변경하고 성격을 규정하는 한편 나아가 재산관리를 위해서 재단법인을 설립하였다. 먼저 심인불교건국참회원의 명칭을 대한심인불교진각종보살회로 개정하였다. 심인불교라는 포괄적 불교의 명칭에서 진각종이라는 불교의 한 종파로 자리매김하였다. 각성종교覺性宗敎로서 참회원에서 불교의 특수한 형태로서 심인불교로 교화의 방편을 심화하고, 다시 불교의 한 종파로서 진각종으로 교화의 성격을 구체화 시켰다. 심인불교는 '심인'을 중심 수행덕목으로 '공부'하는 불교로서 보편성의 입장에서 '불교'이지만 특수하게 '심인공부'를 중심에 세웠다. 그러나 심인불교라는 명칭은 불교라는 보편성보다는 '심인'이라는 특수성을 드러내게 되어서 전래의 불교와 이질적인 인상을 가질 수 있다. 그래서 다시 불교라는 보편성과 심인공부라는 특수성을 나타낼 수 있는 명칭을 생각하였다. 불교의 전통에서 보편성과 특수성을 아우르는 명칭으로써 종파라는 개념을 수용하였다. 따라서 심인공부를 특수성으로 삼는 종파인 '진각종'으로서 자리매김한 것이다. 헌법제정 경과문이 그 내막을 기술하였다.

> "대한심인불교진각종보살회라 칭함은 심인을 독특하게 드러내는 적의適宜한 방편이 되어도 대한불교 모든 종파간의 융화를 도모하고 명칭으로부터 오는 종파아宗派我를 떠나서 종파성宗派性을 나타내기 위해서는 대한불교진각종보살회라고 개칭함이 타당함을 인정하여 단기 4286년 12월 31일 총인회에 상정하여 토의한 결과 개칭을 결의하였다"

종파아宗派我는 종파분립의 뚜렷한 특수성이 없이 종파를 세우는 것을 말하고, 종파성은 종파로서의 뚜렷한 특수성을 지닌 종파를 세우는 것을 말한다. 종파아로서 종파는 종파간의 분열과 대립을 일으켜서 불교의 발전에 해악을 끼치게 되고, 종파성으로서 종파는 종파간의 분화와 협동으로 불교의 발전에 크게 이바지하게 된다. 불교 종파간에 종파아宗派我을 드러내는 것을 우려하여 '심인'이라는 개념을 숨기고, 안으로 종파성宗派性을 나타내기 위해서 '심인'의 의미를 머금고 있는 '진각'을 드러내었다. 따라서 대한불교진각종보살회로 명칭을 변경하였다. 교단의 명칭을 개정한 후에도 '심인불교'라는 명칭은 통칭으로 계속 사용하였다. 헌법제정은

『대한불교진각종보살회헌법』단행본의 출판으로 마무리 되었다(8,1.15). 진각종단은『대한불교진각종보살회헌법』을 출판하면서 헌법제정 과정에 논의된 내용을 함께 실었다.『진각종보살회헌법』의 서두에는「무슨 이유로 종파가 나누어지느냐」와「대한불교진각종보살회를 세우는 뜻」이란 논설문이 들어있다. 이어서 이원상대원리에 관한 도식을 실었다. 그리고 말미에는 교리의 이해를 돕기 위해 '불교어요해'를 실어 두었다.「무슨 이유로 종파가 나누어지느냐」는 종파분립의 당위성을 논하면서 불교가 '일원통솔一元統率'의 교화방편에서 '이원전문二元專門'의 다양한 방편문을 세워야 대발달할 수 있음을 밝히고 있다. 그리고「대한불교진각종보살회를 세우는 뜻」은 원래 "참회원 세우는 선언"을 몇 차례 수정 보완한 글이다. 교화단체참회원 등록시의 "참회원 세우는 선언"은 심인불교건국참회원 등록시에 "심인불교를 세우는 선언"으로 수정 보완되고, "심인불교를 세우는 뜻"으로 수정 보완되었다. 그리고 헌법제정과 맞추어서「대한불교진각종보살회를 세우는 뜻」으로 수정 보완되었다. 여기서 진각종을 세우는 당위와 취지를 설명하고 있다. 전래의 불교가 삼보사불三寶事佛과 도상숭불覩像崇佛의 일원적 신앙을 주로 하는 반면 진각종은 삼신이불三身理佛과 진리각오眞理覺悟의 신행을 위주로 한다는 것이다. 따라서 부처님을 섬기고 불상을 숭상하려면 계율을 받드는 수행을 중시해야 하고, 부처님의 법을 따르고 진리를 깨달으려면 인과를 내증하여 육행을 실천하는 수행을 앞세우게 된다. 그 까닭을 이렇게 간명하게 설명하고 있다.

> "일교내一教內에서 여러 부문을 여는 것은 어두운 시대의 통솔적 부문이며 일원주의 부문이며 봉건적 소법小法이며 소발달이요, 일교내一教內에서 체용體用과 방편이 달라서 이교異教와 같이 분교 되는 것은 문

명시대의 자주적 종파이며 이원주의적 종파이며 평등적 대발달이다"

　불교[일교―敎] 내에서 특수성이 없는 종파를 열면 통솔이 되어서 발달이 적고, 교리체계[체용]와 방편[의식과 교화]이 특수한 성격을 가져야 이원전문의 활동이 되어서 불교가 크게 발달하게 된다. 따라서 종파성이 분명한 진각종을 세워서 불교의 대발달을 이루려 하였다.
　진각종은 '참회→심인→진각'으로 명칭을 개칭하면서 교리와 교화방편을 심화하였다. 진각은 심인이 밝혀진 경지를 일컫는다. 육자진언의 수행을 통해서 참회하고 심인을 밝혀서 이르는 경지가 진각이다. 참회는 수행의 덕목이고 심인은 수행의 대상이라면 진각은 수행의 이상이다. 그래서 심인을 밝혀서 진각을 성취한 중생, 즉 진각인을 진각님이라 불렀다. 진각의 경지는 새롭게 성취되는 것이 아니라, 이미 법계에 보편적으로 내재하여 있는 경지이다. 그래서 법계에 보편적으로 내재하여 있는 진각의 경지를 '법계진각님'이라 불렀다. 그런데 법계에 내재하고 있는 진각의 경지는 곧 중생의 자성自性이기도 하다. 따라서 중생의 본성品[자성], 즉 심인을 깨달아서 회복하면 그대로 진각의 삶을 살아가는 진각님이 될 수 있다. 그러므로 진각은 보편적으로 '법계에 충만한 진각의 경지 그 자체'를 일컫기도 하고 개별적으로는 '진각의 경지를 체험하는 과정'을 가리키기도 한다. '법계에 충만한 진각의 경지 그 자체[本覺]'는 '진각의 경지를 체험하는 과정[始覺]'를 통하여 '구경에 본각과 시각이 불이不二한 것을 깨닫게[究竟覺]'되는데, 이러한 깨달음의 과정을 통틀어서 진각이라 일컫는다. '법계에 충만한 진각의 경지 그 자체'와 '중생이 내재하고 있는 자성[심인]'은 보편과 특수의 관계로서 각기 법계법신과 자성법신이라 일컫는다. 그리고 법계진각님은 그대로 법계에 충만한 법신이므로 법계법신이라 부르고, 중생의 자성인 심인을 깨달은 경지인 진각님은 자성법신이라 일컬었다.

    진각종은 종명을 확정하는 한편 종단의 재산을 관리하는 법인의 명칭을 재단법인 대한불교진각종보살회유지재단으로 정하였다. 그리고 재단법인 대한불교진각종보살회유지재단기부행위라는 법(28조)을 만들고 문교부에 재단설립허가를 신청하고(7,10.28) 다음해 설립허가를 받았다(8,1.27). 유지재단의 목적은 "대한불교진각종보살회 관할 각 지보살회의 심공 및 전교 지보살회의 건설 교육 구료 기타 자선사업에 필요한 토지 건물 및 설비품 소유관리"라고 명시하였다. 진각종은 교화주관의 종단과 재산관리의 재단으로 이원화하여 선구적 운영체계를 수립하였다.

(3) 종단의 정체성 확립

종단은 헌법을 제정하면서 불교의 종파개념을 받아들여 공식명칭을 대한불교진각종보살회라 확정하고 특히 '보살회'라는 용어를 붙였다. '대한불교진각종보살회'에서 '보살회'는 '진각종은 보살회다'라는 의미로서 진각종의 성격을 '보살회'로 밝히고 있다. 불교의 교리는 원래 심원광대하여 하나의 문으로 다 나타낼 수 없고 또한 하나의 방편으로 다 교화할 수 없다. 시대에 따라서 다양한 종파가 나누어지고 환경에 맞는 많은 방편이 마련되었다. 그리하여 불교의 분화와 협동이 이루어져서 교화발전이 크게 일어날 수 있다. 그 중에서 출가 종파와 재가 종파로 분화하여 교화하면 전통 계승과 시대에 맞는 교화를 원만히 할 수 있다. 따라서 진각종은 '보살회'라고 하여 전통적인 출가불교의 일원 통솔적인 종파에 대하여, 시대에 맞는 교화방편을 펴는 재가불교의 이원전문적인 종파라는 정체성을 드러내었다. 그래서 비유하면 출가종은 집안의 종손宗孫과 같이 전통을 이어가고, 재가종은 지손支孫과 같이 분화하여 각기 전문적 종지를 세워서 교화할 수 있는 것이다. 즉 출가법은 전통을 이어 나가는 법이며 재가법은 그 시대 중생을 제도하는 법으로서, 전통을 계승하는 출가법이 없어도 불교 역사는 찾아볼 수 없고 교화하는 재가법이 없어도 그 시대의 민속民俗을 교화할 수 없게 된다. 즉 출가종단은 사찰의 불상을 중심으로 불법승 삼보를 숭상 예배하여 사회를 정화하고, 진각종은 등상等像을 떠나서 진리불[이불理佛]을 믿고 인과를 내증하여 육행을 실천하는 교화를 하는 것이다.

불교에서 보살은 성불의 과정에 있는 수행자를 가리킨다. 보통 보살의 위상은 '위로는 깨달음을 구하고[상구보리上求菩提]' '아래로는 어리석은 사람들을 교화하는[하화중생下化衆生]' 인물[수행자]로 보고 있다. 그래서 대승불교는 이상적인 인간상으로서 보살사상을 형성하였다. 보살은 이상적인 인간상으로서 자신의 이익을 미루고[자미득도自未得道] 남을 이롭게 한다[선도타先度他]. 그래서 보살은 육도六度(육행六行)의 실천을 중심 덕목으로 삼아서 수행과 교화 활동을 하고 있다. 이러한 보살에는 가정을 떠나서 수행하는 출가보살과 가정을 이루고 수행하는 재가보살이 있다. 재가보살은 수행을 통해서 삼매를 얻고 십선도를 행하며 보시와 법을 설하였다. 출가보살은 집을 떠나서 십선도를 실행하고 고요한 숲속이나 탑사에 머물면서 수행하고 법을 설하였다. 진각종보살회는 출·재가보살의 성격을 동시에 품고 있다.

그래서 진각종의 정사正師와 전수傳授는 세상에 처하여 부부생활을 하면서 보살계를 가지고 심인진리를 깨쳐서 중생을 제도하고 화민성속한다. 이처럼 일상생활에서 보살계를 지키고 심인진리를 깨치면서 교화하는 스승은 가정을 떠난 출가[신출가身出家]를 하지 않고, 재속에서 심출가心出家한다. 진각종의 스승은 비록 재가에 머물지만 심인[보리심]을 깨쳐서 마음에 뭇 경계를 일으키지 않고 승속동행의 교화를 한다. 진각종의 스승은 심인(보리심)을 계체戒體로 삼아서 일상생활에서 십선계[보살계]와 육행을 실천하는 수행과 교화에 정진한다. 그래서 재가법이 현실 생활에서 계행을 지키고 바르게 서면 상대원리로 재가법과 출가법이 서로 반영하여 출가법도 바르게 정화되고 나라와 세계가 모두 정화되는 것이다.

　　복잡한 현대물질사회는 종교와 관계없이 인간의 내면적 윤리, 즉 지혜 자비 사랑 등 세속적 윤리를 요구하고 있다. 따라서 현대물질사회에서 거칠어진 인간의 심성을 정화하기 위해서 형식을 넘어서 인간 내면의 본성[심인]을 밝히는 방편을 강구하였다. 그래서 불법佛法과 세간법世間法은 이면裏面과 표면表面의 관계로서 불이不二의 관계로 보는 불교의 본 정신에 따르면 출가 재가와 성속聖俗은 수행 생활의 조건이나 방편에 지나지 않고 종교적 위계가 될 수 없다. 따라서 진각종은 형식적인 겉모습으로 출가와 재가를 가르는 인식을 넘어서 세속에서 세속적 생활을 정화하는 방편문을 세운 것이다. 세속에서 세속의 초월을 실현하기 위한, 소위 '세속에서 초월'의 방편문인 진각종은 출가와 재가의 이분화二分化를 지양止揚하고 오히려 둘을 포괄하는 '재속주의在俗主義'를 지향指向하여 '현세정화'를 교화이념으로 하고 있다. 그러므로 진각종이 세간을 정화하는 상호보완적 관계로서 출가종과 재가종의 역할 분립에 따라서 '재속주의'로서 교화활동을 충실히 수행할 때 불교발전, 나아가 현대사회의 복지와 평화는 지속할 수 있다.

2) 교화방편의 증진과 교화역량의 강화

(1) 교화방편의 증진

헌법제정은 다방면에서 종단의 교화발전에 새로운 전기를 마련하였다. 심공법과 교화방편을 다방면으로 강구하였다. 그 동안 실천하여 오던 심인당의 아침저녁 심공을 심학교 심공시간으로 정하였다(7,12.18). 심공은 심학공부의 뜻으로서 스승과 신교도가 실행할 심공법의 방편을 다방면으로 모색하였다. 아침저녁 심공을 보다 집중적으로 하기 위해 먼저 매월 초 7일간 심공법을 실시하였다. 매월 정기적으로 실행하는 심공이라 월례심공(8,8.28), 또는 월초의 심공이라는 의미에서 월초심공이라 불렀다(9,10.12). 월초심공은 정착되는 과정에서 폐지와 재실시를 반복하였다. 그 과정에서 심공의 어려움을 감안하여 매달 시간정진을 7회 이상 하기도 하였다(10,10.14). 시간정진법은 특별한 서원이 있을 때 시간을 정해 놓고 하는 심공으로(10,7.30), 하루 동안 심공하는 법에서 시작하였다(9,8.3). 하루정진은 일일一日정진으로 서원에 따라서 하루 동안 6시간 동안 심공정진하는 법이고, 이를 7일간 계속하여 심공하는 법이 7일정진법의 하나이다. 하루 정진이든 7일정진이든 심공 중에는 계법을 정하여 하기도 하였다. 그러나 하루 정진도 심공이 어려운 점이 있어서 3시간 정진을 매월 2회 이상 심학강공 하기도 하였다(11,5.29). 누구든 하루 정진을 할 경우 해인 낭독, 서원가도 하지 않고 죽비도 쥐지 않고 희사금도 정리하지 않았다(10,8.15). 시간정진 하루정진 월초심공 등에 이어서 새해서원강도법을 시행하였다(9,12.27). 새해강도는 한 해의 서원을 위한 심공법으로서 서원강도 요강을 마련하였다.

심공하는 중에 타인의 방해를 받지 않고 선정에 들기 위해 왼쪽 가슴에 홍색 우담화를 꽂고 해인낭독 서원가 등을 하지 않았다(10,8.1). 또한 심공은 마음을 집중하여 심인을 깨치는 공부라서 가끔은 공식불사 시간에 스승이 설법을 하지 않고 진언염송만 하는 경우도 있었다(10,8.2). 그러나 우담화를 꽂고 정진하는 법이 별 효과를 얻지 못하여 해인 낭독을 다시 하였다(11,10.9). 나아가 심공을 생활화하기 위해서 매달 첫 월요일 또는 15일(9,9.26)을 특별히 계행을 가지는 날로서 제생일濟生日법을 정하여 실천하였으나, 번잡한 경우도 있어서 폐지하였다(11,7.18).

심인당의 공식심공시간은 진언염송과 더불어 해인을 공부하는 심공이었다. 스승과 신교도가 공부할 해인을 지속적으로 제정하였다. 특히 법신法身 대일여래大日如來 보신報身 자성미타自性彌陀 화신化身 석가불釋迦佛의 영체심인靈體心印으로 하는 삼신이불三身理佛의 의의를 개선하여 해인을 제작하였다(9,9.21). 해인은 주로 석판 인쇄로 제작하였다. 석판 인쇄공으로 안병대(청정심의 둘째 아들)를 채용했다(9,2.14). 가정에서 게시하여 나날의 심공을 하도록 가정해인을 배부하였다(10,7.20). 해인공부는 심공을 통해서 진리를 깨치는 방향을 잡아 주었다.

해인의 내용을 보다 쉽게 기억하고 이해하는 방편으로 서원가를 실시하였다(9,1.20). 이에 수반하여 서원가 보급을 효과적으로 할 수 있게 각 심인당에 피아노 풍금 등의 악기를 비치하였다(9,2.14). 서원가는 교리나 경전의 말씀을 가사로 정리하여 작곡하였다. 대종사가 박보강 등의 스승과 함께 상경하여 일주간 강도를 하고 제정과 수정을 계속하여 5곡을 제정하고(10,2.20) 다시 4곡을 수정하였다(10,4.19). 먼저 제정한 5곡을 반포하고 두꺼운 표지로 편철할 수 있게 묶었다(10,7.20). 그 과정에서 해인의 내용을 4·4조의 영창詠唱 게송偈頌으로 고치고 일정한 고저의 곡표를 넣어 낭독하였다(10,2.20). 결국 곡표는 넣지 않아도 해인의 낭독은 중요한 공부법이 되고, 모든 해인을 4·4조의 게송으로 만들었다. 서원가 작사 작곡을 위해 손대련 박보강이 상경하여 신작 10곡을 발표를 하고(11,4.24) 또 수정과 신곡을 6곡을 발표하였다(11,7.13). 나아가 서원가 24곡을 묶어서 1집 서원가 소책자를 인쇄하여 배부하였다(11,7.13). 그러나 서원가의 실시는 마장이 많이 일어나서 몇 차례 교정을 하다가 곧 중지하였다(11,10.9). 서원가 폐지의 가장 큰 까닭은 서원가의 곡조가 기독교의 찬송가의 색채가 많았기 때문이다. 서원가 제정 중에 해인에 곡표를 넣어 낭독하는 법을 일시 중지하였으나 서원가 중지와 동시에 해인낭독을 다시 실시하였다(11,10.9).

심공법의 개선과 더불어 희사법도 수승하게 개선하였다. 희사는 수행의 중요한 방편이고 재물을 옳게 쓰는 가장 좋은 길이기 때문이다. 참회원 시기의 1/10희사와 차별희사에 이어서 제시법濟施法을 실시하였다(10,6.3). 제시는 처음 '기타 심인당과 사택비용으로 지출하는 일체금액'에 대한 2/10 희사(9,3.15), 또는 차시差施(9,9.14)의 뜻으로 사용했다. 차시는 차별희사의 준말로서 차사差捨라고도 하며 특별한 상황에 따라서 그때그때 행하는 희사이다. 심인당과 사택비용으로 지출하는 일체금액에 대한 2/10, 또는 차시는 결국 스승의 현실 복지를 위한 희사이다. 즉 제시는 복지와 관련한 희사라는 의미가 들어 있다. 그리고 스승과 신교도의 복지로서 제시의 의미를 폭넓게 적용하여 제시법을 제정하였다. 제시 제도의 제정 당시의 제시의 목적은 다음과 같다.

"심인당에 제시함을 두기로 교도들의 찬성을 얻었다. 서울과 대구 남산동심인당에 제시함을 두고 우선 시험적으로 실시하여 보기로 각 정사 전수님의 합의를 보았다. 제시함을 두는 목적은 다음과 같다. 복식

방편複式方便으로 쓰게 된 희사금을 단식방편單式方便인 현실부문에 쓰게 되니 마장이 일어나고 따라서 교가 발전되지 않으므로 부득이 단식방편문을 열게 되는 것이다. 1. 국가적으로나 사회적으로나 큰 재난을 당하였을 때의 구제를 위하여, 2. 교도가정의 길흉사에 상부상조하기 위하여, 3. 사회적으로 널리 행여行旅 사망死亡과 무의탁한 빈곤 구걸을 위하여, 4. 교내교외의 섭외 위로 찬조 축하 등을 위하여, 5. 스승의 봉급 수당으로 지원하지 못할 경우의 비용(길흉사비 자녀학비 기타 생활잡비)을 보장하기 위해서다."

희사금은 교화를 위하여 잘 써야 큰 공덕이 된다. 그런데 희사금을 잘 쓰기 위해서 희사할 때부터 희사의 목적을 정하여 실천하는 방안을 생각하였다. 여기서 복식방편이란 이원원리와 관계가 있다. 즉 희사금은 이원방편으로 써야 한다는 의미이다. 희사금은 현실적인 재물로서 유상적인 것이지만 무상희사를 하면 희사한 금액은 무상 진리의 성격을 지니게 된다. 그러므로 무상의 진리를 전하는 직접적인 교화활동을 위한 곳에 써야 한다. 무상 진리로서의 정제淨財를 현실적인 목적으로 사용하면 마장이 일어나게 된다. 그래서 처음부터 현실적인 용도의 유상의 희사문을 열게 된 것이다. 유상희사는 구체적인 현실적 목적을 가지고 행하는 희사이다. 유상 제시의 현실적 목적을 다섯 가지 예를 들고 있다. 따라서 무상희사와 구분하여 제시함을 설치하였다. 그리고 실제 제시함을 제작하여 배부하였다(11, 2.18).

희사법의 중요성은 공사公私의 문제와 관련이 있다. 희사의 공덕은 희사의 뜻을 일으킬 때 이미 형성된다. 희사의 뜻을 일으키는 순간 희사금은 개인의 소유물이 아니라 공공의 소유물이 된다. 희사법과 더불어 공공의 소유물이 가진 의미도 강조하였다. 희사금은 잘 서야 공덕이 크다. 그런데 세간에서 으뜸의 공공물 중의 하나가 세금이다. 당시 탈세의 현상은 매우 심각하였다. 납세의 의식을 높이기 위해서 장세함藏稅函을 비치하고 실천하게 하였다(11,7.18). 장세함은 가정에서 예상되는 세금을 모아두는 함이다. 대종사가 손수 먼저 실행하였다. 또한 신교도들이 가정에서 신행을 스스로 점검할 수 있게 만년 달력 등을 배부했다(11,7.18). 불교의 신행도 세간의 풍습과 관행을 전부 거부하기보다 긍정적으로 수용하여 방편으로 삼기 위해서 건물의 신개축에 일부 사용하기로 하고(12장성법, 9, 2.14), 이를 시행하였다(10,12.24).

(2) 교화역량의 강화

교화의 저변을 넓히기 위해 자성학교를 개설하였다(7,12.20). 자성학교는 자성일에 어린이 교화를 위한 심공 모임을 가리킨다. 신교도 자녀와 심인당 인근의 어린이를 모아서 교화를 하였다. 개설 당시에는 오후 1-2시 사이에 공부모임을 가졌으나 상황에 따라서 변경하였다.

  교화가 지속적으로 발전하여도 아직 심인불교에 대한 사회의 인식이 높지 않아서 교를 상징하는 교표를 만卍자로 변경하였다(8,9.22). 처음 교표는 육자六字로 하고 다시 불교의 일반에서 사용하는 만卍자로 변경하여, 남산동, 영등포, 괴동심인당에 시험적으로 건립하였다(9,11.27). 그러나 심인불교의 특수성을 나타내는 데는 적당하지 않아서 심성心性의 상징인 일원상(一圓[球]相)을 교의 표지標識로 정하였다(12,6.30).

  이와 더불어 교의 호칭을 교리에 어울리게 재정립하였다(9,2.14). 헌법제정으로 유지재단을 설립하고 심인불교의 명칭을 견지하려 하였으나,

재단의 인가 당시에 문교부의 종용과 종파아적인 인식을 피하기 위해서 '대한불교'라는 말을 사용하였다. 그런데 심인을 깨치는 공부를 종지로 하는 교리를 살리기 위해서 심인불교를 통칭호로 정하였다. 따라서 법적 칭호는 대한불교진각종보살회, 통칭호는 심인불교, 교리칭호는 삼신불교, 교당칭호는 심인당으로 정하였다. 재가불교로서 심인공부의 입장에서 현실 정치에 바르게 참여하기 위한 교시教是를 결정하였다(9,12.26). 심인공부는 심인을 밝혀서 현실을 고쳐가는 공부를 기본으로 한다. 그러므로 현실의 일을 긍정하고 비판하는 생활을 가르친다. 따라서 현실 정치에서 국민의 총의로서 수립한 현現정부를 지지하는 교화방침을 세웠다. 봉건시대와 일본의 식민정책 동안 형성된 원망과 부정의 습성을 정화하려는 이유도 있었다. 이즈음에 심인불교 선교 7주년이 되어서 스승과 신교도 산하기관의 직원이 참석하여 기념강도를 올리고 기념좌담회를 열어서 교화활동을 재점검하였다(9,8.3).

교화의 주체는 스승이기 때문에 스승의 역량을 높이는 일은 매우 중요하다. 강공과 더불어 신임 스승의 재교육을 실시하고(7,12.18), 다시 스승 교육을 위해서 심학교를 개설하였다(9,12.27). 남산동에 심학교를 개설하여 스승들이 참석한 가운데 심학교 개교식을 하고 대종사가 담당하여 지도하기로 하였다. 이와 동시에 해인의 제정과 개정, 그리고 서원가가 제정되어 교화의 방침과 표준이 개선되면서 지구별 또는 합동 강공을 열었다. 해인 및 교화 자료의 제정을 전문적으로 담당할 해인 번역과 편찬위원을 두기로 하고 위원의 선정 및 경비지출은 회장에게 일임하였다(7,8.25). 나아가 종단의 장래 사업으로 외국의 선교를 위한 기금을 마련하기로 하고 총인회 수입금의 2/10를 별도 외지 선교기금으로 저축하기로 하였다(9,6.20).

교화는 수행과 더불어 사회의 예의와 풍속을 개선하는 일도 매우 중요하다. 그 중에서 관혼상제 등의 풍습은 삶에 큰 영향을 미친다. 그 중에서 기제에 대한 인식을 개선하기 위해서 기제의식의 차례와 고사를 새롭게 마련하였다(9,3.4).

(3) 종행정조직의 개선과 정비

헌법제정으로 종단의 체제를 정립하는 중에 헌법의 개정과 인회회칙의 개정을 통하여 체제를 정비하였다. 헌법의 시행 중에 약리와 인법을 보다 적절하게 개정하고(8,6.23), 인회의 회칙도 현실에 맞게 개정하였다(8,8.28). 헌법제정 후 약 1년간 운영한 결과 많은 불편한 사항이 있어서 인회의 운영을 원활하게 하기 위해 운영규칙을 제정하였다(9,3.14). 그에 따라서 유지재단 기부행위도 변경하고(10,2.1) 문교부에 승인을 받았다(10,10.29). 그리고 종단행정에 필요한 각종 규정을 정하여 종단운영의 공정을 기하였다. 보살회 교육비 지급규정과 보살회 사감규정, 스승가족 피복비 지급조례 등을 제정하였다(10,12.11). 그리고 원만한 스승채용을 위해 스승채용규정(8,1.13), 스승채용양식(9,12.7)을 정하여 시행했다. 그리고 인회 총인회 보살회유지재단 본부의 서울 이전을 많은 논의를 거쳐서 인회와 재단을 서울에 이전하였다(11,4.29).

희사금의 취급과 재정을 효과적으로 운용하기 위한 방안도 마련하였다. 우선 희사금의 중요성을 감안하여 희사금 정리 방침을 정하였다(9,3.4).

첫째, 희사고의 개고는 스승이 직접 이행한다. 단 스승이 2인 이상이 될 시에는 그 중 책임자를 정한다.

둘째, 희사금 정리는 법로장法老長 책임 외 스승 처무 또는 승인을 받은 신교도가 입회 또는 사감한다. 단, 승인을 받지 못한 신교도는 참여하지 못한다.

셋째, 책임 스승은 정리한 금액을 그 때마다 기록부에 기재하였다가 월말에 수입 장부에 대조 확인한다. 그리고 종단의 회계연도가 시행착오를 거치면서 7월 1일에서 4월 1일로 결정되었다(10,3.21).

신교도의 희사금으로 교화하는 동안 재정의 확충을 위해서 재정수입의 방편 사업을 실시하였다. 대구매일신문의 주식을 구하고(9,7.18), 서울신문 지국을 운영하고(10,1.16), 대구매일 지국의 운영(10,11.5)을 시행하였으나 모두 교화에 어긋나는 법문으로 수개월 만에 폐지하였다. 그리고 심인당의 건설이 늘어나서 대한토건건사를 조직하고 직접 심인당 건설과 더불어 일반사회의 공사도 맡게 하였다(11,8.2). 그러나 회사의 영업이 뜻대로 되지 않아서 폐지하고 건설부를 두었다(13,3.27).

스승은 교화활동의 주체라는 점을 감안하여 스승의 자격을 엄격히 하는 한편 스승의 복지에 노력하였다. 창교 당시의 스승과 신교도를 예우하였다. 이에 따라서 '입헌원로스승명예직위수여조례'를 제정하고 자비인(慈悲人, 김희옥)을 입헌원로 스승으로 추대하였다(9,3.16). 그리고 같은 날 '공적대표명예직위규정'을 제정하고 서강(誓剛, 하영택)을 공적대표로 추대하고 위로금을 증정하였다. 자비인은 창교 당시부터 대종사를 도와서 해인인쇄와 헌법제정 등 교화에 크게 이바지 하였다. 하영택은 초기 교화에서 법률문제의 해결과 사회화 활동에 큰 역할을 하였다. 그리고 각 심인당 교도들의 신심과 수행에 도움을 주기 위해서 법로장法老長제도를 실시하여 각 심인당에서 적당한 인원의 법로장을 선출하였다(9,2.23). 법로장의 자격은 1. 인법에 위반 되지 않고, 2. 종지가 확고하여 동요될 우려가 없고,

3. 심인당 건설 당시 특히 공적이 있고, 나아가 자유 시간이 있는 사람으로 하였다. 스승의 생활비를 지역과 환경에 따라서 적절하게 조정하여 지급하였다(9,12.26). 그리고 입교 당시에 재산을 위탁한 스승에 대하여 본인의 요청이 있으면 반환하여 가정형편의 안정을 기하게 하였다(8,9.22). 또한 스승이 열반에 들면 재직 시에 지급하던 생활비의 10개월분을 지급하여 자녀들을 위로하였다(10,8.7).

3) 교육사업과 사회참여 활동

(1) 심인중고등학교의 설립

교화의 발전에 맞추어서 사회의 교육활동도 걸음을 같이 하였다. 심인고등공민학교가 빌려서 쓰던 경북여자고등학교의 가교사를 매입하였다(7,12.21). 공민학교의 교명을 심인중학원으로 개명하고 강창호를 교장에 임용하였다(8,4.3). 나아가 심인중학원을 정규 교육기관화하기 위해 다시 심인고등공민학교라는 이름으로 당국에 인가신청을 하였다(8,7.31). 그러나 다시 심인중학교로 명칭 변경하여 완성연도 12학급의 규모로 문교부에 인가신청하고(9,3.16) 문교부장관으로부터 각 학년 3학급씩(주간 6, 야간 3) 설립인가를 받았다(9,4.8). 강창호 교장이 청구대학 전임강사에 임명되어 교장을 사임하자(9,7.26) 대종사가 교장서리를 맡았다(9,9.26). 중학교 설립에 이어서 심인고등학교를 설립하기로 결의하였으나(10,1.16) 일단 보류하였다. 그 대신 중학교의 교육환경을 개선하기로 하였다. 심인중학교의 교육환경 개선과 발전을 위해서 교사 신축을 계획하였다.

대명동 원두 대덕산 앞(93번지)에 1만 2천여 평의 학교 부지를 마련하고 기공식을 하였다(10.6.10). 대종사는 사람들이 신축교사 부지가 도시 외곽에 있어서 걱정을 하자 이곳이 대구의 중심이 될 것이라고 하였다. 교사신축 감독과 책임자를 선정하고(10.7.14) 대종사가 총지휘감독을 맡았다. 전국 각 심인당에서 교사신축공사를 위한 강도를 하고(10.7.14), 착공을 하였다(10.7.27). 그 이튿날 스승과 신교도 교사와 학생이 동참하여 교사신축 강도를 하였다. 심인중학교 교사신축 공사가 진행되는 중에 아주 중요한 정보를 알게 되었다. 해방 후 한국전쟁을 겪으면서 우리나라의 경제적 어려움이 깊어지자 유엔은 한국의 경제적 지원을 위해서 한미합동경제위원회를 설치하고 집행기관으로서 주한미군 산하에 경제조정관실(OEC, office of economic coordinator)을 두었다. 그리고 1958년 미국원조단(USOM)으로 개편될 때까지 미국에서 생산되는 자재를 한국에 원조하였다. 그 중에 학교설립을 위한 건축자재의 원조도 포함되어 있었다. 주한미군을 통하여 사립학교 건립에 건축자재를 원조하는 제도였다. 군인 신분인 서울의 한 신교도가 그 사실을 알고서 대종사에게 OEC지원제도를 소개하고 직접 지원을 받도록 주선하였다. 그리하여 국군 제2군단은 심인중학교 교사건축에 'OEC원조자재'를 지원하기로 결정하였다(10.9.7). 이렇게 심인중학교 교사신축 공사는 많은 어려움이 있었지만 장애 없이 진행되었다.

본관이 준공되어 가교사에서 본교사로 이전하였다(10.12.8). 이어서 대명동 가교사를 해체 이전하여 개축하였다(10.12.29). 그리고 국군 제2군단으로부터 심인중학교 교사 이양 증명서를 수령하였다(11.7.24). 심인중학교 신축이 완공되자 오상영이 교장으로 취임하였다(11.2.4). 오상영은 당시 대봉동심인당 교도로서 고등공민학교를 대종사에게 소개하고 교감을 맡아서 신축현장의 실무책임자였다. 그런데 오상영 교장은 다시 자격미달로 교장직을 사임하고 팔정인쇄소 이사로 일하게 되었다. 심인중학교가 신축교사로 이전하자 심인고등학교 설립을 위해 완성연도 6학급으로 문교부에 인가신청을 하고(11,1.28) 문교부장관으로부터 설립인가를 받았다(11,3.11). 심인중학교의 교명은 심인을 드러내어 심인중학교로 하고, 심인고등학교는 불교의 복전사상을 일깨우기 위해서 복전(福田)고등학교로 하자는 결의가 있었으나(12,1.27), 실시하지 않았다. 또한 종립학교의 명칭은 종교 교리에 종단의 명칭을 피하기 위하여 청원(淸圓)중고등학교로 개칭하기로 논의하였으나 중단하였다(14,5.30).

(2) 자선사부와 직포공장

심인중학교의 설립재단으로 직포공장을 설립하기 위해서 종단에 사선사부慈善事部를 설치하기로 결의하였다(7,9.10). 심인중학교 설립 등 간접 교화를 위해서 교화활동을 이부理部와 자선사부로 구분하였다. 교리와 수행을 통한 교화활동은 근본적인 교화활동이라는 의미에서 이부, 국가 사회에 참여하고 기여하는 교화활동은 구체적인 자비의 활동이라는 뜻에서 자선사부라고 하였다. 이부는 심인당의 직접 교화를 말하고 사부는 교육과 복지 나아가 사회참여 활동을 말한다. 서울에 자선사부를 설치하고 자금 25만환을 찬조하기로 하고, 이부와 자선사부의 자금을 상호 유용하기로 결의하였다(7,12.21). 처음에는 희사금도 이부와 사부의 용도를 달리하여 사용하기로 하였으나, 사부의 자금조달이 문제가 되었기 때문이다. 심인중학교 설립재단인 직포공장 부지를 대구시 비산동심인당 앞 공지로 결정하고(8,3.15), 공장의 설비를 시작하여 모든 기구 구입은 손규복에게 일임하였다(8,4.30). 직포공장의 건축이 완공되어(9,2.14) 공장 명칭을 삼정직조三

淨織造공장으로 정하였다(9.2.14). 양수원과 함께 자선사부를 담당 경영하던 자비인이 사퇴하여 임경덕이 담당하고(9.4.13), 삼정직조공장도 임시상무로서 겸무하였다(9.6.27). 삼정직조를 삼정견직으로 명칭변경하고 설비를 확충하였다(10.11.12). 삼정견직에 도난과 화재 등 사건에 일어나서 삼정직조로 명칭을 환원하고 시설을 넓혔다(10.12.24). 공장의 경영을 활성화하기 위해 이용규李容奎가 상주하여(11.7.29), 설비를 일부 변경하였다(11.8.2).

심인중고등학교의 수익사업으로 시작한 직조공장은 여러 문제를 극복하면서 운영을 지속하였다. 삼정三淨직조공장의 기계 건물 가공시설 염색시설 등의 확장공사를 시작하고(11.12.3), 명칭을 동광東光직조공장으로 변경하였다(12.4.3). 대종사가 공장의 확장공사와 운영이 본궤도에 오르도록 7개월간 공장에 주재하였다(12.4.28). 그리고 종단의 사업부문의 최고책임자를 총재로 결정하고 인회장을 총재로 추대하였다(13.3.27). 동광직물공장 전무 손규복을 허동석씨로 교체하고 허씨가 숙련될 때까지 당분간 공장일을 도우기로 하였다(13.5.25).

동광직물의 제품을 위탁판매에서 직매하기 위해 동대문시장에 직매상사를 설치하였다(13.6.28). 국내 섬유계의 극심한 불황으로 계속 운영하면 적자가 증가되고, 또한 밀교에서 사업경영은 어렵다는 현증 결과로 동광직물을 휴업하였다(13.11.23). 결국 동광직물공장의 설비 일체를 임차할 것을 결의하고(14.1.20), 김상화金尙和를 상대로 임차 체결하였다(14.3.2). 그리고 직매상사의 명칭도 원창상회圓昌商會로 개칭하기로 결의하였다(14.5.30). 원창상회도 운영이 부진하여 적자가 계속되어서 이를 청산 정리하고 금강회에 수입으로 잡고 원창상회는 폐지하였다(16.3.22). 동광직물공장은 그 후 청원淸原견직에서 보생普生견직으로 개칭하였다(17.12.2). 그리고 종조의 열반 후 동광직물과 원창상회의 최종 보고를 인회에서 하였다

(17.12.26).

(3) 양수원과 미장원 설립

종단은 일찍부터 양수원의 설립을 계획하여 왔다. 원오제가 교화 중 많은 마장이 일자 양로원을 경영하는 조건으로 사퇴할(5,9.15) 당시부터 양로원 경영은 예상하고 있었다. 그러나 원오제가 양로원 경영을 사절하고 자발적으로 이혼하여 교화에 나섬에(6,12.10) 따라서 양로원 설립을 일시 연기했다. 그러나 곧 자녀가 없거나 딸만 있는 신교도를 부양하기 위해서 양수원 설립을 결정하였다(8,2.15). 그리고 양수원 수용규례(8,6.28)와 운영방침을 정하였다(8,7.5). 양수원수용규례는 6개항으로 양수원 입원자격 입원승인 퇴거사항 등을 정하고 있다. 심인공부를 4년 이상 공부하고 6촌 이내의 친족이 없는 60세 이상의 신교도를 대상으로 하였다. 그러나 스승의 부모는 조건 없이 총인회의 승인을 얻어 들어갈 수 있었다. 양수원의 입원은 신교도가 원칙이나 경우에 따라서 스승도 허용하였다. 양수원 운영방침은 양수원 자본금과 사업 그리고 이윤금의 처리 등을 담았다. 양수원은 수시 자주적으로 적당한 업종을 선택하여 자치적으로 운영할 수 있고, 자본금은 자선사부에서 적당한 범위 내에 찬조하고, 이윤금 처리는 정공과 원금적립을 우선하고 관리비와 운영비 등의 순으로 사용할 수 있게 하였다. 자비인이 담당 경영하던 양수원은 정도正道캬라멜의 운영도 하였고 (9,4.13) 자비인의 사퇴로 임경덕이 담당 경영하였다(9,4.13).

자선사부의 일로서 미장원도 설치하여 운영하였다. 남산동심인당 인접 주택과 부지를 구입하여 스승과 신교도의 숙박소 미장원 신문지국 등으로 사용하기 위해 개축 결의하였다(10,6.11). 그곳에 미장원의 건물을 개축하고(10,12.3) 삼정三精미장원이라 하였다. 미장원의 설치는 당시의 의식개혁과 관련이 있었다. 심인불교는 전래의 인습을 바꾸기 위해서 의식주의 생활 등을 개선할 것을 강하게 권유하였다. 단색과 어두운 색의 의복보다는 밝고 환한 오색五色 옷 등을 착용하도록 하였다. 마찬가지의 두발의 모양도 시대에 맞게 고치도록 종용하였다. 시대와 사회의 변화에 대응하는 유연한 생각과 밝은 생활을 권장하였다. 그리고 삼정미장원은 남산동 심인당 바로 앞에 있어서 여성 신교도가 심인당에서 불사를 마치고 미장원으로 가서 머리를 바꾸게 권하였다. 미장원의 경영은 교화의 방편으로 시작하였기 때문에 얼마 지나지 않아서 폐지하였다(13,12.14). 삼정미장원은 부인 신교도의 편의를 위하여 설치하였지만 사회변동에 의해서 사회에 미장원이 점차 증가되었기 때문이다. 그 건물을 개수하여 원력심인당을 개설하였다(16,11.29). 원력심인당은 종단에 근무하는 종무원들이 일반 신교도와 구분하여 수행하도록 하려는 취지에 개설하였다.

(4) 사회참여 활동

교화활동은 사회 정치 경제 등의 변화에 따라서 교화방편을 다변화 하여야 한다. 한국전쟁 이후 장병의 정신강화를 위해서 종교의 군포교가 시작되었다. 불교에서도 군종포교를 실시하였다. 종단은 불교군종포교사회에 5000만환을 지원하기로 결의하였다(7,8.25). 당시 해방과 전쟁 후 계속 한국에 주둔하고 있는 적성국중립감독위원회를 축출하려는 운동에 크게 일어났다. 종단은 신교도 1500명과 심인중학교 학생 500여명이 국민회 경북지부와 애국단체연석회의가 주체하는 적성감독위 축출 시위에 참여하였다(9,8.25). 또한 국제정세를 토의하기 위한 회의에 손대련孫大鍊이 참석하였다(10,11.3). 이 연석회의에서 북한동포의거촉진국민대회를 조직하고 이를 위한 국민운동을 일으키고 시위를 하기로 결정하였다. 국민대회는 심인불교의 신교도와 심인중학교 학생 약 400여명 등 많은 시민이 참가한 가운데 대구역 광장에서 3일간 시위를 하였다. 여기서 심인불교는 대통령의 메시지를 채택하였다. 그리고 애국단체연합회의가 대구역 광장에서 개최한 재일동포북송반대 궐기대회에 중고등학교 정당사회단체 종교단체 등과 심인불교 신교도 300여명이 동참한 가운데 손대련이 유엔총회에 보내는 메시지를 채택하였다(11,3.16). 그리고 경북국민회의가 국립극장에서 개최한 동유럽 헝가리의 반공의거에 참가한 정태군鄭太君의 환영강연회에 손대련이 참석하였다(11,4.3).

이러한 과정에서 경북지사 대구경찰서장 등의 초대에 응하여 심인불교의 교리와 종교의 필요성을 이해시키고 사회정세와 당시 종단 상황 등에 대하여 의견을 나누었다. 불교문화재 보존과 재난재해에도 적극적으로 동참하였다. 해인사 중수와 국보장경 수호 찬조금 십만환, 그리고 부산화재의연금을 기탁하였다(8,12.14). 동부지구에 폭설이 내려서 설화를 많이 당하여 의연금을 보냈다(10,3.18).

4) 법난의 발생과 극복

(1) 법난의 발생

헌법의 제정으로 행정 및 교법체계를 정비하여 가는 가운데 종단에 큰 법문이 일어났다. 그 동안 대종사의 신임을 받아온 이영중 부부가 주위 사람에게 불만을 부추기고 포섭하여 인회印會의 자리에서 스승사퇴를 선언하고(8.7.5) 대명동심인당의 '십이불납선언'을 하였다(8.7.12). 대종사의 독재 밑에서는 더 이상 교화를 할 수 없다는 이유를 들었다. '십이불납선언'은 희사금의 2/10를 본부에 납부하지 않겠다는 것이다. 이영중은 초기에 입교하여 건축 상무의 일을 맡아서 일하면서 부인 김수련金樹蓮과 대명동심인당에서 교화를 하고 있었다. 그 즈음 종단의 체계를 세워가면서 특히 스승의 자격과 공사公私의 문제를 엄격히 다루었다. 공사의 문제를 엄격히 세우는 과정에서 불만을 품고 있던 사람, 즉 배덕원 손원도 손규식 등이 이영중을 부추겼다. 이영중은 동조자를 대동하고 서울심인당에 찾아가서 '보살회재산을 반분해 달라'는 협박을 하고(8.7.15), 김수련은 대명동심인당은 심인불교에서 탈퇴한다고 인회에서 선언하였다(8.7.17).

　　김수련이 이탈선언을 하자 종단은 당일 인회에서 3개항을 결정하고 교도에게 공지하였다. 김수련이 심인불교를 탈퇴하고 대각사로 가려는 사실과 보살회유지재단의 성격을 알리고, 신교도는 자신의 노선과 태도를 분명히 할 것을 공지하는 내용이었다. 그러자 이영중과 배덕원이 인회의 결정에 대하여 5개항의 문제에 답할 것을 요구하는 항의서를 제출하였다(8.7.22). 이영중 김수련의 이탈 상황에서 교도 중 청구대학생 강신화姜信和가 종단의 승인없이 명의를 빌려서 심인진리본원本源이라는 모호한 책자를 발간하였다. 종단은 심인불교의 교리와 관련이 없으므로 현혹되지 말 것을 알리는 성명서를 발표하였다(8.7.17).

　　이영중은 이미 응원사 김원경 등의 사주를 받아서 심인불교를 반분하여 대각사大覺寺라는 명칭으로 교화할 계획을 하고 있었다. 그래도 그를 설득하고 이해시키려는 노력을 하였으나, 그 때마다 부당한 요구를 하다가 배덕원 김원경 등의 이름으로 '불교모독에 관한 건'이란 16항의 모략

진정을 대구경찰서 경찰청 치안국 검찰청 문교부 등 각계 요로에 보냈다(8,9.3). 모략진정서는 주로 심인불교의 교리와 운영, 그리고 희사금 사용에 대한 내용이었다. 심인불교는 유사종교이며 독단적으로 운영하고 희사금을 유용한다고 주장하였다. 진정서를 제출하고 김원경은 남대구경찰서 김식金埴형사에게 50만환을 전달하여 심인불교 사건을 확대시켜 주도록 부탁하고, 또한 이영중 김원경은 지인 및 동창생이 모여 심인불교 재산의 반분을 요구하고, 결국 심인불교를 인수하여 교화방편을 빼앗으려는 밀회를 하였다(8,9.4).

그러나 대종사는 종단의 사건에 대하여 "이것이 다 진리로는 급진적으로 발전하는데 완전한 교리를 구비치 못한 까닭이다"며 법문으로 받아들였다. 김원경의 부탁을 받은 김식은 신申형사와 함께 재단장부 및 회의록을 압수하였다(8,9.5). 그리고 이영중은 압수한 심인불교의 장부 2권을 들고 응원사에서 김원경과 장부내용을 조사하고(8,9.6) 사건의 구체적인 계획을 경상북도 장학사 유시관柳時寬에 부탁하였다. 그는 이영중의 뜻대로 대명동 대봉동 동인동 침산동심인당과 심인중학교를 대각사에 소속시키려는 심인불교의 분립안을 교섭하였다(8,9.15). 교섭안이 뜻대로 되지 않자 이영중은 재단이사장 이하 이사 감사가 사직하고, 자기에게 재단임원 개선의 권리를 일임하고 신교도 대표에 추천해 줄 것을 요구하는 각서를 제출하였다(8,9.22). 이영중의 획책에 동조하여 조계종 경북종무원장 박도수는 심인불교재산을 조계종에 귀속시켜 달라는 요지의 '유사종교단체해산' 진정서를 대구경찰서장에게 제출하였다(8,9.24). 종단은 아직 우리나라에서 종교법률에 대한 인식이 당국자까지도 미숙하여 이러한 진정을 한다고 보았다.

(2) 법난의 전개와 대응

이영중의 획책을 순리로 해결하기 위해 재단 이사진이 인책 사직하고 이사를 다시 개선하였으나 이영중의 반대로 본래대로 환원하였다(8.9.30). 결국 당시 인회印會의 경리를 맡아서 일하던 김훈金熏(김병국金炳國, 법성法性) 처무處務가 경찰에 구속되자(8.10.5) 신교도 대표로서 하영택 신홍복申弘福 강창호 김선기金善基 정덕대鄭德在 등 5인의 명으로 심인불교모략중상에 대한 4개항의 성명서를 각 신문에 발표하였다(8.10.7). 대종사는 일이 진행되는 동안 사건에 대한 내적인 반조와 스스로를 참회하는 말씀을 측근에게 하면서 정진으로 시간을 보냈다. 대종사가 늘 정진을 하고 있어서 경찰이 왔다가 그냥 돌아가기도 하였다. 결국 경찰은 정진중인 대종사를 연행하려하자 묵언으로 경찰의 연행에 응하였다. 대종사가 남대구경찰서에 구속되자(8.10.15) 신교도들이 남대구서에 운집하였다. 이어서 신교도 2,400여명의 연서로 대구지방법원장 대구지방검찰청 경북경찰국장 남대구경찰서장 앞으로 교리와 사건발생의 동기 등을 해명하는 진정서를 제출하였다(8.10.18). 이에 이영중은 또한 보살회 간부에 대한 불신임장을 제출하였다(8.10.19). 이에 대해 남산동심인당 신교도 전체의 명의로 심인불교는 사교가 아니며 완전한 불교라고 믿으며 심인불교의 운영은 공정하고 이영중의 주장은 무한 모략중상이고 이단분자라는 진정서를 경북경찰국장에게 제출하였다(8.10.22). 신교도의 진정에 따라서 스승 일동의 진정서도 대구지검검사장에게 제출하였다(8.10.22). 사건발생의 동기를 설명하여 교화의 사기설은 사실무근이며 희사금의 증회贈賄는 모략이라는 사실을 밝히고, 또한 심인불교의 교리와 방편을 증거하는 경전을 발췌 첨부하였다.

아직 각 지보살회(심인당)에 교도 대표가 선출되지 않아서 법난 발생의 요인이 된 점도 있어서 각 심인당 교도 50명중 1명의 교도 대표를 선출하여 인회의 운영에 동참시키기로 하였다(8.11.12). 한편 이영중과 함께 모의를 하던 중 푸대접을 받은 노유복盧有福이 이영중이 김식에게 증회한 사실을 들어 이영중 김원경을 대구지방검찰청에 고발하였다(8.11.13). 대구경찰서에 구속 중이던 김훈이 대구지검에 송청되고(8.11.16), 대종사도 대구지검에 송청되었다(8.11.19). 그러나 구류만기로 김훈(8.11.20)과 대종사(8.11.25)는 석방되었다. 대종사의 구속은 결과적으로 교리를 법조계에 널리 알리게 되었다. 그러자 담당 검사가 대종사를 비롯한 손규복 박병순朴炳淳 정철봉鄭鐵鳳 김종현金鍾鉉 등 5인을 '업무상 횡령 증회贈賄 수회收賄'의 명목으로 기소하여 대종사는 다시 구속되었다(8.12.15). 대종사는 구속되면서 "교가 하나 일어나자면 이와 같은 애로와 시련이 있는 것이다"라고 하면서 주위 사람들의 마음을 진정시켜 주었다. 이렇게 되자 이영중은 다시 김수련 손원도 손규식 김시현 등과 함께 대종사를 사기혐의로 고소했다. 그 소식을 접하면서 대종사는 "내가 아직 방편선교지가 원만하지 못하므로 이와 같은 일이 일어나는 것이다"고 하면서 그들을 몹시 안타깝게 여겼다. 대종사가 고소를 당하자 증회 배임 사건을 이원홍 등 3인의 변호사에게 위탁하였다(8.12.17). 이번에는 대구C-C(특무대)에서 사건 내용에 대한 조사차 나왔다(8.12.20). 다시 대종사는 구류만기가 되어 스승과 교도의 마중을 받으며 석방되었다(8.12.25). 이에 이영중은 다시 남산동 사택 2동과 공민학교건물 및 자기 소유의 초가집 2채를 꼬임에 속아서 희사하였다고 재고소하였다(9.1.7). 대종사는 "우리교가 당연히 깨질 것이 있는데 이것으로 아직 깨치지 못하므로 오는 일이라 하여간 시비는 외도로부터 오는 것이다"며 사건의 원인을 수행의 입장에서 찾았다. 이영중이 재고소한 사기 사건에 대하여 김병준金秉俊 변호사에게 위탁하고(9.1.10) 특무대에서 조사하고 갔다(9,1.15).

그리고 교리에 대한 해명을 위해서 '진각님'과 '불교권위자'라는 술어의 해석서를 대구지검에 제출하였다(9,3.20). 또한 손규식 손시현이 자신의 비위를 뉘우치는 참회의 뜻을 전해옴에 따라서 이영중 등의 모략을 밝히고 파사현정하여 달라는 진정서를 대구지방법원장 등에 제출하였다(9,4.15). 그러자 손규식이 보살회 앞으로 근거 없는 사실로 대종사를 고소한 일에 대한 참회서를 보내왔다(9,4.20). 모략중상 중에도 그들을 설득하고 용서하려는 노력이 허사로 돌아가서 이영중과 김수련을 면직 및 출교처분하였다(9,4.23). 면직처분의 사유는 "대명심인당 스승 김수련, 대명심인당 스승시용 이영중, 대한불교진각종보살회 유지재단 이사 김수련, 위 두 사람은 이단적 주장으로 대각사 라는 현교 솔하에 들어갔으며 재단재산을 노려 교를 타도하기 위하여 중상모략 허위날조 고소 등 반역적 행위로서 분규를 일으켜서 교의 체면을 오손하고 소란을 야기하였으므로 스승 및 이사직을 면직처분한다."고 밝혔다. 동시에 "심인불교도 김수련, 심인불교도 이영중, 위 두 사람은 교도로서 본분을 망각하므로 출교 처분한다."고 출교사유를 들었다. 이영중과 김수련의 면직과 출교처분으로 법난은 결국 법정다툼으로 넘어갔다.

(3) 공판의 진행과정

검찰의 기소로 대구지방법원에서 5월 5일의 공판개정에 피고인 소환장이 왔으나(9,4.25), 공판은 5월 19일로 연기되었다. 양동심인당 교도대표 손정락孫廷洛 손남희孫南喜 정환조鄭煥祚 손병순孫丙順 최순이崔順伊 등이 손시현의 고소사실에 대하여 사실 무근으로 무고라는 진정서를 대구지방검찰청에 제출하였다(9.5.14). 그리고 손시현(9.5.15)과 손규식(9.5.17)이 고소를 취하하였다. 이중근李重根 판사가 제1회 공판을 개정하여서 법로장 이하 신교도가 다수 공청 하였다(9.5.19). 스승과 신교도의 연서로 이영중 등의 비행과 모략을 알리는 진정서를 법무부장관과 대검찰청장에게 보냈다(9.6.15). 그러자 서주인徐柱寅 검사가 사기죄를 들어 대종사를 추가 기소하였다(9.6.30). 이에 대해서 이영중 등을 상대로 맞고소하자는 주장과 움직임이 크게 일어났다. 이에 대해서 대종사는 "상대자를 걸어서 상대 고소할 일이 수없이 많이 있는데도 불구하고 상대 고소하지 않으며 그를 원망하지도 않고 단 자기가 곧 불법에 잘못된 것만 참회할 뿐이라"고 타일렀다.

  그 즈음 심인중학교 교장의 신분으로 검찰의 증인 조사를 받은 강창호(운범)가 대종사의 이와 같은 일관된 자세를 경험하였다. 강창호는 검찰 조사를 처음 받는 심정과 검찰 조사에서 잘못 대답하면 대종사에게 큰 문제가 될 수 있다는 마음이 겹쳐 몹시 긴장되었다. 마음을 조이며 검찰청의 조사실에 들어가자 마침 대종사가 이영중과 대질신문을 받고 있었다. 그 때 대종사가 아주 자상한 목소리로 "그래 아직도 깨닫지 못하겠느냐, 깨달아 보아라"라면서 이영중에게 안타깝게 타이르고 있었다. 운범은 그 순간 자신을 무고로 고소한 제자를 앞에 두고 평상심을 갖고 그래도 일깨우려고 애쓰는 대종사의 모습에 큰 용기를 얻었다. 그리고 마음을 다잡아서 검찰의 증인 조사를 받고 학교를 짓기 위하여 자선사부慈善事部에 희사금을 쓴 것을 확인하여 주었다.

  종단은 담당판사가 이교도 장로라는 점을 들어 사건담당 판사의 경질을 요구하여 이현우李鉉雨 판사가 담당판사로 바뀌었다(9.7.22). 법난의 발생에 도의적 책임감을 느끼고 있던 박대준이 월요예회에서 긴급동의로 재단이사로서 분규사건의 야기에 책임완수를 하지 못했다는 이유로 구

두 사직을 하였다. 그리고 이미 서로 마음을 같이 하고 있던 송두남 배신 이사 및 김헌덕金憲德 감사가 사직하였다. 후임 임원의 물색은 이사장에게 일임하였다(9.8.29). 대종사의 사기피의사건에 대한 제2회 공판이 대구지방법원 제1호 법정에서 개정되었으나 45분 만에 폐정되었다(9.9.8). 재단 임원의 사직으로 후임자 물색이 어려워서 인회에서 전원 유임하기로 하고 이미 결원된 임원의 보결선임을 하였다(9.10.17). 손계향孫桂香 김수련 이사 후임에 박원성朴元聖 권우일權宇一 손수향孫秀香 감사의 후임에 손대련을 선임하였다. 대구지방법원 회의실에서 제3회 공판의 예비문답이 있었다(9.11.14). 이현우 판사 입회서기 검사 서주인 그리고 대종사 손대련 김훈 변호사 손동욱孫東頊 김병준이 참석하여 헌법의 내용에 대한 문답을 하였다. 그러나 문답을 완료하지 못하여 16일에 이어서 이현우 판사 입회서기 검사 서주인 그리고 대종사 김훈 변호사 이원홍李元弘이 참석하여 2차 문답을 하였다. 문답 결과 변호사가 재단 및 헌법 교리 등에 대하여 김법린 金法麟 민의원 문교사회분과위원장(허가 당시 문교부장관), 이청담李靑潭 조계종 총무원장, 김동일金東日 문화국교도과장, 이동걸李東杰 문교부 직원, 임병직林炳稷 허가 당시 문교부 문화국장 등을 증인으로 신청하기로 하였다.

　　그리고 문답 후 자세한 답변서를 제출하였다. 답변서의 내용은 1. 진각이란 무엇이냐에 대한 답변, 2. 진각님이란 무엇이냐에 대한 답변, 3. '님'이란 인격화한 것이라는데 그 이유 여하에 대한 답변, 4. 진각이란 문자의 출처는 여하에 대한 답변, 그리고 불교권위자에 대한 해설 설명서를 제출하였다. 이에 대하여 검사의 헌법 감정 신청은 보류하기로 하였다. 그리고 대종사가 법원에서 공판의 증인을 결정하였다. 공판증인은 1. 심인불교가 완전한 불교인줄 알고 믿고 희사하였다는 증인 신홍복 강신용姜信用, 2. 13만환을 가불할 때 결의했는가 또는 자선사부에 자금을 지출할 때 결의했는가의 증인 박대준 김경순金璟淳 손대련 김병국金炳國(김훈), 3. 이영중이 교의 사택을 가지고 자기 가옥을 희사한 것이라는 허위고소 사건의 증인 손규복 서정수徐廷洙 등을 결정하였다(9,11.21). 공판의 통지로 대종사가 증인과 함께 법정에 모였으나 문교부 교도과장 박병순朴炳淳 정철봉鄭鐵鳳 김종현金鍾鉉 등의 피고인이 불참하여 공판이 연기되었다. 대종사와 피고인 증인 등이 출석하여 제3회 공판을 오전11시 5분부터 오후 4시 30분까지 개정하였다(9,11.28).

　　　대구지방법원 5호 법정에서 피고인 전원이 출석으로 제4회 공판을 개정하고 증인 신문을 하였다(9,12.5). 희사 및 교리문제에 관하여 강신용 신홍복 증인의 신문, 사기문제에 관하여 손규식 증인의 신문, 배임 횡령 증회 기타 전반적 문제에 관하여 박대준 김헌덕 손대련 김병국 서정수 증인 신문을 끝내고 폐정하였다. 이튿날 제5회 공판을 개정하고 검사의 구형이 있었다. 검사가 손규상 2년, 손규복 10개월, 박병순 6개월, 정철봉 6개월, 김종현 6개월 등의 구형을 하고 이원홍 기병준 서윤홍徐潤弘 주도연朱度演과 손동욱 변호사가 변론을 하였다.

(4) 언도공판과 법난의 종결

대종사에 대한 모략중상 사건의 언도공판은 5회의 공판을 거쳐서 다수의 스승과 신교도가 공청한 가운데 5호 법정에서 개정하고 다음과 같이 무죄의 판결을 하였다(9,12.15).

　　1. 사기문제에 대하여

문교부에 조회한 회답에 의하든지 헌법 기타 증인 진술에 의하든지 심인불교는 정정당당한 불교의 한 혁신 종파로 인정하고 따라서 심인불교에 일체 희사한 것이나 희사 받은 것은 사기로 인정하지 않는다.

2. 배임 및 업무상 횡령에 대하여

자선사부에의 지출 및 13만환 가불의 건은 모든 장부가 구비되어 있고 전수정사회 및 이사회 인회 등 결의를 거쳐 지출한 것임으로 배임 및 업무상 횡령이 아니다.

3. 증회 수회에 대하여

문교부 직원에 대하여는 4287년(진기8년, 서기 1954년) 5월 10일(음 4월 8일) 석존성탄절에 종교적 축하의 의미로서 행사한 것이고 하등 업무상 영향을 주지 않는 것이므로 증회 또는 수회가 성립되지 않는다.

4. 손규식 손원도의 사기 고소 사실에 대하여

손규식 손원도 사실에 대하여는 최초부터 희사가 아니고 공탁한 것으로서 그 후 전액 이상 환부한 것이 장부상 및 영수증의 증거가 확연하고 또 본인이 고소를 취하하였으며 법정에서 모두 수령하였다고 증언이 있으므로 사기가 아니다.

5. 이영중의 희사 운운에 대하여

이영중의 300만환 희사 운운에 대하여는 서정수의 증언에 의하여 또는 각 장부에 의하여 사실무근이 판명 되었고 가옥 희사 운운은 매수 또는 환부 사실의 증거가 있으므로 사기가 아니다.

이와 같은 무죄 언도에 대하여 서주인 검사가 대구고등검찰청에 불복공소를 제출하였다(9.12.17). 검사가 불복 공소를 제출한 가운데 동아일보 서울신문은 심인불교 사건이 무죄 판결된 사실을 보도하였다(9.12.19). 이렇게 되자 공판의 과정에서 심인불교가 널리 알려져서 남대구경찰서장, 경북도지사, 대구시장이 대종사를 초대하여 종교의 필요성과 심인불교의 교리에 대하여 대담을 나누게 되었다. 그런데 이영중의 청탁을 받았던 남대구경찰서 김식 형사가 불교관계 학원 및 재단실태조사의 보고서를 요구하였다(9.12.24). 보고서 요구는 비구·대처승 간의 분규문제에 기인한 조사라는 사실을 인지하고 심인불교는 관계없다는 이유로 제출하지 않았다.

검사의 불복 공소에 따라서 대구고등법원 2호 법정에서 홍남표洪南杓 주심과 문양 외 1인의 판사 배석으로 공소 제1회 공판이 개정되었다(10.4.3). 이날 공판에는 피고인 전원의 출석과 스승 및 신교도가 다수 출석하여 2시간여 만에 폐정하였다. 공소 공판은 2회로 마치고 공소사건 언도공판을 열고 공소기각을 언도하였다(10.4.13). 공소기각에 대하여 서주인 검사가 상고를 포기하여(10.4.21) 사건이 완전히 종결되었다. 이로써 약 2년간의 이영중의 모략중상 사건은 무저항 방침으로 정의는 정의로써 승리하는 법을 깨닫게 하였다. 대종사는 사건을 법문으로 받아들이고 불법에 잘못한 것을 참회하여 해결하였다. 곧 종단이 안으로 성장하는 계기를 마련한 법난이었다. 그러나 모략중상 사건이 무죄로 끝나서 일부의 스승과 신교도는 이영중을 상대로 무고 고발을 주장하였다. 대종사는 "피편은 고소를 하였으나 우리는 않는 것이 불교인이요 인욕행이요 이것이 무언의 승리며 무저항의 승리요 장원 무한한 승리다"라는 뜻으로 이해시켰다. 또한 많은 스승과 신교도가 이영중 김수련이 거주하고 있는 대명동심인당을 비워내도록 명도신청을 주장하였다. 대종사는 역시 "우리가 사용하더라도 교화에 사용할 것이요 지금 이씨가 사용하는 것도 역시 교화에 쓰고 있으니 구경 용도는 일반이라 하필 협량하게 명도할 필요가 있느냐"며 이해시켰다. 심인당은 교화하는 곳이지 소유하는 대상이 아님을 일러주었다.

이렇게 해서 약 2년간의 법난을 거치면서 종단은 한 번 더 성숙의 계기를 삼았다. 그것은 일차적으로 소송이 진행되는 동안 대종사의 대응에서 찾을 수 있다. 처음부터 대종사는 사건을 단순히 제자의 항명으로 받아들이지 않았다. 지혜가 어두운 제자가 벌인 어리석은 행위로 인식하였다. 그래서 사건을 일으킨 사람을 원망하거나 심한 언설로 책망하지도 않았다. 사건이 커지자 대종사는 "이 일은 그들이 하는 것이 아니라 법계에서 시켜서 그런다"라는 언급을 주위에 자주 하였다.

법난이 끝나고 지방경찰청에 압수되었던 재단 회계 관련 모든 서류를 찾아왔다(10,6,18). 그리하여 대종사는 현실적인 해결이 가져올 수 있는 부작용의 문제를 최소화하도록 법난을 극복하고 종단 발전을 크게 일으킬 법문을 체득하였다. 여기에는 대종사의 더 깊은 마음을 헤아릴 수 있다. 대종사는 끝까지 이영중을 교화하는 사람으로 믿었다. 그리고 그가 무슨 일을 하든지 교화는 심인불교의 방편으로 할 것을 믿었다. 그리고 그는 언젠가는 깨달아서 정도의 길로 돌아갈 것이라 바랐다. 이렇게 보면 대종사가 "하필 협량하게 명도시킬 필요가 있느냐"라고 하신 말씀은 대종사의 깊은 뜻을 엿보게 한다. 대종사의 뜻대로 이주호李州浩(이영중)는 그 후 교화를 지속하였으나 여의치 못하여 종단에 대해서 과거를 참회하였다. 그리고 대명동심인당의 대지와 주택, 그리고 자신이 건설한 김천심인당의 매수를 요청하였다. 종단은 이주호의 제의를 받아들이고(15,3,27) 매수하였다(15,9,9). 그리고 새로운 스승을 보임하여 교화하였다(15,9,21). 대종사가 불법에 참회할 일만 참회하면서 상대를 다스린 무언無言의 승리와 장원 무한의 승리의 말씀이 실현되었다.

5) 교세의 확충

(1) 5도 파견의 교화

헌법의 제정으로 종단이 체제를 세우고 교화의 활기를 더하면서 법난의 와중에도 교세는 크게 발전하였다. 헌법을 제정하는 중에 구학선이 자발적으로 교화하고 있던 태평로심인당을 심인불교에 가입 요구를 해서(7.8.24) 이를 받아들였다(7.12.18). 그러나 구학선은 자신의 욕심이 충족되지 못하자 가정형편을 이유로 탈퇴하였다(9.1.17). 그동안 법난 등의 사유로 미루어 둔 제27육군병원이 징발 사용 중인 남산동심인당 건물 명도를 요청하는 진정서를 교도대표의 명의로 군 당국에 제출하였다(8.4.15). 명도진정에 의해서 제27육군병원이 남산동심인당에 현황조사를 하고(8.7.20) 명도를 결정하였다(8.11.15). 명도결정에 따라서 남산동심인당을 인수하고(9.1.30) 교화에 사용하였다(9.2.1). 그래서 남산동심인당은 징발된 지 4여년 만에 인수하여 교화에 사용하게 되었다. 심인당 명도를 전후하여 심인당 교화와 행정 편의를 위해서 인접 주택 1동을 17만원으로 매수하고(8.9.22), 인회 회의실 사무실 종각 숙직실 등을 건축하는(9.2.1) 한편 역시 인접 안병준安柄俊의 초가 3칸을 매수하여 수위실 사택으로 사용하고, 군병원이 사용하는 동안 많이 훼손된 심인당을 수리 정비하였다(11.6.3). 안병준의 초가 3칸은 대구에 처음 교화를 시작한 청정심(신길이)의 집이었다.

그 동안 교화가 전국으로 발전하였으나 아직 심인당이 개설되지 않은 5곳의 도청 소재지가 있었다. 교화 미개척지인 5도의 도청소재지에 심인당을 개설하기 위해서 특별히 사람을 파견하여 교화를 개척하였다. 대종사는 어느 날 측근 5인을 불러서 취지를 말하고 5개 도시를 제시하였다. 다섯 인사는 대종사의 뜻을 받들어서 제비뽑기로 파견 갈 도시를 선택하고 건설 상무라는 직책을 받았다. 각기 30만환을 가지고 선택한 도시에 가서 100일 불공을 하면서 심인당을 건설하고 돌아오는 임무를 받았다. 그러나 청주 전주 광주 등 세 곳에 먼저 파견가고 2곳은 뒤에 갔다. 모두 처음 가 본 현지에서 심인당을 개설할 장소를 물색하고 100일 정진에 들어갔다. 그 결과 100일 불공을 마치지 못한 사람은 있어도 심인당을 개설하고 교화를 시작하는 임무는 수행하였다. 장명蔣明은 청주에서 주택을 매수하고 청주심인당을 개설하였다(8,4.3). 김철金哲, 혜공慧空은 전주에 파견가서 역시 주택을 구입하여 전주심인당을 열었다(8,4.3). 김철은 자회심의 부군으로 창교 초기부터 대종사를 도와 교화의 초석을 놓는데 힘을 보태었다. 이삼천李三千은 광주에 가서 주택을 구입하여 수리하고 광주심인당을 개설하였다(8,4.3). 이삼천은 태평로심인당 구학선의 부군으로 5도파견 인사 중 가장 연장자였다. 후에 구학선이 탈퇴하자 같이 종단을 떠났다. 배관천은 춘천에 파견되어 주택을 매수하고 수리하여 춘천심인당을 열었다(8,4.19). 그는 대전심인당 초기 교화에 초석을 다진 심인각의 부군이다. 권우일權于一은 제주도에 건너가 심인당을 건축하여 교화에 착수하였다(8,5.7). 그는 중견 공무원을 사직하고 종단에 입문하여 교화에 이바지 하였다. 5도파견의 상무는 10월까지 심인당 개설 임무를 완수하여 그 직무를 해면하였다(8,12.28). 그러나 대종사는 "자기 제도 못하는 사람에게 중책을 맡겨서 도량의 기지를 결정하게 하며 자유로이 자재와 자금을 사용하게 한 것이 잘못된 것이다"라고 술회하였다. 심인당 개설과정에서 일어난 문제를 법문으로 깨달아 본 것이다. 이렇게 5도의 소재지에 심인당을 개설하여 전국에 교화의 터전을 마련하였다.

　5도의 심인당 개설과 더불어 각 지역의 교화도 나날이 발전하였다. 울릉도의 교화가 크게 일어나서 배관천이 심인당을 열어 신교도들이 스승없이 신행하고 있던 도동심인당을 건축하여 교화 환경을 개선하였다(7,9.10). 그리고 대종사의 탄생지인 사동에 심인당을 건축하여 교화하였다(8,1.11). 교도들이 울릉 각지에서 모여들어서 남양동에 심인당을 개설하고 60만환을 보내어서 교도들 자신이 수행하게 하였다(8,4.30). 이어서 천부동에 심인당을 열고 교도들이 스스로 수행하게 하였으나(8,3.15) 교화는 부침을 하였다. 또한 현포동에도 심인당을 개설하여 교도 끼리 수행하였으나 얼마 후 폐지하였다.

　울릉도 교화는 포항의 교화에 영향을 크게 받았다. 포항지역에 신교도들이 날로 불어나서 각지에 심인당을 개설하였다. 신교도들이 스승없이 신행하고 있던 기계면 용기심인당을 건축하고(7,10.19), 같은 날 계동심인당을 개설하고 건축하였다. 포항 북부지역 흥해에 주택을 빌려서 심인당을 개설하고 오특문이 지도하게 하였다(8,1.6). 죽장면 입암에 주택을 4만환에 매입하여 심인당을 개설하고(8,6.7), 또한 그 날 입암 인근의 두마동에 주택을 2만환에 구입하여 수리하고 심인당을 개설하였다. 포항 남서쪽에도 몰려드는 신교도를 위해서 심인당을 열고 교화를 하였다. 구룡포에 주택을 빌려서 심인당을 열고(8,3.9), 죽도에 주택을 매수하여 심인당을 개설하였다(8,3.20). 그리고 괴동에 주택을 매수하여 괴동심인당을 개설하고(8,4.17) 다시 심인당을 건축하였다(9,12.8). 괴동심인당은 포항제철이 세워지는 바람에 철거되었다.

(2) 이원식 심인당 구조

심인당마다 신교도가 불어나서 심인당 개설을 계속하고 또한 심인당 교화환경도 개선하였다. 손원도(회정會精)가 개설한 안강심인당을 건축비 45환을 지불하고 인수하고 해인행을 파견하여 교화하였다. 손원도에게는 전교스승으로 교화를 돕게 하였다(7,8.24). 손원도는 포항에서 교화에 참여하였으나 인법에 걸려서 포도사布導師에 임용되어(5,3.13) 심인당 건축을 돕다가 사직하고 안강심인당을 개설하였다. 그래도 교화의 의지로써 다시 전교스승으로 교화하였다. 손원도는 결국 전교스승으로서 교화에 만족하지 못하고 사퇴하고(8,4.2) 법난에 가담하였다. 그 후 손해봉孫海棒으로 개명하여 스스로 혜통국사를 종조로 하여 참회원을 만들고 교화하면서 후에 진언종으로 개명하였다.

그 후 경주지역의 심인당 개설과 환경개선은 물 흐르듯 계속되었다. 주택을 매수하여 가정柯亭심인당을 개설하고 박현기(朴顯機, 도흔道欣)가 지도하였다(8,4.30). 불국佛國심인당을 개설하고(10,3.20), 건천에 주택을 빌려서 심인당을 개설하여(10,4.1) 각기 교도가 스스로 수행하게 하였다. 그리고 어일심인당을 주택을 임차하여 개설하고 교도가 자발적으로 수행하였다(11,12.8). 황오리심인당을 사택과 심인당을 분리한 이원식二元式으로 개축하고(10,12.8) 이어서 대지를 더 매수하여 심인당 환경개선을 하였다(11,4.1). 그래서 교화를 위한 출세간의 공간인 심인당과 생활을 위한 세간의 사택을 이원으로 분리하는 심인당 배치를 세웠다.

교화는 대구 경북지역에도 왕성하게 진행되었다. 대종사가 수행한 농림촌 인근 성서에 주택을 임차하여 심인당을 개설하고(7,12.16) 다시 심인당 건물을 매입하였다(10,9.1). 삼덕동에 심인당 건설을 결의하고(7,12.18)

대지를 매입하고(12.4.24) 건축 중에 심인당 건물이 붕괴하여 법문으로 받아들이고 심인당 개설을 중지하였다(15.7.16). 청도군 삼신동에 서씨 재실을 6만환에 매수하여 심인당을 개설하고 교도가 자유로이 수행하게 하였다(8.4.19). 이즈음 양동에서 교화하다 양수원에 머물고 있던 유인광이 자유로이 교화하기 위해서 영천군 금호에 주택을 임차하여 교도를 모아서 교화하였다(9.2.3). 또한 대구 서북부에 왜관에 송두남 손대련이 출장하여 주택을 빌려서 심인당을 개설하고 대봉심인당의 권수교權秀嬌을 파견하여 교화하였다(11.4.5). 이와 더불어 심인당 환경개선을 위해서 신암동심인당 사택을 매입하고(8.6.7) 대구시 소유인 대봉심인당 부지를 경쟁 입찰로 구입하고(9.3.22) 기존의 심인당을 철거하고 심인당과 사택을 각기 이원식 건물로 개축하였다(10.12.7). 또한 내당심인당과 신암심인당을 수리하여 이원식으로 만들었다(10.12.11).

　　심인당의 개설과 건물의 개축은 교화의 활기에 부응하여 바삐 진행되었다. 부산 수정동에 귀속재산의 건물을 45만환에 매수하여 심인당을 개설하고 원오제가 자발적으로 교화하는 초량심인당을 이곳으로 옮기고(8.4.19) 다시 건물과 대지를 불하 받았다(8.8.16). 동래 온천에 대지를 매입하고 그 곳의 판잣집에 임시 심인당을 개설하고(8.5.17) 후에 판잣집을 헐고 심인당을 개축하고 교화환경을 개선하였다(9.11.24). 밀양 유천에 신교도가 자발로 심인당을 개설하여(8.8.9) 다시 심인당 부지를 매입하여 교화하였다(9.12.26). 밀양심인당 교화의 활성화를 위해서 심인당을 개축하고 대종사와 손대련이 참석하여 준공하였다(10.8.23). 나아가 서울심인당의 신교도의 수행 편의를 위해서 영등포에 대지를 마련하고 심인당을 건축하였다(9.11.20). 이로써 서울 한강 이남의 교화에 크게 기여 하였다.

5. 교법의 정비와 종조의 열반

1) 교법의 정비

대종사는 법난이 진행되는 동안 "우리교가 당연히 깨칠 것이 있는데 이것으로 아직 깨치지 못하므로 오는 일이라"하며 법난을 법문으로 수용하였다. 그리고 법문의 하나로 "이것이 다 진리로는 급진적으로 발전하는데 완전한 교리를 구비하지 못한 까닭이다"는 심정을 표하였다. 심공하여 공덕을 얻는 진리는 교화의 발전을 통하여 급속히 보이고 있어도 진리를 구체적으로 체계화하는 교리는 아직 완전히 세우지 못하였다는 의미였다. 교리와 방편이 현실적으로 수행의 증험證驗을 확실히 보여서 교화발전은 크게 일어나지만 '교리의 보편적 체계'는 완전히 구비하지 못하고 있다는 말씀이다. 종단의 교리와 수행법의 '현량現量과 성언량聖言量'을 갖추어야 한다는 뜻이다. 현량은 현실에서 실지 체험 증득이 일어나는 것을 말하고, 성언량은 그것의 경전적 진리적 전거를 일컫는다. 따라서 종단은 교리와 수행법에 대한 경전의 전거와 체계를 구비하려는 노력을 하였다. 법난이 끝나자 교법의 정비를 위해서 경전의 번역과 공부에 힘썼다.

    종단의 교법은 교리와 수행의 체계를 가리킨다. 종단의 교법 연구를 교의학이라 하고 줄여서 종학宗學, 또는 교학敎學이라 부른다. 그러나 종학이라 하면 주관성이 강하게 표현되고, 교학이라 일컬으면 객관성을 더 느낄 수 있다. 종단의 교의학은 일단 종조의 가르침을 논증하는 것에서 시작한다. 종조의 가르침이란 종조가 체험하고 이해한 불교의 가르침이다. 따라서 종학은 종조의 가르침을 체계적으로 해명하고 논증하는 것이다.

여기에는 두 가지 접근 방법이 있다. 첫째는 종조의 가르침에 절대적 믿음을 가지고 이를 해명하고 자신도 종조가 도달한 경지를 추체험하여 남에게도 추체험하게 하는 것이다. 둘째는 종조의 가르침에 단지 긍정적인 가치를 인정하고 이를 논증하여 절대적인 믿음을 가지는 것이다. 여기서 전자에 주관성을 느끼고, 후자에 객관적인 인상을 더 받게 되므로 각기 종학과 교학이라는 말에 어울린다.

(1) 역경과 출판

종학이든 교학이든 그 연구에는 종조의 수행체험과 역사적 문헌이 바탕이 된다. 종단은 일찍이 헌법제정을 하면서 헌법의 신장부분에 개괄적 교법을 정리하였다. 그러나 교화 중에서 수행체험의 공덕은 크게 드러나도 아직 수행체험의 교리적 체계는 완전히 세우지 못하였다. 교리의 체계는 역사적 문헌을 통하여 전거를 찾아서 세울 수 있다. 역사적 문헌은 석존의 교설에 기초한 삼학소전의 문헌과 역대 조사들의 저서, 나아가 불교학자들의 연구서 등 불교의 기본사상을 가진다고 인증되는 것을 모두 포함한다. 그 중에서 삼학소전의 문헌이 중심이 된다. 그래서 필요한 문헌을 수집하고 섭렵하였다. 당시 대구 청구대학 강사인 강복수(운범)가 대학에 불교 관련 문헌이 많이 있다는 사실을 알렸다. 강복수는 대종사가 강창호를 개명해준 이름이다. 강복수에게 대학의 도서를 심인불교에 양도하는 방안을 찾게 하였다. 그 결과 대학이 많은 불교 도서를 좋은 조건으로 양도해 주었다. 그런데 그 도서 중에는 밀교관계 도서가 다량 포함되어 있었다. 대종사는 그 도서들을 통하여 밀교의 교리를 구체적으로 접하고 큰 관심을 가졌다. 밀교의 정신과 교리가 많은 부분에서 심인불교가 지향하는 정신과 맥락을 같이하고 있었기 때문이다. 그래서 교법의 정비를 위해서 기본적인 경론부터 번역하기로 하였다. 그런데 경론 번역의 필요성은 일찍이 준비하고 있었다. 제2회 인회에서 '해인 번역과 편찬위원 선정 및 동 경비지출은 회장에게 일임한다(7,8.25)'고 결의하였다. 실제 해인번역은 오랜 기간 숙고와 준비 끝에 응화성전應化聖典의 번역을 시작으로 실행에 옮겼다(11,8.12). 역경을 시작하면서 경전과 해인(본존)의 인쇄를 횡서에서 종서로 변경하였다(11,8.13).

　　대종사는 특히 밀교의 현실긍정의 정신과 비로자나불 사상에 매우 큰 동감을 하였다. 그리하여 심인불교의 교리와 수행법의 체계를 밀교의 정신에서 전거로 삼았다. 먼저 밀교정신을 담고 있는 문헌에서 종단의 교리와 수행법의 전거를 찾기로 하였다. 그리고 현교의 경전의 내용을 교화의 방편으로 수용하기로 하였다. 우선 수행과 교화에 방편이 되는 경론의 모음인 응화성전應化聖典의 편찬을 위한 문헌을 번역하였다. 그리고 심인불교의 정신과 맥락에 상응하는 밀교의 이론서로서 총지법장摠持法藏의 편찬을 위한 문헌도 수집 번역하였다. 총지법장과 응화성전의 편찬을 위한 문헌의 선정 작업에는 대종사와 함께 손대련과 강복수가 주도하고 박태화가 일시 참여하였다. 응화성전은 『불교요전佛敎要典』을 중심으로 하여 만해萬海의 『불교대전佛敎大典』의 내용을 선별하고 여기에 대종사가 마음에 담고 있던 경전을 포함하였다. 총지법장은 밀교의 문헌 중에서 중요한 경론의 내용, 그리고 만다라 수계의식 육자진언에 관한 내용과 대종사의 말씀 등을 담았다.

　　그리고 밀교의 기본경전인 대일경을 번역하였다(11,9.10). 그런데 대일경의 번역은 그 이듬해 6개월 만에 중지하였다(12,3.26). 대일경 번역을 중지한 이유는 경전의 내용 때문이었다. 대일경은 교리와 더불어 정치精緻

한 수행의궤를 담고 있다. 대일경의 정치한 수행 의궤는 특정의 사람만이 수행할 수 있는 내용이 많다. 대중이 쉽게 동참할 수 있는 수행법을 바라는 대종사는 선뜻 수용하기 힘들었다. 역경 목록에 금강정경을 넣지 않은 까닭도 여기에 있었다. 대일경과 동시에 보리심론의 번역도 시작하여 일주일 만에 완료하였다(11,9.25). 보리심론은 심인불교의 전거로서 매우 중요한 관심을 받았다. 보리심론의 보리심의 발심 과정과 삼십칠존, 그리고 즉신성불의 내용이 심인공부와 크게 부합하였다. 이어서 심지관경의 보은품의 번역도 시작하였다(11,9.26). 심지관경의 은혜와 호국의 경설이 주목 받았다. 함께 옥야경의 역경도 시작하였다(11,10.5). 옥야경은 부인의 도리를 설한 경이다. 심인공부는 가정이나 국가에서 부인의 중요성을 매우 강조하였다. 사람이 안의 마음을 잘 챙겨야 하듯이, 부인은 '심心의 주主'라고 여겼다. 가정과 사회의 발전에 부인이 '심心의 주主'의 역할을 해야 '물物의 주主'로서 남편이 바로 선다고 설하였다.

그리고 유마경 번역을 시작하였으나(11,10.11), 중지하였다가(12,4.10) 다시 계속하였다(12,8.20). 유마경은 유마거사가 부처님의 가르침에 따라서 설한 경이다. 종단에서 유마경에 관심을 가진 것은 바로 유마거사 때문이다. 재속在俗에서 불법을 실천하고 전하는 교화활동을 마음에 두고 있었기 때문이다. 그래서 총지법장을 출간할 때 유마경을 소의경전으로 여기기도 하였으나 결국 번역 후에 출판을 하지 않았다. 대종사는 교화 중에서 유마경의 내용을 인용하여 말씀한 흔적은 매우 드물다. 유마경의 내용은 세간의 일반 대중보다 오히려 출가 수행자에 더 적합한 상단법문上壇法門이 주류를 이루고 있기 때문이었다. 그리고 대종사는 역경 시작 9개월 만에 역경작업을 일단락 시켰다(12,4.19). 역경작업이 일단락되고 교화와 교리의 문제로 종단 내의 법문도 일어났다.

번역작업이 일단락되어 번역 내용을 검토하고 동시에 출판도 진행하였다. 총지법장이 출판되어 남산동심인당에서 경남북도의 스승이 참석하여 총지법장 반포불사를 하였다(12.4.20). 총지법장의 반포불사와 함께 총지법장을 널리 유포시키기 위해서 법시법法施法을 실시하였다. 얼마 후 응화성전 1집을 출판하고 역시 반포불사를 하였다(12.6.15). 응화성전은 내용이 아주 많아서 지속적으로 출판할 계획이었다. 그러나 응화성전의 출판은 1집으로 그쳤다. 응화성전에 이어서 대한불교진각종 종지大韓佛敎眞覺宗 宗旨라는 소책자를 간행하였다(12.11.17). 대한불교진각종 종지는 대종사가 세계불교도우의회(WFB) 제5차 태국 방콕대회에 참석할 즈음 심인불교의 종지와 교의를 소개하기 위해 밀교 교리에 관한 자료를 편집한 소책자이다. 그러나 대한불교진각종 종지는 내용과 책의 한글본이 문제가 되어 실제로 대회에 가져가지는 못하였다. 이때부터 총지법장에 실은 내용을 별도로 교화 자료로 인쇄 배부하였다. 교화 자료는 대다수 석판石版으로 한지에 인쇄하였다.

먼저 보리심론을 해인꽂이에 걸 수 있게 석판 인쇄하였다(13.3.16). 교도들이 항시 낭독하여 경전의 뜻을 이해하게 하였다. 현밀이교론顯密二敎論도 게송체로 만들어 석판 인쇄하여 각 심인당에 배부하였다. 현밀이교론은 현교와 밀교의 내용을 비교하여 게송으로 만든 내용이다. 내용의 앞부분은 공해空海의 현밀이교론의 첫 부분이고, 뒷부분은 각반覺鑁의 오륜구자명비밀석五輪九字銘秘密釋 중에서 불도의 천심을 논하는 부분이다. 공해의 현밀이교론의 첫 부분은 산문으로 되어 있는 것을 게송으로 바꾸었다. 각반의 비밀석은 본래 게송으로 되어 있었다. 대종사는 현밀이교론을 인쇄 배부하고 또한 이것을 원고지에 옮겨 읽으면서 용어에 대한 주석과 더불어 자세하게 자증自證의 해석을 달아놓은 자료를 남겼다. 예를 들면 '현은 많은 명구로써 오직 하나 설함이요, 밀은 다만 일자문에 모든 뜻을 함장한다'라는 구절에서 '일자문'을 '옴'자 일자로 주석한다. 그리고 '많은 명구로써 오직 하나 설한다'는 구절을 '팔만장경을 다 모아도 결국은 하나이다, 하나 진리이다'라고 해설한다. 다라니경도 역시 게송으로 만들어서 석판으로 대형 인쇄하여 각 심인당에 보내어 공부하게 하였다(13,5.18). 다라니경은 관세음보살육자대명왕신주경의 내용을 가리킨다. 보리심론 공부와 함께 보리심의 이해에 도움이 되는 보리심의菩提心義를 대형으로 석판 인쇄하여 배부하였다(13,6.19).

종단은 밀교의 정신을 전거로 심인불교의 교법을 세우고 총지법장과 응화성전 등을 간행하여 교화에 활용하였다. 그러나 특히 총지법장은 교화에 활용하는데 상당한 어려움이 있었다. 총지법장의 내용 중 전문적인 의식과 의궤는 실제 교화에 적용하기 힘들었다. 심인불교의 교화이념과 자증교설을 펴는데 상응하지 않는 부분이 많았기 때문이다. 『총지법장』과 『응화성전』을 개편하여 심인불교의 교법에 부합하고 교화에 활용할 수 있는 새로운 교화교재를 편집하기로 하였다. 그래서 법불교와 응화방편문을 간행하고(14,5.20), 다시 재판 발행하였다(15,12.28). 법불교는 총지법장의 편집 취지를 살려서 대종사의 자증교설을 중심으로 밀교의 교리와 수행에 대한 이해를 돕는 내용으로 편집 간행하였다. 응화방편문은 응화성전의 내용 중 필요한 부분을 적록摘錄하여 편집 간행하였다. 그리고 『법불교』와 『응화방편문』의 내용은 모두 게송으로 만들어서 간행하였다. 법불교는 법신불의 가르침, 즉 법신불의 종교라는 의미이다. 『법불교』는 '불교는 다라니로써 흥왕한다' '심인진리' '자성법신' 등의 교설을 실어서 심인불교는 법신불의 가르침, 법신불의 종교라는 사실을 밝히고 있다. 응화방편문은 '응화의 방편문', 즉 교화에 방편이 되는 경문을 의미한다.

『법불교』와 『응화방편문』의 간행은 심인불교의 교화교재에 새로운 지평을 열었다.

또한 역경과 출판 과정에서 출판사와 인쇄소를 직접 경영하였다. 역경하여 발간할 경전이 많아지면서 일반인이 경영하는 출판사에 의뢰할 수 없어서 심인불교금강회해인행이라는 명칭으로 출판사를 설치하고, 또한 심인불교와 불교경전의 특수한 사정을 생각하여 인쇄소를 설치하기로 결의하였다(12,4.14). 해인행의 예산으로 팔정八正인쇄소라는 명의로 출판사를 설치하고 오상영 윤성구에게 운영을 일임하여 수익금의 3할을 받기로 계약하였다(12,6.30). 그런데 교사는 출판사를 등록 신청하고(11,9.14) 등록증을 수령한(11,10.10) 사실을 밝히고 있어서, 이미 등록한 출판사를 다시 결의하여 운영한 것으로 보인다. 심인불교금강회해인행은 순정純淨출판사의 명의로 다시 등록되었다(15,12.28). 팔정인쇄소도 운영 계약자 중 오상영이 탈퇴하고 윤성구의 부실한 운영으로 결손이 많아서 운영 계약을 해지하고(12,9.15) 다시 팔정八淨으로 개칭하여 해인행에서 직영하기로 하였다(12,11.1). 팔정인쇄소는 대동大同인쇄공업사로 명칭 변경하여 운영하였으나 계속 결손이 발생하여 소재지를 대구 공사부로 옮겼다(15,4.5). 그리고 인쇄소의 활자와 기구 등을 대구 남산동 금강회 회의실에 옮겨서 인쇄소를 설치하였다(16,3.31). 결국 대구에서도 인쇄소의 할 일이 별로 없어서 활자를 모두 매각하여 해인행 명으로 예금하고 폐지하였다(20,12.28).

(2) 교주 비로자나불과 본존해인

대종사는 불교에 입문하여 농림촌에서 정진에 들어가기 전까지는 주로 불교의 경서를 주로 공부하였다. 그리고 농림촌에서 육자진언의 묘리를 체득한 이후는 다라니와 밀교경전의 공부에 관심을 쏟았다. 헌법제정의 과정에서 헌법의 기본구조를 이법理法으로서 신장信章과 행정체계로서 교정教政의 이원을 세웠다. 그 중에서 신장은 약리와 인법으로 나누고 각기 심인불교의 교리를 개괄하고 교화스승의 수행과 자격요건을 정리하였다. 그 후 밀교문헌이 많이 수집되어 이들을 섭렵하면서 밀교가 담고 있는 정신에 깊은 관심을 가졌다. 특히 밀교의 비로자나불 사상과 현실긍정의 정신에 매우 큰 동감을 하였다. 그리하여 지금까지 우주의 궁극적 원리의 표현으로서 '진리의 성性' '하나부처님' '도솔천부처님' '법신부처님' '(법계)진각님' 등의 술어를 '비로자나불'로 통일하였다. 결국 대종사는 수행정진을 통하여 밀교의 비로자나불(大日如來)의 묘리를 증오하고 이를 심인불교의 교리체계에 수용하였다(11,8.12). 비로자나불은 삼밀三密활동을 하면서 오불五佛을 출현하여 만다라를 전개한다. 비로자나불의 오불 만다라 삼밀은 그대로 우주 법계의 체體 상相 용用의 존재방식이다. 비로자나불의 체상용의 존재방식을 일본 진언종의 공해空海는 각기 육대六大 사만四曼 삼밀三密로써 체계화하였다. 그리고 육대사만삼밀의 체계로써 비로자나불의 존재를 철학적으로 설명하고 즉신성불卽身成佛의 당위성을 해명하였다. 그래서 대종사도 처음 비로자나불의 이해를 돕기 위해 공해의 육대사만삼밀을 원용하기도 하였다.

  그런데 비로자나불의 체상용은 우주법계의 당체로서 그대로 진실한 설법활동이다. 우주법계의 당체로서 비로자나불은 진실한 설법활동의 주체로서 교주教主가 된다. 종단은 비로자나불을 교주로 세우고 밀교 교리에 입각하여 총지법장을 편찬하고, 응화應化의 자료로서 현교의 경론을 정선하여 응화성전을 편찬하였다. 대종사는 보리심론을 번역하는 중에 보리심 비로자나불 오불과 삼십칠존의 교설에서 깊이 증득하였다. 먼저 심인은 보리심이고 보리심은 비로자나불이며, 나아가 비로자나불은 오불과 삼십존으로 출현한다. 그리고 삼십칠존 등의 출현은 곧 비로자나불의 중생구제의 구체적인 활동으로서 만다라 세계를 전개한다. 그렇다면 부처와 중생의 심인으로서 육자진언은 비로자나불의 진언으로서 오불의 심인이다. 대종사는 이렇게 심인 보리심 비로자나불 오불 육자진언 등의 관계를 증득하고 육자심인은 각기 오불(삼십칠존)의 상징으로 배대하였다. 그리고 우선 하왕십리심인당(밀각심인당)에서 삼밀선정 중에 시험적으로 실시하였다(11.9.27). 즉 '옴'은 비로자나불, '마'는 아축불, '니'는 보생불, '반'은 아미타불, '메'는 불공성취불, '훔'은 금강제보살로 관행하는 삼밀수행을 체험하여 보았다.

나아가 육자진언에 오불오지五佛五智 십육대보살十六大菩薩을 배대하여 다섯 금선金線의 동심원의 사방에 표시하여 그것을 자기 몸의 사방에 관하는 자기관념도自己觀念圖를 만들었다. 그리고 하왕십리심인당 본존판의 육자진언에 대신하여 시험적으로 부착하였다(11.10.11). 그러나 자기관념도의 본존판의 게시는 시험으로 끝나고 삼밀선정에만 사용하기로 하였다. 자기관념도는 대종사가 『관세음보살육자대명왕다라니신주경』의 자기관음밀주관념도自己觀音密呪觀念圖에 기초하여 새롭게 개작한 수행도이다. 자기관념도는 자기 몸에 육자진언을 관념하는 수행도로서 후에 육자관념도라 개칭하였다. 그리고 자기관념도 대신에 삼십칠존 법만다라를 역시 하왕십리심인당 본존해인판에 시험적으로 부착하였다(11.11.1). 금강계만다라의 삼십칠존 불보살의 명호를 한글로 써서 법만다라라 부르고 본존판에 부쳤다. 삼십칠존 법만다라를 본존해인으로 삼아서 귀명과 관념의 대상으로 수행한 결과 법문이 좋았다. 삼십칠존 법만다라를 대소 사종으로 인쇄할 계획을 하고 먼저 대형을 인쇄하여 규모가 큰 심인당에 일차로 발송하여 수행하게 하였다(11.11.25). 또한 남산동심인당의 삼십칠존 만다라는 육자진언 중심의 만다라로 교체하여 본존해인을 구성하였다(15,1.11). 본존해인은 결국 자기관념도 대신에 육자진언 중심의 삼십칠존 법만다라를 기본으로 구성하고 수행의 표상이 되었다.

    그동안 본존해인의 내용은 교화의 진행에 따라 그 때 그 때 중요한 교설을 교체 게시하면서 많은 변화를 겪어 왔다. 처음은 육자진언을 중심으로 십악참회 은혜경 등의 해인을 세로쓰기로 게시하였다. 그 다음 가로쓰기로 중요한 교설과 함께 육자진언을 상단 혹은 중단에 배치하여 구성하였다. 또한 경과 해인을 세로쓰기로 하면서(11,8.13) 육자진언은 중앙에 배치되었다. 본존해인은 자기관념도의 시험적 실시를 지나서 다시 육자진언 중심의 삼십칠존 법만다라 형태로 구성되었다. 그런데 태장계법을 함께 쓰려는 뜻에서 심인당에 불상을 안치하고 건축양식도 현교사찰의 양식에 준하기로 결의하였다(14,6.20). 불상을 봉안하는 계획은 법문이 좋지 않고 심인불교의 교리에 맞지 않는다는 결론을 내리고, 금태불이金胎不二의 의미를 부여하여 다시 금강계 삼십칠존 법만다라의 봉앙奉仰하기로 하였다(17,3.15). 마지막으로 참회문이 본존해인에 추가되면서 육자진언 중심의 삼십칠존을 기본으로 본존해인이 구성이 되었다. 따라서 본존해인은 신행 대상으로서 본존과 수행 실천에서 중심교설의 역할을 하였다.

(3) 삼밀 정송법과 수행방편

비로자나불이 교주로서 신행과 수행에서 심인불교의 종교 이상理想으로 정해지면서 삼밀선정법을 실시하였다(11,9.8). 법난이 2년여 동안 진행되면서 교화와 수행에서 무언법을 실시하기도 하였다(10,6.8). 무언법은 불공 중에 설법이나 말을 하지 않고 수행하는 법이다. 무언법의 실시는 마음을 모아서 선정에 들고 깨닫기 위한 실천행이지만 설법의 내용이나 교리의 설명 등에서 문제도 있었다. 그래서 교주 비로자나불의 교리에 상응하는 수행법과 불공의식도 경론에 근거하여 정비하였다. 이에 따라서 대종사가 주석하는 하왕십리심인당에서 법계정인法界定印의 삼밀선정법을 시험적으로 실시하였다. 삼밀수행에서 법계정인은 교주 비로자나불의 교리에 맞지 않아서 다시 비로자나불의 금강지권金剛智拳으로 바꾸고 김헌덕 송두남이 상경하여 일주간 강공을 받았다(11,11,20). 그리하여 유가삼밀 중에 인계를 경험하여 본 결과 비로자나불의 금강지권법이 최승하여 보리가 속히 일어나고 마장을 항복 받는 법이므로 금강지권을 전국에 실시하였다. 금강지권법을 새해불공때 신교도에게 자세히 일깨우도록 하였다(12,2,12).

또한 삼밀선정의 자세한 내용과 금강지권의 결인법을 정하여 고지하였다(12,2,19). 신밀은 인계(금강지권)을 결하고, 구밀은 진언(육자진언)을 염송하고, 의밀은 관觀하는 수행법을 세워서 실천하였다. 의밀은 지권(눈을 뜰 때)과 오불(눈을 감을 때)을 관상하는 법으로 하였다. 삼밀선정에서 반눈을 뜨고 코끝을 보면서 지권의 상단부분을 관상하고, 눈을 감고 자기 몸의 만다라 오불을 관하였다. 자기 몸의 오불을 관하는 법은 자기관념도의 오불(육자진언)을 자기 몸에 가지加持하고, 그 오불(육자진언)을 관하는 수행이었다. 그리고 자기관념도의 오불(육자진언)을 자기 몸에 가지하는 법은 대종사가 『육자대명왕다라니신주경』의 자기관음밀주관념설을 빌려서 쉽게 설명하였다. "선정을 시작할 때마다 오른손으로 배꼽을 짚으며 입속으로 비로자나불을 부르고, 왼편을 짚으며 아축불을 부르고, 명문을 짚으며 보생불을 부르고, 오른편을 짚으며 아미타불을 부르고, 단전을 짚으며 불공

성취불을 부른 다음에 결인하고 선정으로 들어가는 것입니다. 이렇게 하는데 자기 몸에 오불이 관념적으로 항상 있게 되는 것입니다(12,2.19)"라고 고지하였다. 그 다음 『금강정유가약출염송경』의 음성염송 금강염송 삼마지염송 진실염송의 사종염송법을 수용하여 삼밀수행법을 세웠다(12,11.17).

그러나 삼밀수행의 구체적인 행법은 교화와 시대의 환경에 따라서 변화하였다. 금강지권과 더불어 금강권법을 수용하였다. 삼밀수행의 정진을 매일 일정시간 정하여 하였다. 스승은 매일 금강지권을 1시간 30분, 금강권은 2시간을 정하였다. 신교도는 낮에는 금강지권을 폐지하고 아침에만 하며 공식불사와 기타 시간은 금강권으로 정하였다(14,12.11). 그러나 자성일 오후는 자유로이 하도록 하였다. 이렇게 해서 매일 일정한 시간을 삼밀정진하는 정송법定誦法을 시작하였다. 동시에 매일 일정한 금액을 희사하는 정시법定施法도 실시하였다. 정송법은 하루 1만송을 시작한 후(6,2.7) 삼밀선정으로 바꾸었다. 정송법은 지혜를 밝히는 행법이고 정시법은 자비를 일으키는 행법이다. 삼밀정진의 수행법이 시행되고 여러 가지 법문을 통하여 스승은 신조晨朝에 2시간 금강지권으로 정진하고 공식불사에는 처음 금강지권, 다음은 금강권으로 정진하였다. 교도는 자기의 정진시간의 3분의 2를 금강지권으로 정진하기로 하였다(15,10.9). 그리고 스승의 정송시간은 매일 금강지권으로 3시간 정진, 자성일은 3시간 30분, 공식불사는 매회 10분, 그리고 사분정진四分精進은 4시간 30분으로 정하였다(15,11.2). 나아가 사부대중법을 제정하여 출가 스승은 금강지권, 재가보살과 신교도는 금강권으로 정하였다(16,9.3). 그러나 사부대중법은 제대로 시행되지 않았다. 그러나 법문이 좋지 않아서 스승은 새벽에 지권으로 1시간 30분, 교도는 자기가 정한 정송시간의 3분의 1을 지권으로 정진하기로 변경하였다(16,10.30). 이 때 신교도의 경우 금강지권 정송시간에 따라서 행계를 정하였다. 결연結緣교도는 5분에서 15분, 수습修習교도는 15분에서 25분, 수계교도는 30분에서 40분, 수기授記교도는 50분에서 1시간, 인도引導교도는 1시간 반으로 정하였다. 교도행계 조건은 정송시간 뿐만 아니라 희사 등 다른 신행 실천사항도 정하였다. 삼밀 정진에는 졸음이 가장 큰 문제가 되어서 꿇어 앉아서 정진하는 등 시험적으로 방편도 실시하였다. 그래도 정진의 어려움은 해결되지 않아서 다시 삼밀정진법을 전면적으로 개정하였다(17.3.27).

> "공식시간은 지권으로 매회 15분, 아이를 돌보는 분은 자유선택하고, 금강지권으로 하여도 중간에 깨어도 무방, 신입교도는 자유선택, 구교도 역시 자유선택, 새벽정송은 정사는 1시간 내지 1시간 반, 전수는 1시간 반 내지 2시간, 나머지 시간은 금강권(꿇어앉아서), 무시항송은 금강권, 시간정진 및 7시간 정진은 지권, 월초불공에는 지권을 배倍로 한다"

이렇게 삼밀선정법은 교화 상황과 환경에 따라서 변화를 겪으면서 정착하였다. 그 중에서 정송법과 정시법은 차시법과 항송법과 더불어 독특한 수행법이 되었다. 그리고 효과적인 삼밀선정을 위한 방편도 시험적인 과정을 겪었다. 남의 방해를 받지 않고 삼밀선정을 하기 위한 우담화 방편을 폐지하고 수마를 끊기 위한 방편도 도입하였다(16.10.12). 공식불사 중에 금강권으로 졸면서 정진하면 요령을 흔들어서 꿇어 앉아 정진하게 하였다. 그렇지만 금강지권 실시를 하면서 자동으로 폐지하였다(17.3.27). 또한 가정에 고통이 많고 서원이 큰 교도들에게 월요일부터 일주간 해탈과 소재도량을 설치하여 정진하게 하였다(13.3.29). 공식불사에서 신교도의 서원을 스승이 기록하여 발표하는 인도기引導記를 서울과 남산동 심인당에서 실시하였으나(15.8.29) 특별한 효과가 없어서 폐지하였다(16.4.1). 인도기법은 다시 강도부법으로 대체되었다. 또한 대종사(도정道正)가 모든 일을 가부(可否) 두 개의 죽편竹片을 던져서 가(可)를 결정하는 취증법取證法을 실시하려 했지만(16.11.28) 교리에 맞지 않아서 폐지하고 가부결정은 시간정진 또는 불공을 하여 결정하기로 하였다(17.4.8). 그리고 일주간 정진에는 육식을 금하는 법을 세우고(16.9.3), 신교도가 조상불을 모시는 방안에 대해 요구가 많아서 일부 심인당에 조상불의 위패를 모시는 영식불단靈識佛壇의 설치 계획을 추진하다가(16.12.20) 금강법에 맞지 않는다는 이유로 폐지하였다(17.4.10). 나아가 가정에 성심불단誠心佛壇을 설치하여 신심을 북돋우기 위하여 스승이 공통 법문을 보았으나 불가로 결정되었다(18.2.19). 반면에 같이 실시한 신교도의 다섯 가정 제도는 좋아서 가결되었다.

  교화방편은 교화의 효율적 방안을 강구하는 과정에서 여러 시행착오를 거치면서 정착되었다. 한 동안 중단되었던 월초심공은 다시 실시하였다가(11.11.5) 또 다시 폐지되고 불공 중의 희사는 매일하는 정시로 실행되었다(14.12.11). 그러나 월초심공의 묘덕이 큰 것을 감안하여 재실시하여 월초불공으로 정착되었다(15.10.16). 공식불사 진행도 삼밀선정(15분)→경 낭독(설법)→삼밀선정→경 낭독(설법)→참회(둘째시간도 반복)의 순서로 정해졌다(12.2.9). 그리고 불공내용이 늘어나서 교리참회→게송낭독(오대서원 등)→오불 혹은 삼십칠존 낭독(삼십칠존 중에 자유선택)→진언낭독(2번)→삼밀행(오불 짚고)→독송(스승 자유선택, 선후창)→낭독(스승 외워둔 것 중 자유선택)→진언낭독(2번)→삼밀행(오불 짚고)→낭독(외워둔 것 중 자유선택)→참회(2절, 둘째시간 3절)의 순서로 진행하였다(15.12.18). 불사순서에서 보듯이 이즈음에 참회문이 어느 정도 정형화되고 있었다.

이와 더불어 불공하는 방안도 시험적으로 실시하였다. 삼밀선정의 관행요법觀行要法의 실시를 위한 강공을 개최하였다(14,12.29). 관행요법은 삼밀선정에 따른 여러 불공정진법을 말한다. 이즈음 귀명불공과 독송불공법이 불공의 큰 관심사였다. 귀명불공은 달리 사분정진이라 하는데 하루 동안 네 번에 걸쳐 삼밀선정을 집중적으로 하는 불공이다. 월초불공 중에서 2월 5월 8월 11월의 월초불공은 귀명불공으로 하였다. 그 외의 월초불공은 독송불공으로 하였다(15,12.18). 그래서 임시강공을 열어서 미리 귀명불공과 독송불공을 결정하고 그 의의를 이해하고 인식시키는 공부를 하였다(15,11.30). 이어서 독송불공의 공식시간 진행 절차를 습득하려는 강공을 하고(15,12.11), 또 다시 독송불공과 공식시간 진행법, 그리고 불공 중 마장 막는 법에 대하여 강공하였다(16,1.18). 이 때 교화 방면에 대한 논의가 있어서 서남西南의 교화는 잘 되고 동북東北의 교화는 잘 안 되는 사실을 실증으로 들어서 인식시켰다. 서남법은 강공에서 다시 논의하여(16,11.29) 대종사의 유교에 이어서 심인당 구조와 신설의 공식법으로 정하였다(18,3.23). 그런데 독송불공은 공식불사 중에 해인을 낭독하는 것으로 대체하여 폐지하고 불사 중 삼밀선정을 10분에서 15분으로 변경하였다(16,3.30). 그리고 1월 월초심공과 신년 서원강도를 겸하여 시행하였지만(9,1.3) 1월 초순에 실시하던 새해서원 강도를 입춘이후로 실시하기도 하였다(12,2.19). 매년 인회에서 새해서원강도 날짜를 정하여 통지하다가 양력으로 1월초불공을 하기로 정착하였다(16,3.30).

2) 교화제도의 정비

(1) 사분법과 삼종시법

재시가 곧 법시가 되는 원리에 따라서 희사와 희사금의 관리는 중요한 수행법으로 여겼다. 희사금의 십이법에 이어서 사분법을 시행하였다. 사분법은 재보를 사분으로 나누어 사용하는 경전의 말씀에 근거해서 심인당의 희사금을 사분으로 사용하는 법이다. 지금까지 심인당 희사금 중 십이를 기본으로 강도금액을 합하여 중앙에 납부하였다. 사분법은 십이와 강도금과 더불어 심인당 희사금의 3/4를 중앙에 납부하는 제도이다. 우선 서울과 남산동 심인당에서 실시한 후(14.11.21) 규모가 큰 심인당으로 확대 실시하였다(14.12.26). 심인당 희사금(단시)의 헌납 순서는 먼저 십이정공과 스승이 교화 중에서 서원에 따라서 희사하는 강도희사가 기본이었다. 희사금 중에서 십이와 강도희사를 헌납한 나머지가 잉여금이라 하였다. 잉여금은 스승의 생활과 교화와 심인당 운영을 위해서 사용하고 나머지는 헌납하였다. 따라서 사분법은 십이정공과 강도희사 그리고 잉여금을 더하여 3/4를 헌납하는 법이다.

희사금의 사분법을 시험적으로 실시한 결과 심인당의 규모에 따라서 희사금의 50%에서 85%까지 헌상하도록 하였다(15.3.7). 그 후 심인당 희사금은 교화의 상황에 따라서 헌상하였으나 50% 이상은 유지하게 하였다. 그러나 희사금의 십이헌상은 그대로 유지하였다. 그리고 불교재산관리법에 의하여 심인당에 단시정리 보조부 단시출납부 등 각종 장부를 비치하여 희사금의 관리를 더욱 철저하게 하였다(16.12.22). 그리고 심인당의 십이와 강도희사를 여법하게 실행할 수 있게 단시정리함을 제작하여 배부하였다(17.2.1).

　　강도講度는 특수한 일에 대한 특별 불공법이다. 그런데 스승이 교화를 하면서 공식불사를 집전하거나 사회나 종단, 나아가 심인당 또는 신교도에게 특별한 일이 있어서 긴급한 서원을 세우면서 하는 희사를 또한 강도(희사)라 하였다. 강도(희사)은 심인당 희사금으로 다시 희사하는 것이다. 심인당 희사금을 더 크게 회향하는 의미가 들어 있었다. 그리고 강도는 처음 스승이 메모 등 적절한 방법으로 실시하였으나, 종단에서 '희사표'를 마련하여 통일하였다(15.10.18). 스승은 강도(희사)를 통하여 간절한 서원을 일으킬 수 있었다. 강도 실천은 스승의 간절한 서원을 상징하는 구체적인 행위이기 때문이다.

　　제시법을 세우면서 희사금의 명칭이 문제가 되었다. 그리하여 '단시檀施'라는 명칭을 사용하였다. 단시는 범어의 다아나(dāna)의 음사로서 보시 희사 기부 등의 의미를 가지고 있다. 진기 9년 보살회 예산부터 사용하던 정공희사淨供喜捨라는 명칭을 진기 14년 총금강회 예산에는 단시라고 불렀다. 이즈음 정공희사를 단시로 대체하기 시작하였다. 단시는 희사금 또는 희사금 중 제시를 제외한 무상희사의 의미로 사용하였다(18.4.18). 희사금의 성격이 무상희사는 단시, 유상희사는 제시로서 정해진 것이다. 그런데 유상희사로서 제시는 현실에 사용하지만 다분히 물질생활과 관련이 있었다. 사람은 물질생활과 함께 정신생활도 매우 중요하다. 그래서 자연히 정신생활에 관련한 희사법도 필요한 것을 인식하였다. 정신생활에 관한 희사법으로서 총지법장을 출판하고 반포를 하면서 총지법장을 널리 보급하기 위하여 법시법法施法을 내었다(12.4.20). 그리고 경전 등을 희사하는 것을 법시라 하여 강조하였다. 이렇게 해서 법시를 위하여 희사하는 금전을 경값, 또는 경시라 불렀다(17.4.23). 그리고 대종사가 열반한 후 종단에서는 대종사의 뜻을 이어서 경시법을 시행하였다(20,5.24).

이로써 종단에 단시 경시 제시의 삼종시법이 완성되었다. 삼종시 중에서 단시는 무상희사, 제시와 경시는 유상희사로 하였다. 단시는 희사의 근본이므로 무상희사로 하고, 경시와 제시는 특수한 서원[목적]을 가진 희사로서 유상희사로 하였다. 제시는 건강과 물질적인 복덕을 위한 희사이고, 경시는 학업 등 정신활동과 관련된 지혜를 위한 희사이다. 이처럼 삼종시법은 희사의 마음을 구체적으로 나타내는 희사법이다. 그래서 희사금은 희사의 마음, 즉 희사하는 사람의 서원에 따라서 사용할 수 있게 되었다.

이렇게 해서 희사는 단시 제시 경시, 그리고 절량 등을 총칭하는 의미로 쓰였다. 그 중에서 제시의 헌납은, 2/3는 도정이공道正利供, 1/4는 스승후생, 1/4는 상보회에 사용하는 법을 세웠다가(17,4.23) 다시 1/2은 총인봉정으로 헌납하고 나머지는 교화를 위해서 스승이 자유로 쓰기로 하였다(19,12.16). 그리고 경시는 전액 헌납하였다. 이에 따라서 삼종시에 대한 강공을 하고 삼종시 공덕을 공부하였다(20,5.24). 그래서 삼종시법은 삼보의 공양으로 설하기도 하였다. 단시는 불보에 공양, 경시는 법보에 공양, 제시는 승보에 공양하는 희사금이라는 뜻이다. 희사의 근본은 희사의 마음[喜捨之心]이기 때문이다. 그래서 정시와 정송, 차시와 항송은 '희사하고 염송하는 정진'에 따른 수행(기도)법이 되었다. 제시법과 강도희사의 실시에 맞추어서 심인당의 스승 교탁을 제작하여 보급하였다(16,6.29). 교탁은 제시와 상부상조를 실시할 수 있는 형태로 만들었다. 그리하여 신교도 상호간의 상부상조할 수 있는 법을 실시하였다. 신교도의 길흉사에 신교도가 자진하여 거출하는 방식으로 상부상조하는 법이었다(16,7.22).

(2) 출가법과 수계 실시

교화스승의 이원법을 세우기 위해서 출가제도 도입을 결의하였다(14.6.20). 현교의 비구 비구니에 준하여 출가승, 출가니 제도를 세우고 별도의 태장방편의 수행을 하기로 논의하였다. 이에 따라 대종사(도정道正)가 스승뿐만 아니라 신교도 중에서 출가를 원하는 사람이 있으면 출가할 수 있도록 출가법과 의제법을 제정할 것을 선언하였다(16.8.26). 그리고 대종사의 유교에 따라서 출가법을 도입하였다. 대종사는 유교를 통하여 "1. 출가법을 조속히 세워라. 2. 출가는 부모 가족 친척의 서약을 받고 참회와 악업의 개과를 서약 받아서 허용하라. 3. 출가자의 의제는 황색으로 하고 고깔은 백색으로 하라. 4. 출가인은 우선 법을 지키고 심인당을 지키고 사무처리 기타에 그치고, 교화는 근기를 보면서 수년 후에 점차적으로 담당하게 할 것이며 교화활동의 주도는 재가인이 하게 하라."라고 당부하였다. 대종사의 유교에 따라서 법의 제작을 시작하여 40여일 만에 완료하였다(18.10.2). 그리고 구족계단을 열고 수계 및 법의 수여식을 하였다(18.10.14). 수계 및 법의 수여식은 모든 스승에게 동시에 실행하였고, 그 중에서 비구니계 윤신진 김재영金在泳 권혁남權赫南, 사미계 장광명張光明, 사미니계 석순옥石順玉 신정순申正淳 등 출가자의 수계를 하였다. 그 후 사미계를 받은 사람은 수좌首座로서 총인원에서 수행하는 제도가 도입되었다. 그러나 법의의 사용과 출가 제도, 그리고 수좌는 후속 제도가 정비되지 않아서 오직 형식상 시행되다가 오래 지속하지 못하였다. 출가제도에 맞추어 교역자의 사부대중 제도로 발전했지만(20.5.25) 시행의 어려움으로 정착되지 못하였다. 사부대중은 순정출가純淨出家(黃衣,削髮), 변의출가便衣出家(灰色衣,有髮), 순정재가純淨在家(黑衣,夫婦同居,子女間一名限), 세속재가世俗在家(褐色衣,夫婦同居,子女不

制限)의 사부로 정하였다. 사부대중은 분류가 너무 이상을 앞세우고 현실성이 없어서 실제 그대로 실행되지 않았다. 수계의식은 대종사에게 불명을 받지 못하는 스승에게 불명을 수여하는 방안으로 이어지고(20,1.15), 이어 따라 신교도의 불명 수여도 결정하였다(20,6.10). 신교도의 불명 수여는 우선 1/10을 희사를 하는 신교도에게 제한하였다.

(3) 진호국가와 종비생제도

비로자나부처님은 대일여래라고 번역하듯이 세상을 밝게 밝히는 부처님이다. 따라서 대일은 긍정과 밝음의 생각과 생활을 상징한다. 이에 맞추어 종단의 사대절을 음력에 해당하는 양력일자로 환산하여 시행하기로 하였다(13,3.30). 그리고 불법은 체요 세간법은 그림자라는 이치로서 교화에서 늘 국가의 안녕을 위한 서원을 중요하게 여겼다. 특히 법불교의 출판과정에서 진호국가의 구체적인 서원덕목을 증득하고 진호국가鎭護國家를 실시하였다(14,4.10). 그리고 진호鎭護가 절복하고 항복 받는 의미라서 너무 강력하다고 여기는 사람이 많아서 진호를 관법으로써 보호한다는 의미의 관호觀護로 바꾸어서 실시하였다. 그러나 관호의 불공효과가 너무 미약하다는 체험으로 다시 진호로 환원하였다(15,5.3). 그리고 강공을 열어서 진호국가에 대한 공부를 하였다. 진호국가불사를 모든 불사의 중심으로 삼아서 서원하고 정진하였다. 진호는 내부의 진정鎭靖과 외부의 수호守護로서 안팎을 다스리는 서원법이기 때문이다. 그리고 국가는 특정의 국가를 의미하기도 하지만 중생이 사는 국토를 뜻하였다. 진호국가는 중생이 사는 땅을 청정하고 장엄하게 하는 일이 본래 의미였다. 보리심(심인)을 일으키면 그대로 비밀 장엄한 국토가 된다는 보리심론의 말씀이 일깨워 주었다.

　이렇게 교화의 중요한 사안은 반드시 강공을 열어서 공부하였다. 강공은 본래 매달 정기적으로 열었으나 교화의 범위가 커지면서 주로 임시 강공을 열어서 중요 사안을 공부하고 시달하였다. 임시 강공은 경북지구와 중앙에서 주로 개최하였는데 대종사의 열반 후 종헌 종법 제정에 즈음하여 춘기강공을 개최하면서부터(18.3.23) 원칙적으로 봄 가을 정기강공을 열었다. 춘추의 정기강공은 거의 종회와 같이 진행하여 스승의 재교육의 기회로 삼았다.

　교화스승의 양성인 도제양성은 신행이 독실한 신교도 중에서 자발적으로 혹은 스승의 권유로 선발하여 교육을 통하여 교화하게 하였다. 화도할 스승의 충족으로 교화발전에 지장이 없도록 유자격자의 지원자를 권발하여 장기간 양상하기 위한 방안으로 스승후보 스승시용試用 스승양성생의 대우조례를 제정하였다(13.3.27). 그리고 심인중학교 신입생 모집과정에서 종비장학생 제도를 도입하게 되었다. 심인중학교가 신입생 모집이 어려워서 위기에 처하여 그 해결책을 모색하는 중에 교무과장 손인수가 종단에 종비장학생 제도를 제의하였다. 종단에서 당시 1백 20만원 상당의 일정한 비용을 제공하면 장학생으로 60명의 학생을 선발하여 학교를 정상화 시키겠다는 내용이었다. 그 제의를 받아서 스승의 공통 법문을 의뢰하여(18.2.19) 법문이 좋아서 가결하였다(18.3.24). 스승이 법문을 보는 과정이 신입생 모집 기간이라 미리 종비장학생을 모집하였다. 그리고 최종적으로 종비생제도를 확립하였다(18.3.27). 심인중학교에 3개 학년 각각 1학급의 종비생을 두고, 중학교 졸업자는 3,4명을 선발하여 서울 시내 고등학교에 진학시키고, 고등학교 졸업자는 대학에 진학시켜 졸업 후 종비생 규정에 의하여 종단 각 분야에 종사시키는 내용이었다. 종단의 교육법 중에서 종비생 규정을 제정하여(20,5.25) 종비생의 고등학교 진학 학교를 지정하였다(20,11.3). 그와 동시에 종비생의 신분을 종단의 사부대중 순정(염의)출가 변의출가 순정제가 세속제가의 제도에 적용하여 나누어 정하였다. 그러나 이 제도는 얼마 후 중지하였다. 대종사(도정)의 회갑(생신)의 공양을 진리로서 강도하고 현실적 공양을 폐지하였다(16,5.10). 진리로서 강도하는 법은 스승과 스승 생활에도 적용하여 현실적 공양을 하더라도 진리로서 강도하는 법을 먼저 세우게 하였다. 스승은 교화에서 사정私情에 집착을 넘어서 성품을 일으켜서 공과 사를 바로 세워야 하기 때문이었다.

(4) 대일상의 제정

일찍이 종단의 교의를 상징하는 교표敎標를 제정하여 교화의 건물에 세웠다. 먼저 종래 불교의 만卍자를 교의 표지標識로 결정하고(8,9.22) 서울, 남산동, 영등포, 괴동 심인당의 건물 옥상에 건립하였다(9,11.27). 불교라는 인식을 알리려는 의도였다. 그러나 만자는 심인불교의 특수성을 표지하지 못하여 철거하고 심성心性의 상징인 둥근 공 모양의 일원상一圓相을 사용하기로 하였다(12,6.30). 둥근 공 모양의 일원상은 모양은 달라도 일원상이 이미 다른 종교의 신앙 대상으로 쓰이고 있어서 오래 사용하지 않았다. 그 후 금강계만다라의 갈마회 중 오불 사바라밀 십육대보살의 윤상輪相에 근거하여 대일상大日相을 제정하였다(18,7.5). 대일상은 법신 대일여래의 총체 총덕을 상징하는 의미를 나타낸다. 대일상은 또한 금강계만다라의 윤원구족을 상징함으로 금강륜金剛輪이라 이름하였다. 대일상은 대일여래의 지비 이덕을 뜻하고 육자진언의 자기관념도를 나타내는 등 교리를 집약적으로 상징하였다. 대일상은 종단기旗, 가사袈裟 등에 사용하였다.

3) 종명의 정착과 종행정체계의 변화

(1) 종명의 변천과정

불교의 종명은 인명 지명 교리 등에서 유래하는 경우가 대다수이다. 진각종의 명칭은 처음부터 교리의 집약적 표현으로 정해졌다. 참회원 심인불교 그리고 진각종은 교리와 수행의 상징적 표현이었다. 그러나 교화의 전개에 따라서 교리와 수행에 더욱 어울리는 명칭을 찾기 위해 노력을 계속하였다. 종단의 명칭은 밀교의 문헌을 교리의 전거로 삼으면서 더욱 많은 변천과정을 겪었다. 종단의 명칭 중에서 심인불교를 통칭호로 정하였다. 통칭호란 모든 명칭의 의미를 포괄적으로 담고 있고 어떤 경우든 사용할 수 있는 명칭이라는 의미이다. 그런데 심인불교에 금강회를 붙여서 심인불교금강회란 명칭을 사용하였다(11,12.27). 금강회라는 명칭에는 세 가지 의미가 담겨 있었다. 먼저 금강회는 금강계만다라의 금강에서 원용하였다. 밀교의 교의를 암시적으로 품고 있는 명칭이었다. 헌법을 제정할 때 종단의 정체성을 나타내기 위해서 보살회라는 명칭을 사용하였다. 금강회는 보살회의 의미를 가지고 재가보살금강회라 부르기도 하였다. 보살회가 지닌 신교도의 어감을 없애려는 명칭으로 사용하였다. 그리고 인회(총인회)에 대신하는 명칭으로 쓰여서 결국 나중에 인회는 금강회로 바뀌었다. 금강회는 종단의 체제가 재정비되기 직전 진기 17년까지 사용되었다.

그리고 종명이 대한비밀불교진각종금강회라고 개칭되었다(12,2.12). 밀교의 정신에 교리의 전거를 두는데서 붙인 이름이었다. 비밀불교는 다시 다라니불교재가보살금강회라고 변경하였다(14,5.20). 다라니의 술어를 사용하여 진언 중심의 수행을 강조하였다. 그런데 비밀불교 후에 심인불교재가보살금강회(14,3.30), 또는 대한법불교재가보살금강회(14,4.26)라는 명칭을 사용하기도 하였다. 전래의 출가보살에 대하여 교화의 주체가 재가보살인 점을 드러내고 있었다. 법불교法佛敎는 법신불의 가르침, 또는 법신불의 종교를 뜻하였다. 교주 비로자나불이 설하는 진실법을 깨닫는 종교인 까닭에 법불교라고 하였다. 다라니불교가 종단의 명칭으로 쓰이면서 술어의 혼선을 가져왔다. 밀교의 가르침에 대한 관심이 깊어서 다라니불교를 다라니밀교라고 사용하였지만(14,5.26) 즉시 다라니불교로 바로 잡았다(14,8.13). 또한 밀교의 수승한 가르침을 알리기 위해서 밀교금강승다라니불교재가보살금강회로 부르기도 하였다(14,12.28). 금강승은 금강대승의 줄임말로 밀교가 금강의 대승, 영원한 진리를 펴는 대승임을 가리켰다.

  진언이 수행의 중심이 되므로 다라니불교라고 하였다. 그러나 불교 역사에서 다라니를 중심으로 수행하는 종파를 총지종이라 하였다. 그런 까닭에 다시 심인불교로 종명을 환원하였다(16,3.26). 그래도 비밀불교에 대한 미련이 남아서 또 다시 대한비밀불교진각종으로 변경하였다(16,8.25). 그런데 5·16 군사혁명 정부에서 불교재산관리법을 제정하여 대한불교진각종보살회인회포교원으로 문교부에 등록 신청하였다(16,9.25). 그 당시는 국가에서 불교의 종파개념이 없어서 포교원이라는 말을 사용하였다. 비밀불교는 종단의 특수성을 나타내는 데는 좋아도 일반의 이해가 어려워서 대한불교진각종금강회로 변경하였다(17,10.25). 그즈음 문교부에 등록 신청한 대한불교진각종보살회인회포교원의 등록허가를 받았다(17,12.3). 이에 따라서 대종사의 유교를 받들어서 종명을 대한불교진각종으로 확정하고 심인당 간판을 교체하였다(17,12.27). 그리고 문교부는 다시 대한불교

진각종포교원으로 종교단체 등록 허가를 하였다(17,12,27). 종단의 체제를 재정비하기 위해서 종헌과 종법을 제정하고 포교원을 총인원으로 바꾸어서 대한불교진각종총인원으로 등록 변경신청을 하여 등록허가를 받았다(18,12,3).

　　종명은 교리와 수행에 적합한 명칭을 짓기 위해 많은 과정을 거쳐서 대한불교진각종으로 정착하였다. 종명의 변화 과정에도 심인불교 대한불교진각종보살회는 늘 유지하여 혼용되기도 하였다. 그리고 금강회 비밀불교 다라니불교 법불교 금강승은 밀교의 특성을 담은 술어로서 종단의 특수성을 살리는 종명을 찾으려는 숙고와 고뇌의 과정을 보여준다. 대한불교진각종은 그 후 국가에서 종교단체로서 법적 허가를 받았다(27,3,26). 이와 동시에 재단법인 대한불교진각종유지재단의 승인을 받았다(27,3,31). 대한불교진각종은 종명의 정착과정에서 사용한 모든 종명의 의미를 포괄적으로 담은 종명으로 완전히 정착하였다.

(2) 종행정체계의 변화

종헌제정이래 종단은 인회(총인회)를 중심으로 운영되었다. 법난의 과정에서 인회의 운영은 많은 어려움을 겪었다. 헌법에 이상적이지만 비현실적인 내용이 많이 발견되었기 때문이다. 그동안 헌법의 문제점이 많아서 인회 회칙을 기본으로 종단을 운영하였다. 그래서 인회는 유지재단과 유기적 관계로서 운영되면서 인회장과 재단이사장의 겸임도 허용하였다(12,1,27). 그런데 인회의 운영규칙에 미비점이 드러나서 인회 운영규칙과 보살회 교육규정을 폐기하였다(12,4,8). 그래도 인회 회칙에 대한 불만이 일어나서 인회 회칙과 회원 자격 요건을 재확인하였다(13,1,26). 결국 헌법은 제정 후 시행의 난점이 많아서 대한불교진각종보살회헌법을 폐기하였다(13,3.16). 보살회헌법은 불교의 혁신적인 신행기관을 창건하기 위해 제정하였다. 그러나 헌법의 체제형식이 기독교의 헌법과 방불彷佛하여 외도가 되고, 교리도 삼신이불을 세운 보살회헌법은 현재 오불을 세우는 법에 어울리지 않았다. 헌법의 조항도 실제 시행에 현실성이 부족하여 종래의 헌법은 폐기하였다.

역사는 생명에 비유된다. 민족역사는 민족의 생명이듯이 종사는 종단의 생명이다. 종사가 없는 종단은 생명이 없는 종단이 되어 오래 존속할 수 없다. 일찍이 창교 이래의 교사敎史를 정리하여 일차로 교사 작성을 완성하였다(13,5.1). 교사의 완성으로 창교의 과정과 교화의 발전 상황을 생생하게 남겼다. 교사의 일차 완성은 종단 행정체계의 전환의 의미도 있었다. 종단의 명칭이 다라니불교로 개칭되면서 그동안 사용한 보살회를 밀교의 술어인 금강회로 바꾸었다. 그리고 인회를 금강회로 변경하여 금강회 임시총회를 개최하였다(14,4.21). 금강회 총회에서 인회 회칙을 폐기하고 금강회 회칙을 제정하고 임원을 선출하였다(14,7.27). 아울러 유지재단 정관도 개정하여 임원을 개선하여 문교부의 인가를 받았다(14,9.24). 인회와 재단의 임원은 회장 손규상, 부회장 손대련, 그리고 재단이사장 김희봉이 선출되었다.

금강회 총회를 열어서 회칙의 명칭을 포함하여 금강회 회칙을 개정하였다(15,5.4). 종단의 교의가 비밀불교 또한 다리니불교의 교리로 확립하면서 보살회를 금강회로 개명하였지만 회칙은 여전히 보살회인회 회칙으로 남겨둔 것을 다라니불교금강회 회칙(제8장 37종)으로 변경하였다. 또한 장래 종단의 명칭을 자유로이 개칭할 수 있고 재정도 유효 적절히 운용할 수 있도록 해당 조항(제1조, 6조)을 개정하였다. 또한 유지재단 명칭도 진각종보살회유지재단에서 다라니불교유지재단으로 변경하고 내용도 전면 개정하여 문교부에 인가 신청하였으나 5·16 군사혁명으로 반려返戾되었다. 그리고 혁명정부의 사회단체등록법에 재단법인 대한불교진각종보살회유지재단으로 문교부에 등록하게 되었다(15,7.15). 또한 당국의 사회단체 집회금지 조치로 인회와 재단의 중요한 일은 서면회의로 결의하고 경미한 일은 회장과 이사장에게 일임하기로 서면으로 결의 하였다(15,10.11).

종조의 열반 직후 금강회 총회를 개최하여 원정院淨의 선출과 금강회 임원을 선출하였다(17,10.18). 또한 유지재단의 정관 개정과 임원을 선출하는 한편 학교법인의 임원도 선출하였다. 이 때 학교법인의 명칭을 위덕학사威德學社로 정하였다. 금강회 총회에서 원정 손대련 금강회장 손대련 부회장 박을수가 당선되고, 유지재단과 학교법인의 이사장 손대련 등이 선출되었다. 그리고 금강회 예회을 열고 종조 열반이후 종단의 교법과 행정의 주요사항에 관한 여러 문제를 스승공통의 법문 결과로 결정하려고 토의하였다(17,12.26). 스승공통의 법문 결과의 주요 토론 사항은 종조 초상화 안치, 창교기념일 종단체제 소의경전 약불 서남법 등 광범위하였다.

종단은 또한 아직 미정리된 종단의 문제를 해결하기 위해 금강회 임시예회를 열어서 기탁재산 반환을 논의하고 김철(혜공)의 기탁재산은 범위를 심의하여 반환하고 김경순(석암) 손대련 윤극수(실상행)는 기부하기로 하였다(18,2.13). 역시 박대준(보강)의 기탁재산 반환이 문제가 되어 적절한 수준으로 검토하여 기탁재산을 반환하였다(18,2.22). 그리고 이초자(청정관) 윤신진(원오제)의 기탁재산은 기부로 결정하고 기탁재산 문제는 완전히 해결되었다. 그 후의 행정사항은 새로운 종단체제에 의해서 실행되었다.

4) 인사행정과 교화사업

(1) 교직자 칭호의 변천

창교 이후 대종사의 칭호는 교를 널리 편다는 의미에서 선교宣敎라고 하였다. 그러나 일상에서 그냥 회당님이라 부르는 경우가 더 많았다. 이러한 과정에서 선교는 교의 최고지도자의 칭호로 여겨졌다. 그리고 인회에서 선교를 인정印定으로 추대하고 손대련 정사를 선교로 추대하였다(11.11.18). 선교 손대련(시당施堂) 정사는 한국전쟁 중에 밀양심인당에 입교하여 스승을 도와 처무 일을 보았다. 밀양심인당 처무 손대련은 정사후보로 임용되어 서울심인당에서 대종사를 도와 교화하였다(7.11.2). 그리고 시취試取 스승[정사보正師補]을 거쳐 정사로 승진하였다(9.4.13). 대종사를 도와서 교화와 종단 행정에 공덕을 인정받아서 선교로 추대되었다. 종조 열반 후 본명을 손일심으로 개명하고 시당에서 원정苑淨으로 법명을 바꾸었다. 최고위 지위인 인정은 심인의 인정認定이라는 의미로서 심인진리의 깨달음을 인정하는 자리였다. 그리고 또한 인정은 도정道正으로 명칭을 변경하고 대종사를 도정에 추대하였다(16.3.30). 도정은 심인정도를 바르게 이룬 경지의 의미로서 교의 최고 지위는 그 경지를 이른 자리라는 의미였다. 그리고 대종사의 득병법문 정진 중에 도정은 원정院淨으로 개칭하였다. 도정 시행 동안의 법문으로 원정으로 변경하였다. 원정은 심인진리가 청정하게 실천되는 곳의 뜻으로 원정은 교의 심인공부가 청정하게 실천되도록 하는 지위였다. 원정은 종단체제가 재정비 되고 총인으로 최종 개칭되었다.

    종단의 최고지위의 명칭의 변경과 더불어 스승과 직원의 명칭도 개편하였다. 교화스승의 명칭은 정사正師 전수傳授에서 정사淨師로 혼용하다가 정사正師로 환원하였다(14,1.25). 따라서 남자 스승은 정사, 여자 스승은 전수로 환원되었다. 동시에 정사 위의 자리로 실시하던 도사導師를 폐지하고, 또한 헌법제정 시에 종단 업무 종사자의 명칭인 처무 상무 전무 처사 등의 명칭은 폐지하였다. 그러나 처무와 처사는 비공식으로 사용하였다. 그리고 스승의 자격규정(6장 27조)을 제정하고 인사처리를 명확히 하였다 (16,10.22).

(2) 심인당 양식과 교화사업

사제도師弟道를 높이기 위해 심인당 내의 청정성을 지키고 스승의 사생활을 보호하기 위해서 심인당 경내의 사택은 사제도의 도량으로 하고 스승 개인생활의 주택은 심인당 경외에 매입 혹은 건축 등으로 마련하는 방안을 서울심인당부터 실시하기로 하였다(13,11.23). 그리고 남산동심인당에 결계법結界法을 실시하고 심인당 신축과 수리에 결계법을 쓰기로 하였다 (15,10.15). 결계법은 심인당과 사택을 담장으로 엄격히 분리하고 통로를 별개로 하는 법이다. 또한 심인당 구조양식을 바꾸어서 심인당 출입 현관을 교리에 맞다는 뜻에서 종從으로 결정하였으나(17,3.25) 다시 횡으로 변경하였다(17,4.8). 현관을 횡으로 내면 동쪽으로 출입하게 되어 본존의 예참공양에 어울리게 된다.

　　심인당 건설과 영선을 담당하고 때로 일반사회의 공사도 청부하여 이익을 얻기 위하여 조직한 대광토건사가 운영이 잘 되지 않아 해소하였다. 그 대신에 건축부를 설치하고 토건사의 책임자인 서복徐鍑을 건축상무로 임용하였다(13,3.23). 건축부는 다시 심인당 신축 개축 수리 등 공사를 원활히 수행하기 위해서 건축공사부로 개편하였다(15,1.11). 대명동 가교사

터에 공사부를 두고 운영하는 중 건축공사부 규정을 공포하여 실시하였다(17.2.27). 건축부에서 심인당 건축과 수리에 필요한 화물자동차를 한 대 구입하고, 교통이 불편한 농어촌지역을 순회하고 교화를 독려하기 위해서 지프차를 한 대 구입하였다(15.11.2). 그리고 교화에 필요한 수익사업으로 매입한 대구매일의 주식을 경북대학교 한덕희에게 무상으로 양도하였다(12.5.26). 교화를 위한 수익사업이 적절하지 않고 또한 외도회사라는 점이 이유였다.

5) 교화의 외연 확대

(1) 세계불교도우의회(WFB)와 국제활동

종단은 초기부터 해외포교에 관심을 가지고 해외 포교기금을 마련하였다. 그런데 '제5차 세계불교도우의회' 개최소식을 접하고 해외불교활동의 현황을 살필 좋은 기회라고 생각하였다. 인회의를 열어 공식 대표에 인정印定 손규상, 옵서버(통역)에는 손제석을 선정하고 여비는 '외지선교회저축금'에서 지출하기로 하였다. 나아가 귀로에는 가급적 인도 세이론(스리랑카) 대만 일본 등 각지 불교발전상을 연구 조사하기로 하였다(12.11.1). 우의회는 태국 방콕에서 진기 12(1958)년 11월 24일에서 30일까지 7일간 열렸다. 한국에는 대종사와 더불어 조계종의 하동산 이청담 서경보와 원불교의 박길진 등이 대표로 참석하였다. 대종사는 다른 한국대표와 함께 여의도 비행장에서 많은 신교도들의 환송을 받으며 출발하였다(12.11.22). 그런데 대종사는 출발 전에 진각종의 특수성을 세계인에게 알리려는 의도에서 '대한비밀불교진각종지'라는 소책자를 발간하였다(12.11.17). 그런데 소책자의 내용 중에는 종조의 사상과 종단의 특수한 교리보다 밀교의 경전과 해설서 등의 내용이 분량의 대다수를 차지하였다. 또한 영어 번역본이 아니어서 가져가지 않았다.

　　대종사는 세계불교도우의회 일정을 성공적으로 끝냈으나 여러 나라의 불교발전 동향을 연구 조사하려는 애초의 계획은 취소하고 신교도들의 환영을 받으면 귀국하였다(12.12.3). 그리고 귀국 후에 전국 각 심인당에 '대회참석 귀국 보고서'를 발송하고 우의회 내용과 결의사항 등을 알렸다. 귀국 보고서는 19개국의 약 250명의 대표가 참석하여 5개 분과회의를 통하여 '룸비니의 복구를 위하여 국제적인 협조와 원조를 제공한다'는 등의 내용을 담고 있었다. 또한 중요한 점은 버마의 우 찬 툰 대법관을 1960년 6차 대회까지 회장으로 선출하고 본부를 버마 랑궁으로 이전한다는 내용이었다. 그리고 각국의 불교 현황을 특성별로 나누고 보고하였다. 세이론 버마 태국 일본은 세계적인 불교모범 국가이고, 불교중흥 국가는 네팔 인도, 불교활동이 활발한 국가는 싱가폴 말라이제국(말레이시아) 필립핀(필리핀) 홍콩이며, 불교에 대한 관심이 증대하는 나라는 서구 제국 특히 영국 불란서 미국 등으로 보고하였다. 또한 무시 못 할 불교세력이 있는 나라로는 기타 서西아세아제국 전부, 예를 들면 월남 캄보디아 중국(대만 중국 서장) 등을 열거하고 있다. 나아가 귀국 보고서는 "첫째, 전 세계에 있어서 불교전망: 불교는 지금 결정적으로 전진하고 있으며 도처에 눈부신 발전을 보고 있다. 둘째, 우리나라의 불교 전망: 종파로 발전한다는 것을 알고 초종파적으로 연합하면 낙관적이다는 내용을 결어로 삼고 있다. 그러나 대종사는 보고서에서 우의회 자체에 대한 개인적인 견해는 밝히지 않고 있다.

세계불교도우의회 방콕대회 참석 결과로서 그 이듬해 태국의 바나래트 스님의 방문을 받았다. 스님은 법라제法螺製 화병花甁 한 쌍을 선물하였다(13.7.15). 대종사가 우의회 참석 중에 만난 한 외국인의 편지를 받고 쓴 답장의 초안이 남아 있다. 대종사에게 편지를 보낸(13.7.15) 사람은 뎀마에 사는 불교학자로서 이름이 밝혀져 있지 않다. 대종사의 답신은 한글 초안으로서 실제 보냈는지는 불분명하다. 그는 불교의 장서와 문헌 등을 방대하게 소장하고 불교의 전문적인 지식을 갖춘 사람이라고 밝히고 있다. 그리고 미국 예일대학교 종교학과 담당 교수로서 취임을 승낙한 사실도 밝히고 있다. 대종사는 회신 속에 불교에 대한 본인의 견해를 담고 있다. 대종사는 우선 불교가 "단순히 과거의 종교적인 형식사상과 유존遺存하는 사찰 탑 불상 등으로 만족할 수 있을지 의문이다"고 말하였다. 따라서 부처님의 참 뜻을 받들기 위해서 신교도들의 "보시로써 우리나라 전반에 걸쳐 많은 붓다의 전당을 짓고 오랜 전란으로 인한 궁핍한 생활과 질병의 고통에서, 그리고 무엇보다 무명無明으로부터 붓다의 가르침을 주입시켜 그들 스스로 구제되어 내적 평화와 물질적인 안락을 도모하도록 전력을 경주하고 있으며, 고대 불경을 현대 말로 요령 있게 알기 쉽게 번역 발간하는 출판 기구와 학교를 설립하는 등 모든 부문에서 우리 사회에 이바지해 가고 있다"고 설명하고 있다. 그리고 "박사의 계속적인 불교 간행물의 출판을 기원하며 박사의 불교활동 및 불교사상에 관한 서신을 주실 것을 바란다. 박사와 다시 국제회의에서나 세계의 어느 곳에서든지 재면할 때까지 상호간 유대를 가질 것을 확신한다"는 뜻을 밝히고 있다. 불교의 발전을 위해 형식적인 행사나 활동을 넘어서 실질적인 사람과 활동, 그리고 문헌의 국제적 교류에 대한 절실한 뜻을 담았다. 그리고 불교의 초종파적인 연합체의 구성은 그 바탕에는 각 종파의 뚜렷한 종파성이 전제가 된다는 속뜻도 전하였다.

　　세계불교 활동과 보조를 맞추기 위해 동남아 불교국가의 부처님 탄생절인 양력 5월 15일에 강도불사를 결정하였다(13,4.27). 한국불교는 대한불교총연합회라는 명칭으로 연합활동을 하였으나 참여종단의 적절성 여부로 15개 불교종단이 참여하여 한국불교회를 창립하였다(37,5.3). 종단대표와 불자 200여명이 동참하여 삼보회관에서 창립대회를 열고 조계종단이 회장을 맡았다. 창립대회에 본 종단은 대통령에게 보내는 메시지를 낭독하고 이사(각해 혜일)와 감사(지성)를 맡았다.

　　한일불교친선협회가 주최하는 한일불교문화교류의 준비회의를 한일불교 관계자들이 참석하여 종단 회의실에서 열고 한국대회를 진기 37(1983)년 4월 서울에서 열고, 제4차 일본대회를 10월에 열기로 잠정 합의하였다(36,10.8). 또한 한일불교친선협회의 한일국제대회를 위한 준비위원회를 준비위원장 장명, 일본대표 나가노中野英賢 회장 등이 참석하여 종단 회의실에서 열고 대회일자(4.21-22)를 확인하고 남북통일과 세계평화기원법회, 그리고 대동아전쟁 전몰자 합동위령제 등 회의 내용을 확정하였다(37,2.26). 한일불교 국제대회의 준비에 따라서 서울 하이얏트호텔에서 한일 양국 불교지도자와 양국의 많은 신교도들이 참석하여 개최하고 남북통일 및 세계평화 기원, 합동위령제 봉행, 학술세미나 등 행사를 가졌다(37,4.22).

　　한일불교의 교류에 맞추어서 종단의 스승이 일본불교 시찰도 계속하였다. 총인 원정각 등 5인의 원로스승이 일본 진언종의 초청으로 일본불교계를 시찰하였다(30,4.5). 그 후 종조 탄생지 성역화 사업과 진선여중고 설립 등의 상황으로 일본불교 시찰은 잠정 중단하였다. 원로스승의 일본불교계 시찰 후 현직 스승의 견문을 높이기 위해서 스승의 일본 방문을 종의회에서 결의하여 스승 22명과 신교도 17명이 일본불교계를 시찰하였다(36.4.12). 다시 장명 통리원장이 인솔하여 정사 5명과 신교도 5명이 방일하여 불교계를 시찰하였다(36.10.25). 일본불교계 방문의 결과 스승의 견문을 높이는데 매우 필요하다는 여론이 일어나서 종의회에서 전 교직자가 일본불교계를 시찰하기로 결의하여 교직자의 행계 순서에 따라 연차적으로 실시할 계획을 세우고 8일간의 시찰단이 출발하였다(37.4.11). 한일불교 활동과 더불어 세계불교도우의회의 참여도 꾸준히 하였다. 장명 통리원장과 혜일 총무부장이 제12차 세계불교도대회에 참석하였다(32.10.1). 장명 통리원장이 WFB 활동의 필요성을 인식하고 국제불교연구소를 운영하고 있는 김광태를 통리원에 상주시켜 국제불교 관계를 돌보게 하였다. 그리고 WFB 한국연합지부를 인수하고 지부장을 맡아서 본부를 통리원에 두고 간사 경정, 사무총장 김광태를 임명하였다(35.3.23). WFB 한국연합지부 총회를 종단에서 열고 임원 12명이 참석하여 한국불교의 세계적 확장을 위해 WFB 대회를 한국에서 개최하기로 논의하였다. 그리고 불교서적 보내기, 불교 고승과 학자 초청 설법회, 인도 스리랑카 태국 등 성직자 초청 및 유학생 교류지원, 부처님 탄생지 개발지원 등을 논의하였다(25.4.10). WFB 한국지부 정기이사회를 개최하고 국제대회 대표단 파견과 경과보고 및 사업계획과 예산 등을 가결하였다(36.7.27).

　　WFB 한국지부의 활동에 맞추어서 많은 해외 승려와 학자가 종단을 방문하였다. 인도 상원의원이면서 저명한 불교학자인 로케시 찬드라가 종단을 방문하여 종조전을 참배하고 불교 공동 관심사를 논의하고 불서를 교환하였다. 세계불교승가회 사무총장 마빠라라 아가마와 스리랑카 대大승정이며 국립승가 사범대학장인 바즈라 나마가 종단을 방문하고 통리원장과 상호 관심사에 대하여 의견을 교환하였다(36.3.20). 스리랑카 승려의 종단 방문은 계속되어 스리랑카 포교원장 피아디시 대승정(36,11.23), 스리랑카 쌍카 락시따와 영국대각회 총재 사다티사가 종단을 예방하였다(37,6.9). 스리랑카 불교전래 최초사원 주지 쌍가락키타 대승정과 영국 대각회 총재 사다티사 일행은 장명 통리원장과 환담하고 대승과 소승이 화합하여 불교발전과 세계평화에 기여하는데 뜻을 모았다.

(2) 사회 참여 활동

종단은 나라발전을 위해서 정부와 정당에 직간접으로 협조하였다. 그런데 혁명정부가 긴급통화조치법을 공포하고 화폐개혁을 단행하여 인회 총인회의 상당한 예금이 봉쇄되어 교화발전과 건설에 막대한 지장을 입었다(16,6.10). 재일교포 북송이 나라의 중대 사안이 되어서 재일교포 북송반대 국민궐기대회에 참가하였다. 서울 신교도가 이틀간의 궐기대회에 참석하고, 대구의 신교도는 역전광장의 궐기대회에 3백여명이 참가하였다(13,2.20). 심인불교는 석산섬유공업주식회사와 연합하여 대구역 광장에서 궐기대회를 개최하고 유엔 사무총장, 국제적십자사 위원장에게 보내는 메시지를 발표하고 가두행진하였다(13,7.9). 그리고 계속하여 궐기대회에 참가하고(13,7.30), 그리고 재일교포 추방반대 국민총궐기대회에도 참가하였다(13,12.3).

이즈음 중국의 티베트(西藏)불교 탄압에 반발하여 달라이라마가 인도로 망명하고 티베트 불교도들이 분리 독립운동을 일으켰다. 티베트불교의 의거를 지원하여 서울운동장에서 궐기대회를 개최하고 이승만대통령 유엔사무총장 미국 아이젠하워 대통령 달라이라마 자유중국 장개석 총통에게 보내는 메시지를 채택하였다(13,4.23). 또한 대구신교도가 대구역 광장에서 심인중고등학생과 남녀 신교도 1천 2백여명이 티베트불교도의 의거를 지원하는 궐기대회를 열어서 이승만 대통령과 유엔사무총장 미국 아이젠하워 대통령에게 보내는 메시지를 채택하고 티베트 지도자 달라이 라마에게 보내는 성원문을 통과시키고 가두행진을 하였다(13,4.29).

민족문화 재건운동으로 경북도청에서 개최한 신라문화재건위원회에 진각종 조계종 법화종 등 초종파가 연합하여 참석하여 경주 불국사 입구에 88척의 석가모니불상건립자금 모금방법을 논의하였다(16,12.27). 이에 따라서 경북도청에서 개최한 불상건립촉진위원회에 참가하여 경북 경남 서울의 모금반을 편성하고 위원회 감사를 진각종 조계종 법화종이 각기 1명씩 3명을 선출한 후 각 종단의 건립할당액을 결정하였다(17,1.5). 종단은 심인당에 공문을 보내서 모금활동을 알리고(17,1.17), 또한 이튿날 대종사의 특별한 담화의 말씀과 함께 불상건립을 위한 강도불사와 상세한 모금방법에 대하여 통지하였다.

진기13(1959)년 9월 추석날 14호 태풍 사라호가 상륙하여 양동심인당 사택이 무너지고 심인당은 침수되고, 유금리심인당 밀양심인당 등 영남 전역의 심인당 신교도가 큰 피해를 입었다(13,9.17). 대종사가 서복을 대동하고 재해지구 심인당의 이재 교도를 위문하고 심인당 피해상황을 순찰하였다(13,9.29). 그리고 피해지구를 제외한 심인당에서 수해 이재민羅災民 구호품을 모집하여 서울신문에 기탁하였다(13,10.28).

(3) 위덕학사의 설립

종립학교 심인중고등학교는 적지 않은 난제를 이겨 가면서 운영하였다. 종립학교의 교명을 교리의 상징으로 하기 위해서 중학교는 심인으로 하고 고등학교는 복전福田으로 개칭하기로 결의하였으나(12,1.7) 실행하지는 않았다. 불교의 복전정신을 널리 펴고 사회에 은혜정신을 실천하도록 하려는 뜻이었다. 중고등학교 교직원의 신행생활을 독려하기 위해 각서를 받았다(12,7.12). 심인중고등학교는 4.19 혁명을 계기로 힘든 분규를 겪었다. 먼저 당시의 사회분위기에 따라서 어용학자 축출 농성이 일어났다. 심인중학교의 교사들이 연명으로 박성묵朴成睦 교감의 사퇴를 요구하고 (14,5.6), 또한 봉급 인상을 요구하였다(14,5.11). 재단은 봉급인상 문제는 공납금을 인상하여 해결하고, 재단에서 결의하여 임명한 교감의 사퇴요구는 월권으로 교권을 침해하는 행위이므로 철회하도록 강력히 대처하였다(14,5.14). 재단의 확고부동한 대처로 사태가 진압되는듯 하였으나 고등학생 일부가 선동하여 동맹 휴교를 강행하였다(14,6.18). 재단은 여전히 학생들의 월권적 교권 유린 행위에 대하여 강력 대처하면서 교직원 전원과 인회 직원간의 합석 절충을 하였지만 교직원의 고집으로 결렬되었다(14,6.20). 심인중학교 교사가 연명으로 사직원을 제출하자(14,6.21) 재단은 분규를 일으킨 대부분의 무자격 교사를 정리하기 위해 심인중고등학교의 공립화를 제기하였다(14,6.22). 심인중고등학교의 공립화에 대해 스승 중에서는 박대준을 제외하고 모두 찬성하고, 학생과 유자격 교사는 찬성하였지만 무자격교사는 반대하여 찬반이 대립하였다. 그래서 재단이사회와 심인중고등학교 사친회를 열어서 수습을 시도하였다. 이런 와중에서 박성목 교감이 자진 사퇴를 고집하여 박교감은 역경과 출판 방면의 일을 보기로 하고 사퇴를 수리하였다. 한편 교사전원과 학생 대표에게 앞으로 유사한 불미스러운 행동은 않겠다는 서약을 받고 분규사건은 일단락되었다 (14,6.23).

분규사태가 진행하는 중에 교사봉급을 올리고 교명을 청원淸圓으로 변경하기로 결의하였다(14.5.30). 교명인 심인의 발음이 오해도 있고 좀 더 부르기 쉬운 명칭인 청원으로 변경결의 하였으나 역시 실행은 못하였다. 박성목 교감의 사퇴로 공석이던 심인중고등학교 교감에 남산동심인당 최호석崔虎錫을 임용하고 교장서리를 겸임하게 하였다(15.4.3). 그러나 5·16 군사혁명 정부는 최호석 교장서리를 4.19혁명 이후 교원 노동조합 간부의 이력 혐의로 검거하여 5일 후 형무소에 수감하였다(15.5.31). 대구시내 스승과 학교교직원 전원 및 학생대표의 명의로 최호석 교장서리 석방 진정서를 대구육군방첩대장 경북지구계엄사무소장 대구지방경찰청장 경북경찰국장 앞으로 보냈다(15.6.14). 진정서 제출에 의해서 최호석 교장서리는 석방되고 당국의 방침에 따라서 사직하여 역경과 출판 관계 일을 보도록 하였다(15.6.30).

최호석 교장서리가 사직하고 경북도지사의 통첩에 의해서 병역미필 교사와 사환을 해임하였다(15.6.27). 그리고 박성목을 다시 심인중고등학교 교장서리에 임명하였으나(15.7.10) 교사들의 반발로 사임하였다(15.10.9). 재단은 최호석을 다시 교장 사무취급과 심학心學스승으로 임용하였다(15.10.16). 중고등학교의 심학시간은 수요일 전교생을 대상으로 1시간동안 하는 것으로 개편하고 대종사와 손대련이 담당하기로 했지만(15.10.14) 최호석으로 대체하였다. 심인중고등학교는 분규를 겪는 동안 학생 모집이 어려워서 경영의 위기를 맞았다. 학생모집 문제를 해결하는 방안으로 고등학교에 각 학년 한 학급씩 학비면제의 장학생 제도를 결정하였다(15.5.1). 장학생 제도에도 불구하고 학생 모집미달로 문교부 규정에 의하여 폐교처분을 받았다(15.12.15).

고등학교의 폐교위기에서 학교의 정상적인 운영을 위해 박필규朴畢圭를 교장으로 채용하기로 결정하여(15.10.26) 채용승인을 기다리는 중에 교장서리로 부임하고(16.2.2) 정식 교장 채용승인을 받아서 취임하였다(16.3.22). 그리고 중학교는 학생모집의 어려움을 해결하기 위해 남녀공학으로 학칙을 변경하고 문교부의 인가를 받았다(16.1.9). 남녀공학의 학생모집이 학교의 주변환경 등의 문제로 효과가 없어서 남녀공학을 폐지하고 각 학년 남자 5학급으로 학칙을 변경하였다(16.12.31). 그러나 신입생이 한 학급만 모집이 되어서 학교 존폐의 위기를 맞았다(17.3.11). 학교경영의 위기를 해결하기 위하여 종비장학생 제도를 제안하여 재단의 승인을 받아서 2학급의 신입생을 모집하였다. 박필규 교장의 사퇴로 손인수교장이 취임하여(18.4.1) 학교 경영의 정상화를 위해 노력하였다.

사립학교법이 공포 실시되어 금강회 총회를 열고 유지재단이 경영하던 심인중학교 재단을 분리 신설하기로 결의한 후 신설 학교법인 임원을 선임하였다(17.10.18). 이사장 손대련, 이사 김철 등 6명과 감사 2명을 선출하였다. 종교재단과 교육재단을 분리하라는 대종사의 유교에 따라서 학교법인을 신설하고 법인의 명칭을 위덕학사로 결의하였다. 그리고 이사회를 개최하고 학교법인 정관을 심의 결정하고 손대련 등 임원을 선출하였다(17.11.2). 경상북도에 학교법인 위덕학사 인가신청을 제출하여 인가를 받아서(18.3.25) 학교 경영을 새롭게 출발하였다. 중고등학교의 분규를 해결하는 중에 유치원 설치를 결의하였다(14.5.30). 교육기관이 교화에 크게 영향을 미치므로 우선 대구에 1개소의 유치원을 설치하여 효과에 따라서 확대 실시하기로 하였다. 유치원 설치는 결의로 끝나고 실행하지 못하였다.

6) 종조의 열반과 종제의 재정비

(1) 종조의 열반

대종사가 수행과 교화로 주야 정진하던 중에 득병을 하여 침산심인당으로 거처를 옮겼다(17.5.18). 사택이 서남에 있는 침산심인당에서 서남법을 몸소 체험하기 위해 49일 정진을 시작하였다(17.5.20). 7주정진의 5주째 시작 날 저녁 공식시간 중에 졸도하여 가족의 의견에 따라서 의사를 불러 응급치료를 하였다. 다시 내과 의사를 불러 진찰한 결과 위궤양으로 위 천공이 되었다는 진단을 받았다. 인근병원에서 수술이 불가능하여 경북대학교 의과대학 부속병원에 입원하여 수술을 받았다(17.6.18). 위 천공 수술이 끝나고 의사는 주먹 크기의 암 덩어리가 발견되어 그대로 봉합하였는데, 위암은 수술 시기가 늦어서 수술하면 생명에 위험이 있기 때문이라 하였다. 위암이 유문幽門을 막아서 음식을 먹지 못하고 구토가 심하여 다시 수술하였다(17.7.8).

　육자진언 염송소리가 잘 나오지 않고 육자진언 염송하면서 약을 쓰지 않는 법을 세운 까닭에 가족과 함께 염주를 세면서 미본진언을 염송하였다(17.7.29). 주치의의 승낙을 받아 퇴원하여 침산심인당에 돌아가서(17.8.24) 최고지도자의 호칭을 원정으로 개칭하였다(17.8.31). 병세가 나날이 침중沈重하여 약효가 없고 악화되어서 약과 주사를 완전히 끊고 육자진언으로 일주간 원정각과 같이 최후의 정진을 하였다(17.10.5).

　대종사는 최후의 유교遺敎를 내리고 열반에 들었다. 대종사의 부법교계附法敎戒는 3차에 걸친 유교로써 내렸다. 그리고 몸소 유교를 내리면서 배석자의 물음에 답하였다.

1차 유교는 침산심인당 사택에서 선교 손대련 스승 배점시 박운이 선태식 박갑은 배신 아들 손제석이 동석한 가운데 하였다(17,10.5 오후 5시). 교계사항은

"1. 원정은 우선 부법제로 하고 일본 진언종의 체제를 보아서 일본 진언종파에서 선거제로 하거든 선거제로 해도 무방하다.
2. 종교재단과 교육재단을 분리하라.
3. 출가제법을 조속히 세우라.
4. 교의 본부는 서울 동부 적당한 교외에 선택하여 건설하라.
5. 교육재단의 주소는 대구로 하라.
6. 스승은 약 먹는 스승과 약 안 먹는 스승으로 하라.
7. 교명은 대한불교진각종으로 하라.
8. 앞으로 신新 건설은 반드시 서남법을 준수하라.
9. 장의는 3일장으로 하고 화장하여 유골은 갈아서 낙동강물에 흩으라. 그리고 적당한 장소에 비석을 세워라.
10. 상복은 아직 우리 교의 복제가 확정되지 않았으니 유교 복제로 하라."

2차 유교는 침산심인당 사택병실에서 선교 손대련 배점시 윤극수 배신을 상대로 하였다(17,10.11, 오후 5시). 교계사항은

"1. 출가법은 본인의 부모 혹은 자녀 등 가족 친척의 서약을 받고 허물의 참회와 악벽惡癖의 개과를 서약 받은 다음 출가 시켜야 한다.
2. 출가인의 의제는 황색으로 하고 고깔은 백색으로 하라.

3. 출가인은 우선 법을 지키고 심인당을 지키고 사무처리 기타에 그치고 교화는 근기를 보아서 수년 후에 점차적으로 담당케 할 것이오, 교화활동의 주동은 재가인이 하게 하라.
4. 명정名旌과 비석에는 '대한불교진각종종조손규상거사지구' 또는 '지비'라고 하라."

3차 유교는 침산심인당 사택병실에서 선교 손대련 스승 김철 윤극수 김경순 배점시 아들 손제석 딸 손숙희 동생 손규복, 또 강추당에게 내렸다(17,10.15, 12시 30분). 교계사항은

"옛날에는 의발이요 이제는 심인법心印法. 스승이 되어서 양운 무 약불藥不 서남西南"이다.

그런데 교사는 이 내용을 "옛날에는 의발을 전했고 이제는 심인법을 전한다. 스승이 되어서 약을 끊고 서남법을 세울 수 있는 사람이라야 내 법을 받을 수 있다. 내가 전하는 것은 두 가지 뿐이다"라고 정리하고 있다. 또한 회의록에는 "이전에는 조사가 의발을 전하고 이제는 심인법이다"라고 기록하고 있다. 당시 대종사는 몽당연필로 힘겹게 유교를 종이에 썼다. 회의록은 역시 종조가 아니라 조사라고 기록하고 있다. 교계의 근본은 '심인법'이고 지말은 '스승이 되어서 양운 무 약불 서남'이다. 여기서 '양운'은 '약은'으로 해독하는 것이 옳을 듯하다. 그런데 '스승이 되어서 양운'과 '약불'의 어떻게 다른지는 논의해야 할 일이다.

대종사는 최후의 유교를 내리고 오전 10시 침산심인당 사택에서 스승과 가족이 모인 가운데 열반이 들었다(17,10.16). 대종사의 열반에 비통함

을 금치 못하여 오열嗚咽하지 않는 자 없고 강산과 초목도 슬픔에 잠겼다. 대종사는 육신의 무상함을 보여주고 한 생애를 중생을 위해 회향하고 개교 17년 만에 세납 62세로 비로법계로 돌아갔다.

대종사의 열반 후 긴급임시 인회를 열고 열반강도를 올리고 장의에 관한 사항을 의결하고 장의준비위원회를 조직한 후 각 부서에 따라서 장의 준비를 시작하였다(17.10.16). 결의사항은 "1. 장의식은 교단장으로 하고, 2. 장의비용은 인회부담으로 하고 부의는 모두 유가족에게 전달하며, 3. 대종사에 관한 지불의 1년 반 분을 사망연금으로 유가족에게 지출하며, 4. 교계에 의하여 3일장으로 하고 유골은 화장하여 수장하며, 5. 대종사를 대한불교진각종개조로 추대한다"라고 결의하였다. 또한 장의위원회와 부서는 장의위원장 손대련 밑에 총무 재무 의례 조달 및 섭외의 4부를 두었다. 그리고 입관과 성복을 하고(17.10.17) 고결식과 다비를 집행하였다(17.10.18). 심인중학교 광장에서 불교종단의 대표단과 스승 신교도 학생 일반대중 수천 명이 운집한 가운데 오전 10시 30분 고결식을 시작하였다. 고결식을 마치고 심인중학교 교기를 선두로 고결식장과 다비장까지 행렬이 연결되었다. 다비장 광장에 정렬하여 다비강도를 하고 육자진언 염송으로 다비를 시작하였다. 다비 후 스승 교도 일반 군중이 사리를 배견拜見하는 가운데 유골을 수습하였다. 유골을 수습하고 다시 차량이 행렬지어서 수장 예정지인 낙동강변 화원유원지에 도착하였다. 수장에 참여하는 이는 선박에 승선하고 일반 신교도는 강변에서 수장강도를 하였는데 오불귀명의 소리가 강변에 진동하였다. 강변에 운집한 신교도와 대중의 진언염송 소리가 비로법계에 울려 퍼지는 가운데 대종사의 유골은 법계로 돌아갔다.

종조의 사리와 존영은 오후 5시경 대열을 이루어 침산심인당에 도착하여 스승과 가족이 참석하여 봉안강도를 하였다(17,10,18). 그리고 종조의 사리와 존영은 수많은 신교도의 봉송을 받으며 서울심인당으로 이안移安하였다. 그리고 전 스승과 신교도가 종조열반 49일정진을 시작하였다. 그 이듬해 서울 밀각심인당에 전국 심인당 스승과 신교도 대표와 많은 신교도들이 동참하여 제1회 종조멸도제를 봉행했다(18,10,16).

(2) 종단체제의 재정비

종단은 종조열반 후 유교를 받들어 종제개편을 시작하였다. 초기 헌법을 폐기하고 금강회칙으로 운영하던 종단의 체제를 재정비하기 위해서 임시강공과 금강회(190회)를 개최하고 종헌 및 종법의 기초를 위한 위원회를 선출하였다(17,12,26). 종제의 개편은 종조 재세시에 이미 착수하였으나 완성을 보지 못하였다. 종헌 및 종법 위원회는 손대련 외 위원 5명과 이용규李容奎 감사 1명으로 구성하였다. 위원회는 종헌 및 종법 기초를 위한 강도를 하고 종헌 및 종법의 기초를 시작하여(18,1,27), 6주간의 걸친 작업 끝에 완료하였다(18,3,21). 종헌 및 종법의 초안은 금강회(인회) 임시총회를 개최하고 심의 의결되었다(18,3,23). 임시총회에서 심의 의결된 종헌(제15장 105조)은 "본종은 대한불교진각종大韓佛敎眞覺宗이라 칭하며 총인원總印院을 총본산으로 하고…"라고 하여 종명을 확정하고 총본산으로 총인원을 정하였다. 그리고 헌법은 "종조회당대사의 입교개종의 서원에 쫓아 그 실현에 정진하는 교단이다"라고 대종사를 종조宗祖로 추존하였다. 그리고 종단은 종조의 입교개종의 서원을 실현하기 위해 정진한다고 결의하였다. 또한 소의경전은 양부의 대경과 삼학 소재所載의 경율론 및 종조찬술의 장소章疏라고 규정하였다. 여기서 삼학소재所載는 진언종의 삼학록 소재를 잘못 이해한 술어였다. 종헌은 종단의 항례법요로서 신정불사 월례불사 자성일불사 열반절 성탄절 종조탄생회 해탈절 창교기념회 종조멸도제 해인절(성도절)을 두었다. 그리고 행정체계로서 종정을 통괄하기 위하여 총인 1인을 두었다. 또한 종헌은 결의기관으로 원의회 종의회, 집행기관으로 통리원統理院, 감찰기관으로 사감원을 두고, 기타기관으로 기로원 격시위원회 법제위원회 전당신설을 두었다. 전당신설은 외지선교회를 변경하여 정하였다. 나아가 종헌은 지방 종정을 위해 관구청管區廳 관구사감부 관구의회를 두었다. 종단은 종헌 종법을 제정하면서 통리統理라는 술어를 새롭게 사용하였다. 통리라는 술어를 사용한 까닭은 밝혀져 있지 않다. 통리는 대중大衆 세간법世間法 민사民事 민물民物 등을 통리統理하는 의미로 경전에 쓰이고 있다. 대중 세상의 일들을 통괄하고 불편不偏없이 다스리는 행위를 일컫는다. 종단의 세간 행정을 다스리는 기구에 어울리는 명칭이었다.

통리원統理院은 종단의 집행기관이고 원의회院議會는 통리원의 의결기관인 동시에 상설의회에 해당하였다. 조직은 총인 기로원장 통리원장 종의회의장과 부의장 사감원장 격시위원장 법제위원장 통리원 4부장의 12인으로 구성하였다. 의장은 총인이 되고 부의장은 통리원장과 종의회의장이 되게 하였다. 종헌에 이어서 임시총회는 경과규정經過規程 종의회법 종의회의원선거법 통리원법 사감원법 총인추대조례 원의회법 법제위원회법을 심의 결의하였다. 그리고 서남법 및 종조탄생회 행사를 결의하고 종의회의원선거법에 의하여 종의회 의원 37인을 선출하였다. 종의회 37인은 금강계만다라의 중앙 37존을 상징하였다. 그리고 관구의회는 16인으로 하여 16대보살을 상징하였다. 그리고 심인당의 책임 스승을 주교住敎라고 칭하였다.

이튿날 새로운 종단체제 의해서 구성된 종의회 의원은 종의회(제1회,

통합195회)를 열고 의원선서를 시작으로 의장과 부의장을 선출하고 종의회를 개원하였다. 초대 종의회 의장단은 의장 박을수 부의장 선태식으로 구성하였다. 이어서 종의회는 총인을 추대하고 사감원장과 위원 선거(선서), 통리원장 및 4부장을 인준하였다. 선임된 임원은 총인 손대련, 통리원장 김경순金璟淳, 사감원장 김철, 부원장 윤극수, 법제위원장 구봉회具奉會, 격시위원장 박대준, 그리고 총연總演부장 김희봉, 홍교부장 최호석, 재무부장 김병국, 사회부장 정인서 등 이었다(18.3.24). 종의회는 승려법을 비롯하여 교육법 교도법 계단법 기로원칙 수로원칙 우용사법佑勇社法 등을 결의하였다. 또한 심인당 명칭을 역리에 맞추어 개칭하는 방안의 결의(17.12.26)에 의해서 개칭한 종단의 명칭을 인준하고 대한불교진각종 금강회 분회회칙 준칙을 결의하는 등 여러 법규를 처리하고 폐회하였다(18.3.26). 이때 제정한 승려법은 교화승과 수도승의 제도를 도입하였다. 금강회 분회준칙은 종단의 조직 명칭이던 금강회를 신교도 조직의 명칭으로 바꾸어서 실시하였다. 종단의 체제 개편으로 신설된 원의회의 의장 손대련 총인 부의장 김경순(통리원장) 박을수(종의회 의장)와 의원 8명이 참석한 가운데 원의회를 개회하고 의안을 심의하였다. 원의회의 의원은 종의회부의장 사감원장 법제위원장 격시위원장 통리원 4부장이 당연직으로 맡았다. 원의회는 서울에 총인원 건설과 종비생제도를 확정하였다(18.3.27).

종단체제의 재정비로 교화와 행정은 원활하게 진행되었다. 교화스승의 행계제도를 실시하기로 하고(18.5.27) 스승의 행계사정을 하여 발령 시행하였다(18.5.27).

(3) 심인당 고유명칭 작명

종단이 교리를 세우고 종조의 열반과 종제를 재정비하면서 교화의 활력은 더욱 높아갔다. 심인당의 신개축과 신설 심인당의 개설은 계속 진행되었다. 그리고 심인당의 신설 중에서 너무 근접한 심인당은 폐지하고 통합하였다. 대구에는 심인불교가 열렬히 일어나서 교세는 나날이 신장되어갔다. 스승이 자기 사택에서 교화하던 신천동에 대지를 매입하여 심인당을 건축하였다(13.11.25). 대구 대명동 4구에 심인당을 개설하고 건물신축을 착공하였다(14.8.5). 중동에도 심인당을 개설하고 신축공사를 착수하였다(15.11.3). 그리고 달성심인당을 개설하고 대지를 매수하여 심인당 건축공사를 시작하였다(16.10.19). 그리고, 원력심인당(16.11.29), 이정심인당(16.12.15), 복현동심인당(16.12.26), 시복심인당(17.12.20)을 개설하여 교화를 시작하였다. 남산동심인당 앞의 원력심인당은 종무원들이 심공하는 심인당으로 개설하였다. 대구 인근의 경북지역에도 교화의 물결은 넘쳐났다. 달성군 비안면에 비안심인당은 주택을 매수하여 개설하였다(15.10.20). 왜관심인당을 폐지하여 칠곡 북산면에 주택을 매수하여 오평심인당을 짓고 공부하게 하였다(16.2.1). 고령군 다사면에 다사심인당을 개설하고 신교도에게 관리하게 하였다(16.2.26). 그리고 영천군 임고면에 고천(16.7.21), 수성(17.10.28), 언하(17.11.21)심인당을 개설하여 심공을 시작하였다. 그러나 고천과 언하 심인당은 곧 폐지하고 수성심인당에서 공부하게 하였다. 그 사이에 영천읍 문외동에 대지를 매입하여 심인당을 개설하고 신축 착공하였다(17.4.26). 또한 이주호에게 매수한 김천심인당 건물에 다시 심인당을 개설하였다(16.10.17).

경주의 교화는 동리마다 넓혀갔다. 강동면에 공정동(16.9.10), 오야

(15.9.12)에 심인당을 개설하고 심인당 건축을 시작하였다. 나아가 양북면에 원당심인당(16.4.30)은 주택을 매수하여 심공을 시작하고, 어일리에 광명심인당을 개설하고 건물을 신축하였다(18.10.19). 교화의 활력은 영일에도 계속되었다. 영일군 대송면에 동촌심인당은 주택을 매수하고 개수하여 심인당을 개설하였다(16.10.19). 지행면 학곡리에 대지를 매입하여 명등심인당을 개설하여 건물을 신축하였다(18.8.28). 교화발전은 계속하여 부산 경남에도 심인당 개설이 이어졌다. 경남 창령에 의창심인당을 신축하여 심공을 하였다(15.6.3). 김해 진영에도 대지를 매수하여 삼학심인당을 건축하여 심공을 시작하였다(18.10.29). 부산시 진구에 대지를 매수하고 대지상의 기존 건물을 심인당으로 개수하여 정제심인당을 개설하고 박을수 정사가 교화하게 하였다(18.7.18).

충청지역의 심인공부도 신교도가 밀려들어서 심인당을 개설하여 심공하게 하였다. 논산군 은율면에 건물을 신축하여 논산심인당을 개설하고(15.10.20), 이어 전북 익산군 춘포면에 대지를 구입하고 건물을 지어서 묘향妙香심인당을 개설하고(18.4.28) 충청 남부와 전라 북부의 교화에 활기를 불어넣었다. 대전의 교세가 커지면서 건물을 신축하여 대동심인당을 개설하고(16.10.12), 오류동에 주택을 매수하여 득도得度심인당을 개설하여 (16.11.23) 대전 교화에 박차를 가하였다.

교세가 전국 각지로 확충되어 심인당을 개설하면서 그동안 지명에 따라 지은 심인당의 명칭을 역리 및 수리에 계합되게 일괄 개칭하였다 (18.7.16). 심인당의 명칭 변경은 역리에 맞추어 개칭하는 방안을 결의하고 (17.12.26) 종의회의 인준을 거쳐서(18.3.26) 실행하였다.

제 2 장
총인원 이전과 교화의 계승

1. 총인원 이전과 교법파동

1) 총인원 건설

종조 회당대종사는 열반에 들면서 '교의 본부는 서울 동북부 적당한 교외에 선택하여 건설하라'는 유교를 내렸다. 종조의 유교를 받들어 원의회에서 종단의 본부를 총인원總印院(園)으로 명칭을 정하고 총인원 건설을 결의하였다(18.3.24). 총인원은 총인이 주석하는 장소로서 초기 헌법의 종단체제인 심회 인회 총인회에서 연유하였다. 총인은 총심인의 준말로서 심인을 총괄하는 경지를 상징한다. 또한 총인의 총은 총지 즉 진언, 인印은 인계를 지칭하여 삼밀수행을 총칭하는 의미도 머금고 있다. 약 1년간 총인원 대지 선정을 위해 서울전역을 답사하여 서울 동북부인 성북구 하월곡동 22번지에 대지 3,458평을 매수하였다. 서울 동북부에 종단의 본부 대지를 선정한 까닭은 종조의 서남법에 따른 일이었다.

(1) 총인원 건설 경과

대지선정 후 즉시 먼저 정사淨舍 탑주심인당 수위실 주택 등을 짓기로 계획하고 착공하였다(19.3.1). 정사는 수행자의 주거와 강공 시에 스승의 숙박으로 사용하기로 하였다. 총인원 건축이 진행되면서 총인원 건설은 우리교의 역사적인 대업이고 장래 영구한 교기敎基를 마련하는 중대한 일로써 성공적인 완수를 위해 '우리교의 일체 마장이 속히 소멸되고 총인원 건설이 잘 추진되기를 위하여' 서원 정진을 권장하는 공문을 시달하였다

(19.5.17). 매주 수요일과 자성일은 진호국가불사를 하고, 또한 7개월간 월초불공에도 신교도와 더불어 서원정진 하도록 하였다. 그리고 종의회에서 정사는 월곡정사月谷淨舍로 이름하고 통리원은 유가산瑜伽山 금강전金剛殿이라 일컫기로 결의하였다. 유가산 금강전은 결의만하고 실제 부르지 않았다. 또한 총인원 건설을 위한 신교도의 자진 유상희사도 수납하기로 하였다(19.6.24).

월곡정사가 먼저 완성되어 이곳에 임시로 탑주심인당을 개설하고 많은 스승과 밀각심인당과 능인심인당 교도가 참석하여 개시불사를 하였다(19.12.25). 월곡정사 수위실 주택 3동이 완성되어 신축공사 준공을 하였다(19.12.26). 그리하여 월곡정사를 임시 사무처로 하여 서울 성동구 하왕십리동 46번지에서 성북구 하월곡동 22번지로 총인원을 이전하였다(20.1.17). 그리고 문교부에 종단의 주소를 성북구 하월곡동 22번지로 등록 변경을 하였다(20.5.27).

총인원 사무처가 월곡동으로 이전되면서 총인원 건설공사는 빠르게 진행되었다. 우선 총인원 건설의 설계가 원광건축 사무소에서 완성되어 종조전 종조비탑 통리원 본관 작업장 창고 등을 건축하기로 하였다(22.1.21). 연건평 770평의 철근콘크리트 5층건물의 통리원 본관 신축공사를 착공하여(22.3.1) 4월 30일에 정초하고 8월 6일에 상량하여 11월 21일에 준공하였다. 통리원 본관이 준공되어 탑주심인당을 월곡정사 3층에서 통리원 본관 3층으로 이전하고, 통리원 사무실을 통리원 본관 2층으로 옮겨서 행정을 처리하였다. 탑주심인당이었던 월곡정사 3층은 회의실로 사용하였다. 통리원 본관에 이어서 연건평 130평의 철근콘크리트 종조전 신축공사를 시작하여(22.3.25) 5월 6일에 정초하고 8월 6일에 상량하여 12월 15일에 준공하였다. 종조전 좌우에 자리할 탑의 조각과 비신과 비관석 대석의 조각에 착수하였다(22.5.16). 총인 손대련이 짓고 쓴 비문과 비명의 각자刻字에 착수하여 7월 31일에 완료하였다. 그리고 종조전 좌측에 비석과 우측의 오륜사리탑의 기초를 각기 14척과 15척의 규모의 이단으로써 기초공사를 완료하였다(22.5.22). 비탑의 기초가 완료되어 비탑의 건립공사를 시작하여(22.10.17) 10월 25일에 완공하였다. 법계의 오륜을 상징하는 총인원 오륜탑에 그동안 밀각심인당에 안치하였던 종조의 사리를 봉안하는 불사를 하였다(22.10.25). 종조의 사리가 오륜탑에 봉안되어 종조의 법체가 우주법계에 회향되었다. 오륜탑에 종조의 사리를 봉안하고 종조전에 종조의 존영을 봉안하였다(22.12.20). 종조전에 종조의 존영을 봉안하고 5급 이상의 스승과 신교도가 동참하여 존영봉안식을 거행하였다. 그리하여 종조 회당대종사는 수도 동북 총인원에 진좌鎭坐하여 종단 교화발전과 중생제도를 위한 무진서원의 원력을 다독이게 되었다.

총인원 건설의 공사가 4년여에 걸쳐서 진행되어 종조전 종조비탑 통리원본관 월곡정사 작업장 등 건물이 완전히 준공되었다(22.12.27). 그 이듬해 5월 1일 모든 전국의 스승과 신교도 1,000여명이 참석하고 관계당국과 종단사회단체 언론기관 교육기관 등 내빈이 동참한 가운데 총인원 광장에서 낙성식을 거행하였다. 총인원 건설은 종단의 역사에 큰 의의를 가졌다. 종단의 본부 총인원이 수도 서울에 제대로 자리를 잡은 일이었다. 그래서 종단의 행정과 교화가 전국에 걸쳐서 만전을 다할 수 있게 되었다. 또한 종단의 대외적인 위상이 높아져서 자긍심을 가지고 수행할 수 있게 되었다. 따라서 종단 교화발전이 무궁하게 펼쳐갈 수 있는 튼튼한 교기敎基를 마련하였다.

(2) 총인원 부지문제

총인원 부지가 위치한 월곡동 토지는 원래 흥인군의 소유로서 조선왕조 5귀인貴人 등의 능陵으로 사용하였던 곳이다. 월곡동 토지는 이우인李愚寅의 소유로 되어 있었으나 이우인이 어려서 그 어머니 김정규金貞奎가 문화재관리국에 위탁 관리하여 두었다. 그리고 이 일대가 군 징발지역으로 묶여 있었다. 그런데 이우인이 이 일대의 토지를 개인에게 매각하였다. 종단은 총인원부지로 두 번에 걸쳐 3,458평을 매수하였다. 종단이 총인원 건설을 위해서 건축공사를 시작하자 수도경비사령부에서 군수참모 이재희李載熙 중령과 조명환趙明煥 대위를 파견하여 건축지점 3곳에 군 징용 용지라는 징발증을 제시하고 공사중지명령을 하고 3개 지점에 고시판을 세웠다(19.3.25). 건축중지 명령에도 공사를 계속 진행하자 수도경비사에서 서울시장 앞으로 '군 징발지역에 무슨 이유로 건축허가를 하였느냐'는 추궁 공문을 발송하여 서울시가 3개 곳의 건축허가를 취소하였다(19.4.15). 서울시의 건축허가 취소에 이어서 법무장관이 이우인에게 토지를 매수한 140여명의 지주를 상대로 서울민사지법에 등기사실원인무효 소송을 제기하였다(19.6.3). 그리고 법무장관은 제소한 대지소송사건의 정부대리인으로 조평재趙平載 변호사를 선임하고 총인원 부지를 비롯한 13만평에 대한 가처분을 집행하였다(19.8.28). 이러한 과정에서 종단은 종의회에 총인원 건설 상황을 보고하였다(19.9.3).

  정부의 가처분 집행에 대하여 종단을 비롯한 동덕학원同德學園 우진산업友進産業 등이 발기하여 13만평의 지주대회를 서린동 태화관에서 개최하였다(19.9.14). 지주대회에서 월곡동토지대책위원회를 결성하고 대표위원 및 위원 7인을 선출하여 일체의 처리사안을 일임하기로 가결하였다.

선출된 위원은 대표위원 홍석우洪錫禹(탐구당) 위원 조태호趙兌鎬(우진산업) 박지영朴之榮(동덕학원) 김형준金亨俊 이병인李丙璘(변호사회장) 손대련(진각종) 조명구趙明九 등이다. 대책위원회는 탐구당에서 제1차 위원회를 개최하고 6개항을 결의하였다.

1. 소송 문제 - 정부의 등기사실원인무효 제소에 대하여 항의하기로 한다.
2. 변호사선임 문제 - 이우인으로부터 소송사건을 수탁하여 그 내용을 잘 아는 김용진金容鎭 변호사를 선임하기로 한다.
3. 소송비용 문제 - 착수금으로 65만원을 위탁당시 지불하고 승소하면 사례금으로 65만원 지불하기로 한다.
4. 경비갹출의 문제 - 토지 매 평당 10원식 갹출하기로 한다.
5. 사무소 및 사무취급 문제 - 사무소는 동덕학원 사무실로 하고 사무취급은 동 재단 서기 박춘석朴春錫이 겸무하기로 한다.
6. 대지주 문제 - 위의 사항을 지주들에게 서면으로 통지하고 금후 모든 사실을 진행 상황에 따라 수시로 지주에게 통지하기로 한다.

대책위원회의 결의에 따라 우선 대지주들이 평당 10원씩 내고 영세지주들에게 거둔 약간의 경비를 합하여 사건 일체를 김용진 변호사에게 위탁하고 착수금으로 65만원을 지불하였다(19.10.11). 그런데 정부 변호사 조평재가 일부의 토지에 대하여 가처분을 취하하였다(19.10.15). 취하한 토지는 1. 진각종유지재단토지 일부, 2. 동덕학원소유 일부, 3. 우진산업 소유 일부 등이다. 그리고 대책위원회는 정부의 등기사실원인무효 제소사건에 대하여 국회에 그 부당성을 지적하고 소취하를 해 주도록 청원서를 제출하였다(19,10.28).

(3) 토지소송의 시작과 결과

법무부가 제기한 소송에 대한 1차 공판이 서울민사지법에서 조성기曺聖基 판사 담당으로 개정하고 재판의 준비과정을 마쳤다(20,1.5). 공판이 시작되자 대지대책위원회는 2차회의를 탐구당에서 열고 3개항을 결의하였다(20,1.10).

① 위원회사무실을 편의상 성남빌딩 우진산업으로 이전한다.
② 위원회 전임직원 1명을 월급 1만 5천원에 채용하기로 하고 우진산업 전무 김대환金大煥이 추천한 최명주를 채용한다.
③ 전임 동덕학원 박춘석에게 1만5천원 사례금을 지불한다.

그리고 대책위원회는 월곡대지 가처분해제 소청서訴請書를 대통령에게 제출하였다(20,1.27). 조성기 판사는 2차 공판을 개정하고 주소불명 지주에 대한 재판통지는 공시송달 방법으로 하기로 하였다(20,2.2). 총인 손대련과 최호석 박상억이 참관하였다. 정부 조평재 변호사가 월곡토지소송사건 중 13만평과 7만평의 양건에서 사임하고 김윤근金潤根 변호사가 맡는 관계로 공판이 연기되었다(20,2.11). 대지대책위원회는 월곡 대지사건에 대하여 문교부장관 국무총리 공화당의장 대통령에게 진정서를 제출하였다(20,3.15). 두 차례 재판 연기 후 3차 재판이 개정되었다(20,5.5). 주소불명 지주에게 공시통지하는 사항을 확인하고 조평재 때의 합의 사항을 재합의하였다.

토지사건에 대한 재판이 진행되는 동안 대책위원회가 수차례 진정서와 청원서를 제출한 결과로 종단 매수대지 중 최초 매수한 2,308평 및 기타 대부분의 대지가 정부변호사를 통해 소송이 취하되었다(20,5,20). 종단 부지는 1천백 5십평이 취하되지 않았다. 소송취하와 동시에 가처분도 취하되었다. 그런데 정부 변호사 김윤근의 사임으로 고재호高在浩 변호사가 소송을 담당하여 서류준비 등 여러 사정을 이유로 재판을 연기 신청하여 사실상 무기연기 상태가 되었다(20,6,16). 재판이 연기되고 있는 동안 국회 공유지 부정불하 특별조사위원회가 월곡임야에 대하여 부정불하가 아니고 이우인에게 반환하는 것이 정당하다는 것을 국회 본회의에 보고하고 본회의는 이를 만장일치로 가결하였다(20,7.5). 월곡토지대책위원회는 3차위원회를 탐구당에서 열고 국회 특별조사위원회의 보고를 배경으로 문교 재무 법무장관에게 진정서를 내고, 또한 대통령 공화당의장을 방문하여 정치적으로 해결하여 소송을 취하하도록 하는데 합의하였다(20,7,12). 한편 이우인 모친 김정규의 의견과 정보도 들어보기로 하였다. 대책위원회는 4차위원회를 탐구당에서 열고 3차위원회에서 합의한 3장관에게 제출할 진정서의 문안을 결정하고 대통령과 당의장을 방문할 인물의 물색은 최명주에게 일임하기로 하였다(20,7,16). 인물의 물색은 신민당 사무총장 고흥문高興門 의원과 공화당 중진 한사람을 물색하기로 하였다. 그런데 수도경비사령부에서 국방장관 명의의 총인원대지 징발해제 통고를 받았다(20,10,5).

대책위원회는 월곡토지 사건의 재판이 연기되고 있는 사이 진정서를 다시 청와대에 제출하였다(22,8,17). 그 동안 무기 연기되고 있던 월곡토지 사건의 재판이 재개되었다(22,9,4). 그리고 서울민사지법에서 월곡토지 13만평 소송사건 선고공판을 열고 피고인의 패소판결을 내렸다(22,9,17).

판결이유는 월곡토지는 원래 홍인군의 소유로 인정되나 그 후 왕가에서 능을 들이게 되어서 왕실의 소속이 된 것이 당시 군주시대의 제도로 보아서 당연하고 그 후 다시 홍인군의 소유로 된 증거가 없다는 것이다. 월곡토지가 패소로 판결이 나자 동덕여자대학교에서 지주총회를 열어 5십여 명의 지주가 참석한 가운데 그 대책을 토론하고 5개 사항을 결의하였다 (22.9.26).

① 소송사건은 서울 고법에 항소한다.
② 위임변호사를 경질한다.
③ 항소비용은 평당 2십원씩 갹출한다.
④ 대표위원은 종전대로 유임한다.
⑤ 기타 사항은 위원회에 일임한다.

지주총회의 결의에 따라서 월곡 토지사건의 항소 결정을 한국일보에 공고하였다(22.9.29). 그리고 토지대책위원회 4차위원회를 열고 소송에 관한 사항을 결의하였다(22.9.30).

① 김용진 변호사를 경질하여 장영복 변호사에게 사건을 위임한다.
② 위원회 사무실은 우진 채석장 사무실에 둔다.
③ 위원회 사무는 당분간 최명주에게 위촉하고 사례수당을 지급한다.

대책위원회의 결의에 따라서 장영복에게 항소사건을 위임하고 착수금 및 인지대로 1백 10만원을 지불하고 승소 시에는 사례금으로 5십만원을 지불하기로 하였다(20.10.18). 장영복은 고법에 항소사건을 접수하였다.

월곡토지의 항소를 접수하여 서울고법에서 1회 공판을 개정하고 원피고에 대한 인정심문을 하였다(23.2.13). 종단에서 혜공과 김영호(혜일), 우진에서 최명주, 그리고 탐구당에서 홍석우가 참석하였다. 고법 제2차 공판을 열어서 대지사건의 변론이 있었다. 고법공판이 5회까지 진행하여 총인원 대지소송사건의 승소, 또는 취하를 위하여 매 월초불공에서 서원정진을 독려하는 공문을 전국 심인당에 시달하였다(23.5.30). 고법에서 6차 공판이 열린 날 서울민사지법에서 앞서 가처분 취하한 대지를 다시 전부 추가 가처분 결정하였다(23.6.5). 그리고 서울고법에서 김정규가 정부를 상대로 제기한 7만 1천 9백 5십평의 소유권 이전등기 재항소심 말소 청구소송이 원심을 깨고 국가의 승소로 판결이 내렸다(23.6.19). 앞서 서울민사지법에서 정부가 김정규를 상대로 제기한 소유권 이전등기 말소 청구소송에서 국가의 패소판결이 있었다. 김정규가 패소한 7만여평은 김정규의 아들 이우인의 소유로 매각하지 않은 토지였다.

　서울고법에서 월곡 토지사건 결심공판을 열고 언도공판일을 결정하였다(23.8.28). 그런데 법무장관이 정부의 조평래 변호사가 당시 일부 취하한 토지분을 전부 다시 소유권이전등기 말소청구소송을 서울민사지법에 제2차분으로 제기하였다(23.10.11). 그러자 월곡대지 소송의 제2차분 공판이 개정되었다(23.11.20). 서울민사 고법에서 제1차분 공판이 있었으나 (23.12.3), 홍석우의 연기신청으로 서울민사지법에 계류 중인 제2차분 소송은 무기 연기되었다(24.3.20). 그러나 고법에 항소한 총인원 부지 1천 13평을 포함한 월곡토지 제1차분 소송사건은 고법에서 기각판결이 되었다(24.4.12). 고법의 기각판결을 받고 동덕여대에서 주주총회를 열고 조규대 曺圭大 변호사에게 위임하여 대법원에 상고하고, 착수금 및 경비로 평당 5십원씩 갹출하기로 하고 승소시에는 판결당시의 토지등기 가격의 2할을 지불하기로 계약하였다(24,4.20). 그리고 조규대는 대법원에 상고하였다(24,4.28). 또한 서울지법에 계류중인 2차분 3천 9백 30평에 대하여 패소하였다(24,9.10). 이에 관련된 지주의 결의로 장열복張永福 변호사에게 위임하여 고법에 항소하기로 하였다(24,9.10). 서울고법에 계류 중인 제2차분 3천 9백 30평에 대한 첫 공판이 개정되었다(25,3.18). 장영복 변호사와 종단에서 김영호가 참관하였다. 그러나 서울고법에서 월곡대지 소송사건의 제2차분 항소는 항소기각되어(25,6.17) 조규대에게 위임하여 대법원에 상고하였다(25,7.23).

그러나 월곡토지 소송사건은 대법에서 모두 패소하였다(26,5.2). 대법의 최종 패소에 따라서 종단은 총인원 부지를 문화재관리국에서 다시 불하 매수하였다. 월곡토지 지주 중에선 재 매수 또는 포기하기도 하였다. 그리고 총인원 부지 문제는 7여년의 소송을 거쳐서 재매수로 해결되었다.

2) 종조법통과 교상확립

(1) 종조법통의 논의

종조열반 후 종단은 총인 원정을 중심으로 화합 교단을 이루어 교화에 전념하였다. 총인원 건설에 전력을 다하며 종단 발전의 영속성을 서원하였다. 수면은 고요하여도 물속에는 물결이 끊임없이 출렁이듯 지극히 평화로운 종단의 한편에는 갈등의 씨앗이 숨어 있었다. 화합승단의 따뜻한 온기가 감돌던 종단에 갈등의 조짐은 종조열반 후 종단의 체제와 교법 수립을 위해서 개최한 금강회 총회에서 엿볼 수 있다(17,12.26). 금강회 총회는 종단체제 소의경전 종조초상화 각종 기념불사 등의 사항에 대하여 전 스승이 공동정진을 통하여 법문을 보고 법문의 결과를 두고 토의를 하였다. 여기서 원정은 종조 초상화 조성에 대하여 "무상한 법신불을 주장하는 우리의 근본교리에 맞지 않는다고 봅니다"고 하면서 초상화 조성에 대하여 유보적인 입장을 표명하고 다음에 더 논의하자고 하였다. 또한 회의 중에서 긴급 발의한 단약법과 서남법에 대하여도 더 증득하여 보자는 신중한 입장을 개진하였다. 단약법과 서남법은 이후 지속적인 논의의 대상이 되었다.

종조 회당대종사는 열반 시에 "옛날에는 의발이요 이제는 심인법. 스승이 되어서 양운 무 약불 서남"이라는 내용의 유교遺敎를 내렸다. 그런데 교사는 이 내용을 "옛날에는 의발을 전했고 이제는 심인법을 전한다. 스승이 되어서 약을 끊고 서남법을 세울 수 있는 사람이라야 내 법을 받을 수 있다. 내가 전하는 것은 두 가지 뿐이다"라고 정리하고 있다. 또한 회의록에는 "이전에는 조사가 의발을 전하고 이제는 심인법이다"라고 기록하고 있다. 당시 대종사는 몽당연필로 힘겹게 유교를 종이에 썼다. 회의록은 역시 종조가 아니라 조사라고 기록하고 있다.

그런데 종단체제의 개편안이 완성되어 심의 결의하는 금강회 총회에서 종조의 위상에 대한 논의가 있었다(18.3.21). 종조는 '밀교의 증흥조'라기보다는 '종파를 개종'하신 분이며, 진각종의 종조는 회당대종사이고 근본 교주는 비로자나불이다. 그리고 육자진언은 금강계만다라를 중심으로 양부만다라의 본존으로 정리하였다. 또한 전회에서 신중한 입장에서 보류한 서남법과 약불법에 대하여 번안飜案하여 논의하였다. 원정은 종조 유교에 대한 신중한 입장을 취한 일이 마음에 걸렸다. 그래서 그 의안을 번안하여 다시 논의하자고 제의한 것이다. 원정은 "병 낫기 위한 불공에는 약을 궐하고 스승도 약 먹는 이와 안 먹는 이로 분류하고 자성일에는 약을 끊으라"는 종조의 말씀을 전하였다. 그러자 "스승도 49일 중 약을 끊는 방향으로 나가야 합니까?"라는 질문이 있었다. 윤극수(실상행)은 '끊어야 한다'고 답하였다. 그리고 원정은 "내 법을 받는 이는 약을 먹을 수 없다고 하셨다"는 종조의 말씀을 전하였다. 그렇다면 종통을 받드는 분은 선거제나 부법제로 하라는 종조의 말씀을 받들려면 앞으로 총인은 약 안 먹는 분을 선거하든지 아니면 약 안 먹도록 하든지 해야 한다는 의견을 개진하였다. 그래서 참석한 스승들의 상론상의相論相議가 일어나서 결론을 얻지 못하였다.

 그 후 종조 법통에 대한 논의는 스승사회의 큰 관심사가 되었다. 종조열반 후 교화의 방향을 세우기 위해서 원의회에서 '교화진흥에 대한 토의'라는 주제의 토의를 3일간 걸쳐서 진행하였다(22.12.17). 교화진흥에 대하여 의장이 8개항의 교화진흥 방안을 제시하고 의원들의 다양한 의견이 나왔다. 그 가운데 우리종단의 법통을 어떻게 세울 것인가? 진각종이 전통불교 교단이냐 신흥교단이냐? 또한 재가교단이냐 출가교단이냐?는 등의 문제 제기가 있었다. 그리고 입교개종의 이념을 구현할 필요성이 있다는 의견도 나왔다. 그리고 "우리 종단의 법맥은 종조님을 위시하여 밀교의 중흥으로 종조님의 법통을 이어받은 독자적인 밀교 중흥종단이다"고 결의하였다. 진각종의 법맥은 종조 회당대종사에서 비롯하며 전통 밀교의 중흥으로 독자적인 밀교 중흥 종단을 세운 종조의 법통을 이어 받는다는 의미다.

 원정은 종조법통에 대한 입장을 분명히 하려고 총인에서 사임하였다. 종조의 단약법을 실천하지 못한 이유를 들었다. 그리고 종조법통을 4대법통으로 정리하여 원의회에서 결의하였다(23.3.27). 원의회의 4대법통은 종의회에서 4대법통의 정의를 일부 수정하여 통과하였다(23,4.29). 종의회에서 결의한 4대법통의 정의는 다음과 같다.

이는 종조님의 유교일 뿐만 아니라 우리 종단의 유일한 법통으로서 이를 세우기 위하여 초대 총인님마저 그 직을 사임하시게 되었으니 앞으로 우리 종단의 모든 교역자는 ① 단약법 ② 서남법 ③ 제외법 ④ 역리법의 4대법통을 세우기로 전원 찬성결의하고 다음과 같은 4대법통의 시행 한계와 정의를 결정한다.

① 단약법 : 본 종단에서는 종조님의 유교에 따라 단약법을 실천하여 법력으로 병마를 이겨야 한다. 총인에 한해서는 그 임기 중에는 무조건 일체의 약을 사용할 수 없다. 만약 복용하면 그 직을 사직한다. 스승은 점차적으로 단약하도록 정진하여 교도에 시범이 되어야 한다.
② 서남법 : 교당 등 건축에는 서남법을 지킨다.
③ 제외법 : 종교외도란 불교이외의 타종교를 말하며 유교는 무교로 본다. 인륜외도란 여계중심의 친척은 외도요 남계 중심의 친척은 정도다. 스승자녀 중 종교외도인 중학교에 진학자가 있으면 그 자녀에 대한 주부식비는 재학 중 일체 지급치 않는다. 스승자녀 중 종교외도인 고교 대학에 진학자가 있으면 그 자녀에 대해서는 사택에서 거주할 수 없으며 재학 중 주부식비는 일체 지급치 않는다. 통리원장 종회의장 사감원장의 간부직 자녀가 종교외도학교에 진학하였을 때는 학교의 차 없이 그 직을 사직하여야 한다. 외도 학교란 종립학교를 지칭한다. 스승자녀 중 외도인과 결혼하였을 시는 어떤

경우이든 스승 및 공직을 사퇴한다. 전기 7호 이외 외도 문제에 대하여서는 원의회에서 결정한다.

④ 역리법 : 역리법이란 4길성법吉星法과 입정법入定法을 말하며, 심인당 건설과 종단건설에만 적용하고 교도에는 쓰지 않는다.

그런데 교사는 4대법통을 교화에는 단약법 제외법, 건설에는 서남법 역리법으로 정리하고 그 정의를 일부 수정하여 기록하고 있다. 그것은 4대법에 대한 논의가 아직 완결되지 않았고, 한편 종조법통에 대한 근본 의미보다 드러난 실천사항에 집착한 결과이기도 하였다. 종의회의 4대법통의 승수 결의에도 논의는 그치지 않았다. 종단의 종헌 종법의 일부 개정을 위한 종의회에서 4대법통 중 단약법에 대한 개정을 하였다. 단약법의 논의 과정에서 단약법은 진리 그 자체가 아니라 중생제도의 방편이고, 결국 약의 정의와 관련이 있다는 등의 의견이 끝이 없었다. 결국 의원의 투표로 단약은 자성일과 월초불공 7대절에만 실천하기로 결정하였다(25.4.21). 종조법통은 교상확립의 문제와 맞물려서 논의가 더 깊어 갔다. 원의회에 4대법통을 종조의 유언에 따라 그냥 법통으로 개정하려는 의안을 상정하였다. 그러나 회의 도중 긴급동의로써 종단의 문제를 책임지고 의원 전원이 사퇴하여 의안은 논의하지 못하였다(25.11.15). 그런데 교사는 4대법통을 법통으로 개정하였다고 기록하고 있다.

교상확립에 대한 이견異見으로 야기된 종단의 갈등을 풀기 위한 종의회에서 종조 4대법통을 심인 단약 서남의 3대법통으로 하자는 의견이 있었다. 이에 대해 원정은 역리법과 제외법은 빼도 된다는 뜻을 밝혔다. 그래서 종조 4대법통을 종조의 유교대로 종조법통으로 하기로 결의하였다(26.6.2). 그런데 원정이 교상확립 파동의 책임을 지고 종단에서 물러가겠다는 뜻을 밝혔다. 원정의 사직 사안에 대한 논의를 위한 최고위원회에서 원정은 종조의 법은 "육자진언 단약 서남 심인법이며 다른 법은 없었다. 종조님 열반시 죽은 후 비나 세워달라고 하셨다"고 밝혔다. 종조 열반시 법을 부촉 받은 책임을 다하기 위해 끝까지 종단을 지켜야 하지 않느냐는 발언에 대한 대답이었다.

종조 법통의 논의는 종조의 열반 유교遺敎에 대한 해석의 차이에서 일어났다. 원정은 종조의 유교를 넓게 해석하여 재세 시에 강조한 법문도 포함하여 법통으로 정리하고 계승하려 하였다. 그래서 단약 제외 서남 역리의 4대법으로 정리하여 법통으로 삼으려 하였다. 그런데 실상행을 비롯한 일부의 스승은 유교의 말씀 그대로 법통으로 삼자고 주장하였다. 원정은 4대법통은 심인법의 구체적인 실행 방편으로 생각하여 심인법을 넣지 않았다. 그리고 4대법통을 심인법의 실천 방안의 입장에서 정의하고 실천하려 하였다. 그러나 심인법을 법통에 구체적으로 넣지 않아서 더 큰 문제를 만들었다. 한편 종조 유교를 그대로 법통으로 받아들이는 입장은 유교 그 자체를 진리의 차원에서 이해하려 하였다. 따라서 법통의 현실적인 실천에는 상당한 어려움을 맞을 수밖에 없었다. 두 견해의 상보적 논의가 아쉬웠다. 그런데 법통의 논의는 교상확립의 문제와 적정迪淨의 사건이 뒤엉키면서 파열의 길로 걸었다.

(2) 교상확립의 갈등

교상확립은 법통이 논의되는 중에 제기되었다. 원정은 종단체제를 재정비하고 교화의 진흥에 종단의 역량을 쏟기로 하였다. 그래서 종단의 교화 방향과 방안을 모색하기 위해서 원의회에서 '교화진흥에 대한 토의'라는 주제의 논의를 하였다. 그 토의과정에서 종단의 소의경전 교주 불신관 등을 분명히 세우자는 주장이 나왔다. 그 동안 소의경전 교주 불신관 등을 세우기는 하였어도 아직 종단 내에서 교리체계가 명확히 확립되지 못한 결과이었다. 그래서 원정은 종조열반 후부터 교상확립에 대한 생각을 지속적으로 품고 있었다. 종조 법통의 논의가 한창일 때 원정은 원의회를 통해 교상확립안을 제기하였다(24.3.31). 원의회에서 결의한 교상확립의 이유와 방안은 다음과 같다.

I. 교상확립의 이유

1. 진언과 인계가 불상합한 고로 교리상 외도가 된다. 육자진언을 염송하면서 계인은 금강계 대일여래(지법신)의 삼매인인 지권을 하고 있다. 육자진언은 관자재보살(四臂관음)의 본심진언이다.
2. 현재의 삼십칠존은 순밀만다라요 보왕경의 대명왕진언은 잡밀에 속한다. 순밀은 대일경 금강정경을 소의경전으로 하는 밀교요, 잡밀은 기타 밀교경전을 소의경전으로 하고 순밀경전이 나오기 전의 밀교이다.
3. 육자진언을 염송하는 데는 보왕경의 만다라를 세워야 한다. 대승장엄보왕경에서 만다라를 보지 아니한 사람은 이 법을 얻을 수 없느니라.
4. 현재 스승이나 교도가 수마가 많고 병마가 많고 병이 낫지 않고 소원이 성취 안 되어 해탈 없고 신교도가 들어오지 않는다.
5. 현재 사종수법을 행하지 않고 있다. 그러므로 서원이 잘 이루어지지 않는다.
6. 종조님 당시에 보왕경을 발견하지 못해서 본 법을 세우지 못하였다.

7. 교도는 수마를 끊고 여행 와병 시에도 가능하여 편리하다. 그리고 항송이 잘 된다.
8. 국가적 견지 칠십년대 북괴 무력 통일 운운에 대비해야 한다.

II. 교상확립의 방안
1. 경을 기초로 하고 만다라를 설정한다.
2. 사종수법을 심요집을 토대로 현 실정에 맞도록 방편을 세운다.
3. 이것을 토대로 시간정진을 한 후 결과를 내증한다.
4. 전체 심인당에 이 법을 일시에 적용하지 아니하고 신설 심인당 일 개소에 실시하여 결과 좋으면 전반적으로 실시한다.
5. 실시는 원칙적으로 스승이나 교도에게 자유의사에 맡긴다.
6. 기설 심인당이라 할지라도 스승이나 교도가 본법 수행을 희망하는 자에게는 이를 허용 한다(신앙의 자유 원칙에서)
7. 전면 실시전이라도 여행자 수마자와 병자는 본법으로 수행하여도 무방하다.

원의회의 교상확립 결의안은 종의회에서 그대로 의결하였다(24.4.30). 종의회는 의장과 기로원장의 의안 설명을 듣고 의견을 교환하였다. 교상확립안은 의결하여도 그대로 시행할 수 없고 현실에 적용할 수 있는 구체적인 방안을 마련하여 실시하기로 하였다. 그리고 각 심인당에서 정진결과에 의해서 시행할 수 있어도 계속 연구하기로 하였다. 교상확립안이 공식 회의에서 통과하여도 종단에 적지 않은 파장을 일으켰다. 교상확립안의 내용은 현재 신행하고 있는 교리와 수행에 상당한 거리가 있었기 때문이다. 결의안 중의 심요집은 『현밀원통성불심요顯密圓通成佛心要』를 일컫는다. 심요집은 요나라 도액[厄艾]의 저술로서 현교심요로서 화엄수행과 밀교심요密教心要로서 준제 4대주의 수행법을 설하고 있다. 도액은 불설칠구지불모준제대명다라니경과 대승장엄보왕경의 경설을 토대로 준제 4대주의 수행법을 설하였다. 준제 4대주 수행법은 준제진언의 행법에 상보相補의 진언으로 육자진언의 염송을 들고 있다. 원정은 심요집의 밀교심요에 근거하여 교상을 세우려는 의도를 가지고 있었다.

교상확립안의 이유 중에서 1-2는 밀교의 교리에 관한 사항이고, 3은 대승장엄보왕경의 내용이다. 나머지 4-8은 원정의 생각이다. 확립안의 방안에서 1-2는 심요집의 내용을 일컫고, 나머지 3-7은 종단의 실천법과 원정의 생각이다. 특히 교상확립안에는 만다라를 세우는 법이 중심이고 또한 만다라를 세우면 등상불等像佛을 세워야 하였다. 만약 교상확립안 대로 교상을 세울 경우 종조의 무등상불의 교리와 그대로 상충되는 문제가 있었다. 또한 사종수법은 세간의 네 가지 가지加持기도법으로서 심요집은 준제상准提像을 기본으로 하고 있다. 이즈음 통리원장 적정(최호석)의 공금유용사건이 일어나서 비공식 7인 정화위원회가 결성되어 종단의 정화운동을 하고 있었다. 적정은 통리원장직을 사임하였고(24.7.25) 원정도 공금사건에 관련되었다는 뜬소문에 대하여 원의회에서 공개 신상발언을 하였다(24.9.24). 그리고 적정은 사직하고 종단을 떠났다(24.12.15). 그러자 종의회에서 통리원장이 원정의 신상에 대한 해명 선언을 하고 원정의 결백을 확인하였다(24.10.28).

원정은 원의회에서 종단의 소의경전에 대승장엄보왕경과 대승이취육바라밀다경을 추가하여 결의하고(24.10.27), 교상확립의 계획을 멈추지 않았다. 그러나 교상확립에 대한 비공식적인 반대 분위기는 정화위원회를 중심으로 계속 번지고 있었다. 교상확립은 이처럼 외적인 요인도 가세

되어 더욱 심각하게 흘러갔다. 종단의 분위기를 긍정적으로 전환하기 위해 원정을 총인으로 선출하였으나 종단의 법통과 교상에 대한 자신의 입장을 들어서 고사하였다(25.4.21). 그리고 교상확립에 대한 보다 구체적인 계획을 수립하고 원의회에서 결의하였다(25.7.22). 교상확립에 필요한 한문 원전을 발췌 편찬하여 인쇄하고, 경의 요지를 강설하여 소의경전으로 인식이 되면 한글로 번역하여 소의경전으로 할 것을 제안하였다. 이렇게 역경하고 편찬하여 인쇄할 내용을 5가지로 분류하여 제의하였다. ①밀교성전 ②응화성전 ③종조논술 ④비밀의궤 ⑤서원가집으로 구상하였다. 그리고 특히 이처럼 교상을 세우면 ①준제진언과 결인을 해야 하고, ②육자진언과 대승장엄보왕경은 잡밀 경전이기 때문에 37존은 없애야 하며, ③금강권으로 염주를 사용해야 하는 등 현존의 의식과 조금 달라진다고 하였다. 그리고 환당과 덕정의 도움을 받아서 역경 작업을 하기를 원하였다.

　　원정의 구체적인 교상확립 방안은 교상에 대한 종단의 상황을 더 어려운 국면으로 만들었다. 종단은 이러한 상황을 수습하기 위해 다시 원의회를 열었다(25.10.26). 원정은 역경에 대하여 구체적으로 설명하고, 역경하여 시험적으로 시행하는 것과 학문적으로 연구하는 것과 두 안을 택일하면 좋겠다고 제의하였다. 그리고 이러한 일은 종조 법을 바꾸는 것이 아니라 법을 보충하는 것이라고 설명하였다. 이에 원정각과 박현기는 분명히 반대 입장을 밝혔고, 또 학문적 연구를 위해서 역경을 하자는 의견도 개진되었다. 그래서 학문적 연구를 위해 역경을 하자는 안건이 투표를 통하여 의결되었다. 그리하여 원정은 밀교성전 편찬을 위해서 경전발췌와 역경작업을 진행하였다. 이러한 과정에서 원정을 비롯해서 환당 덕정이 준제의궤에 대한 설명과 수행을 비공식적으로 실행하였다. 원의회에서 교상확립에 부정적인 입장을 가진 시경심인당 신교도 신홍복이 불미한

처사를 하고 도흔의 격심한 언동이 문제가 되어 징계동의가 일어나서 실상행이 사표를 제출하였다.

종단의 상황이 더욱 심각하게 전개되면서 원의회에서 법통의 문제와 역경하여 학문적으로 연구한다는 결의사항을 취소하려 하였다. 그러나 회의 중에서 종단의 전임원이 사직하자는 긴급동의를 받아들여서 의안을 심의하지 못하였다(25,11,15). 원정은 교상의 문제가 스승사회의 갈등과 불신을 증폭시켜가자 최후의 방안으로 사택에서 준제의궤를 연구 차원에서 시험적 체험을 위해서 100일정진에 들어갔다. 그리고 교상확립의 갈등은 단순히 종단의 의견의 불일치를 넘어 파국의 상황으로 접어들었다.

3) 교법파동과 종행정의 난맥

(1) 교법파동

종조의 법통 정립과 교상확립에 대한 갈등은 점차 스승사회의 분열 양상으로 전개하였다. 그리고 교상확립의 문제에 신교도가 개입되고 스승사회는 정화위원회와 종통수호위원회로 양립되어 갈등이 증폭되었다. 종단의 상황이 해결될 기미가 보이지 않고 원정은 종단에서 나가서 100일 불공을 하라는 요구를 받았다. 그래서 원정은 100일 진호국가정진 도중에 사임하고 상도동에 자택을 마련하고 이사하였다(26,3,11). 원정이 상도동으로 이사하면서 상황의 수습을 위하여 종의회를 열었다. 다수의 신교도가 참관하는 가운데 열린 종의회에서 신교도는 항의성 의견을 다수 개진하였다. 그리고 원정의 사임을 반대하는 교도들이 항의에 대하여 100일 정진 회향하면 사태수습을 하기로 하였다(26.3.15). 종단 내의 갈등과 대립, 또는 상호 비방의 상황에서 비상조치로 구성된 원의회는 서로 자신이 참회하고 정화淨化 또는 수호守護 운운 하는 조직을 없애고 종단 화합을 이루자고 호소하고, 원정이 자기주장을 버리고 현재법을 고수하면 원상복귀 하자고 결의하였다(26.4.19). 이어서 종의회에서 원정과 원정각 그리고 지정된 스승과 신교도가 별도로 회합하고 토론하여 7개의 합의 사항을 결의하였다(26.4.20). 결의한 7개항은 다음과 같다.

① 종의회에서 결정 결의된 것은 원칙적으로 존중한다.
② 종헌에 기재된 소의경전은 어디까지나 고수해 나간다. 또 이후에 종의회나 원의회에서 교상확립에 대한 결의 이것을 준수한다.
③ 우리가 종조님 법도 엄격하게 존중하고 고수해 나가야 되고 단 의궤를 무시해서는 안된다. 그리고 심인당 공식시간은 현재하는 의궤 금강지권을 하고 교도 가정이나 사택에서 의궤를 행하는 것은 간섭하지 않는다.
④ 연구의 자유를 보장한다. 연구에는 반드시 발표가 수반하고 발표를 전제로 하는 것이니 사택에서 자기가 체험한 결과를 발표하는 것도 막지 않는다.
⑤ 두 가지 법이 다 공덕이 있다고 찬성해야지 서로 법을 비방해서는 안 된다.
⑥ 교도들이 의궤법을 전파해 가지고 전하게 되는 것을 심인당 스승이 책임지지 않는다.
⑦ 심인당에서 금강권으로 염송해도 위법이 아니다. 또 금지 할 수 없

다.

　종단 화합을 위한 7개항의 합의사항을 결의하고 원정 원정각을 비롯한 스승과 신교도는 참회를 하였다. 그리고 원정의 제의에 의해서 원정 아당 서주가 기초위원이 되어 포교연구원을 설치하고 교화와 역경에 대하여 연구하기로 결의하였다. 원정은 교상확립의 일환으로 그동안 준비한『밀교성전密教聖戰』을 출간하였다(26.5.10).

　종의회의 결의에도 불구하고 정화위원회는 종단이 정상화가 되어야 원정의 복교가 가능하다고 주장하였다. 그리고 원정과 원정각 사이의 합의 과정을 문제로 삼아서 새로 구성된 집행부를 불신하여 전원 사직하였다. 종단 집행부의 전원 사직을 처리하기 위한 종의회는 원정 원정각 서주의 3인 회합의 결과를 수용하고 종단 화합을 결의하였다(26.6.2). 원정은 준제진언에 집착하지 않고 스승과 교도에게도 전하여 종단발전에 이바지할 것을 약속하였다. 종단화합을 위한 3자 회합 후에도 종단의 분위기는 쉽게 가라앉지 않았다. 원정은 또 사직서를 제출하였다. 원정의 사의를 논의한 최고위원회에서 원정은 사직의 사유를 밝혔다. 교법확립 문제로 공격의 표적이 되고, 그 과정에서 약속을 지키지 못한 도의적 책임, 그리고 자신의 지병에 의한 종단 기강확립에 악영향이 미칠 일에 도의적 인책 등을 들었다. 교상확립의 사건을 교상확립 파동, 또한 교법파동教法波動이라 표현하고 "육자진언 단약 서남 심인법이며 다른 법은 없었으며 종조님 열반시 죽은 후 비나 세워달라"고 하셨다고 마무리하였다. 최고위원회는 사직번의翻意의 권유와 사직고사固辭의 지루한 논의 끝에 원정의 사직을 의결하였다(26.6.26). 그리고 원정의 처우 문제가 결의되어(26.7.10) 교법파동은 원정의 이탈과 큰 법문을 남기고 끝이 났다(26.7.15). 원정의 교상확립에 동조하던 스승들이 차례로 종단을 떠나 원정을 따라 갔다. 원정은 그를 따라 종단에서 나간 이들을 모아서 총지종總指宗을 개종하였다(26.12.24).

교법파동은 충분한 연구와 이해 없이 교상확립을 추진한 사실이 근인近因이 되었다. 한편 교상확립 내용에 대한 이해와 대화보다 기존의 생각에 집착하여 새로운 교법안을 거부한 사실이 원인遠因이 되었다. 따라서 교법파동은 종단이 내적으로 성숙할 좋은 기회를 잡지 못하고 부정적인 결과를 낳았다. 그런데 원정은 종조의 교법수립에 대한 깊은 뜻을 이해하지 못하고 단순히 전래의 교리와 의궤에 집착하여 답습하려는 자세를 가졌다. 불교신행은 경론적 전거와 동시에 역사적 체험의 증거도 매우 중요하다. 그리고 종조의 교법은 제자들의 체험이 집적되어 발전적으로 계승되어 갈 수 있다. 좀 더 성숙한 자세로 서로 자신을 되돌아보고 상대의 의견을 상보의 발전을 위한 계기로 삼을 수도 있었다.

(2) 종행정의 난맥

종조열반 후에 종제를 재정비하여 종단발전의 기초를 튼튼히 하였다. 초대 통리원장 석암이 무리한 용맹정진으로 득병하여 열반에 들었다(19.1.3). 심인당 장으로 다비장을 한 후 통리원장은 총인 원정이 겸섭하기로 하였다(19.1.18). 종단은 총인원 건설 등 교화활동에 화합의 기운이 넘치고 있었다. 그 즈음 대구에 소위 정일도正一道가 일어나 작은 파장을 일으키고 있었다. 정일도에 관심을 가지는 신교도가 있는 중에 박대준(보강)이 교법을 무시하고 이단설을 주장하여 해임하고(19.8.26) 종단내의 정일도 문제를 해결하였다. 자비인도 정일도와 관련하여 종단을 떠났다.

총인원 건설이 추진되면서 종행정을 원만히 수행하기 위해서 원정이 겸섭하던 통리원장을 다시 선출하였다. 총인 원정이 건강상 이유로 통리원장 겸무가 어려워서 사의를 표명하였다. 따라서 종의회는 원의회의 결의를 수용하여 사감원장 혜공을 통리원장으로 선출하고 사감원장에 종의회의장 아당을 선출하였다(21,10.25). 그러나 아당 종의회 의장과 사감원장은 건강상의 문제로 두 직을 사임하여(22,11.21) 종의회에서 사직 수리를 결의하고, 제2대 사감원장 인강과 사감위원을 선출하였다(22,4.22). 같은 날 제1대 종의회의 임기 만료로 제2대 종의회 의원을 선거하고 종의회 의장에 적정(최호석)을 선출하였다.

총인원 건설의 낙성식을 앞두고 원정이 총인직을 사임하였다. 종단의 법통을 세우고 신병치료를 위하여 총인을 비롯한 일체의 공직을 내려놓았다(23,3.10). 종조법통의 수립을 위하여 논의하는 중에 단약법을 실천하지 못한 책임을 지고 물러났다. 총인의 사직을 논의하기 위해서 원의회를 열고 사직 철회를 간권懇勸하였다(23,3.27). 그러나 종단의 법통을 세우고 종조의 유교를 준봉하기 위하여 고사하였다. 원정의 총인 유지재단이사장 및 위덕학사 이사장 등 사직서를 수리하였다. 그리고 춘기강공 중에 개최한 종의회는 총인의 사직 처리를 결의하고, 후임에 원정각을 추대하였다(23,3.27). 그러나 원정은 총인직을 사직하되 명예총인으로 대외적으로 종단을 대표하고 종단운영에 자문하며 총인의 임무를 대리하고, 원의회 의원으로 의장이 되도록 결의하였다. 그리고 혜공 통리원장이 사임하고 후임에 인강을 선출하고, 동시에 인강 사감원장 후임에 혜공을 선출하였다.

종조법통의 현안이 종단의 관심사가 되면서 종행정은 어렵게 흘러갔다. 원정이 명예총인과 원의회 의장을 사임하여 원의회를 열어서 종행정의 여러 사안을 논의하였다(24,3.27). 원정의 명예 총인 사임을 결의하고 기로원 진원으로 기로원장으로 추대하였다. 통리원장과 4부장의 사직을 받아들이고 적정을 통리원장으로 선출하였다. 종의회 의장이 신임 통리원장에 선출되어 후임 종의회 의장에 혜공을 선출하였다. 그리고 사감원장에 혜공, 사감부장에 현수를 선임하였다. 그리고 유지재단 이사장에 인강을 선출하였다. 또한 통리원 4부장은 원의회에만 참석하고 업무는 사무국을 두고 총무 교무 재무 건설부를 관장하기로 하였다. 교상확립의 문제가 종조법통의 논의에 더하여 종행정이 불안한 가운데 적정의 공금 유용의 사건이 불거졌다. 7인종헌수호위원회가 추진하는 정화운동에 의하여 적정은 통리원장을 사임하였다. 적정의 사임에 따라서 긴급 원의회를 열어서 통리원장에 원정을 제청하여 총인이 수락하고 임명하였다(24,7.25). 원정은 통리원장에 임명되어도 교상확립의 문제로 직무를 제대로 수행할 수 없어서 사임하였다. 임시 원의회를 개최하고 원정의 사임을 받아들이고 7대 통리원장에 각해(선태식)을 제청 임명하였다.(24,9.12). 그리고 사감원장에 덕정과 사감부장에 이복이를 임명하였다. 통리원장의 요청으로 통리원 4부장은 유임하였다. 추기 강공에서 원정 전前 총인이 후임 원정 각 총인에게 종조 법통을 승수承授하였다. 각해 종의회 부의장이 통리원장으로 취임함에 따라서 종의회 부의장직을 사임하자 혜공 의장도 동시에 사임하여 후임 의장에 현수, 부의장에 청정관을 각기 선출하였다. 또한 사감활동을 강화하기 위해서 실상행(윤극수)을 사감부원장에 선출하였다 (24,10.28).

종행정이 난맥상을 보이면서 종단의 상황을 진정하려는 취지에서 종단의 전 임원이 사임하였다. 임시의장 원정이 진행하는 종의회에서 원정각 총인이 사임을 투표로 결의하였다(25,4.21). 그리고 원정을 총인으로 선출하였으나 완강한 고사로 다시 투표하여 인강을 총인 서리로 추대하였다. 또한 현수를 통리원장에 선출하고, 전형위원을 구성하여 종의회 의장 혜공, 부원장에 청정관, 그리고 사감원장과 부장은 구봉회 이원재로 바꾸었다. 나아가 원정은 법제위원장 각해를 임명하였다. 종단의 전 임원을 개편하여 종단의 화합을 진작하는 중에 인강 총인서리가 사의를 표명하였으나 반려하였다(25,10.27). 그러나 교상확립 과정에서 벌어진 신교도의 불미스러운 일에 관련하여 실상행 도흔의 인사문제까지 겹치면서 종행정은 힘겨운 상황이 되었다.

　　종단의 난제에 신교도가 개입하면서 종행정은 혼란에 이르렀다. 통리원장 현수가 부부 동시에 스승 사직원을 제출하였다. 원의회를 통하여 여러 사안을 수습하기로 하였으나, 회의도중 김균이 종단의 긴급사태를 수습하기 위하여 전 간부 사직을 긴급 발의하여 회의석상에서 전간부가 사직원을 내었다(25,11.15). 김균(덕정)이은 3가지 사태수습안을 제의하여 사태수습위원장에 혜공을 선출하였다. 혜공은 종단 기능을 마비시킬 수 없어 종의회까지 일개월간 업무를 추진한다는 조건으로 수락하였다. 이에 따라서 종의회를 열고 전 간부 사직원을 결의하고 혜공을 총인권한대행(사태수습위원장)으로 추인하였다(25,12.24).

　　혜공이 사태 수습을 하는 가운데 원정이 100일 정진 중에 사퇴하고 상도동으로 이사하였다. 종단이 더 깊은 내홍의 기미를 보이면서 혜공이 사임하여 임시 종의회를 열고 상황을 논의하였다(26,3.15). 혜공의 사임을 받아들이고 임시 원의원 5인(화합승단임시기구)을 선출하고 4월 강공 때까지 종단을 운영하기로 하였다. 구봉회 선태식 박을수 김철 이초자 5인 의원 중에서 아당이 임시 원의회와 종의회 의장을 겸하기로 하였다. 춘기 강공의 정기종의회는 종행정을 정상화하기 위해서 통리원장에 의당意堂을 선출하고 4부장을 구성하였다. 사감원장 이원재, 부원장 서태현을 선출하고, 또한 종의회 임기를 추기 강공 때까지 연장하기로 하였다(26,4.2).

　　종단 집행부가 구성되었지만 종무는 여전히 정상화 되지 않았다. 원정이 종단에 복귀하는 합의과정에 문제를 제기하여 상황은 더 어렵게 되었다. 통리원 집행부가 불신임을 받아서 또 다시 통리원의 전 간부가 사직하였다. 임시의장 아당의 사회로 종의회와 스승총회를 열고 종단화합의 방안을 논의하였다(26,6.2). 통리원 전간부의 사직을 처리하고 원정각 원정 서주의 3자회동의 합의안을 추인하였다. 또한 종단 집행부의 사임에 따라서 5인 집행위원(최고위원회)을 선출하였다. 최고위원 원정각 원정 아당 혜공 배점시 5인은 의장과 통리원장에 아당, 총연부장 재무부장 겸직에 이복이를 선출하였다. 스승총회에서 추인을 받아서 종단은 최고위원회 비상체제로 운영하게 되었다. 이에 따라서 아당은 통리원에서 근무하도록 전보 발령하였다(26,6.3).

　　종단이 최고위원회의 비상체제로 운영되면서 겉으로는 상황이 진정되는 것 같았다. 그러나 교상확립에 대한 자신의 주장을 버리고 종단 발전을 위해 정진하기로 한 원정이 다시 사직의사를 표현하였다. 원정의 사직 문제를 의논하려는 최고위원회를 열어서 많은 스승이 참관하는 가운데 사직의 번의권고와 사직고사를 거듭하며 3일간 진행하였다. 원정은 사직의 3가지 이유를 들어서 사직을 고수하여 결국 사직을 결의하였다(26,6.28). 그리고 혜공이 통리원에서 근무를 겸직하기로 결의하였다. 통리원의 업무를 효율적으로 집행하기 위해 기획부를 신설하고 부장에 혜일(김영호)을 선임하고 기획위원에 인강 서주 지성(이복이) 손병낙 장명 지광(최해욱)을 임명하였다(26,10.9). 그리고 최고위원회가 기획위원을 증원하고 기획위원회 활동을 강화하였다(26,11.2). 기획위원회는 준제진언의 문제로 혼란스러운 종단의 종풍을 진작하고 승단화합의 방안을 모색한 후 총인에 원정각을 추대하였다(26.11.23).

총인 원정각을 추대하여 승단화합의 중심을 잡으면서 준제진언의 문제로 흐트러진 종단의 교화 분위기를 단합의 계기로 전환하기 위해서 스승단합대회를 열었다(26.12.27). 대구 희락심인당에서 개최한 단합대회는 각해의 집전으로 진호국가불사를 비롯하여 스승과 신교도의 신심과 종지를 바로잡는 행사를 하였다. 단합대회는 혜공의 사회로 경과 설명(지광) 교리강설(혜일) 단합결의문 낭독과 채택(상정) 등으로 진행하며 종조교법에 대한 신심을 확인하였다. 전국의 스승과 중견 교도가 동참하여 종단의 전 구성원이 혼연일치가 되어 개인의 수행과 종단 발전에 새로운 전기를 삼기로 하였다. 단합대회에 이어서 최고위원회는 기획위원회와 연석회의를 열어서 종단의 기구를 정상화하기로 하였다. 종헌 종법을 개정하고 최고위원회 일을 마무리 하였다(26.12.28). 최고위원회의 결의에 따라서 종의회(스승총회)를 개최하여 종헌을 대폭 개정하고 집행기구를 전면 개편하였다(26.12.28). 새로운 집행기구는 총인 배신, 종의회 의장 혜공, 사감원장 손병낙, 통리원장 각해, 총무부장 김희봉, 홍교부장 도흔, 재무 기획부장 혜일로 구성하였다.

종단 기구의 정상화를 위한 집행부 구성에서 특이한 사항은 손제석 孫製錫(西宙)를 자문으로 선출한 일이다. 서주는 최호석 사건으로 종단이 어지러울 때 원정으로부터 종단에 들어오라는 요청을 받고 종조의 가족 즉 아들이 종정에 참여하는 일은 타당하지 않다는 뜻으로 거부하였다. 그러나 교법파동이 일어나서 종단이 어려움에 처하자 자동으로 종단의 일에 관심을 가지고 각종 회의에 참관인으로 참석하여 발언도 하였다. 따라서 종단 화합의 기구개편에 즈음하여 공식으로 종단의 자문으로 선출되었다. 이렇게 해서 종조법통과 교상확립의 갈등에서 벗어나 종단의 기풍을 새롭게 할 행정조치를 세웠다.

4) 종제의 개편

(1) 종헌과 종법의 개편

종단체제의 재정비로 종행정은 순조롭게 진행되었다. 그러나 종단 교화 활동의 범위가 증광 되고 환경 여건의 변화에 따라서 종헌과 종법의 개선과 제정이 이루어졌다. 종단의 교화와 홍교를 위하여 역경 출판과 경전 구입 등의 업무를 위하여 해인행선무법을 제정하였다. 동시에 종비생 규정을 만들어 교육법을 개정하였다. 또한 삼보를 호지하고 교기를 경제적으로 한층 더 견고하게 위하여 진각종기금조성법을 제정하였다(20.5.25). 이것은 물질로써 물질을 증익하는 법으로서 부처님께서 설하신 재보의 사분법에 근거하였다. 즉 교화에 의한 교도의 재시財施는 인적 성재成財이고 기본금의 축적은 물적 성재이다. 이것은 곧 인물人物이원이고 색심병행의 법으로서 양익양륜兩翼兩輪을 세우는 법이다. 종비생법이 제정되어서 종단구성원의 상부상조를 위한 우용사법을 개정하여 회원에 종비생을 추가하였다.

나아가 신교도의 조직을 위하여 금강회 회칙을 만드는 등 다수 종법을 개정 및 신설을 하였다(20.5.25). 금강회는 본래 종단의 기구명이였으나, 종제의 개편 후에 신교도 조직명칭으로 사용하였다. 먼저 상향식 조직을 위해 금강회 준칙을 마련하였다. 그러나 시행상 많은 폐해가 발생하여 금강회 준칙을 폐기하고 하향식으로 조직하기 위하여 금강회 회칙을 제정하였다. 청년회도 금강회에 흡수하여 일원화하였다. 그리고 회장은 총인,

부회장은 통리원장이 맡기로 하였다. 신교도의 의미를 포괄적으로 정의하였기 때문이다. 유지재단의 정관을 개정하여 '보살회'를 빼고 대한불교진각종유지재단으로 하였다(20,5.25).

종래 각 심인당에서 채용하여 심인당 또는 관구내 심인당 사무를 담당하던 처무를 감독과 지도의 체계화와 처우의 균형을 위해서 통리원에서 채용하여 급여를 지급하고 해당 관구 또는 심인당의 업무를 담당하게 하는 지근처무 제도를 도입하고(21,11.16) 새해부터 실시하기로 하였다. 지근처무 제도의 실시를 위한 업무의 설명을 위하여 지근처무 회의를 열었다(21,11.20). 종조 법통의 결의에 의해 종헌을 개정하여 총인은 4대법통을 준수하는 자로 하였다. 그리고 종단의 원로급의 노퇴老退 후 유양留養 수도처인 기로원칙과 무의탁 스승과 교도의 노퇴 후 휴양 수도처인 수로원칙을 개정하였다(23,4.29). 기로원에 진원하는 기로에 대한 예우 규정은 원의회에서 결의하고, 스승이 수로원에 진원할 경우 통리원과 우용사에서 지급되는 일체의 급여는 수로원에 기탁하기로 하였다.

초기 종단의 자선사업부을 발전시켜 신생회新生會를 설립하고 회칙(7장 28조)과 운영세칙(7장 23조)을 마련하였다(24,4.30). 신생회는 통리원이 청정하게 교화사업에 전임하도록 교화사업의 원호, 자선사업, 기업의 운영, 기타 필요한 사업 등을 위하여 설립하였다. 그래서 종단은 교화 부대사업으로 기금을 육성하고 수익사업과 자선사업을 통하여 교화에 원호하게 되었다. 그리고 종단체제 개편 후 한 번도 시행 못한 법제위원회와 격시위원회를 일시 중단하기로 하였다. 종단의 운영과정에서 종헌이 현실에서 실행하는데 어렵거나 어울리지 않는 점들이 드러나서 개정하기로 하고 종헌개정 기초위원회를 구성하고 기로원장 통리원장 사감원장 종의회 의장 법제위원장 총연부장을 위원으로 선임하였다(24,9.24).

종헌개정 기초위원회가 초안한 종헌 종법개정안을 심의 의결하였다(24,10.28). 그 중에서 대표적인 개정안은 총인의 권능에 관련한 조항이었다. 총인은 종단을 대표하고 법통을 승수하여 교법의 권위를 상징하는 자리로 바로 잡았다. 총인이 맡고 있던 종단의 현실업무를 통리원장이 행사하게 하여 원의회의 의장을 총인에서 통리원장으로 옮겼다. 또한 종단의 상시 의결기관이던 원의회를 통리원의 상시의결기관으로 하였다. 이에 따라서 총인추대조례를 총인추대법으로 격상시켰다. 그리고 일시 중단한 법제위원회 격시위원회의 기능을 회복하고 종비생규정을 폐기하고 교육법에 통합하였다. 그러나 원의회에서 결의한(24,3.31) 총인의 추대는 전 총인이 지명하고 원의회에 추대하기로 결의한 조항은 다루지 않았다.

종조 법통 중 단약법에 대한 종헌개정에서 종의회 결의사항에 대한 총인의 거부권에 총인의 신상에 관한 사항은 예외로 하기로 하였다. 또한 종의회 의결사항에 총인에 대한 신임 여부를 추가하였다. 나아가 총인추대법의 총인 자격요건에서 연령 50세와 승속 20년을 삭제하고, 행계 1급을 3급으로 하향하고 자격요건에 해당자가 없으면 이하 자격 중에서 선출한다는 항목을 삭제하였다(25,4.21). 종단의 행정이 혼란을 가져오자 종의회 의원 수를 77명으로 늘리자는 의견이 제시 되었으나 더 검토하기로 하였다. 또한 삼권분립을 위해 집행부가 종의회 의원을 겸직하지 못하게 하자는 의견과 한 세대 1명만 종의회 의원이 되는 문제도 제기되었으나 논의하지 못하였다(25,10.27). 종행정이 불안한 가운데 신교도의 종정참여가 지속적으로 제기되어 공식적으로 참여불가로 결의하였다(25,12.24).

종단 집행부의 사퇴로 임시 원의원 5인이 종단을 운영하면서 종헌종법이 현실에 불합리한 점이 많아서 종헌종법 재수위원회를 구성하였다(26,4.19). 재수위원회가 마련한 법안 일부는 원의원과 종의회 의원을 분리하기로 하였다. 그리고 종의회 의원 선거법에서 원의원과 그 직계가족은 종의회 의원이 될 수 없으며 스승은 한 세대에 1인만 되게 하였다. 또한 종의회 의원이 전국구로 선출하는데서 지역구로 바꾸려고 하였다. 그러나 이러한 법안은 심의를 하여도 결의하지 못하고 다음 회의로 넘겼다(26.4.21). 종단은 거듭 집행부의 교체로 종정이 불안정하여 5인 최고위원회로 집행하기로 하였다(26.6.2). 최고위원회는 그 동안 운영하지 못하고 있는 수로원을 총인원 정사를 이용하여 다시 운영하기로 하고 원오제와 실상행이 맡기로 하였다(26.8.3). 종단 운영을 보다 체계를 갖추어서 집행하기 위해서 기획부를 신설하고 기획위원 5인을 선출하였다(26.10.9).

기획위원회는 종풍진작과 승단화합을 위해서 종단의 기구를 개선하기로 하고 개편위원회를 설치하는 등 5개년 계획을 세우기로 하였다(26.11.23). 그리고 종명을 총인원을 빼고 대한불교진각종으로 개칭하였다. 이에 따라 최고·기획 연석회의에서 종헌 개정에 대한 토의를 하였다(26.12.2). 총인은 상징적인 존재로서 법통만 승수하고 인사권은 인사위원회에서 협의하고 사전에 총인과 의논하기로 하며, 기로원은 스승노퇴 후 휴양기관, 수로원은 교도의 휴양기관으로 하는 등의 의견을 확인하였다. 종단 기구의 정상화를 하기로 한 마지막 최고위원회에서 종헌 종법 개정안의 내용을 다시 심의하였다(26.12.18). 특이한 의견은 종의회는 스승전원으로 하고, 총인책임제에서 통리원장책임제로 전환하자는 사항이다. 이어서 인사문제는 인사위원회에서 협의하고 사전에 총인과 협의하는 방안도 개진되었다. 그리고 스승총회 종의회 교도가 동참하는 단합대회를 열어서 교법파동의 과정에 대한 문제를 해결하기로 하였다. 그리하여 해명서를 마련하기로 하였다.

최고·기획위원회의 제의에 따라서 단합대회를 개최하여 종단 화합을 도모하기로 결의하였다(26.12.27). 종단화합 단합대회의 결과로서 종단의 일사분란한 지도체계를 확립하여 교화활동을 활성화하고 지속적인 종단발전을 위하여 종헌을 대폭 개정하고 집행기구를 전면 교체하였다(26.12.28). 종헌은 최고위원회의 결의사항을 대체로 수용하였으나 일부는 변경하였다. 종명을 대한불교진각종으로 최종 변경하였다. 총인은 종단을 대표하고 법승을 승수하는 상징적 존재로 하고, 그 자격은 행계 3급 이상의 법통을 준수하는 자로 하였다.

종단 행정집행에서 통리원장 책임제로 하여 행정집행 상시의결기구인 원의회의 의장이 통리원장이 되게 하였다. 원의회는 총인 통리원장 종의회의장 사감원장 통리원 4부장 그리고 통리원장이 지명하는 10인으로 구성하였다. 통리원장 임기는 3년으로 하고 유고 시는 부장이 맡기로 하였다. 종의회는 스승으로 구성하고 의장의 임기는 3년으로 하고 총인추대, 종유재산 처분, 종헌 개정, 기타 등을 의결하기로 하였다. 사감원장도 총인이 임명하고 임기 3년으로 하였다. 수로원를 폐지하고 기로원을 두어 노퇴 후 스승 휴양과 수도처로 하였다. 그리고 법제 및 격시위원회를 폐지하였다. 그 외 현 실정에 불합리한 종헌 종법의 조항을 약간 수정하였다.

종헌 종법을 개정하고 종단의 간부를 전원 개편하였다. 총인에 원정각을 추대하고 15인 전형위원회를 구성하여 종단의 집행부를 조직하였다. 통리원장에 각해, 종의회 의장 혜공, 사감원장 손병낙, 자문 서주를 선임하고 결의하여 종단 기구를 정상화 하였다. 서주는 종단 운영에 자문이 필요 없다고 판단하고 사의를 표명하여 수리하였다(31.5.25).

(2) 종단행정의 개선

종헌 종법 개편과 동시에 종단의 행정업무도 개선하며 집행하였다. 초기 종단에서 원로스승의 위상을 고려하여 재정한 입헌원로 스승과 공적대표에 관한 법을 폐지하였다(20, 11.3). 종단의 교화자료 출판을 위해 운영해 오던 순정출판사를 공식적으로 폐업하였다(19.7.9). 그와 함께 대구로 이전 설치한 인쇄소도 활자를 매각하고 그 대금을 해인행 명으로 예금하였다(20,12.28). 심인당 건설이 늘어나면서 심인당 건물 양식에 대한 논의가 계속 일어났다(24,9.24). 심인당 건물 형식은 그 동안 많은 논의가 있었으나 도시에는 우산각 형식이 제약이 있어서 슬라브 형식으로 짓고 농촌에는 우산각으로 짓기도 하였다. 그래서 심인당 건물 형식을 통일하는 방안에 대하여 논의하였으나 시간을 두고 생각해 보기로 하였다. 심인당 건축 양식 통일은 다시 거론되어 우산각 양식의 고수와 심인당 사택 분리에 대한 토론이 있었다(26,6.15). 여기서 심인당 건물의 2층 현관은 불탑식으로 하자는 의견도 제안 되었다. 역시 결론 없이 더 연구할 필요가 있다는데 의견을 모았다. 심인당 건물 양식이 곳곳마다 달라서 보기가 좋지 않다는 종단 내 여론이 계속 일어났다. 심인당 건물 양식의 통일은 전문가에게 의뢰하여 초현대식 불교 양식, 즉 진각종 교당의 상징 건물 양식을 만들어 대 중 소의 형태로 짓기로 하였다. 그리고 우선 설계사에게 맡겨서 설계 후 다시 의논하기로 하였다(26,9.11). 그리고 심인당 건축 양식을 전문가에 의뢰하여 종단의 상징 양식을 창안하는 계획을 다시 확인하였다(26,12.12).

종단 교리의 상징인 대일상을 원용하여 종단의 교기를 제작하였다(19,12.28). 교기는 황색의 바탕에 적색의 대일상을 중앙에 배치하였다. 그리고 종조 재세 시에 구입하여 운행하던 지프차를 매각하여 그 매각대금을 승용차를 다시 구입할 때까지 늘리기로 하였다(21.6.5). 그러나 종단의 행정 상황이 혼란스러울 때 심인당 순시 등 긴급한 필요성을 느끼고 전용 승용차를 다시 구입하기로 하였다(26.10.18). 또한 각 심인당에 월력판을 배부하여 신행에 도움을 주도록 하였다(22.12.26). 월력판은 월 일 요일을 표시하고 나아가 종단의 월초불공과 7대절 명절을 게시하게 하였다.

이와 동시에 전국 각 심인당의 균형발전을 위해서 자급자족이 안 되는 심인당 보조문제가 지속적으로 논의되었다. 종조의 자주정신에 따라서 심인당의 운영은 각 심인당이 자주적으로 해결하여 왔다. 그러나 심인당 건설이 늘어나고 도농의 경제적 불균형이 심화됨에 따라서 자급자족을 하지 못하는 심인당도 늘어갔다. 심인당 보조에 대한 논의는 비공식으로 꾸준히 있어 왔다. 원의회에서 심인당보조 문제가 제기되었으나 부결하였다(26.4.19). 그러나 이미 신설 법화심인당에 공과금과 처사급여를 보조한 경우도 있었다(24.12.15). 결국 기한을 두고 보조하되 지역의 차이에 따라서 집행부에서 연구하여 집행하기로 하였다(26.7.10). 그리고 심인당의 자주적 운영 원칙은 지켜가면서 구체적으로 긴급한 월동비와 침체조장비를 보조하기로 하였다(26.11.2).

종단의 스승을 순정출가 변의출가 순정재가 세속재가로 나눈 순정사부대중 중에서 변의출가법을 폐지하였다(26.6.15). 이로써 순정사부대중 제도는 사실상 기능을 상실하였다. 그 동안 오래 끌어왔던 초기종단에서 기부한 사유재산 반환문제는 청정관 스승에 대한 응분의 반환으로 종결하였다(26.6.15). 교법파동으로 종단의 혼란을 수습하는 과정에서 종단의 운영과 홍보, 그리고 포교의 일환으로 종보를 발간하기로 하였다(26.11.23). 기획위원회의 결의에 따라서 종보 발간의 준비과정을 거쳐서 진각종보

창간호를 발행하였다(27,1.1). 진각종보의 창간은 종단의 제반 활동상황을 홍보하고 교리와 교화 방편을 보급할 수 있게 하였다. 진각종보는 종단인의 대화광장으로 상호간의 이해증진과 신심을 계발하고 종조님의 무진서원이 전국 방방곡곡에 메아리치게 하였다.

5) 불공법의 수립과 교화활동

(1) 법불교문의 출판과 불공정진법

종조열반 후 대종사의 법설을 결집할 필요성이 종단내외에서 제기되었다. 종조 법설을 결집하여 법불교전이라는 명칭으로 편집하기로 하고 자료수집에 관한 공문을 각 심인당에 보냈다(18,11.25). 그리고 자료수집이 부진하여 다시 독촉 공문을 보냈다(19,1.18). 법불교전의 편집에 착수하여 '실천강목'을 완성한 후 편집 작업은 순조롭게 진행되지 못하였다. 그리고 종조 재세시에 발행한 『법불교』와 『응화방편문』을 합본하고 『총지법장』의 내용을 보태여서 『법불교문』을 발행하고(20,9.5) 반포불사를 하였다(20,11.2).

  종단의 7대절 행사는 심인당 단위로 시행하기로 하고, 종단에서 합동행사가 있을 때는 따로 알리기로 하였다(19,4.13). 스승이 종조탄생절과 종조열반절에 심인당을 비우고 중앙행사에 동참하는 부작용을 없애기 위한 조치였다. 심인당 공식불사에서 삼밀행에 대한 어려움이 많이 제기되어 삼밀법에 대하여 정리하였다(19,6.24). 공식시간에 지권실시에 관한 건으로 다음과 같이 통지하였다.

① 공식시간 한 시간에 지권을 두 번 하되 한 번에 10분씩 할 것(전에 15분하던 것을 10분으로 하는 것은 15분이 너무 지루한 까닭임)

② 아기를 데리고 온 분은 지권이나 금강권을 자유로 하되 지권을 할 때라도 아기가 위태하거나 장난을 할 때나 울 때는 지권을 떼도 무방함

③ 새로 온 분은 지권이나 금강권이나 마음대로 하게 할 것

④ 지권이 자기 마음에 맞지 않는 분은 금강권으로 해도 무방함

⑤ 무시 항송은 매일 정한 시간 이외의 행주좌와어묵동정에 금강권으로 많이 할수록 좋은 것임

⑥ 금강권을 할 때라도 두 번째 손가락을 꼬부려서 엄지손가락 뒷등을 누르고 할 것

⑦ 시간 정진은 지권으로 할 것(매일 정진한 시간 가운데 넣지 않는다)

⑧ 7시간 정진은 지권으로 할 것(중간에 몇 번 쉬는 것이 원칙으로 좋은 것임)

⑨ 월초불공은 매일하는 지권을 배 정도로 할 것

⑩ 2월, 4월, 7월, 10월은 대불공으로 정하였으므로 매월 아니하던 분이라도 반드시 하는 법을 세워야 할 것

그런데 금강지권과 금강권에 대하여는 여전히 여러 의견이 지속되었다. 원정각 총인이 강공을 통해서 "금강지권과 금강권은 공덕이 같다고 법문하였다"(24,10.28). 그리고 "스승은 자기 정송시간의 반 이상을 금강권으로 해도 좋고 반반으로 해도 좋다. 교도는 금강권이나 지권 어느 쪽을 해도 좋다. 금강권은 왼손으로 하고 단, 졸면 안 된다"고 지시하였다. 그리고 교법파동이 진행되는 동안 금강권에 대한 의견이 다시 일어나서

공식시간 외에 금강지권은 왼손으로 금강권을 해도 좋다고 결의하였다(26,6.15).

종단의 희사법에 삼종시법이 시행되면서 삼종시법에 대한 논의를 하여 총인이 법설을 내렸다(20,5.15). 삼종시법은 기본이 삼보공양의 법으로서 그 공덕과 희사할 경우는 다음과 같다.

"1) 단시: 불에 공양함이니 경에 말씀함과 같이 큰 공덕을 얻게 되며 속히 보리성취하여 일체 모든 중생들이 안락함을 얻게 하며 아니 되는 일이 이루어지고, 무상공덕으로 부처님의 도움, 무연중생의 도움, 모르는 이의 도움이 많고, 자연의 도움, 무위의 도움을 얻게 되니 일이 자연 속히 성취된다. 단시불사를 해야 할 경우는 십일단시, 정시, 차시, 성도절 불사, 성탄절 불사, 창교절 불사와 일체의 서원 정진이다.

2) 경시: 법에 공양함이니 경의 말씀과 같이 지혜가 증장하며 법의 자제증득하고 모든 법의 실성을 능히 깨쳐 알게 되며 유상복덕이 일어나니 부처님의 도움, 국가의 도움, 유연중생의 도움, 아는 이의 도움이 많고 유위의 도움을 얻게 되니 모든 사리에 밝아진다. 경시불사를 해야 할 경우는 열반절 불사, 종조멸도제 불사, 기제강도, 선망부모 및 기타 영식천도 불사, 자녀들의 진학을 위해 자녀들이 공부를 잘 아니할 때, 고등고시나 기타 일체시험에 합격을 원할 때, 민원서류의 성취를 위할 때, 진정사건의 성취를 위할 때, 법을 비방할 때, 기타 일체 문자가 주로 된 사건의 불사이다. 경시는 유상복덕이 주가 되므로 경시용지에 이름을 쓰는 데로 공덕이 일어나는 것이다.

3) 제시[자공慈供]: 승에 공양함이니 경전의 말씀과 같이 한량없는 복덕성과 일체 자량증장하고 불도성취가 되며 자손이 융성하게 되니 이는 곧 살림이 넉넉해지고 자손이 잘 되는 법이다. 이 또한 유상복덕의 방편이니(부처님의 도움과 스승의 도움) 유위의 도움(현실의 도움), 유연의 도움(아는 사람의 도움)으로 일이 이루어지고 이루어진 일이 속히 나타나게 하려면 불공을 마친 후는 제시하는 것이 속하다. 제시불사를 해야 할 경우는 해탈절불사, 종조탄생절불사, 정진을 마쳤을 때, 자녀가 출생하였을 때, 결혼할 때, 회갑이나 잔치할 때, 아이 칠이나 돌날에, 설날이나 추석이나 기타 좋은 명절에, 취직이 되었을 때, 새로 집을 짓고 입택할 때, 입학이 되었을 때, 이사를 하였을 때, 승진이 되었을 때, 상점 개업을 하였을 때, 공장을 시작했을 때, 기타 무슨 영업이라도 처음 시작했을 때, 기쁘고 좋은 일이 있을 때나 좋은 명절에는 반드시 제시를 하는 것이 그 일이 장원하게 보전되고 복덕이 무량하다. 이것은 유상복덕 방편이므로 반드시 제시 용지에 이름 쓰는 대로 일어나는 것을 잊어서는 안 된다."

    삼종시법이 마련되고 강도법이 정해졌다. 강도법은 강도부講度簿에 강도불공을 위한 서원을 적어서 제출하면 스승이 불사 시작하여 읽고 서원하는 법이다. 그래서 제시와 경시 용지와 혼동하기도 하였다. 총인원 건설시 종단의 공식 정진 목표를 정한 후 총인원 신설이 마무리 되면서 해마다 공통 정진목표(정진덕목)를 세우기로 하고, 진기 22년 정진 목표를 '허물 고치는 해'로 정하여 새해서원불공을 비롯하여 1년간 정진하기로 하였다(21.12.22). 그리고 종조 재세 시부터 별호처럼 부르던 스승의 호칭과 스승의 행계를 정한 후 행계에 따르는 호칭 등 스승의 호칭이 다양하여 일정하게 호칭을 통일하였다(20.11.3). 행계에 관계없이 남자 스승은 정사正師, 여자 스승은 전수傳授로 부르기로 하고, 남자 신교도는 심인당에 출석하는 사람은 각자覺子, 출석하지 않는 사람은 단월檀越로 부르기로 하였다.

(2) 중앙강원의 개설과 불교연합활동

종비생 제도 도입 후 종비생이 심인중학교를 졸업할 년도가 다가오자 종단은 종비생 규정을 만들어 교육법을 개정하였다(20.5.25). 또한 중앙에서 종비생 양성 계획을 세우고 종비생 진학학교를 결정하였다(20.11.3). 종비생 진학학교 계획은 "종비생의 진학학교는 별지 일람표와 같이 서울시내에 소재하는 3류 학교까지 허용한다. 선발인원 요령은 심인중학교에서 4명을 선발해오면 종단에서 최종 2명을 선발한다. 종비생은 염의출가 순정재가 변의출가 세속재가 중 희망 교역을 택일 한다"이다. 이에 따라 첫 종비생 김무생(경정) 김효태가 서울 경동고등학교에 진학하였다(21.3.2).

종비생 양성과 동시에 스승의 역량 강화를 위하여 춘추기 강공 이외에 중앙강원을 개설하여 순차로 교육하기로 하였다(23.6.26). 총인 원정이 담당하여 전수 정사의 교육을 중앙강원에서 일주간씩 실시하였다. 스승의 역량강화와 더불어 교화에 대한 신념을 세우기 위해서 스승의 전보에 대한 원칙도 세웠다(20.11.3). 스승은 주교가 되어서 4년의 고개를 넘어야 하고 나아가 7년 안에는 전보를 하지 않고 7년 고개를 넘어야 계를 주기로 하였다. 그리고 교화진흥에 대한 토의를 열어서 교리와 교화에 대한 전반적인 문제를 토론하고 이를 바탕으로 교화의 방향을 설정하기로 하였다(22.12.17). 여기서 5세대 교화를 정하고 교화의 진흥을 하기로 하였다. 금강회 조직을 정비하여 각 심인당 금강회를 조직하여 중앙총회를 개최하기로 하였다(26,6.20). 그리하여 교도의 무분별한 발언과 종단 간섭을 막고 건전한 활동으로 사승師僧 간의 법도를 다하며 교화에 활력을 가하기로 하였다.

　　종조의 세계불교도우의회 5차 방콕대회 이래 종단은 한국불교계에서 개최한 세계불교지도자대회의 준비부위원장에 원정, 지도위원에 각해가 각각 수락하고, 본 대회에 원정(한국대표)과 각해(옵저버)로서 참석하였다(24,10.10). 이 대회에서 불교연합상설 기구를 설치하기로 합의하였다. 세계불교지도자대회 개최 후에 우리 종단의 소개를 받은 일본 밀교계 사찰의 시바다가 종단의 일본 분원설립을 제의하여 왔다. 시바다는 세계불교지도자대회에 참석한 일본 국주회國主會 주간 다나까田中香浦로부터 우리 종단의 교세개요 등 자료를 전해 받고 편지를 보내왔다. 이에 따라 일본에 방문하여 환경과 조건 등 파악하고 구체적인 논의를 하기로 하고 그 구체적인 사항은 총인 기로원장 통리원장에게 일임하였다(24,12.15). 또한 조계종의 이능가李能嘉가 주장하여 대각사大覺寺에서 한일불교친선협회를 설립하고 부회장에 원정, 이사에 각해가 맡아서 한일불교의 문화교류와 친선을 도모하기로 하였다(24,12.27). 그 결과 종단은 일본에서 개최하는 한일불교 친선세미나에 원정 인강 각해가 참석하기 위하여 도일하였다(25,11.16). 동시에 시바다의 사찰을 답사하고 몇 차려 상호 연락하였으나 종단의 일본 분원은 여건이 마련되지 않아서 그만 두었다. 이처럼 해외교류가 진행되면서 외국어의 필요성이 인식되어 정사나 종무원을 선발하여 일어강습을 받도록 하였다(25,4.20). 일어강습은 외국어 능력을 가진 인재양성의 차원에서 실시하고 나아가 역경업무에도 참여하도록 하였다. 선발된 인원은 각 근무지의 강습소에서 개별 수강하고, 수강료와 교재 및 일어사전 구입 등 경비는 당해 심인당의 제시로서 부담하되 부족하면 통리원에서 충당하기로 하였다.

(3) 도량의 신설과 정비

종단은 교법파동의 와중에도 심인당의 신설과 개축은 활발하게 하였다. 교법파동은 교리와 수행에 대한 논의라서 소유의 다툼은 아니기 때문이었다. 교리나 수행법의 논의는 건전하게 할수록 교리가 정연하게 되고 수행을 더 치열하게 할 수 있다. 종교 공동체의 본질적인 논의는 건전하게 하면 종단이 더욱 건실하게 될 수 있다. 그러나 종교의 본질보다 소유나 자리의 다툼은 종단 자체를 심각하게 훼손시킬 수 있다. 총인원 건설과 함께 탑주심인당을 개설하여 수행의 본산을 마련하였다(19,12.25). 서울 서북부의 교화를 활성화하기 위해 대구 남산동 소재의 구(舊) 원력심인당인 밀엄密嚴심인당을 서대문구 교남동에 이전 신설하고(20,7.19) 대지를 매입하여 건축을 완공하여 헌공불사를 올렸다(21,1.16). 또한 서울 동남부의 교화를 위해서 성동구 전농동에 대지를 매입하여 건축하여 무애無碍심인당의 헌공 개설불사를 올렸다(21,11.24). 서울 중앙 용산구 한강로에 대지를 매수하고 심인당을 건축하여 관음觀音심인당을 개설하였다(23,11.29). 나아가 서부서울에 신교도가 많이 거주하여 서대문구 창천동에 대지 및 주택을 매입하여 신촌심인당을 개설하고 교화를 시작하였다(23,6.14). 그리고 이듬해 대지를 보충 매수하여 심인당을 신축하여 헌공불사를 하였다(24,4.13). 서울 서남의 구로동에 교도가 많이 분포하여 대지를 매입하여 실상悉相심인당을 개설하고(24,10.31) 일층 부분을 신축하여 헌공하였다(25,1.30). 실상심인당은 심인당 자립의 시범형태로 일층에 점포를 만들어 임대해서 수익을 얻는 형식으로 만들었다. 서울 북부 미아동에 명선明善심인당을 개설하고 대지를 매입하여 신축 건물을 지어 헌공하였다(25.9.27). 서울 남부 봉천동에 신교도의 수행을 위해서 가옥을 빌려서 임시심인당을 개설하고(25,6.30) 대지를 매입하여 신축하여 이전 헌공불사를 하였다 (25,12.29).

또한 춘천 방등심인당의 건물이 노후하여 신축하여 헌공하였다 (23,9.15). 수도권과 경기지방의 신교도를 위해서 우선 수원시 북수동에 주택을 매입하여 유가瑜伽심인당을 개설하였다(23,10.21). 이어서 심인당 건물을 개축하여 헌공불사를 하였다(25,3.20). 인천에 신교도가 요구하여 인천시 송현동에 대지를 매입하여 심인당 건물을 건축하여 법화심인당을 개설하였다(24,1.31). 그리고 경기 북부 동두천에 신교도를 위해서 가옥을 빌려서 보타補陀심인당을 개설하여(24,7.15) 교화에 착수하였다.

대구에 신교도가 늘어가자 화재로 소실되었던 신익信益심인당을 신축하여 헌공하였다(21,1.21). 역시 심인당 건물이 노후한 지정智淨심인당을 개축하여 헌공하였다(25,11.23). 역시 심인당 건물의 협소하여 선정善淨심인당을 개축하여 헌공하였다(25,6.30). 노령의 시무가 교화하던 언하합강소를 폐지하고 건물은 매각하고 교도는 천혜심인당으로 이동하여 수행하게 하였다(25,6.25). 김천 상엄常嚴심인당 건물이 누추하여 개축하였다(22,5.23). 경북 서부 합천군 합천읍에 가옥을 빌려 입정심인당을 개설하고(23,6.17) 대지를 매수하여 신축하고 준공하였다(24,7.2). 경북 의성의 진여眞如심인당을 개축하고 헌공하였다(25,6.30). 경북 북부 영주에 신심이 깊은 신교도가 있어서 대지를 매수하고 심지心地심인당을 신축하여 헌공 개시불사를 하였다(25,11.17). 대구 근교 성주군 예산동에 토지를 매입하여 성진星珍심인당을 신축하고 헌공 개설하였다(26,9.26).

경주지역과 울산에도 교도가 늘어서 심인당을 더 개설하였다. 월성

군 아화리에 대지를 매수하여 도안導岸심인당을 신축하고 헌공 개시불사를 하였다(24,10.7). 경주 서부의 내남면 의곡리에 대지를 매입하고 심인당을 신축하고 각성심인당를 개설하였다(24,11.20). 안강의 선혜善慧심인당이 환경조건이 좋지 않아서 인근 서부리에 대지를 매입하여 신축하고 심인당이전불사를 올렸다(25,9.4). 경주 관구청인 홍원심인당이 노후하여 개축하고 헌공불사를 하였다(25,12.31). 그리고 울산지역에 교도들의 서원에 따라서 울산시 학성동에 대지를 매입하여 건축공사를 하고 아축심인당을 개설하여(20,7.9) 울산 지역의 교화에 정진하도록 하였다.

부산지역에도 교화는 지속적인 성장을 하였다. 부산진구 가야동에 대지와 건물을 매수하여 개금開琴합강소를 이전하여 선덕善德심인당을 개설하고(20,12.2) 다시 입지조건이 좋은 곳에 부지 78평을 매입하여 심인당을 신축하고 이전불사를 하였다(24,10.16). 부산진구 모라동에 대지를 매입하여 심인당을 신축하고 보불寶佛심인당을 개설하였다(21,7.29). 영도구 봉래동에 대지를 구입하여 복전福田심인당을 신축하여 개설불사를 하였다(21,8.3). 그리고 정정定靜심인당의 건물이 협소하여 개축하여 개시 헌공불사를 하였다(22,8.15). 부민동의 정제심인당이 불편하여 개축공사를 하고 헌공하였다(22,6.23). 부산진구 범일동에 교도의 수행편의를 위해 부지를 매입하고 남도심인당을 신축하고 헌공 개시불사를 하였다(25,10.22). 경남 마산시의 신교도의 불편을 해소하기 위해서 마산시 오동동에 주택을 매수하여 영신永新인당을 개설하고(20,11.5) 심인당이 도시계획에 들어 있어서 상남동에 대지 2백평을 매입하여 심인당을 신축하고 이전헌공불사를 하였다(24,12.18).

포항지역의 심인당도 수행환경을 개선하여 신행에 용맹정진하게 하였다. 포항제철 부지에 있던 상륜相輪심인당을 매각하고(22,3.29) 신흥동에 대지를 매입하여 심인당을 신축하고 이전 헌공불사를 하였다(24,4.13). 역시 신락信樂심인당이 포항제철공장 부지에 편입되어 매각 철거하였다(23,4.23). 영일군 오천읍에 전세 가옥을 구하여 심인당을 이전하고(23,6.10) 다시 대지를 매입하여 신축공사를 하여 헌공불사를 하였다(24,1.25). 수좌首座심인당이 지역적 사정이 좋지 못하여 폐쇄하고 위덕威德심인당에 통합하였다(24,6.29). 기계면의 증일增一심인당이 협소하고 지대가 낮아서 몹시 불편하여 인근에 대지를 매입하여 신축하여 헌공불사를 하였다(26,2.25). 울릉도 교화의 교두보로서 여래심인당의 건물이 노후하여 개축하고 헌공불사를 하였다(25,4.13).

우리나라 서남 지방의 교화는 꾸준히 유지되어 갔다. 대전시 신흥동에 이미 매수해 놓은 대지에 심인당을 신축하고 입실심인당을 이전하고 헌공불사를 하였다(21,11.30). 교화의 확충에 비해서 심인당 건물이 노후하고 협소하여 2층 건물을 개축하고 헌공불사를 하였다(25,9.4). 충청북도 제천군 제천읍에 대지와 건물을 매입하여 장엄莊嚴심인당을 개설하였다(21,5.3). 또한 충남 논산군 논산읍에 대지와 주택을 구입하여 심인당을 개설하고 혜정惠淨 심인당을 개설하였으나(21,11.2) 심인당 건물이 흙벽돌로써 위험하여 흘어 버리고(21,11.5)다시 건물을 확장 개축하여 헌공불사를 하였다(25,8.26). 그리고 청주 각계覺戒심인당 건물이 노후하여 확장 개축하고 헌공하였다(25,11.12). 나아가 전북 전주시의 항수恒壽심인당이 도시계획에 편입되어 태평동에 대지를 매입하고 신축하고 이전 헌공불사를 하였다(25,11.11). 전남 광주에 교세를 넓히기 위해 학림동에 대지와 건물을 매입하여 개수하고 백련심인당을 개설하여 교화하였다(24,7.30). 이렇게 교법 파동으로 종행정은 혼선을 빚어도 교화는 꾸준히 진전하였다.

(4) 심인중고등학교 재설립

학교운영 재단이던 보생견직 공장의 대지가 소송사건에 휘말려 대법원에서 패소판결을 받았다. 건물의 철거와 사용료 등을 변상해야 하는 경우를 막기 위해 그 대지를 평당 5천원으로 매수하기로 하였다. 위덕학사에 자금이 없어서 종단에서 800만원을 무이자로 대여하고 그 중 720만원은 남아 있는 공장부지로 상환하기로 하였다(22,12.17). 그리고 학교법인 위덕학사의 운영방안을 논의하고 정관 중 임원은 종의회에서 선출하고, 사무소는 남산동에 두고 전임서기를 두며, 이사회를 조속히 열어 이사장 등의 임원을 선출하고 본 건을 의결하도록 하였다(24,12.15). 중학교 입시제도의 변경으로 심인중학교가 크게 성장하여 폐교하였던 심인고등학교를 다시 설립하기로 하였다(27,3.1). 고등학교의 재인가로 시급해진 문제가 교사 신축이었다. 그러나 위덕학사는 재정의 곤란으로 자체적으로 교사신축을 할 수 없었다. 종단에서 무이자로 대여하여 교사신축을 하고 학교운영에 차질이 없게 하였다(26,8.3). 그리고 진기29년부터 학교의 재정이 호전되면 단계적으로 상환하기로 하였다.

2. 종행정의 혼란과 교화의 지속

1) 종행정의 불안

(1) 종권 장악의 갈등

교법파동 이후 종단은 스승단합대회를 열고 스승총회와 종의회(26,12.28, 218회)를 통하여 새 집행부를 구성하고 종단을 정상화하여 교화발전을 지속하기로 결의하였다. 그리하여 각해 통리원장이 취임하여 종행정의 안정을 위해 노력하기로 하였다(27,1.4). 또한 유지재단 이사장에 혜공이 취임하여 종단 안정에 힘을 보태기로 하였다(27,3.15). 그러나 종행정은 종의회 기능이 218회 종의회 이후 중단되어 원의회 중심으로 운영되면서 순조롭게 진행되지 못하였다. 손병낙의 사임으로 혜공이 일시 맡아오던 사감원장을 다시 사임하여 정공이 임명되었다(28,5.13). 통리원장 각해가 탑주심인당 건축을 이유로 사임하여 원의회에서 도흔을 통리원장으로 선출하고(28,11.21), 다시 원의회를 열어서 각해 사감원장을 선출하고 총무부장 장명, 홍교부장 상정, 기획부장 정공, 재무부장 성초를 선임하여 집행부를 구성하였다(28,12.27).

    전임 통리원장의 잔여 임기로 출발한 도흔 통리원장의 집행부가 임기만료에 따라서 원의회(44회)를 열어서 혜공을 통리원장으로 선출하고 집행부를 다시 구성하였다(29,10.25). 혜공 통리원장은 1개월 만에 종단 내의 행정 갈등의 와중에서 사임하여 집행부를 다시 개편하였다(29,12.21). 종단 행정력 장악에 의욕을 품은 장명이 통리원장 서리를 맡고 총무부장 혜일, 홍교부장 도흔, 재무부장 정공, 기획부장 지성, 그리고 원의회의장 도흔으로 하는 비정상적인 집행부를 구성하였다. 그 후 일시 중단된 종의회 기능을 회복하여 종단의 중심 의결기구를 마련하기 위해 스승총회를 열어서 37명의 종의회 의원을 선출하였다(30,4.22). 그리고 종의회(219회)를 개최하고 종의회 의장 도흔, 부의장 지광, 대안화를 선출하여 원구성을 하였다. 이어서 장명 통리원장 서리를 통리원장으로 선출하였다. 장명 통리원장은 총무부장 혜일, 홍교부장 석봉, 재무부장 성초를 선임하여 집행부를 구성하였다.

장명 통리원장 집행부는 울릉도 종조탄생지 성역화와 진선여중고 설립 등의 사업을 추진하며 의욕을 보였으나 종단의 화합을 이끌어 내지 못하였다. 도흔 종의회 의장단은 춘기 강공회 때 사의를 표하였으나 가을에 임기가 만료된다는 이유로 수리되지 않았다. 가을 종의회(228회)에서 다시 사의를 표하여 혜공 임시의장이 회의를 진행하였다(32,11.23). 그리고 장명 통리원장의 후임으로 정공을 통리원장으로 선출하였다. 종의회 의장은 혜공이 당분간 수행하기로 하였다. 혜공 종의회 의장은 집행부 구성을 위해 종의회를 열어서 지난 종회에서 일어난 상호간 불화에 대하여 서로 잘못을 참회하지 않으면 회의를 진행 할 수 없다고 하여 지광이 임시의장을 맡아서 회의를 진행하였다. 총무부장 인강, 홍교 및 사회부장 일정, 재무부장 성초를 선임하여 집행부를 구성하였다(32,12.14). 여기서 사회부장은 원의회(46회, 30.6.22)에서 기획부를 사회부로 개편한데 따른 조치였다.

(2) 종권 파동의 전말

그런데 장명 통리원장 독주에 불만을 품어온 도흔, 지광, 지성 등 12인의 스승이 주도하는 소위 종풍진작운동으로 종단은 다시 내홍에 휩싸였다. 종의회가 임기 만료되어 종의원 선출을 위한 스승총회를 춘기강공에 맞추어서 개최하였으나 12인의 방해로 총회가 무산되었다(33,4.19). 12인은 강공을 마치고 아직 귀가하지 못한 일부 스승을 타의로 모아서 야간 집회를 열고 집행부 불신임 결의를 하고 종권을 장악하려 상의하였다. 그 이튿날 통리원장과 집행부를 위협하여 종단운영위원회를 구성해서 종단업무에 간섭하였다. 그러나 총무부장 인강과 재무부장 성초는 7월 7일 사임하고 통리원장 정공은 종단의 직인과 인장을 12인에게 넘겨주어 종단 분규는 더욱 심각하게 전개되었다.

종풍진작위원회는 본인들의 행위를 합법화하기 위해서 종의회를 구성하고 종헌종법을 바꾸어서 도흔을 총인으로 선출하고 4부장을 인선하여 종권을 행사하였다. 그리고 법화심인당 혜강, 방등심인당 상정정사를 해임하였다. 12인 집행부가 종권 행사를 전횡하자 양측은 대화가 단절되고 종단은 심각한 상황에 접어들었다. 이에 대하여 원정각 총인은 종단의 파국을 막기 위해 스승총회 무효 확인 청구소송과 집행부 직무정지 가처분신청을 서울민사지방법원 합의 11부에 제기하였다(33,8.21). 그 결과 스승총회 무효 확인 청구소송이 승소로 판결되고(33,10.26) 이어서 집행부 직무정지 가처분도 승소로 결정되었다(33,11.17).

이 과정에서 진기33년 추기강공회와 종조열반절 행사는 하지 못하였다. 소송이 승소로 결정되어 그 동안 종단을 운영한 정공, 지광, 도흔, 소암, 이갑순은 사문서私文書 위조와 공금 부당지출 및 배임 혐의로 서울지법 성북분원의 영장발부로 20일간 구루와 48만원의 벌금형을 받았다. 그리고 종단은 12인 파동에 관련하여 사감위원회와 종의회의 결의로 징계조치를 결의하였다. 그러자 12인은 모두 자진 사직서를 제출하였으나 지광, 지성, 도흔, 진당, 소암, 손동일 내외는 체탈도첩하고 나머지 6인은 사직서를 수리하여 제적하였다. 그러나 이들 대다수는 후에 종단의 화합을 위해 참회 또는 정상 참작으로 복권하였다.

(3) 종단 파동의 수습

종권 파동의 소송이 진행되는 가운데 종단은 밀각심인당에서 비상 종의회를 열어서 종단 정상화를 위한 조치를 취하였다(33,11.1). 종의회는 먼저 통리원장 정공, 홍교부장 일정을 불신임한 다음 제4대 총인에 원정각을 선출하고 유지재단 임원과 종단 집행부를 구성하였다. 유지재단 임원에는 이사장 배신, 감사 법광이 선출되고, 이사 황병인, 김온순이 유임되었다. 또한 혜일을 16대 통리원장으로 선출하고 총무부장 인강, 홍교부장 석봉, 재무부장 성초, 사회부장 혜강을 인선하였다. 그리고 장명을 사감원장에 임명하였다. 이렇게 구성된 종단집행부는 종단의 화합과 종권 파동의 수습을 위해 노력하였다. 이 과정에서 신교도회가 종행정에 관여하는 일이 벌어지고 신교도회장(최용한)이 강공에서 협박성 발언도 하였다. 이에 따라 종단은 종의회(233회)를 열고 신교도회 불신임을 결의하였다(34,9.3).

  종단의 강력한 조치에 12인 종풍진작위원회는 더욱 반발하고 계속 종단행정에 방해하여 종단의 내홍은 지속하였다. 종단은 정상적인 4대 종의회를 선출하기 위해 스승총회를 소집하였으나 12인이 교도를 동원하여 방해하여 무산되었다(34,8.19). 종단 정상화의 계획이 무산되어 종단은 당시 시국 상황을 고려하여 진각종정화추진위원회를 구성하여 난국을 수습하려 하였다(34,8.15). 정화추진위원회는 대외적으로 국난극복과 사회정화를 위한 관계당국의 요청을 명분으로, 안으로 종단의 정화를 위하여 결성하였다. 혜일 통리원장을 위원장, 장명 사감원장을 부위원장, 그리고 12인의 위원으로 구성하고 매주 1회 이상 회의와 년 2회 이상 성직자 자질 향상 교육을 하기로 하였다. 정화의 대상은 종단의 분규해결 위화감 해소와 준법정진 앙양 인화단결로 삼아서 실제 종권파동을 해결하려고 했다.

　　종의원 선출을 위한 스승총회를 통리원 강원에서 다시 개최하려 하였으나 여전히 12인 일부와 신교도의 방해공작이 심하여 부득이 밀각심인당으로 장소를 옮겨서 개최하여 종의원 28인을 선출하였다(34.10.29). 그리고 종의회(234회)를 열고 종의회 의장에 혜일, 부의장에 대안화, 상정을 선출하여 종의회를 구성하였다(34.10.30). 그리고 과도기 종의회(230회)에서 선출된 제4대 총인에 배신을 법적 논란을 피하기 위해 다시 정식으로 선출하였다. 총인은 사감원장에 석봉을 임명하였다. 또한 혜일 통리원장 후임에 장명 사감원장이 종단의 파동에 관련된 징계를 마무리하고 종단의 상황을 수습하는 차원에서 16대 통리원장에 선출되었다. 다시 종의회(235)를 범석심인당에서 열고 종단의 화합 차원에서 해임한 우승, 수정, 손명익을 복직하고 또한 파직한 소암, 진당의 내외를 복직하였다. 그리고 재무부장에 성초를 선임하여 집행부 업무를 관장하였다(34.11.13).

　　혼란한 과정을 겪으며 종헌 종법의 개정의 필요성을 인식하고 종헌 종법 개정의 종합심의를 하였다(34.12.18). 장명 통리원장의 임기 만료로 종의회에서 17대 통리원장에 장명을 재선출하였다. 그리고 재무부장 성초, 홍교차장에 경정을 선임하여 집행부를 구성하였다. 경정은 그동안 홍교부장 서리로 업무를 추진하여 왔다. 종단 파동에 따른 인사이동으로 석봉 사감원장이 대구 희락심인당으로 전보하여 일정이 사감원장에 임명되었다(37.3.28). 스승총회를 열어서 4대 종의회 의원의 임기만료로 5대 종의회 의원 37명을 선출하여 종행정의 안정을 위한 기틀을 마련하였다(37.10.27).

2) 종무행정의 추진

(1) 회당장학회 설립과 종조탄생지 성역화

종조의 교육정신을 실천하고 우수한 신교도의 자녀를 육성하기 위해 회당장학회를 설립하였다(28,5.13). 이에 앞서 원의회(35회)는 회당장학회 설립을 결의하고 기금 1천만원을 보조하기로 하고 초대 이사장에 서주(손제석)을 추천하였다(28,3.19). 회당장학회는 원의회의 결의에 따라서 창립총회를 열고 회당장학회 정관(25조)을 심의 통과하고 이사장 서주, 각해 등 이사 5명 감사 1명을 선출하였다. 회당장학회가 종단의 경비 보조로 운영되는 가운데 회당장학회를 독립기구화 하고 스승자녀 장학을 분리하였다(32,4.27). 스승자녀장학금 지급조례를 제정하고 점포임대 수입금으로 스승자녀 장학금을 지급하기로 하였다 스승자녀장학금은 스승의 자녀교육을 종단이 책임지고 교화에 매진하도록 하기 위한 조치였다. 또한 종비생 제도를 일시 보류하였다.

종단이 오랜 기간 동안 서원하여 오던 울릉도 종조탄생지 성역화 사업을 구체화하면서 새해서원불공 동안 종조탄생지 성역화불사 원만성취를 위해 서원하였다(30,1.5). 종단은 이미 종조탄생지 성역화를 위해 사동 641번지 대지 외 10,479평을 매입하였다(28년). 그 부지에 우선 종조전 심인당 사택 등의 건축을 시작하였다(30,3.1). 건축공사가 90%가 진행되어 종의회에서 다음해 8월에 헌공불사를 봉행하기로 결정하였다(30,10.22). 그리고 종조전에 봉안할 종조 초상화를 논의하여 생존 시의 교화활동 모습대로 양복 착용의 초상화를 조성하기로 하였다(31,4.22). 종조탄생지 성역화 1차 공사가 마무리 되어 전국 스승과 신교도, 그리고 종립학교의 교장

교사 학생 나아가 울릉도 각급 기관장과 주민 등 1,000명이 동참하여 종조탄생지 성역화 헌공불사를 거행하였다(31,8.10).

(2) 종단업무의 개선

종단이 혼란을 겪으면서도 행정업무는 정상적으로 진행되었다. 심인당 건설이 늘어나면서 심인당 재정의 불균등이 문제가 되어 원의회에서 보조 원칙을 수정하였다(27,1.31). 시청 소재지 이상은 보조하지 않기로 하고 신설지는 7개월을 보조하고 그 후는 자립하기로 정하였다. 또한 군 면단위는 종전과 같이 하고 특수지역은 전액지원하기로 하였다. 한편 교법파동으로 어려워진 곳은 당분간 전액지원하고 수습이 되면 중지하기로 하였다. 심인당 교화활동에 편의를 제공하기 위해 교화가 크게 발전하는 심인당에 교화활동비를 지급하고(30,12.23) 삼종시 월 3천만원 이상 헌상하는 심인당은 승용차를 구입하여 교화에 활용하기로 하였다(32,4.27). 동시에 서울 부산 대구 대전은 삼종시 전액의 50% 이상을 헌상하고 기타 지역은 40% 이상 헌상하기로 하였다. 교화가 더욱 발전되어 효과적인 교화활동을 위해서 대전에 미니버스 대구에 중형버스를 구입하여 교화에 활력을 불어넣었다(34,10.16). 스승의 상부상조 조직인 우용사법을 개정하고 우용사 지분금 제도를 폐지하고 우용사 기금으로 통합 일원화하였다(27,3.1). 스승이 우용사 회비를 납부하여 퇴임 후 일정한 지분을 지급 받는 우용사 지분금 제도의 문제가 인지되어 단순히 스승의 경조사에 부조금을 지급하는 우용사 기금으로 통합하여 일원화하였다.

　　　　종단의 인사를 원만하게 시행하기 위해 처음으로 인사위원회를 구성하였다(27,2.1). 총인 통리원장 종의회 의장을 당연직으로 하고 다수의

위원을 두기로 하였다. 스승과 신교도의 영식위패 봉안을 위해 총인원 경내에 봉안처를 마련하자는 의견이 나왔다. 그러나 먼 장래로 봐서는 총인원 경내는 적합하지 않고 적당한 부지(산)를 매입하기로 하였다(27.8.17). 또한 스승의 일대기를 기록하여 소책자로 만들어 보관하는 방안도 검토하기로 하였다. 영식위패 봉안 부지구입이 진전이 없어 다시 논의하였다(31.5.25). 그 결과 경북 의성에 산을 매입하였으나, 위패봉안의 시설은 건설하지 못하였다. 종단 법요의례를 홍보하여 보급하고 종무원과 신교도의 편의를 위해서 통리원 구내에 결혼예식장을 마련하여 무료로 제공하였다(28.3.15). 종무원은 스승양성의 후보자가 되므로 남자는 전교傳教 여자는 시무試務로 하는 스승 후보자로서 위상에 어울리는 직명으로 개칭하였다(29.7.24). 이즈음 종단은 각종 교화사업의 개선을 위한 다양한 방안을 모색하였다. 원의회에 보고한 차년도 홍교부의 사업계획안은 교화방안의 발전에 대한 강한 의욕을 담았다(27.11.15). 그 내용은 자성학교 및 학생회 교재편찬, 서원가 제정, 법불교문 꼬지경 용어해설집 발간, 응화성전 2집 속간, 밀교성전 소의경전 편찬, 종보 증면 등을 계획하였다. 그러나 계획대로 시행이 되지 않거나 오랜 기간 후에 시행되었다.

한편 원의회(46회)는 불기佛紀를 세계불교도우의회(WFB)의 결의에 맞추어 통일하기 위해서 1976년을 기준으로 종래에 사용하던 3000년 대신에 2520년을 사용하기로 하였다(30.3.9). 그 동안 양력 시행의 교법에 의해서 초파일 부처님 탄생절을 양력으로 불사하던 일을 음력행사로 하기로 하였다(32.4.27). 불교계의 소송으로 초파일이 공휴일로 지정되어 양력 4·8은 심인당에서 강도만 올리고 음력 초파일은 현실행사를 하여 불교계의 봉축행사에 동참하기로 하였다.

진각종보가 발행되어도 보급이 원활하지 못하고 교화 기여도가 낮다는 여론이 일어나서 종보의 판본을 바꾸어서 계간季刊의 책자로 발간하기로 하였다(32,11.23). 그러나 다시 월간 종보로 발행하였으나 계엄령으로 휴간하다가 계엄해제로 속간하였다(35,3.5). 그런데 진각종보는 정부에 미등록 상태로 82호까지 발간하다가 문공부 보도과에 종보 발간을 신청하여 허가번호 2601호 허가를 얻었다(35,10.29). 창교 초기부터 중요한 교화활동의 하나였던 자성학교의 교화가 지지부진하여 자성학교 교화를 재활성화하려는 계획의 하나로 자성학교에 오르간을 구입하여 보급하였다(35,8.27). 종단의 행정과 교화의 효과적인 관리를 위해 설치한 관구청을 연락처로 지정했다(32,11.23).

총인원 정문을 탑주심인당 정면으로 옮겨서 경내 출입을 편리하게 하고 공휴지로 남아 있던 부지를 정리하여 총인원 경내의 환경을 정비하였다(37,10.26). 그리하여 유치원 건물을 신축할 공간을 확보하였다. 이 시기에 경주 사천왕사 사지의 매입을 논의하였으나 유보하였다(27,8.17).

(3) 중앙교육원 설립

종단은 강공을 통하여 스승교육을 시행해 왔다. 그리고 도제양성을 위해 종비생 제도를 도입하였다. 그리고 스승재교육을 강화하기 위해 중앙강원을 개설하여 스승을 순차로 교육하기로 하였다(23,6.26). 그러나 교법파동으로 교육을 중단하였으나, 중앙강원을 다시 개강하기로 하였다(27,2.1). 또한 시행이 늦추어져 스승의 자질을 향상하고 교화방편의 통일을 위해서 강원개설을 논의하고(34,8.20) 종의회에서 최종 결의하였다(34,9.30). 하지만 역시 종행정의 불안으로 실시하지 못하였다. 종단은 다시 중앙강원을 중앙교육원으로 개편하여 스승교육의 체계를 잡고 일관성 있는 교육활동의 기틀을 마련하였다(35,7.3). 장명 통리원장은 종권 파동이 마무리되면서 스승교육을 강화하기 위해 포교법과 교육법을 통합하여 포교 및 교육법에 중앙교육원(강원)을 설치하였다. 장명 통리원장이 원장을 맡아서 후속 조치로서 중앙교육원 운영세칙을 제정하였다(35,10.22). 운영세칙(20조 경과규정 3조)은 교육원의 목적으로 전문 종학연구 및 수습, 신행연수 및 수련, 불교 교양강좌의 실시로 정하였다. 그리고 이러한 목적을 수행하기 위해 종학수습 및 연구부, 일반 연수부, 불교 교양강좌부를 두었다. 특히 종학수습 및 연구부는 수습과정 2년 스승과정 7개월 심학과정 1년 아사리과정 2년의 4과정을 두었다. 그리고 교육원의 운영을 위해 교육위원회를 두고 교육내용을 결정하기로 하였다.

중앙교육원은 원의회에서 운영세칙에 따라서 운영하는 방안을 결의하고(36,3.23) 먼저 제1기 아사리과정을 개설하여 아사리과정에 인강, 혜일, 일정, 경정, 혜정, 운범, 청림 등 7명을 선발하여 교육을 시작하였다(36,6.27). 교육원 각 과정의 강사 양성을 위해서 취한 방침이었다. 또한 장명 통리원장, 혜일 종의회의장, 석봉 사감원장, 성초 재무부장, 경정 홍교차장, 운범이 모임 가운데 종학연구위원회 구성을 합의하였다(36,5.25). 원정각 총인은 중앙교육원 개원에 맞추어 중앙교육원장(대행)에 장명을 임명하고 종학연구를 전담할 종학연구위원회 위원을 위촉하였다(36,7.1). 종학연구위원회 위원은 장명, 인강, 혜일, 석봉, 일정, 경정 정사와 강복수, 박태화가 위촉되었다. 종학연구위원회는 제1회 위원회를 열고 연구위원규정(5장 13조)을 심의 의결하는 한편 위원장으로 강복수 박사, 간사로 경정 정사를 선출했다(36,7.16). 종의회 의원이 참석하여 중앙교육원 개원식을 거행하고(36,7.16), 교육위원회를 구성하였다. 교육위원회는 교육원 운영에 대하여 심의 결정하는 기구로 위원장 장명과 대안화, 안인정, 혜일, 석봉,

상정, 일정(간사), 성초, 경정이 위촉되었다. 교육위원회는 제1회 교육위원회를 열고 위원회 규정(5장 13조)를 심의 의결하였다. 중앙교육원 교육과정 개설을 계속하여 중앙교육원 각 과정을 개설하였다(37.3.21). 그 중에서 수습과정은 홍교부장(서리) 경정이 혜정과 같이 진기35년 초부터 종무행정을 맡아 일하는 종무원과 권속을 대상으로 교학과 불교교양을 가르치던 교육대상을 이어받아서 실시하였다.

3) 교법의 개선과 의식의례

(1) 진각교전 간행

종단의 의식의례는 교리의 상징적 표현으로서 수행과 신행의 구체적 실천 절차이다. 그 동안 시행하여 오던 종단의 의식의례를 통일하기 위해 의례준칙을 마련하였다(27.8.17). 홍교위원회에서 마련한 준칙을 검토 심의하고 재수정하여 다시 결의하기로 하였다. 특히 종조멸도제를 종조열반절, 종조탄생회를 종조탄생절 등 종단의 기념행사를 절節로 부르기로 하였다. 그리고 의례준칙의 수정을 기초로 하여 법요의례를 제정하고 소책자로 간행하였다(27.10.25). 종단의 교리에 입각한 법요의례를 제정하여 일상의 신행생활에서 실천할 수 있는 근거를 마련하였다. 공식불사 시간의 진언 낭독이 문제가 되어 공동으로 2회 고성 낭독하는 원칙을 확인하고 불사 중 수마睡魔를 다스리기 위한 방편을 논의하였다(27.8.17).

　　종단의 기본 교화 경전인 법불교문을 진각교전眞覺敎典으로 개칭하고 수정 증보하여 발행하였다(28.9.10). 진각교전의 내용을 풍부하게 하고 꼬지경 법설의 보존을 위하여 종조 재세 당시의 꼬지경의 법설을 진각교전의 내용에 맞추어서 적절하게 배치하고 보리심론 등의 논설은 말미에 수록하였다. 그리고 공식불사 순서에 반야심경을 독송하기로 하였다(30.3.9). 반야심경을 독송할 경우 '일체一切'를 생략하고 제호는 한 번만 독송하며, 당분간 해탈절 열반절 등 기념행사의 공식불사에 한하여 독송하고, 나아가 열반 강도와 열반 49일불사 등 스승이 적절히 정하여 독송하기로 하였다. 불교는 삼보의 종교이므로 의식의례는 삼보의 예참으로 시작한다. 종단은 현교의 삼귀의에 대하여 삼귀명三歸命으로 예참하기로 논의하였다(32.4.27).

(2) 법의 제작과 선대스승 추념불사

복식服飾은 사회적 위의를 표방하는 대표적 상징이기에 매우 중요하다. 복식 제작을 연구하기로 한 종의회의 결의(32.4.27)에 따라서 스승의 품의를 유지하며 교화활동에 편의를 위하여 스승의 법복을 통일하였다. 전수의 법복은 쇠동색(짙은 밤색) 한복(여름 상의는 흰색)과 양장으로 통일하여 왔으나 정사의 법복 색상은 특별한 규정이 없었다. 전수의 쇠동색 색상에 맞추어 정사의 법복도 통일하고 처음 시행할 때는 전원 무상지급하기로 하였다(28.10.11). 쇠동색이 비교적 다른 색상과 잘 어울리고 더러움을 덜 타는 특징을 수용하여 법복의 색상으로 선택하였다.

    스승의 복식은 불사의 집전과 일상생활에 입는 법복과 의식의례의 집전에 수垂하는 법의法衣가 있다. 스승의 법복 통일에 이어서 법의를 제작하였다. 기존의 법의가 생활불교에 부적절하고 착용에 불편이 있어서 새로운 법의를 제작하기로 하였다(34.8.2). 종의회는 원의회의 논의를 의결하고 진미색 장삼형과 밤색 낙자絡子에 종자種字 '옴'자를 수놓는 양식의 법의를 제작하여 의식의례 행사에 수하도록 하였다(34,9.30). 스승의 법의가 제작되어 춘기강공에 맞추어서 법의정대식을 봉행하였다(35,4.21). 그리고 교법파동이 수습되어 스승의 위의를 보지保持하고 교화의 신념을 다시 다지는 의미로서 모든 스승에게 삼매야계를 설하고 계첩을 수여하였다(29,4.25). 또한 새로 임명한 휴명 외 7명의 스승을 위해 법의정대와 삼매야계의 수계식을 가졌다(35,10.20).

교화 초기에 제정하여 실시하던 중 여러 문제가 발생하여 중단한 서원가를 다시 제정하기로 논의하였다(32,4.27). 그러나 실행하지 못하여 우선 서원가 제정을 위한 서원가 가사 현상모집을 하였다(36,3.15). 서원가 현상모집에서 창교절의 노래(박문재), 열반절의 노래, 자성학교 교가(장용철) 등 5편의 당선작을 뽑아서 시상식을 열었다. 교화에 평생을 바치고 열반한 스승이 늘어나면서 스승의 위업을 기리고 공덕을 선양하기 위하여 매년 추기강공 중에 선대스승 추념불사를 봉행하기로 하였다(36,9.21). 원의회의 결의에 따라서 첫 선대스승 추념불사를 추기강공 중에 봉행하였다(36,10.19).

4) 금강회와 청년회 조직

(1) 중앙금강회의 조직

신교도 조직인 금강회 조직에 대한 논의는 계속했지만 실제 중앙 조직은 하지 못하였다. 교법파동이 마무리되어 중앙금강회 조직을 다시 논의하였다(27,1.31). 각 심인당 금강회 회칙도 통일하여 중앙금강회 조직을 서둘러 하기로 하였다. 회칙은 종단의 참고자료 및 희망사항을 참조하여 금강회에서 제정하도록 하고, 중앙회장 및 간부는 신심이 독실하고 사회적 명망이 있는 교도 중에서 통리원장의 제청으로 하며, 청년부를 두자는 논의를 하였다. 그러나 중앙금강회 조직은 종단의 행정 불안으로 미루어 오다가 종권 파동 중에 창립총회를 소집하였지만 12인이 동원한 신교도들의 항의로 무산되었다(33,11.29). 한 달 후 다시 대의원 대회를 소집하여 전국신교도회를 창립하였다(33,12.20). 회장에 최용한崔龍漢 최재홍 등 4인을 선출하였다. 그러나 신교도회가 종행정에 깊이 관여하여 신교도회 불신임을 하였다(34,9.3). 종단은 본원심인당을 비롯하여 개별 심인당의 총인원 방문과 종조전 참배를 장려하고 신교도들의 신심을 북돋웠다(35,5.7).

(2) 전국청년회 창립

전국청년회의 모태가 된 대구지구 청년회(회장 권영재) 결성을 위한 총회가 희락심인당에서 개최되었다(18,8.14). 그리고 청소년의 교화를 위하여 대구고등학생회(회장 강용수)가 창립되었다(21,3.12). 대구 청년회 고등학생회의 창립이 도화선이 되어 포항고등학생회가 창립되어(21,11.11) 일시 활동을 중단한 후 재창립(회장 김철환) 되어(24,6.14) 회지 우담화를 발간하였다. 그리고 부산지부 청년 고등학생회(22,3.1) 경주지부 고등학생회(22,9.15)가 창립하여 포항지부와 연합활동을 하였다(24,10.17). 그러나 대구 청년 고등학생회 이외는 활동이 부진하여 종단은 청년 고등학생회의 필요성을 느끼고 재정적 지원으로 육성하기로 하였다(27,1.31).

종단의 청년 고등학생회 육성 방침에 따라서 먼저 서울지부 청년회의 창립 발기인회를 열고(27.3.18) 4명의 발기인 대표를 선정하였다. 서울지부 청년회는 발기인회의에 따라서 많은 신교도와 종단의 스승이 지켜보는 가운데 40여명의 회원이 동참하여 통리원 구내에서 창립총회를 열었다(27.4.1). 회장에 강용수를 선출하는 등 집행부를 구성하고 1월과 9월에 정기총회를 열고 매월 첫째와 셋째 자성일에 정기집회를 가지고 토론회 강연회 등 여러 활동을 하기로 하였다. 서울청년회 창립에 이어서 대전청년회도 발기인회를 열었다(27.4.15). 그리고 서울고등학생회도 3번의 발기인회를 거쳐서 창립총회를 열고 권표 회장 등 집행부를 결성하고 활동에 들어갔다(27.7.15). 대전지부 청년회에 이어서 고등학생회를 창립하고 김동현을 회장으로 선출하였다(28.3.3). 각 지역 고등학생회가 활발하게 활동하면서 심인당별 분회를 인정하고 우선 대구 희락분회 보원분회, 대전 신덕분회 입실분회를 인정하였다(30.1.1).

　　　지역의 청년 고등학생회의 창립이 활발하게 일어나서 중앙조직을 통하여 체계를 통일하고 효과적인 활동을 하기로 하였다. 통리원이 주관하는 전국 청년 고등학생회 하기수련대회를 개최하고 수련대회 기간 중에 전국청년회를 창립하였다(27.7.29). 전국 청년 고등학생 200여명이 참가하여 3일간 진행한 수련대회는 교리의 이해와 수련 정진 등 다양한 프로그램을 통하여 신심을 북돋우었다. 또한 전국청년회 창립총회를 열어서 회장 강용수, 부회장 장승환, 이용호, 김경희를 선출하는 등 집행부를 구성하였다. 청년 고등학생회 수련대회는 지속적으로 지부별 또는 연합으로 매년 개최하였다.

　　　전국청년회가 창립되면서 전국의 청년 고등학생회는 활발한 활동을 전개하였다. 전국청년회는 교리의 이해와 회원 간의 소통 등 청년회 활동과 홍보활동을 위하여 회지 진여眞如를 창간하여 년 2회 발간하기로 하였다(28,4.10). 회지 진여는 처음 대구지부에서 프린트본으로 창간하고(19,12.4) 일시 중단하여 전국청년회 회지로 재발간하였다. 지역의 청년 고등학생회는 지역 사정에 맞추어서 다양한 활동을 하고 자체의 회지도 발간하였다. 대구희락(마니주) 포항(우담화) 서울(자등명) 대구 보원(보리행) 등이 회원의 적극적인 참여로 발간하였다. 전국청년회는 진여를 발간하고 회원의 단결과 협동심을 고취시키고 청년회원의 긍지를 앙양하기 위해 전국청년회가를 공모하여 작사 김옥순, 작곡 강경화 작품을 제정 발표하였다(29,12.1). 나아가 전국청년회는 제1회 지방 순회법회를 3일간 9개 지역을 3개 반으로 나누어 실시하였다. 지방 순회법회는 진각종의 입교개종 삼밀관행의 묘득을 주제로 혜일, 도흔 등 7명의 스승이 법문을 하였다(30,8.18).

전국청년회는 회원의 단합과 신교도의 참여를 이끌기 위해 제1회 진각의 밤 행사를 통리원 강당에서 열었다(34,6.14). 연극 무용 노래자랑 등 프로그램을 통하여 관중의 호응을 얻고 진각인의 긍지를 높였다. 진각의 밤은 지역에 어울리는 명칭으로 확산되어 개최되었다. 그리고 전국청년회장 김무생은 청년회원이 교리와 수행법을 이해하고 청년회의 역사를 인식하며 나아가 청년회의 홍보를 위하여 『교의교본敎儀敎本』을 편집 발간하였다(35,6.20). 또한 서울청년회가 창교절 기념행사로 시내 자성학교 백일장 대회를 여는(35,6.14) 등 전국의 청년 고등학생회는 활기찬 활동을 하였다.

5) 교육활동과 교육사업

(1) 연수교육의 시작

부진한 자성학교 교화를 활성하려는 계획으로 전국 심인당의 스승에게 자성학교 활성화를 독려하고 오르간을 보급하였다. 그와 동시에 자성학교 교사의 교리이해와 신심을 심화하고 교사간의 정보와 자료 교환을 위하여 자성학교 지도교사 연수를 실시하였다. 제1기 자성학교 지도교사 연수를 열어서 기초교리연수, 유희강습, 공작실습, 서원가 연습, 교사 상호간의 의견교환 및 자성학교 육성방안에 대한 논의 등의 프로그램으로 진행하였다(35,8.18). 중앙교육원 주관으로 처음 실시한 연수교육으로 수료한 교사에게 수료증과 임명장을 수여하고 매년 2회 연수교육을 실시하기로 하였다. 자성학교 지도교사 1기 연수에 이은 제2기 연수를 통리원 회의실에서 실시하여 자성학교 지도교사 연수를 정착시켰다(35,12.23). 자성학교의 교화가 활기를 띠면서 전국청년회 대구지부와 자성학교 지도교사 협의회가 공동 주관하여 대구지역 자성학교 운동회를 실시하였다(36,11.14). 자성학생과 신교도가 함께 동참한 운동회에서 여러 놀이행사와 운동경기를 통하여 신심을 굳게 하였다. 이때부터 자성학교 어린이를 자성동이로 불렀다. 자성을 찾는 어린이라는 의미이다.

    자성학교에 이어서 종단이 유치원 설립에 힘을 쏟아 자성학교 지도교사 연수는 종립유치원교사 연수를 겸하여 실시하였다. 유치원교사가 자성학교 지도교사를 겸임하는 심인당이 늘었기 때문이다. 제4기 자성학교 지도교사연수를 겸한 제1기 종립유치원교사 연수는 '진각종의 기본교리'(강복수 박사), '삼밀가지의 인격적 실천'(혜정) 등의 법회로 교리이해와 신심을 깊게 하였다(37.2.24). 또한 '유아원 운영의 실제'(최옥순 새세대시범육아원 원감), '종단의 유아원 운영방침'(혜일), '불교유치원 교안작성 예시'(백경임), '불교의 유아교육원리'(박선영 동국대 교수), '불교어린이와 교사'(선우산사학교 장현재) 등의 아동교육전문가와 놀이활동전문가의 강좌로 교양과 지식을 높이게 되었다. 교사들은 흥미 있는 연수를 통하여 어린이 교육의 교사로서 사명감을 자각할 수 있었다.

장명 통리원장의 독려로 중앙교육원과 홍교부 업무를 겸임하는 경정이 장익 등의 불교 지식인의 도움으로 기획하고 실시한 연수교육이 호응을 얻으면서 종립학교 교사연수로 확대하였다. 종립 중고등학교 주임교사의 교리이해와 신심을 증장하고 종단의 학교 운영방침과 상호 친목을 돈독히 하기 위해 4박5일간 연수회를 실시하였다(36.8.9). 종립학교 주임교사의 연수 후에 교직원의 연수를 실시하였다(37.8.9). 교육원에서 4일간 실시한 연수에서 교직원은 교리와 수행법의 이해와 종단의 학교 운영방침을 인지하고 교사간의 친목을 깊게 하였다. 교사와 더불어 간부교사 연수도 실시하여 종립학교의 설립 방침을 인지하고 진각종의 교리와 수행을 실수하는 등 상호친목을 위한 일정을 가졌다(37.8.17).

(2) 종립유치원의 설립

종단은 초기부터 아동 교화의 필요성을 인식하고 자성학교와 함께 유치원 설립을 계획하였다. 종조 재세 시에 유치원 설립이 무산되어 다시 서울(총인원)과 대구(희락심인당)에 유치원 설립을 결의하고 진기28년도 신학기부터 운영하기로 하였다(27.3.15). 역시 유치원 설립이 뜻대로 되지 못하여 종립유치원 설립을 다시 결의하였다(36.9.21). 우선 제1차로 진기 37년 개원

계획으로 탑주, 방등, 응화, 불승, 희락, 보원, 경전, 옥정, 정정, 홍원 등 10개소와 통리원 등으로 결정하였다.

통리원이 성북구청에서 하월곡동에 유아원을 건립하고 위탁 운영을 의뢰하므로 수락하였다(36,12.31). 유아원 명칭을 본심本心으로 짓고 김영호(혜일)를 원장에 임명하였다. 유아교육과 유아포교의 목적을 달성하기 위한 종립유치원 설립 결의에 따라서 먼저 희락, 보원, 불승, 경전, 홍원, 정정 등 6개 유치원을 개원하였다(37,3.14). 동두천 보타심인당의 교화가 어려워서 동두천시에서 새마을유아원 운영을 제의받아서 수탁하고 김영호를 원장에 임명하고 보타새마을유아원을 개원하여(37,4.14) 박혜정이 원장을 대리하여 운영하였다. 대전 입실심인당 건물에 대한불교진각종 부설 새마을유아원을 개원하였다(37,5.9). 입실심인당 주교 지성이 파동의 결과로 종단에서 물러남에 따라서 교화가 어려워져서 유아원을 설치하였다.

(3) 진선여자중고등학교 설립

종단은 학교법인 위덕학사의 명칭이 적절하지 못하여 설립자 종조의 법호를 담아서 회당학원으로 개칭하였다(32,4.27). 교장의 임명을 종의회에서 결의하는 내용을 없애고 이사 인원수를 6인에서 9인으로 증원하고 이사의 과반수를 종단의 스승이 맡도록 하였다.

학교법인 위덕학사의 이사장을 스승이 맡아 오다 교육전문가인 서주가 위덕학사를 운영하기로 하였다(26,3.24). 대구와 함께 서울에도 종립학교를 설립하자는 여론에 따라서 원의회에서 서울에 종립여자학교 설립을 계획하고 종단에서 자금을 지원하기로 결의하였다(30,6.22). 원의회의 결의에 따라서 서울 강남구 도곡동 산 1에 대지 9천평을 매입하여 지하 1

층 지상 4층의 교사를 착공하였다(30,8,25). 서울시가 강남개발계획에 의해서 학교부지로 지정한 도곡동 산 1대지는 서주 이사장이 서울시의 협조로 매입하였다. 학교의 교사를 건축하는 동안 교명을 진선여자중고등학교로 짓고 여학교의 교장으로 여성이 적합하다는 취지로 정명지를 교장으로 내정하였다(30,10,22). 그러나 정명지가 건강상의 문제로 사의를 하여 종의회는 심인고등학교 교장 손인수를 교장으로 전보하기로 추천하였다(31,1,20).

고등학교 교사가 완공되어서 77학년도 신입생 중학교 788명 고등학교 600명 등 1천 388명과 학부모 관계기관장이 참석하여 입학식을 거행하고 개교하였다(31,3,5). 진선여중고 개교에 맞추어 학교의 교화와 심학을 전담하는 정교正校를 파견하였다. 정교는 학교 정사正師의 의미로서 김무생이 처음 부임하였다. 서울지역에 종립학교를 설립하여 청소년의 교육과 교화의 터전을 마련하였다. 고등학교 교사를 완공하고 즉시 중학교 교사의 지상 5층의 건축을 시작하였다(31,5,25). 그리고 종단은 학교 건축비 추가보조를 논의하였다. 대지 구입비 2억 7천(시가 9억), 공사비 3억을 지원하였으나 추가로 1억의 보조를 요청하여 4천만으로 조정하였다(31,5,25). 학교의 운영상 부득이 4천만원 유상보조로 결정하였으나(31,10,28) 학교의 재정상태를 감안하여 무상보조로 결의하였다(31,12,22). 중학교 교사가 완공되어 중학교와 고등학교를 분리하고 원의회에서 손인수를 중학교 교장으로 전보하고 고등학교 교장에 박태화를 추천하였다(32,3,21). 손인수가 스스로 중학교로 가고 박태화를 고등학교 교장으로 임명하도록 요청하였다. 진선여중고의 생활실습관이 필요하여 총인원 정사를 개조하여 사용하기로 하였으나(32,4,27) 결국 통리원 시설을 사용하였다.

종립 중고등학교의 종교과목인 심학心學의 교재가 필요하여 『진각교본』을 출간하고, 같은 내용을 신교도나 일반인이 읽도록 『불교중흥과 진각교의』라는 제목으로 동시에 출간하였다(33.3.20). 진선여중 정교인 김무생이 집필하고 교재편찬위원회의 명으로 출간한 『진각교본』은 종조의 사상과 종단의 교리체계를 쉽게 이해할 수 있게 담았다. 그리고 첫 입학한 진선여고 학생 600명이 통리원에서 생활실습을 하고(33.12.1), 또한 졸업불사를 올렸다(33.12.13). 이렇게 매년 진선여중고 학생의 생활실습과 졸업불사를 통리원에서 올렸다.

진선여중고의 설립 당시부터 교내에 종조의 동상 건립 등 종조의 정신을 상징하는 시설을 마련하기로 논의하여 최종으로 회당기념관을 세우기로 하였다. 종조의 정신을 드높이고 명문 사학으로 부대시설을 확충하기 위해서 기공식을 하고(25.7.13) 학생과 전국의 스승, 그리고 관계기관장이 참석하여 헌공불사를 올렸다.

진선여중고의 설립이 완성되어 학교발전이 궤도에 오르자 종단은 종조의 뜻을 받들어서 종립대학을 설립하려는 숙원사업을 시작하였다. 원의회에서 종립대학설립추진위원회를 구성하고 대학설립을 구체적으로 추진하기로 결의하였다(35.7.23). 장명 통리원장이 위원장을 맡고 부위원장 혜일, 위원에 인강, 석봉, 성초, 경정을 선임하였다. 우선 정부가 추진하는 부실대학 정비의 일환으로 기존의 대학을 인수하는 방안도 거론하였으나 여건이 맞지 않아서 그만 두었다.

3. 종행정의 변혁과 교법의 체계화

1) 종행정의 변혁과 저변확대

(1) 종행정의 변혁

교화활동과 교법정비에 의욕을 보인 장명 통리원장이 오히려 과욕과 독주로 임기를 채우지 못하고 불명예로 물러났다. 종단 재정의 증식과 안전한 관리를 명분으로 희사금의 일부를 신탁한 광명금고가 부도를 맞았다. 광명금고의 부도사건으로 사의를 표명하며 내심에는 반려를 바랐으나 원정각 총인이 수리하였다. 종의회에서 종의회 의장 부의장, 통리원 집행부를 선출 인준하였다(37,11.29). 종의회 의장 인강, 부의장 대안화와 경혜를 선출하고 통리원장에 혜일을 선출한 후 통리원 4부장을 인준하였다. 혜일 통리원장 집행부는 전임 원장의 사건을 수습하고 종단의 새 기풍을 세울 행정을 계획하였다. 우선 중앙교육원을 개편하여 독립운영 체제를 마련하였다. 종의회를 통하여 개편 초대 교육원장에 인강을 선출하고 종의회 의장 각해, 사감원장 경혜를 선출하였다(38,4.19).

  총인의 임기만료로 5대 총인 원정각을 추대하고 잔여임기를 마친 혜일을 19대 통리원장으로 재선출하였다(38,10.26). 그리고 스승과 신교도가 참석하여 혜일 통리원장 취임식을 거행하고(38,11.24) 이어서 스승과 신교도 내외 귀빈이 동참하여 원정각 총인 취임식을 성대히 거행하였다(38,11.29). 제5대 종의회 임기가 만료되어 스승총회에서 6대 종의원 37명을 선출하고, 종의회(261회)를 열어서 종의회 의장단을 유임하였다

(40,10.22). 혜일 통리원장이 임기가 만료되어 종의회는 의장 지광, 부의장 안인정과 지회심을 선출하고 각해 통리원장과 통리원 교육원 각 부장을 선출 인준하였다(41,10.21). 또한 대안화 사감원장을 선임하였다. 이로써 혜일은 종단 역사에서 임기를 온전히 마친 첫 통리원장이 되었다.

각해 통리원장 집행부는 원의회를 열고 의욕적인 사업계획을 의결하였다(41,12.24). 사성지성역화추진위원회 구성, 대구 진각회관 건립, 종헌 종법개정안 등의 사업계획을 결정하였다. 특히 그동안 지속한 종권에 대한 갈등의 종식을 위해 통리원장 임기를 3년 단임으로 하고, 종단의 화합과 교법 실천의 통일을 위해 총인유시를 각 심인당에 시달하기로 하였다. 원의회의 결의에 의하여 정기종의회를 열고 통리원장 3년 단임을 의결하였다(42,4.20). 그리고 교육원에서 진행 중인 종조법어의 결집을 위해서 총인 직속의 종조법전편찬 전담위원에 혜일을 위촉하였다. 그리고 대안화, 안인정, 대안정 종사에 이어서 각해, 인강, 지회심를 종사에 승급 추대하여 종사가 6인이 되었다.

교육원의 활동이 안정단계에 진입하자 교육원의 기초교육을 전문적으로 독립시키려는 계획으로 기초교육 전담기관으로서 진각대학설립을 결의하였다(42,10.26). 진각대학 운영위원회를 구성하여 대학운영을 전담하고 앞으로 문호를 개방하여 정규 종립대학 설립의 기초를 다지기로 하였다. 그리고 불교계 언론기관으로 BBS 불교방송국이 설치되면서 불교방송 이사종단으로 참여하기로 하였다(42,12.22). 통리원 집행부가 의욕을 가지고 추진하던 진각회관 건립과정에 불협화음이 발생하여 이를 책임지고 4원장이 사직하였다.

교화발전의 상황이 원활하지 못하고 각 기관의 기능이 순조롭지 않는 이유에는 종권에 대한 지나친 의욕이 잠재하고 있었다. 따라서 종단의 모든 보직은 종법상 정년 65세로 한정하여 맡기로 결의하였다(43,4.19).

종단의 화합을 새롭게 하려는 결단으로 4원장이 사직하고 종의회를 해산하여 스승총회를 열어서 종의원을 선출하였다(43,4.27). 종행정과 인사 문제에 불신을 없애고 교직자들의 의사를 자유롭게 반영하자는 의미에서 종의원 선거를 무기명 비밀투표로 하였다. 스승 정년 65세 이상인 스승을 제외한 모든 스승을 후보로 하여 무기명 비밀투표로 제7대 종의원 소암 등 37명을 선출하였다. 그리고 종의회(270회)를 열어서 종의회 의장단과 3원장을 비밀투표로 선출하였다(43,4.27). 종의회 의장 도흔, 부의장 소암 지회심을 선출하여 종의회를 구성하여 통리원장 각해, 교육원장 인강, 사감원장 혜일을 선출하였다. 다시 종의회를 소집하여 통리원 교육원 사감원의 각 부장을 인준하고 종헌종법 연구위원회를 구성하기로 결의하였다(43,5.25). 종헌종법연구위원회는 위원장 지광, 의원 혜일 현성하 이상대, 간사 성초 소암 혜정으로 구성하고 현행 종헌 종법에서 기구와 제도 등 보완할 수 있는 방안을 연구하기로 하였다(43,5.25).

탑주심인당 수리과정에서 일어난 인사사고의 책임을 지고 각해 통리원장이 사임하여 종의회에서 후임 통리원장을 선출하였다. 통리원장 선거는 4급 45세 이상의 스승이 후보자가 되어 3차에 걸친 무기명비밀투표로 혜일을 신임 통리원장으로 선출하였다. 그리고 혜강을 사감원장에 지명 인준하였다. 혜일 통리원장은 원의회를 열어서 오랫동안 논의하여 온 미국 포교소 설치와 종단자문위원 구성 등을 결의하였다(43,9.26). 또한 스승의 상부상조 조직인 우용사에 특별회원제도를 도입하기로 의논을 모았다. 우용사 운영에 기존의 회비만으로 어려움이 많아서 심인당 사정에 따라서 회비를 특별히 더 납부하는 제도를 마련하였다. 추기강공 정기 종의회에서 원의회의 결의안을 수용하여 미국 포교소 설치를 위해 답사하기로 하고 각계 전문 인사를 초빙하여 종단자문위원을 구성하기로 하였다(43,10.25).

　스승과 신교도의 열반에 따른 영묘관을 마련하기 위해 적절한 장소를 물색하여 경북 의성에 임야 44만평을 매입하기로 하였다(44,1.18). 또한 진각회관 건립부지와 서울 성내동 심인당 건설 부지의 매각은 토지종합세 시행으로 세금을 납부하더라도 유보하여 신중하게 검토 처리하기로 하였다. 전당 신설과 관리의 원활한 집행을 위해 건설부를 신설하고 대사회의 홍보매체 등 대외 홍보업무의 창구를 강화하고 일원화하기 위해 홍교부에 문화국을 두기로 하였다(44,2.27).

　춘기강공 정기종의회에서 임기만료의 교육원장에 지광을 선출하고 공석 중인 사감원장에 경혜를 지명 인준하였다(44,4.25). 종헌 종법을 일부 개정하여 건설부와 건설부 공무국 홍교부 문화국을 신설하여 통리원의 구성을 4부 2국으로 확대하였다. 이에 따라 통리원 교육원 사감원의 부장 국장을 일부 교체하였다. 그리고 종무행정의 전문성과 일관성을 확보하려는 취지에서 전담직 종무원 제도를 도입하기로 하였다. 종무원법을 개정하여 시무는 교화시무와 수습시무로 하고, 일반직 종무원이 시무가 되는 기간은 기존의 1년에서 기혼자는 1년 이상, 미혼남자는 2년 이상 그리고 미혼여자는 3년 이상 사무에 종사하도록 하였다. 전담직종무원은 사무 전담으로 각부 과장 이하의 직급에서 종사하기로 하였다. 또한 정부조직이 문화공보부에서 문화부로 개편되어 법인정관을 이사 6인에서 10인으로 확대하였다. 정부의 경찰승려제도의 도입으로 군승임용 준칙을 결의하고 종립학교 정교임용 및 복무규정과 열반스승의 선사록 등재 보존 규정을 결의하였다(44,6.28).

　원정각 총인 임기가 만료되어 6대 총인 원정각을 선임하여 추대하였다(44,12.27). 종립대학 설립을 위한 임시종의회에서 종립대학(가칭 위덕威德대학교)을 설립하기로 의견을 모으고 종유재산과 소요자금 출연대상을 결의하였다(45,3.20). 대학설립 예정으로 매입한 강동면 임야 3필지를 대학 설립 부지로 회당학원에 무상 출연하고 소요자금 출연을 위해 정정심인당 인접용지를 무상출연하기로 하였다. 이 과정에서 심인당을 매각하여 대학을 세울 수는 없다는 이유로 스승과 신교도가 대학설립을 심하게 반대하는 상황도 있었다. 종립유치원 설립 및 운영내규를 결의하고 중국 포교사 답사단을 3-4인으로 하여 답사하기로 정하였다. 추기강공 정기종의회는 종립대학 설립자금으로 50억을 지원하기로 하였다. 복지시설인 기로원 건설과 의성 임야의 묘지개발을 추진하기로 하였다. 종무원의 근무안정을 위해서 종무원자녀 장학금 지급을 결의하였다(45,10.22).

제7대 종의회의 임기가 끝나서 스승총회에서 8대 종의원 선거를 하여 소암 등 37인을 선출하였다(46,4.22). 정기종의회를 열어서 의장 경혜, 부의장 도흔 대안화를 선출하여 제8대 종의회를 구성하였다.

(2) 종행정의 저변확대

교화스승의 복지는 종행정에서 매우 중요하였다. 교화스승이 퇴임 후 안락한 수행생활을 하도록 기로원과 수로원을 설치 운영하였다. 통리원 경내의 기로원의 시설이 취약하여 기로원을 대구로 이전하기로 하였다(39,7.30). 대구 신익심인당 인접의 회당학원 공장부지 2,048평을 매입하여 기로원 건물 신축을 착공하였다(40,3.27). 교화일선에서 퇴임한 원로스승의 휴식처와 수행정진의 법력을 펼칠 기로원 건물은 연건평 400평의 한식과 양식의 현대식 건물로서 침실 식당 관리실 휴게실을 갖추었다. 또한 부속 유치원을 함께 설립하여 생활환경을 쾌적하게 하였다. 기로원 건물이 완공되어 스승과 신교도 관계기관장이 참석하여 헌공불사를 올렸다(40,9.30). 또한 스승 후생복지와 신교도 및 일반대중의 문화공간을 마련하기 위해서 진각회관을 건립하기로 하였다(42,12.24). 대봉동 옛 건설부 부지에 10층 규모의 건물을 지어 대구관구청 포교와 불교발전을 위해 사용하기로 하였다. 그러나 진각회관은 건립과정에 불협화음이 생겨서 건립이 미루어졌다. 스승의 복지와 더불어 신교도의 복지사업으로 경북 의성에 임야 44만평을 매입하기로 하고(44,1.18) 그 곳에 묘지개발을 추진하기로 하였다(45,10.22). 동시에 신교도의 복지시설로서 교화 초기의 양수원의 뜻을 계승하여 양로원을 설립하기로 하였다.

종단의 교화발전에 따라서 통리원의 조직도 확대하였다. 특히 교화시설의 건설과 관리 업무를 효율적으로 수행할 건설부와 공무국을 신설하기로 하였다. 또한 사회의 다변화와 보도매체의 증가에 맞추어서 종단의 홍보 업무를 강화하고 창구의 단일화를 위해 홍교부에 문화국을 증설하였다(44,2.27). 그리고 스승양성과 종무행정의 체계를 균형 있게 세우기 위해서 종무원을 교직희망자와 일반 종무원으로 구별하였다. 교직자는 사무와 교육을 적절하게 수행하고 일반종무원은 사무만 담당하며 정년을 60세로 하였다. 종무원 제도는 다시 교직희망 종무원은 수습시무와 일반직 종무원으로 나누었다. 일반직 종무원은 일정한 기간 후에 수습시무가 되도록 하였다. 그리고 기존의 일반직 종무원은 전담직 종무원으로 개칭하여 사무에 전담하기로 하였다(44,4.25). 종무원의 자녀에게 장학금을 지급하여 종무에 전력하도록 하였다(45,10.22).

사회환경의 다양화에 따라서 종행정의 전문성이 필요하여 종단자문위원회를 구성하기로 하였다. 교화사업 재산관리 구제사업 등 대사회적 문제에 대하여 계획과 운영에 자문할 각계 전문 인사를 위촉하여 종단자문위원회의 구성을 결의하고 관련 종법을 마련하기로 하였다(43,10.25). 종행정의 공공성을 지키기 위해서 진각회관 건립 부지와 서울 성내동 심인당 설립 부지의 활용방안을 세우면서 정부의 토지종합세 시행에 부딪쳤다. 그러나 세금을 내는 경우가 있더라도 신중하게 검토하기로 하였다. 종단의 사익도 중요하지만 공공의 이익을 중요하게 여긴 종조의 정신에 따랐다(44,1.18).

종단 집행부는 종단 차원의 달력을 제작하여 신교도 및 사회에 배포하여 왔다. 특별히 달력에 종조의 법어를 월별로 넣고 자성일 월초불공 등 7대절과 종단의 행사를 쉽게 알게 하여 신행생활에 도움이 되도록 제작하였다(37,12.1). 종단의 홍보용으로 제작하여 오던 '교세개요' '진각종요람'을 창교 40주년을 맞아서 내용을 보완하고 판형을 크게 하여 원색 양장으로 발간하였다(41,6.14). 종조 당시부터 출판 인쇄에 관련한 조직으로 지속하여 온 해인행을 다시 도서출판사로 성북구청에 등록하였다(41,12.30). 종조의 출판인쇄에 대한 관심을 견지하고 종단의 출판문화의 활동을 강화하였다. 전산산업의 발달에 맞춰서 종행정의 전산화 사무자동화를 위해서 통리원과 교육원에 컴퓨터 3대를 구입하고(44,4.9) 통리원과 대구관구청에 팩시밀리를 설치하였다(44,4.17). 종무행정의 전산화로 말미암아 업무를 신속 정확하게 처리하고, 쉽고 체계적인 보존 관리가 가능하게 되었다. 교화의 지속성과 사회적 연대를 강화하려는 취지에서 연중 실천덕목을 세워 실천운동을 전개하기로 하였다. 시행 첫 해에 '은혜 깨우쳐 생명 살리자'라는 실천덕목으로 하여 연중 캠페인을 전개하기로 하였다(45,1.1). 연중 실천운동은 해마다 새로운 실천덕목을 세워서 시행하고 연중 캠페인의 기금조성을 위해서 여러 모금운동을 계획하였다. 조성한 기금은 어린이 및 소년소녀 가장 돕기에 사용하기로 하였다.

(3) 종단 성지조성사업

울릉도 종조탄생지 성역화 불사의 1단계가 원만히 마무리 되어 다시 2단계 작업에 들어갔다. 성역화 2단계는 오륜탑과 비를 건립하고 환경을 정비하는 작업으로 확정되었다(39,1.31). 성역화 작업은 인접부지를 매입하고 경내를 확장하고 통리원장 교육원장이 현장을 방문하여 공사를 시작하였다. 성역화 작업이 마무리되어 가면서 종조탄생지를 종조의 위덕이 금강처럼 누대에 미치고 기리려는 의미를 담아서 금강원金剛園으로 명명하고 헌공불사 일정을 정하였다(39,5.15). 금강원은 또한 금강계만다라 뜻도 품고 있다. 성역화 작업이 완성되어 스승과 신교도 울릉지역 각 기관장 등 많은 인사가 동참하여 오륜탑과 비의 제막식을 거행하였다(39,5.29). 종조전 앞뜰에 조성된 종조비의 비문은 종조 일대기를 중심으로 운범이 기초하여 수정 보완하였다. 오륜탑의 탑신에는 종조의 법구를 음각한 금재판과 종조의 증오진언證悟眞言(육자진언) '옴마니반메훔'을 금재원구에 조각하여 봉안하였다. 종조의 법구와 증오진언은 종조의 정신사리精神舍利로서 법계탑에서 영원히 안주하는 의미를 담아 봉안하였다. 금강원 2단계 불사가 완성되어 금강원이 신행의 중심 귀의처가 되고 한편 울릉도의 중요 여행지가 되었다. 성역화 불사는 계속해 가기로 하였다.

  금강원 성역화 불사와 동시에 총인원 종조전 종조 존영 재조성불사를 시작하여 한복 차림의 존영을 조성하여 봉안식을 봉행하였다(40,10.14). 그런데 종조의 한복차림 존영은 종조정신에 어울리지 않는다는 종단 내 여론에 따라서 존영조성불사가 완료될 때까지 기존의 양복차림 존영을 봉안하고 가지불사를 거행하였다(44,8.29). 금강원 성지불사가 진행되는 동안 종조의 탄생, 진각, 전법, 열반의 장소를 성지로서 받들려는 논의가 일어났다. 그리고 사성지의 성역화 불사를 추진하기로 하고 사성지성역화추진위원회를 구성하였다(41,12.24). 사성지성역화추진위원회는 종단의 4원장과 서주 등 11인으로 구성하고 각해 통리원장이 위원장을 맡았다.

사성지성역화추진위원회는 1차 회의를 열고 명칭을 진각종성지조성위원회로 개칭하고 종조의 사성지를 확정하고 구체적인 성지조성 방안을 논의하였다(42,1.19). 종조의 사성지는 탄생지 금강원, 득도지 대구 성서 최정심인당, 초전설법지 영일 계전, 열반지 대구 불승심인당으로 확정하였다. 성지조성위원회는 특히 불승심인당 열반지 성역화를 위해서 불승유치원을 폐원하고 전문가의 자문을 받아서 진각성존회당종조열반비를 건립하기로 하였다. 종조열반지 성역화 불사로서 종조열반지의 종조비 모형을 확정 공개하였다(42,10.1). 종조비의 공사가 2여년 만에 완성되어 스승과 신교도 및 불교계의 사부대중이 참석하여 종조비 제막식을 봉행하였다(44,5.29). 종조비의 비문은 종조의 중요 법구를 중심으로 지현이 기초하여 수정 완성하였다. 종조열반지 성역화에 이어서 초전설법지의 조경공사를 시작하여 정원석으로 축대를 쌓고 정원에 나무를 심어 환경을 정비하고 1차 공사를 마무리하였다(43,5.28).

(4) 해외교화의 개척

국내 교화가 난관을 극복하며 지속되면서 해외에 거주하는 신교도의 요구로 해외교화의 논의가 제기되었다. 이에 맞추어 먼저 미국에 포교소를 설치하여 해외교화를 시작하기로 하였다(43,9.26). 미국 포교소 설치를 공식 결의하고(43,10.25) 해외포교소 설치를 위한 현지답사를 하고 미국 LA의 교도 가정에서 자성일 불사를 하고 해외포교의 새로운 장을 시작하였다(43,12.3). 미국 LA 현지에 10여 가구의 신교도가 자체로 서로 가정을 순방하며 수행하고 있어서 총인 원정각, 통리원장 혜일 등 9인의 답사단은 10여명의 현지 신교도와 자성일 불사를 올렸다. 현지 답사단은 현지 교화의 가능성을 인식하고 교포 교도에게 포교소 설치 장소의 물색을 부탁하고 귀국하였다.

　　미국 LA 포교소 설립을 위하여 미국 캘리포니아주 주장관실 법인국에서 진각종 법인설립 허가를 얻어 법인(LA Buddhist Temple of the Jingak Sect)을 설립하였다(44,7.13). 법인설립의 인가를 받아서 지현이 주교로 부임하고(44,9.30) 건물을 임대하여 불광佛光심인당을 개설하고 개설불사를 올렸다(44,11.18). 불광심인당은 원정각 총인을 비롯한 15명의 스승과 현지 신교도가 참석하여 개설불사를 올리고 역사적인 해외교화의 막을 올렸다. 불광심인당이 개설되어 교화하는 중에 현지에 2층 목조 건물을 매입하여 1층은 사택과 자성학교, 2층은 심인당으로 이용하도록 용도변경하고 현지법인에 등기하였다(45,8.27). 미국 교화의 환경은 순조롭게 갖추어 갔다.

　　불광심인당 개설을 준비하면서 중국포교소 설치가 대두되었다. 중국포교소 설치의 사전 답사를 위해 3-4명이 다녀오기로 하고(44,4.25) 답사단이 출발하였다(45,7.20). 영주 진각유치원 원장 신문웅申文雄(제광)의 인척인 중국 교민 안춘자安春子가 진각종법으로 수행하면서 현지에서 교화한 이태영李泰永 김정자金貞子 등이 흑룡강성에 살고 있는 교민 중에서 진각종 교법에 따라서 수행하는 교도를 위해 포교소 설립을 희망하였다. 혜일 통리원장과 신문웅 등 4명이 현지답사를 하고 남상춘 등 20여 가구가 수행하고 있는 사실을 확인하였다. 그 곳에 해동海東포교소을 두기로 하고 귀국하여(45.7.30) 해동포교소를 연락사무소로 해서 한중 수교의 결과와 중국의 종교관계법에 따라서 흑룡강성 교포의 교화를 점차로 신중하게 진행하기로 하였다.

중국 흑룡강성 포교소 설치와 동시에 브라질 현지 신교도 추두문秋斗文이 포교소 설치를 요청하여 현지답사를 하였다(45.4.18). 원정각 총인, 혜일 통리원장 등 4명이 현지답사를 하고 돌아왔으나 브라질 포교소 설치는 더 이상 진척 되지 않았다.

2) 도제교육의 강화와 교법의 체계화

(1) 중앙교육원의 개편

중앙교육원은 종단의 교육법에 의해서 통리원의 홍교부에서 실무를 맡아 운영되었다. 그래서 중앙교육원을 종단의 독립 조직기구로 위상을 높이고 교법과 교육을 전담하는 기구로서 독립성을 확보하기로 하였다. 통리원 홍교부의 교리 교법 기능을 확대하여 독립기구로 승격시켜서 종단의 교법과 교육을 관장하는 기관인 중앙교육원으로 개편하였다. 중앙교육원이 종교단체의 교법과 교육을 관장하는 기관으로서 그 명칭을 교법원教法院 법장원法藏院 등을 고려하였으나 명칭의 현실적인 인지상황을 감안하여 기존의 중앙교육원으로 결정하였다. 종단은 종헌 11개조(중앙교육원 5조 교법위원회 6조)와 종법(중앙교육원법 8장 24조, 교육원운영규정 18조)을 개정 및 제정하고 '종단의 교법 교육에 관한 사항을 관장하는 기관'으로 중앙교육원을 설치하였다(38.4.19). 중앙교육원법 개편 제정에 따라서 초대 원장에 인강을 선출하고 교법차장 경정, 교육부장 일정을 선임하였다. 중앙교육원은 독립예산을 편성하고 독립적으로 집행하되 경리는 통리원에서 하기로 하였다. 중앙교육원의 업무의 전문성을 위해 사무실을 통리원과 분리하여 독립하였다.

중앙교육원은 상설 의결기관으로서 교법위원회를 두고 종단의 4원장과 교육원 부장 그리고 임명직 위원으로 구성하고 교육원장이 의장을 맡았다. 중앙교육원의 구성은 교법부와 교육부를 두고 각기 종단의 교법과 교육을 담당하기로 하였다. 중앙교육원이 교화를 위한 재교육에 중점을 두고 있어서 교화부로 계획하였으나 역시 현실의 상황을 감안하여 교육부로 정하였다. 또한 종학과 교법의 체계적이고 지속적인 연구와 제정을 위하여 종학연구실을 두었다. 교육원은 도제의 기본교육과정으로서 기초과정(2년)과 스승의 재교육과정인 교학과(1년), 심학과(1년), 아사리과정(2년)을 두었다. 그리고 신교도와 일반인을 위한 법회 및 강좌도 하기로 하였다. 중앙교육원이 통리원과 더불어 독자적인 체계를 갖추면서 종단의 교법 연구와 제정, 그리고 도제 교육의 체계가 어느 정도 정착하기 시작하였다. 또한 종단의 교육원의 설립은 다른 종단의 교육원 설립의 계기를 부여하였다.

중앙교육원은 원정각 총인이 교법위원회 임명직 위원에 대안화와 안안정을 임명하여 제1회 교법위원회를 열고 교육원 운영과 교법에 관한 사항을 논의하였다(38,4.22). 교법에 관한 사항 중에 신교도 보살십선계 수계관정 불사에 관한 체계를 정립하고 수계일정과 삼사칠증의 위촉에 대하여 논의하였다. 그리고 중앙교육원 개편 이전에 시작한 중앙교육원 제1기 아사리과정이 2년간의 교육과 연구의 과정을 수료하여 수료식을 열었다(38,8.25). 수료자는 인강, 혜일, 일정, 경정, 혜정으로 앞으로 교육원의 강의를 맡을 자격을 얻었다. 중앙교육원의 각 과정의 강사는 해당 과정 이상의 교육수료자가 자격을 가지게 하였다.

중앙교육원은 교법위원회를 열어서 종단의 소의경전의 독경을 권장하고 보급하기 위해서 소의경전 전법회轉法會를 열기로 하였다. 소의경전의 전법회는 경전의 독해讀解을 전승하는 교육과정을 일컫는다. 그래서 소의경전의 내용을 해독解讀할 수 있는 수준에 이른 스승에게 경전을 강전講傳하는 교육이다. 또한 교학연찬과 보살십선계 수계관정 내규를 논의하였다. 교육과정으로 제2기 아사리과정을 개강하고 지근처무의 기초과정은 월중 교육으로 실시하기로 하였다(39,12.12). 교육원 교육부는 일선 스승의 교화에 도움을 주려고 월간 '교화연구'를 발행하였다(40,7.1). 교화연구는 스승의 교화자료로서 일반편, 자성학교와 유치원 교육을 위해서 자성학교편 유치원편 등으로 편집하였다. 중앙교육원은 매년 3월에 각 과정의 수료 입학식을 열기로 하고 기초과정 4기 24명, 심학과정 3기 6명, 아사리과정 2기 8명이 수료식을 가지고 각 과정 입학식을 하였다(42,3.17).

중앙교육원은 교화의 저변확대를 위해서 전국 심인당을 순회하면서 순회법회를 열기로 하였다. 먼저 벽지僻地 심인당의 교화를 활성화하기 위해서 경주, 구룡포, 안강 등지의 심인당을 순회하며 제1회 순회법회를 실시하였다(48,12.19). 순회법회는 '참 불교와 삶의 길'이란 대 주제로 황경, 위덕, 신혜심인당에서 3일간 실시하였다. 순회법회에는 인강(체험공덕), 석봉(보살은 어떤 사람인가), 경정(진각종은 어떤 종교인가), 관증(행복의 길)이 법회를 맡았다. 중앙교육원은 이어서 '참 불교와 삶의 길'이란 대주제로 중부지역과 영남지역의 2개 지역으로 나누어서 3일간 순회법회를 하였다(49,6.28). 중부지역은 장엄, 심지, 각계심인당에서 일정(보살은 어떤 사람인가), 경정 혜정(믿음의 길), 영남지역은 보광, 수계, 아축심인당에서 석봉 락혜(진각종은 어띤 불교인가), 덕일(믿음의 길)이 법회를 맡았다. 중앙교육원은 필요에 따라서 순회법회를 실시하였는데, 부산 지륜심인당에서 지역의 신교도를 대상으로 각해(마음 밝히는 법), 지광(효순하고 화합하는 법)이 법회를 열어서 신교도의 신심을 북돋우고 법담회를 갖었다.

(2) 진각대학의 설립

중앙교육원 교육이 정상 궤도에 오르자 본래 계획대로 교육원의 기초교육을 보다 내실 있게 하기 위해서 진각대학을 설립하였다(42,10.26). 진각대학은 도제의 기본교육 과정으로서 기초과정을 교육원에서 분리하여 독자적인 교육을 위해 설립하였다. 도제의 기본교육 과정으로서 교육원의 기초과정을 더욱 확대 개편하여 교육의 양과 질을 높인 것이다. 그리하여 중앙교육원은 교화스승을 위한 재교육을 전담하게 되었다. 이로서 종단의 도제교육이 기본교육과 재교육을 분리하여 전문성을 살리게 되었다. 종교의 교직자는 먼저 전문적인 지식과 인격 소양을 위한 교육을 받고, 나아가 교화 중에 시대변화와 지식과 교리의 발전에 맞추어서 재교육을 받아야 하기 때문이다. 따라서 그동안 교육원에서 실시하던 도제의 기본교육과정으로서 '기초과정'을 확대 개편하여 독립 교육기관으로서 '진각대학'을 설립하였다. 교직자로서 전문지식과 수행, 그리고 인격적 소양을 갖추게 하려는 뜻이었다.

  종단은 원의회에서 임의대학으로 진각대학을 설립하여 도제양성과 교학연찬에 힘쓰기로 논의하여 구체적 작업은 교육원에서 추진하기로 하였다(42,8.1). 종단의 원로스승이 진각대학 설립추진을 발기하고(42,9.15) 3차의 모임을 거치면서 발기취지문의 채택과 종헌 종법 학칙 등 법적문제를 논의하였다. 진각대학 설립 발기인 모임에서 논의한 사항을 원의회에서 결의하고, 운영위원으로 각해, 인강, 대안화, 혜일, 지광을 선임하였다. 이에 따라 정기종의회는 진각대학 설립에 관한 종헌(93조 96조)을 개정하고 진각대학학칙(14장 54조), 진각대학 운영위원회 규정(6장 15조), 진각대학 교직원 인사규정(8조) 등을 의결하였다(42,10.26). 그리고 원의회에서 선임한 5명의 운영위원을 인준하였다.

진각대학의 교육과정은 4년으로 하고, 과도기로서 교육원 교육과 균형을 맞추기 위하여 교양과정(1, 2학년), 연구과정(3, 4학년)으로 구분하였다. 그리하여 교육원 기초과정 2년을 수료한 사람은 진각대학 교양과정 2학년에, 교육원 교학과정 1년을 수료한 사람은 연구과정 3학년에 편입하게 하였다. 그리고 교육원 교육을 거치지 않는 사람은 진각대학 1학년에 입학하여 4년의 과정을 수학하는 것으로 하였다. 이때부터 진각대학의 기초과정과 전문과정의 구분은 없어지고 진각대학 4년 과정이 되게 하였다. 그러나 진각대학 1학년 입학생은 교육원 수료자와 균형을 맞추기 위하여 당분간 선발하지 않기로 하였다. 진각대학 교육과정의 과도기적 원칙을 잘 이해하지 못하여 상당한 혼선을 빚기도 하였다. 진각대학은 본종 스승의 기본교육기관으로서 스승의 임명에 진각대학 수료를 필수요건으로 하였다. 이렇게 하여 도제양성의 기본교육은 진각대학에서 실시하고, 스승의 재교육은 교육원에서 실시하는 제도를 완비하게 되었다.

진각대학의 운영은 운영위원회에서 독립성을 가지고 운영하기로 하고 제1차 운영위원회를 열고 운영위원장에 지광을 선출하고 대학장에 인강을 선임하여 대학운영에 관한 사항을 심의하였다(42,11.5). 운영위원회는 또한 2차위원회를 열어서 진각대학설립요강을 심의하는 한편 43학년도 신입생 모집요강, 학사운영일정, 교과확정 및 교수확보, 종비장학제도 등 구체적인 학사를 심의했다. 신입생 모집은 연구과정 10명 이내 선발을 원칙으로 자격은 중앙교육원 교학과 수료 및 수료예정인자로 하는 등 학사 일정을 심의하였다. 진각대학 1회 입학생은 교육원과 마찬가지로 우선 대학의 강사를 양성하는 차원에서 종단에서 회정, 효운, 효봉, 지현, 덕일, 관증, 무외 등 7명을 입학지원자로 정하였다. 진각대학 1회 지원대상자는 종학, 한문, 영어 시험과 면접으로 입학전형을 실시하였다(42,12.27). 합격자에게는 종단의 장학생으로 수업료를 면제하고 교육비, 교재비, 교통비, 숙식비 일체를 지급하였다. 종단의 도제교육에서 진각대학의 위상을 높이기 위해 덕일, 관증, 무외 등 석사 학위 소지자도 제1회 입학생으로 선발하였다.

  진각대학은 본종 스승의 기본교육과 신교도 및 일반인들의 교양교육의 교육기관으로서 개교식과 인강 초대학장의 취임 및 입학식을 가졌다(43,3.14). 진각대학은 우선 연구과정 7명의 입학하고 학사일정은 매년 3월에 수료와 입학식을 하기로 하였다. 진각대학 제1기 입학생은 종단의 도제교육에서 비교할 수 없는 중요성을 인식하고 2년간의 과정을 잘 수료하였다.

(3) 교법의 체계화

교법체계의 수립은 종조의 수행경험을 바탕으로 종단의 교리와 의식의 체계를 세우는 일이다. 종조의 수행경험은 재세시의 수행생활과 자증교설을 통하여 이해할 수 있다. 종조의 수행경험은 종조의 생애를 담아 놓은 종조일대기를 통하여 추체험追體驗할 수 있고, 종조의 자증교설은 재세시의 말씀인 자증교설로써 이해할 수 있다. 종단은 종조열반 직후부터 종조의 자증교설에 대한 중요성을 인식하고 교설의 결집을 시작하였다. 종조 교설의 결집을 위하여 자료수집에 관한 공문을 각 심인당에 보냈다(18,11.25). 그리고 자료수집이 부진하여 다시 독촉 공문을 보냈다(19,1.18). 교설의 결집에 들어가서 '법불교전'이라는 명칭으로 '실천강목'을 완성한 후 결집 작업은 진행되지 못하였다.

　　종조 교설의 결집이 중단되었지만 교설의 수집은 계속하면서 재세시에 남겨 놓은 꼬지경에 대한 중요성을 인식하고 꼬지경 용어해설집 발간계획을 하였다(27,11.15). 그러나 계획대로 실행하지 못하였으나, 교화 경전인 법불교문을 진각교전으로 개칭하고 꼬지경을 수집 정리하여 교전의 내용을 수정 증보하였다(28,9.10). 또한 종조 교설에 대한 수집 정리와 동시에 교설에 대한 강설과 연구작업도 시작하였다. 종조 교설의 강설은 주로 강공을 통하여 하고, 연구작업은 개인이 산발적으로 하였다. 종비생 경정이 종무원으로 근무하면서 종조 재세시의 인사들과 인터뷰를 하는 등 개별적으로 종조 교설을 수집하였다. 그리고 진선여고 정교 시절 종조 교설에 관심이 많은 스승과 종조(회당)사상에 대한 연구회를 구성하도록 건의하였다.

　　그 결과 종단의 승인을 얻어 종조 생애와 사상, 그리고 종단 교리의 연구를 목적으로 종조(회당)사상연구회를 발족하였다(33,3.27). 연구위원은 정공, 인강, 각해, 도흔, 혜일, 지광, 일정, 경정, 서주, 운범, 청림(박태화) 등으로 하고, 회장 운범, 총무간사 일정, 연구간사 경정을 선임하였다. 연구회는 종조에 관한 자료 수집을 통하여 '종조연보宗祖年譜'를 작성하는 등 연구를 진행하였다. 종조연구가 진행되면서 장명 통리원장이 운범을 종단의 전문연구원으로 초빙하였다. 그리고 중앙교육원의 개원에 맞춰 종조사상연구회는 종학연구를 전담하는 종학연구위원회로 전환하였다(36,7.1). 연구위원은 장명, 인강, 혜일, 일정, 석봉, 경정, 운범, 청림으로 구성하였다. 연구위원회는 제1회 위원회를 열고 연구위원 규정(5장 13조)을 심의 의결하고 위원장 운범, 연구간사 경정을 선출하였다(36,7.16). 종학연구위원회는 다시 교법연구회로 개편하여(38,9.17) 진각교전을 중심으로 교학연구를 진행하였다. 그 결과로 진각교전의 내용을 종조 교설을 중심으로 재편하고 경론의 증거를 밝혀서 진각교전 7판을 간행하였다(39,10.15). 교법연구회는 종조법어를 수집하여 정리하고 내용에 맞추어 종조법어자료집을 만들었다. 진각교전의 7판을 기준으로 교전의 내용 중의 종조 교설(실행론)을 발췌하여 스승의 독송과 연구용으로 '실행론'을 간행하였다(42,3.7). 실행론은 종조 재세시에 법불교를 간행하면서 종조 법어의 전거를 실행론으로 기록한데서 붙인 명칭이다. 이후부터 실행론은 종조의 법어, 또는 종조 법어를 엮어 발행한 책을 일컬었다. 교법연구회가 공식 활동을 중지하여 다시 종조법전편찬모임을 결성하여(41,6.15) 종조교설의 연구에 집중 하였다. 이즈음 종단은 종행정 교법 교화 등에서 상당한 의견이 분분하여 원정각 총인은 '종단 화합과 발전을 위한 정묘년 교시'를 내렸다(42,4.19). 정묘년 추기 스승강공을 통하여 발표한 총인의 정묘년 교시는 수행 교화 생활 교법 행정 등에 대하여 종단내외의 논의를 정리하여 담았다.

　그리고 종단은 종조법전편찬위원회를 구성하고 전담위원에 혜일을 위촉하였다. 종조법어 연구는 종조법전편찬위원회를 중심으로 계속하였다. 종조법전편찬위원회 위원은 총인 4원장 종의회 부의장 관구청장 교육원 교법부장 원로스승 등으로 구성하고 교육원장이 위원장을 맡았다. 매월 정기적으로 모임을 가지고 종조법어자료집을 검토 토의하였다. 종조법전편찬작업이 진행되면서 종조논설문과 일부의 법어를 묶어 스승의 연구 검토용으로 종조법어록을 간행하였다(48.5.1).

(4) 진각의범의 제정

종교의 두 축은 교리와 의식이다. 교리는 의식의 근거이고 의식은 교리의 상징적 표현이다. 교화에서 교리와 의식은 불가분의 관계로서 필요조건이다. 교법연구회부터 종조 실행론을 중심으로 소의경론을 통하여 교리체계를 수립하고, 한편 종조 실행론과 밀교 전래의 의식을 통하여 의식의 례를 간명하게 제정하려는 작업을 진행하였다. 그리고 종단의 의식의례의 체계를 진각의범眞覺儀範이라 불렀다.

  진각의범 중에서 스승의 법의와 법복의 제작과 수계의식은 필요에 따라 실시하였다. 중앙교육원은 수계의식을 체계화하여 정례화 하기로 계획하고, 먼저 신교도의 수계의식을 실시하기로 하였다. 밀교의 수계의식은 관정灌頂의식이 중심이 되므로 종래의 수계를 수계관정으로 개칭하고, 신교도 수계관정은 종조 재세 시의 교도행계를 참조하여 결연관정結緣灌頂 수명관정受明灌頂 화도관정化導灌頂으로 정하고 수명관정부터 실시하기로 하였다. 수명관정은 보살십선계와 불명을 내리고 관정으로 인가하는 작법으로서 보살십선계 수계관정이라 부르기도 하였다. 보살십선계 의범을 준비하면서 계단설치에 대하여 결의하였다(36.3.23). 그리고 확대 재편된 중앙교육원의 교법위원회에서 보살십선계 수계관정불사의 작법의범을 심의 결의하였다. 또한 지역별 수계일정과 장소 등을 결정하고 종법에 의거하여 계사 임명과 삼사칠증 위촉은 총인이 추후 실행하기로 하였다.

  보살십선계 수계관정의 작법 의범이 제정되어 서울 등 전국 6개 관구청에서 삼매야계단을 설치하고 보살십선계 수계관정을 실시하였다 (38,3.15). 보살십선계 수계관정을 위한 삼매야계단이 처음 개설되어 신교도들은 불명을 수여 받고 진언과 인계를 수행할 수 있는 근기를 인가 認可 받았다. 보살십선계 수계관정 후 신교도의 신심을 북돋우고 수행의 편의를 위해서 행자복을 제작하고 수행과 행사의례에 착용하게 하였다 (38,7.20). 보살십선계 수계관정은 매년 11월 월초불공을 회향한 다음 주에 삼매야계단을 개설하여 실시하기로 하고, 진기38년도 수계관정불사를 6개의 관구청에서 실시하였다(38,11.13). 증명아사리인 총인은 증계아사리에 대안화 안인정 대안정 경혜 일정 대자 그리고 전계아사리 인강, 갈마아사리 혜일, 교수아사리 각해 등 삼사 칠증사를 위촉하여 수계관정 불사가 원만히 실행되었다. 수계과정의 계단을 개설하면서 보살십선계 수계관정의 내규를 제정하여 계법의 체계를 보완하였다(39,12.12). 이로써 보살십선계 수계관정 계단은 매년 정례로 실시하고, 특수지역인 울릉도의 여래심인당 개축 헌공불사에 맞추어 특별 보살십선계 수계관정 계단을 개설하기도 하였다(40,9.10). 보살십선계 수계관정이 정착되면서 십선계 수계관정의 진각의범眞覺儀範을 진각의범편찬위원회 명의로 간행하였다(41,11.10). 진각의범(십선계 수계관정)은 십선계 수계관정의 작법절차와 의미, 수계관정에 관련한 법구제작의 방법 등을 자세히 담았다.

  진각의범의 필요성이 높아지면서 중앙교육원은 교직자의 수행과 교화 및 일상생활에 필요한 예범을 담아 스승예범을 발간하였다(44,10.15). '스승예범'은 종단 예범의 필요성과 의의를 비롯해서 신행생활, 불공생활, 교화 및 복무, 사택생활 등에 대한 상세하고 구체적인 내용을 담았다. 종사宗史가 흘러가도 교법을 새롭게 다지고 수행과 교화에 흐트러짐이 없게 하였다.

(5) 본존가지와 대일상

심인당 정면에 봉안하는 진언본존眞言本尊에 법계와 종조의 가지加持를 전수하는 본존가지 작법을 실행하였다. 지금까지 본존진언은 본존판을 제작하고 육자진언자六字眞言字를 사경寫經하여 봉안하던 관례를 개선하여 진언자를 조각하여 본존진언을 제작하고 본존진언에 법계와 종조의 가지를 전수하여 신행의 본존으로 삼았다. 법계와 종조의 가지를 전수하는 가지작법은 먼저 진언집에 보존하는 종조의 친필 육자진언을 집자하여 양각으로 동판에 새겨서 가지본존을 제작하였다. 그 다음 종조전에서 가지본존에 법계의 진언 묘리를 증득한 종조의 가지를 전수하는 가지작법을 하였다. 종조의 가지를 전수한 가지본존을 다시 심인당의 진언본존판의 내부에 봉안하였다. 그리고 심인당의 진언본존은 종조의 가지를 전수한 가지본존을 내부에 품음으로써 종조의 가지를 전수하여 본존진언의 가지력加持力을 가지게 하였다. 그리하여 본존진언은 신행의 본존으로 심인당에 봉안되고 신행의 대상이 되었다. 그리하여 장엄심인당이 개축되어 헌공불사를 올리면서 처음 본존가지 작법을 실시하였다(38.4.20). 본존가지작법이 제정되어 신설심인당과 기존의 심인당에 점차로 본존가지 작법불사를 하였다.

종단의 표치로서 제정한 대일상에 대한 의미를 개정하고 작도법을 마련하였다. 종조열반 직후 제정한 대일상은 의미가 복잡하고 어려워서 신행의 상징으로서 부적절하였다. 다시 대일상을 교리와 신행의 구체적 상징으로서 신행의 대상으로 삼기 위해 간명한 의미를 부여하였다. 대일상의 의미는 "대일상은 진각종의 교리와 신행의 상징이다. 대일상은 시상삼세에 하나로 계시며 법계에 충만하신 비로자나부처님의 지비이덕智悲二

德을 나타내며, 오불五佛의 상相, 육자대명왕진언의 상을 상징한다"로 정하였다. 그리고 대일상의 작도법은 밖의 큰 원, 네 개의 사선, 안의 다섯 작은 원의 두께를 3:2:1.5의 비율로 정하였다. 대일상의 활용은 종단의 오불기, 신행에 관한 대상과 장소에 사용하되, 허리 밑에 위치하는 대상에는 사용불가하게 하였다.

그리고 공식불사의 삼밀행에서 진언염송의 시간은 15분에서 10분으로 바꾸었다. 공식불사의 진언염송은 15분에서 10분, 다시 10분에서 15분으로 그 때의 사정에 따라서 개정하였다. 그러나 지식정보가 증가하고 교리의 관심이 높아서 10분을 전일하게 염송하는 법으로 바꾸되 스승과 심인당의 사정에 맞추어서 할 수 있게 하였다(38,12.3). 또한 새해 49일불공은 새해서원불공 후 일제히 하였으나 다시 각기 자유롭게 정하여 하기로 현정顯正하였다. 종조 재세 시에는 연중 1회 이상 49일불공을 하도록 하였으나, 언제부터인가 새해서원불공 후 일제히 49일불공을 하는 법이 자연스럽게 정해졌다. 새해서원불공을 회향하고 일 주간을 쉬고 새해49일불공을 시작하면 3월초 불공회향과 동시에 회향할 수 있다는 이유도 있었다.

(6) 성전의 출판과 서원가

총지법장과 응화성전은 초기 교화에서 중요한 교화와 신행의 성전이 되었다. 그러나 총지법장이 범자 만다라 등 쉽게 읽을 수 없는 내용으로 종조의 교화정신에 어울리지 않는 부분이 많아서 실제 사용은 제한되었다. 반면에 응화성전은 꾸준히 교화와 수행에 사용되었다. 응화성전은 처음 1집으로 출판하고 순차로 계속 출판할 계획이었다. 응화성전의 개정증보판을 1집을 포함하여 합본으로 출판하고 출판기념법회를 하였다(38.6.26). 그러나 응화성전 개정증보판은 응화성전의 편집당시 기본 저본低本만 번역 출판하여 종조의 추가 경론이 빠지게 되어서 논란이 일었다. 그리하여 응화성전의 1집에 대한 회고적 요구가 많아서 응화성전 1집을 영인 발행하였다. 또한 총지법장과 응화성전을 종조의 교화정신에 맞추어서 간행한 법불교와 응화방편문도 영인 발행하였다(42.3.13). 종조의 정신과 체취가 담겨있는 경전을 존중히 받들고 계승발전 시키기 위한 모본母本으로 보존하여 종조의 정신을 보다 친밀히 느끼고 이해할 수 있게 하였다.

중앙교육원은 또한 국내외에서 발표된 한국밀교학 관련 각종 학술논문을 모아서 한국밀교학논문집을 출간하였다(40.3.16). 논문집은 한국밀교사상사, 밀교의 이론과 실제, 현밀비교연구, 현밀관련 연구 등 4편으로 구성되어 총 37편의 논문을 수록하였다. 또한 일본 밀교학자 마쯔나가 유케이宋長有慶의 저작인 밀교상승자密敎相承者를 박필규朴畢圭가 번역하여 출간하여(40.3.30) 밀교의 역사와 교리 이해에 참조하게 하였다. 진각종보가 지령 150호를 발간에 이르러서 기념사업으로 150호까지의 진각종보를 상하 2권으로 영인 출간하고 더불어 종보에 게재한 동화를 모아서 동화집 '노래하는 동박새'를 출간하였다(41.7.31).

교화와 신행에 필요한 서원가를 재보급하기 위해서 서원가 가사의 현상응모를 두 차례 하였다. 현상응모에서 뽑힌 작품을 작곡하여 교화와 수행에 활용하였다. 처음 서원가의 작곡은 대다수 서창업이 맡았다. 서원가의 활용에 도움이 될 수 있도록 새로 제정한 서원가와 종조 재세 시의 서원가를 선별하고 다시 작곡하고, 여기에 불교계에서 널리 불리는 서원가를 모아서 서원가집을 간행하였다. 서원가집은 불사의 노래, 행사의 노래, 일반서원의 노래, 자성학생의 노래로 나누어서 총 45곡을 실었다. 서원가집의 내용을 선별하여 진선여고 합창단이 서원가를 녹음하여 테이프로 제작하여 전국에 배부하였다. 또한 진선여고 합창단과 심인고 합창단이 연합으로 서원가를 녹음하여 테이프로 제작하여 배부하였다. 서원가의 관심이 점점 높아가자 종단 제정의 서원가 70여곡을 포함하여 불교계의 서원가를 선별하여 130곡의 서원가집을 다시 발행하였다(40,10.16). 서원가집은 불사의 노래, 행사의 노래, 집회의 노래, 일반서원의 노래, 자성학생의 노래로 나누어서 130곡을 실었다. 서원가집의 출간에 이어 서원가를 녹음하여 테이프로 제작하였다. 작곡가 변규백씨가 서원가 악보점검 및 노래지도를 맡고 김부열(바리톤), 김인완(바리톤, 시립대 교수), 주완순(바리톤, 청주대 교수), 김연옥(소프라노, 군산대 교수) 등이 노래를 불렀다. 그래서 서원가 테이프는 순수한 성악음반으로 그 의미가 있었다. 종단에서는 한정판 수량에 대해 유상으로 전국 심인당에 배포하였다(42,8.15). 서원가집 출판 이후 서원가는 진각교전과 합본하여 간행하여(44,10.15) 신교도가 수지하기 편리하게 하였다.

3) 신교도의 활동과 청소년 교화

(1) 금강회 활동

중앙금강회가 전국신교도회라는 명칭으로 창립되었지만 종단의 상황상 정상적인 활동은 하지 못하였다. 그런 가운데 총금강회 서울지부가 창립하였다(38,6.15). 중앙교육원이 서울지역 각 심인당 금강회 임원 60여명이 참석한 가운데 1일 수련회를 열었다. 수련회는 '보살도를 행하는 불자'라는 주제로 주제강연과 초청강연, 교리 및 교양강좌, 법락회, 서원가 실습, 주제토론, 신교도 경영업체 탐방 등 다양하게 진행되었다. 수련회 동안 서울지역 금강회 결성의 필요성을 공유하고 수련회를 회향하면서 좌담회를 열어서 서울지역연합금강회를 조직하였다. 서울지역 금강회 결성을 마치고 송암보육원을 방문해 기념품을 전달하며 법락회를 베풀었다. 금강회 서울지부의 창립에 힘입어 서울지역 연합합창단을 결성하고(38.8.15) 활동에 들어갔다. 서울에 금강회와 합창단이 결성되어 서울관구청은 신교도의 신심과 화합을 돈독하게 하기 위해 제1회 서울지역 친선운동회를 열었다(38.10.9). 진선여중고 교정에서 신교도 500여명이 동참하여 육행에 맞추어 6개 반으로 나눠 줄달리기 계주 등 다양한 종목의 운동과 친선게임을 통하여 화합을 도모하였다. 또한 서울 금강회 산하의 서울보살회 연화합창단은 종조열반절을 추념하는 발표회를 실시하였다. 종조정신을 기리고 서원가 보급의 활성화를 위해 열린 발표회는 진선여중 교사 이규호의 지휘로 서원가를 발표하고 스승과 신교도의 큰 호응을 받았다. 특히 작곡가 변규백, 가수 송춘희가 찬조 출현하여 발표회를 풍성하게 하였다.

  서울지역 합창단의 활동에 영향을 입어서 대구지역 합창단인 금강합창단이 창단하였다(43.3.25). 금강합창단은 창단 직후 불교계 범종단이 개최한 제1회 찬불가 경연대회에서 장려상을 수상하였다(43.4.3). 대구관구청이 주최하고 총금강회 대구지부가 후원하여 대구시민회관에서 금강합창단 창단기념 발표회를 개최하였다(43.10.9). 금강합창단 발표회는 금강합창단가를 시작으로 21곡의 합창과 찬조공연 등으로 신교도와 시민의 큰 호응을 받았다. 심인고등학교 교사 이달철의 지휘로 진행한 발표회는 합창단과 각자覺子의 혼성 합창과 진각종가로 마무리하여 불교음악에 대한 일반의 이해를 높이고 보급에 크게 기여하였다. 발표회 후 언론(매일신문 14

일자)은 불교음악 활성화의 촉매제가 되었다고 평하였다.

각 지역의 합창단이 활발하게 활동하여 창교 43주년을 기념하는 전국심인당 서원가합창 경연대회를 열었다(44.5.25). 통리원이 주최하고 홍교부가 주관하며 대구관구청과 총금강회, 전국청년회, 종립 심인중고등학교가 협찬한 합창경연대회는 전국 23개 팀이 참가한 가운데 대구시 대명동 종립 심인중고등학교 대강당에서 열렸다. 교직자와 신교도 등 1천 500명이 참석한 대회에서 참가 합창단은 지정곡 1곡, 자유곡 1곡을 불러서 보원심인당 합창단이 대일상(1등)을 받았다. 특히 혼성합창단도 참가하여 서원가 발전의 가능성을 보여 주었다. 불교방송 개국 2주년과 부처님 오신날을 기념하는 음악 대서사시 붓다음악제가 전국 순회공연을 하였다(46,4.22). 붓다음악제 대구공연은 대구경북불교종단협의회가 주관하여 대구 시민회관에서 열렸다. 특히 대구공연에는 참가 6개 합창단 중에서 금강합창단이 출연하여 종단의 명예를 높였다. 이날 공연은 특히 부처님의 일대기를 음악으로 표현하여 큰 의미가 있었다.

중앙금강회의 활동을 정상화하기 위해 총금강회를 재결성하였다(42,11.4). 전국 6개 관구청 금강회에서 선출한 23명의 대의원이 참석하여 통리원에서 총회를 열고 먼저 총금강회준칙(11장 37조)을 기준으로 회칙 초안을 마련하기로 하였다. 우선 회장 1인 부회장 4인 감사 2인을 회장단으로 구성할 것을 결의하였다. 총회의 결의에 의하여 회장 최재홍, 부회장 이상택 변종오 대광지 김석원, 감사 석희도 이정우를 선출하여 회장단을 구성하였다. 그리고 총금강회 결성에 따라서 관구청 단위의 금강회의 결성을 12월 20일까지 마치기로 하여 관구청에 공문 시달하였다.

총금강회의 결성으로 금강회는 활발한 활동을 하면서도 종종 종단 집행부와 마찰을 빚기도 하였다. 혜일 통리원장 집행부는 총금강회, 기사노조, 청년회와 연쇄간담회를 가지고 종단발전을 협의하였다(43.7.13). 총금강회와 간담회는 종헌종법연구위원회에 신교도 참여, 종단차원의 총금강회 지원을 건의하고 금강회 조직 활성화 및 신교도 배가운동을 통하여 종단화합과 발전에 기여하기로 하였다. 종단이 어지러운 틈을 타서 결성한 기사노조는 서울시의 정식 인가를 받아서(43.3.24) 처우개선을 주장하여 활동하였다. 기사노조 12명이 참석한 간담회에서 종단 내 노조 구성이 불가능하다는 종단 측의 설명과 처우개선 노력에 힘쓰겠다는 타협안이 제시되면서 노조해체의 뜻을 표명해 원만한 마무리를 지었다.

총금강회는 교화발전과 신교도 복지를 위해서 자원봉사단을 창단하여 장의, 결혼, 청소년 상담 등의 사업을 하기로 하였다. 대구관구청 강당에서 스승 신교도들이 참석하여 창단식을 열고 사업을 시작한 자원봉사단은 대구에 본부를 두고 각 관구청 단위로 확산시켜 나가기로 하였다(45.5.27). 자원봉사단은 자문위원 지광, 지도스승 소암 상제, 단장 김석원, 부단장 최석태를 내정하고 결혼상담 구인구직상담 장의상담 청소년상담 가정상담에 각기 조장을 두고 조장이 사무실에 상주하며 업무를 분담하기로 하였다. 그러나 자원봉사단은 계획만큼 활동을 하지 못하고 결국 소멸되었다. 또한 총금강회는 제4차 대의원대회를 열고 신교도 신용조합설립 등 안건을 처리하였다(45.11.29). 신용조합은 우선 대구에서 먼저 설립을 추진키로 하고 성과를 평가한 뒤 신교도들의 반응이 좋으면 점차 대도시로 확대하기로 했다. 신용조합 역시 계획대로 실행하지 못하였다. 신용조합은 자원봉사단과 함께 의욕만큼 자세한 실행계획과 환경을 갖추지 못하여 계획으로만 끝났다.

(2) 학술과 문학 활동

종조사상 연구의 저변확대와 활성화를 위해서 신교도가 주도하여 회당학회를 창립하여 종조의 사상을 연구 보급하기로 하고 총인원 대강당에서 창립총회를 열었다(46.4.22). 회당학회 발기는 청년회원들이 주도하고 오랫동안 준비하여 결실을 맺었다. 회당학회는 창립회원 99명과 고문 스승 신교도 등 400여명이 참석하여 회칙(6장 32조)을 심의결의하고 고문에 운범 경정 등을 추대한 후 학회장에 발기인 대표 변종오(상정), 감사에 휴명 나선환을 선출하였다. 회당학회는 창립총회에 이어서 심포지엄을 가지고 덕일(회당대종사의 불교개혁사상 일고), 허일범(만다라를 통해 본 회당사상), 박희택(회당사상의 시대적 배경) 등이 발표를 하였다.

　　종단의 스승과 신교도 중에서 문학에 소질과 관심이 많은 사람들이 모여 진각문학회를 창립하였다(43.6.19). 문학을 사랑하는 진각행자들의 모임인 진각문학회는 회원과 스승 신교도와 많은 축하객들이 참석하여 총인원 잔디밭에서 창립식을 하고 장용철(지현)을 회장으로 추대하였다. 문학을 사랑하는 스승 종무원 신교도가 오랜기간 준비한 진각문학회는 창립식에 이어서 시낭송회를 열어 축하외빈 진관(조계종 스님) 변규백(작곡가) 이지형(소설가) 최규찬(여성불교) 등이 축시와 축가 등으로 진각문학회가 불교문학 발전에 이바지할 것을 기원하였다. 창립회원 20여명으로 출발한 진각문학회는 활발한 활동으로 종단문화의 저변확대에 촉발제가 될 것을 다짐하였다. 진각문학회 회원 중에는 박필규(수필) 장용철(시인) 임병기(시인) 등 현역 문인과 덕일 홍일정 자혜원 등 스승이 참여하였다.

　　진각문학회는 '진각문학' 창간호를 발간하고 삼밀문학三密文學을 지향하는 문학지로서 종교문학과 종단문화의 창달에 새 지평을 여는 기폭

제 역할을 시작하였다. 진각문학 창간호는 회원들의 문학작품과 중견소설가의 찬조작품도 함께 싣고 선사열전(원오제 대종사님의 행장)과 특집 논문(만다라 사회를 주창한다)을 실어서 편집의 다양성을 시도하였다.

(3) 자성학교 교화

자성학교 활동이 활발하여 대구자성학교 교사들이 임의로 모인 기존의 자성학교 교사협의회를 정식으로 결성하고 창립총회를 가졌다(42.9.3). 대구자성학교 교사협의회는 대구지역 전 현직 자성학교 교사와 스승과 신교도가 참석하여 대구관구청에서 창립총회를 열고 회장 하주태, 총무 김영희를 선출하고 정식 활동에 들어갔다. 자성학교 교사협의회는 자성학교 발전과 어린이 포교를 위해서 자성학교 커리큘럼 개발, 어린이 교화 연구, 연수 강연과 발표회, 여름자성학교 개설 등의 업무를 총괄하고 매월 모임을 갖기로 하였다. 중앙교육원은 제14기 자성학교 교사연수를 '시대에 앞서가는 어린이 교화 II'의 주제로 중앙교육원에서 개최하였다(43.7.31). 자성학교 교사연수는 자성학교 교사 단독연수 또는 유치원 교사 합동연수 등으로 개최하였다. 중앙교육원은 자성학교 교사 단독연수로서 '시대에 앞서가는 어린이 교화'라는 주제의 1차 연수에 이어 2차 연수를 실시하였다. 자성학교 교사연수는 교리강좌 교양강좌 여름자성학교 운영 및 서원가 실습 구연동화 발표회 현장실습 등으로 실시되어 자성학교 교사의 사명감 고취 및 바른 교사상을 정립을 강화하였다. 또한 분임토의를 통해 조직의 강화, 자성학교 발전 연구의 심화 등을 논의하고 지구협의회 회장들이 준비위원이 되어 전국적인 협의체 준비위원회를 발족하였다.

자성학교 어린이 교화를 위한 다양한 행사를 실시하였다. 종단은 창교 40주년을 기념하여 전국 각 심인당에서 창교 40주년 기념식 불사를 봉행하고, 진언행자들이 심인진리의 흥왕과 밀교중흥, 국태민안, 밀엄정토 구현을 서원했다(40.6.14). 또한 종단은 특히 창교 40주년 기념 제1회 자성학교 교리웅변대회와 글짓기대회를 개최하였다(40.7.22). 통리원이 주최하고 진각종보가 주관한 교리웅변대회는 창교절을 전후해 각 지역 관구청 단위로 예선을 거쳐서 지역대표 17명을 선발하였다. 서울여름자성학교 기간 중 총인원에서 열린 중앙결선대회는 250여 명의 자성동이와 학부모, 종단 관계자들이 지켜보는 가운데 지역대표 17명의 열띤 웅변 솜씨를 보였다. 심사의 공정성을 위해서 2인의 종단 스승(혜일 경정)과 함재수(법사) 곽영석(극작가) 등 2인의 외부 인사가 심사하여 임순재(총인상) 김무진 이우영(통리원장상) 김미영 김일원(교육원장상) 등 13명이 수상하고 진실한 자성동이가 되기로 다짐하였다. 역시 통리원이 주최하고 진각종보가 주관한 글짓기대회는 어린이들의 신심과 지혜를 담은 총 150여 편의 작품이 응모되었다. 진선여고의 교사 박문재 박춘희 시인이 심사하여 김영희(금상 운문부) 박영진(금상 산문부) 자성동이가 수상하였다.

　　자성동이 교리웅변대회와 글짓기대회는 통리원이 주최하고 진각종보가 주관하여 제2회 대회를 실시하였다. 자성동이의 신심을 심화하기 위한 글짓기대회는 운문부 산문부로 나누어서 참가 작품을 받아서 신현득(아동문학가)의 최종심사에서 보정심인당(단체상) 손규하(금상 운문부) 김동숙(금상 산문부) 등 22명이 입상하였다(41.7.15). 교리웅변대회는 관구청에서 예선을 거쳐 뽑힌 12명의 자성동이가 참가하여 서울지역 자성학교 여름캠프 마지막 날 총인원 대강당에서 결선대회를 열었다(41.8.14). 종단의 스승과 300여명의 자성동이 신교도가 지켜보는 가운데 열린 결선대회에서 나대경(총인상) 강영지 남성욱(통리원장상) 노영석 황인범(교육원장상) 등 12명의 자성동이가 수상하였다. 자성학교 교리웅변대회와 글짓기대회는 이듬해에도 실시되었다.

　자성동이 웅변대회 글짓기대회가 자성학교 발전에 크게 도움이 되어서 대구자성학교 교사협의회는 자성학교 서원가 잔치를 주최하였다(43.3.19). 자성학교 서원가 잔치는 대구 경북의 15개 자성학교 자성동이 400여명과 시내 스승 신교도가 동참하여 대구관구청 강당에서 열었다. 자성학교 서원가 잔치에는 8팀의 자성동이 가족팀과 4개 심인당 연합합창단, 전국청년회 대구지부 노래팀인 묘법음 합창단이 찬조출연하여 서원가 잔치를 풍성하게 하였다. 서원가 잔치에서 음악성 및 가창 자세와 관객반응을 기준으로 심인중고 음악교사 이달철 배해근의 심사로 선정자성학교(으뜸상) 보원 시경 희락자성학교(장려상)가 수상하고 가족팀과 자성동이에게는 선물을 수여했다.

　자성학교 교화를 위해 매년 여름 실시하는 여름자성학교를 종단에서 지원하여 전국적으로 실시하였다. 여름자성학교가 자성동이의 성장과 신심을 높이는데 큰 효과가 있어서 종단은 전국 각 관구청 또는 심인당별로 여름자성학교 실시를 독려하였다. 경주관구청에서 시작으로(43.7.24) 6개 관구청과 6개 심인당(보광 지원 위덕 정지 남선 여래)에서 주제강연 체조 및 개명정진 율동 및 서원가실습 교리공부 및 퀴즈대회 사생대회 및 체육대회 장기자랑 즐거운 물놀이 레크레이션 캠프파이어 부처님께 편지쓰기 등의 프로그램을 공통으로 실시하였다. 경주관구청은 자성학생 200여명이 참석하여 홍원심인당에서 2박3일간 제3회 경주 여름자성학교를 실시하고, 대구관구청은 심인고등학교에서 250여명의 자성동이가 참석하여 자성학교 교사협의회가 주관하여 2박3일간 열었다(43.7.24). 대전관구청은 대승심인당과 자비유아원에서 자성동이 100여명이 동참하여 2박3일간 실시하였고(43,7.27) 부산관구청은 250여명의 자성동이가 태종대에서 제2회 부산지구 여름자성학교를 개최하였다(43,8.2). 포항관구청은 보정심인당에서 120여명의 자성동이가 제3회 포항 여름자성학교를 2박3일간 열었고(43,7.31) 서울관구청은 제4회 서울 여름자성학교를 자성동이 200여명이 참가하여 총인원에서 2박3일간 열었다(43,8.3).

또한 여름자성학교는 보광심인당이 5일간 300여명의 자성동이가 모여 실시하였고, 지원심인당은 3박4일간 120여명의 자성동이가 모여서 제1회 여름자성학교를 열었고, 위덕 정지 남선 여래심인당이 여름자성학교를 열어서 자성동이 교화에 노력하였다.

한편 종단은 시범유치원 제도와 함께 시범자성학교 제도도 도입하였다. 어린이에게 건전한 종교관과 진각인의 긍지를 고취시켜 자성학교 활성화를 기하기로 하였다(44,3.1). 시범자성학교 첫 대상은 구미 보광자성학교와 감포자성학교를 선정하였다. 선정된 두 자성학교는 시범유치원제도와 마찬가지로 타 자성학교 교사와 교직자가 함께 견학하여 자성학교 운영에 좋은 자료가 될 수 있도록 공개수업 등을 하도록 하였다.

(4) 청년회 활동

전국청년회는 창립 이래 수련대회와 진여지 발간 등 다양한 활동을 통하여 신행과 교화에 힘써왔다. 전국청년회는 연례행사인 하기수련회를 울릉도에서 '원력으로 인연 따라'라는 주제로 4박5일간 개최하였다(41,7.24). 열 네 번째로 열린 하기수련회는 종조탄생지인 금강원에서 종조전 참배 불사를 봉행한 후 발단식에서 "이념과 실천의 체계를 바로 세워 종조께서 오신 뜻을 되새기며 진각의 앞날을 조망하고 토론함으로써 종단발전의 등불이 되자"는 선언문을 채택하였다. 하기수련회는 매일 발원의 날, 자성의 날, 정진의 날, 회향의 날로 정하고 '진각교전'말씀과 대불진청 이념에 대한 내면화 정도를 겨루는 청학고시, 조국의 안위와 번영을 기리는 진호국가불사 등 다양한 정진활동을 하였다. 매일 저녁 발원과 참회의 자리를 마련하고 수련대회의 체계적인 진행을 점검하였다. 또한 지역심인당과 금강원 도동 성인봉 나리분지를 걷는 성지순례대행진 등을 통하여 종단에 대한 자긍심을 고양하고 신행의 내적 확신과 불자로서의 소명을 자각하는 계기를 마련하였다. 한편 전국청년회 제14회 학생수련회는 전국 각 지부의 학생회원들이 모여서 3박4일간 총인원에서 열렸다. 수련대회는 독송, 정진, 포살불사 등을 통해 신심을 고취하고 수영 탈춤 선지식 제전 등을 통해 법우간의 우애를 증장하였다.

청년회는 전국 지부조직을 통하여 조직이 늘어나면서 종단의 행정과 교화활동에도 관심을 가졌다. 전국청년회는 '종단흥왕의 과제와 전망'을 주제로 본부회관에서 3일간 밀청세미나를 개최하고 장기발전백서 발간을 논의하였다(42.9.16). 밀청세미나는 6개 지부장단으로 조직, 교육, 재정 등 3개 분과위원으로 나뉘어 분과별 토론을 거쳐 종합하고 전체토론을 통하여 결론을 문서화하였다. 밀청세미나에서 논의한 사항을 중심으로 전국청년회 32차 운영위원회를 열고 청년회의 활동에 관한 여러 안건을 논의하였다(42.10.15). 운영위원회는 종단과의 간담회, 수익사업위원회 구성, 민주자주통일불교협의회 동참 등의 안건을 결의하였다. 또한 전국청년회 특별활동반으로 사물놀이반 발족을 보고하고 매년 4/4분기는 회향문화제를 중심으로 지부 정기총회, 대의원 정기총회 등을 개최하며 전국 범위의 밀청체육대회를 격년제로 열기로 하였다.

전국청년회 대구지부는 종조열반절을 맞아서 불사를 봉행하고 금강백일장 대회를 열었다(42.10.16). 대구지부 연례 주요행사인 금강백일장 대회는 중고등학생을 대상으로 제10회 대회를 시내 스승과 신교도가 동참하여 두류산 체육공원에서 실시하고 종조정신을 기렸다. 금강백일장 대회에서 오수경(고 장원) 오재경(중 장원) 등 8명이 수상하였다. 백일장 수상작과 출품작품은 책으로 출간하기로 하였다.

전국청년회는 연례행사인 하기수련대회를 일반대중에 확산시키려는 취지로 선지식제전을 열고 체육 문화 학술행사를 실시하였다(43.7.27). 선지식제전은 대구지부 주관으로 청년부 학생부 300여명이 참가하여 3박4일간 심인중고등학교에서 열렸다. 선지식제전은 축구 탁구 등 체육활동과 가요제 가면무도회 촛불제 등 문화행사를 비롯하여 박희택의 '회당사상 정립의 방법론'에 관한 학술강연을 통하여 호연지기와 신심을 길렀다.

전국청년회는 해마다 청년회의 명예를 높이고 연간활동이 모범이 되는 회원을 선발하여 시상하는 '올해의 주인공'을 제정하여 시행하였다. 전국청년회는 임원회의를 열어서 제3회 '올해의 주인공'에 최지호(지혜인상), 서울학생연합회(자비인상), 최혜경(용기인상)을 선정하고 대일상에 대한 표어모집의 수상자를 선정하였다(43.12.18).

종단운영에 대하여 수 차례 건의와 대안을 제시하며 종단체질혁신활동을 벌려온 청년회가 종의회를 앞두고 단식정진법석을 시작하였다(43.6.24). 단식정진법석은 총인원 종조전에서 발단불사를 시작으로 청년회관에서 무기한 단식농성에 들어갔다. 청년회는 기존에 건의한(42.11.1) 종단체질혁신사업 33항을 구체적인 6항으로 추려서 조속한 해결을 촉구하였다. 종단체질혁신의 구체적인 6개항에는 종단의 언론인 '진각종보'의 편집자율권 보장, 종헌종법연구위원회에 신교도 2명 동참, 진각회관 건립과 관련한 잡음해결 등이 포함되어 있었다. 단식법석은 락혜 홍교부장 면담과 4부장 간담회, 종의회 참관으로 단식을 풀고 회향하였다. 단식정진 법석에 따라서 혜일 통리원장은 전국청년회 임원과 간담회를 열어서 대한밀교청년회 용어사용 등 6개항을 건의 받고 청년회에 대한 종단의 책임육성과 재정의 지원 등을 약속하고 종단에 대한 청년회의 신중한 활동을 당부하였다.

종단은 원의회를 열어서 전국청년회가 주장하는 대한밀교청년회의 명칭을 불허하기로 결의하였다(44,7.31). 전국청년회가 임의로 사용할 수 있어도 공식 명칭은 대한불교진각종 전국청년회로 사용하도록 하였다. 전국청년회는 회지 '진여'의 발간을 중단하고 다시 '이원자주'를 창간하였다(45,7.1). 이원자주는 종단 안팎의 다양한 소리들을 종합적이고 체계적으로 신속하게 전달하려는 취지로 월간으로 발간하였다. 종조의 이원자주 정신을 표방하는 명칭답게 이원자주는 종단 종교계 사회 각 분야에 대한 종합적인 정보와 현실적으로 민감한 사안들에 대한 심층적 분석도 펴기로 하였다. 또한 전국청년회 산하 각 지부 청년회 학생회도 나름의 소식지를 발간하였다. 서울청년회는 '법등명'에 이어서 '죽비竹篦'를 발행하였다.

통리원 홍교부는 날로 심각해져 가는 청소년 문제와 정부의 청소년 선도사업 호응에 맞춰 종단이 청소년 인성개발에 적극 참여한다는 취지로 심인청소년예술단을 창단하였다. 심인청소년예술단은 어린이 단원 30명 청년단원 30명 등 60명의 단원으로 구성하고 단장 및 지도스승 락혜, 부단장 불지원(재무)이 맡았다. 그리고 박종철(총무) 임석희(합창지도) 송수현(바이올린) 권미경(플롯) 배화자(무용) 배순희(어린이합창) 진정아(청년부 반주) 등이 지도하기로 하였다. 심인청소년합창단은 희락심인당 강당에서 합창단원과 스승 신교도 등이 참석하여 창단식을 열고 활동에 들어갔다(45,1.19). 불교계 유일의 청소년예술단인 심인청소년예술단은 창단기념 발표회를 개최하고 합창 무용 악기연주 사물놀이 등의 공연으로 큰 호응을 받았다. 창단발표회는 종단의 4원장과 스승 신교도, 종단협의회 회장 의현스님과 관계자 등이 참석한 가운데 대구 시민회관에서 2시간의 공연을 통하여 예술단원의 기량을 발휘하고 많은 박수를 받았다(45,9.30).

4) 교화행사와 대외활동

(1) 교화행사

종단의 교화 폭을 넓히고 사회기여를 위해 사회활동도 꾸준히 전개하였다. 식생활개선을 위한 정부의 시책에 맞추어서 장충체육관에서 열린 식생활개선 전국불교인 단합지도자대회에 동참하여 총인이 보건사회부 장관으로부터 감사장을 받았다(27,6.30). 북한의 땅굴사건이 일어나서 종의회 의원이 땅굴시찰과 일선장병을 위문하고 위문금을 전달하였다(34,12.19). 철원 민통선 내의 도피안사 비로자나불 참배를 하고 땅굴시찰 및 일선장병을 위문하고 위문금을 전달하였다(35,5.15).

  음력 초파일 행사를 실시하기로 한 후 처음으로 전국 각 심인당에서 홍교부에서 특별제작한 연등과 팔각등을 달고 봉축행사를 하였다(35,5.11). 부처님오신날을 봉축하는 총인의 봉축사 '누리의 어둠을 밝히소서'를 발표하였다. 또한 종단이 주최하고 대구관구청이 주관하는 제등행렬을 심인중고등학교 학생과 신교도 그리고 시민이 동참하여 성대히 실시하였다. 심인중고등학교에서 봉축법요식을 가진 후 출발한 제등행렬은 대형 대일상을 앞세우고 심인고등학교 악대부의 연주에 맞추어 명덕로터리-대한극장-반월당-대구상업고등학교-경북고등학교-수도산 남명파출소 앞까지 시민의 열렬한 호응을 받으면 진행하였다. 한편 부처님오신날 봉축을 앞두고 총인원 경내에서 부처님오신날 특별공연을 하였다(35,5.1). 문화방송국에서 오갑순 무용단과 이인호 무용단의 공연과 진선여고 합창단 및 연화반의 봉축행사를 녹화하였다.

　　나라의 숙원사업인 독립기념관 건립사업에 적극 참여하기 위해 종단 차원의 후원금 천삼백구십이만사천오백원을 문화방송국에 기탁하였다(36,11.19). 또한 대한항공의 피격사건에 대한 규탄성명서를 발표하고 희생자를 위한 특별강도불사를 하였다(37,9.4).

　　불기2528년 초파일행사를 전국에서 성대하게 진행하였다(39,5.4). 서울지역 연합연등 대법회에 동참하는 등 전국 5개 관구청 및 신행단체가 신교도와 지역주민이 동참하여 연등행사를 성대히 치렀다. 서울은 봉축탑 점등에 동참하고 종조전 탑돌이와 총인원 인근 도로변에 연등과 봉축탑을 설치하였다. 각 심인당은 자체 지역에 연등을 밝히고 봉축행사를 하였고, 특히 탑주심인당은 운범 청림 각자님의 초청법회를 여는 등 부처님오신날을 봉축하였다. 대전은 특별기획 부처님일대기 슬라이드 상영과 금강회 청년회 학생회 자성학교 유치원 어린이들이 공동법락회를 열어서 봉축의 의미를 함께 하였다.

　　대구관구청은 대구시민운동장에서 연등축제에 동참하여 심인중고생 1,200명과 신교도 2,000여명이 대형장엄물 2개를 앞세우고 제등행렬을 하였다. 부산은 구덕실내체육관에서 봉행한 민족통일기원 호국백고좌 대법회에 동참하여 부처님오신날을 봉축하고 호국의 의미를 되새겼다.

포항에서는 연합행사에 동참하여 거리에 연등을 밝히고 서원가 경연대회를 개최하며 신심을 다졌다. 서원가 경연대회, 법락회 등을 비롯해 시내에 연등을 밝힌 경주지역은 찬란한 불교문화 도시의 자부심을 되새겼다.

　　창교 40주년 기념사업의 일환으로 육자진언을 음각한 창교절 기념 범종을 제작 배포하고 육자진언의 묘리를 증득한 종조정신을 새롭게 하였다(41,6.14). 또한 서울올림픽에 맞추어 올림픽 경축 염원 연등회에 동참하여 활동하는 한편 올림픽 선수촌에 불교관을 운영하여 불교를 홍보하고 선수들의 불심을 북돋우게 하였다. 종단은 불교관 운영의 자체 계획으로 홍보책자와 육자진언 오륜메달을 제작하였다(42,8.1).

　　창교 40주년 학술행사로 종단이 후원하고 동국대학교 밀교문화연구원이 주최하는 한국밀교사상 학술대회를 열었다. 동국대학교 개교80주년 기념을 겸하여 열린 학술행사는 동국대학교 중앙강당에서 종단의 스승과 신교도, 박권흠(국회 문공위원장), 지관(동국대 총장), 이재창(불교문화연구원장), 교계지도자 등이 대거 참석하여 개회불사를 올렸다. 밀교사상학술대회는 이틀 동안 1,000여명의 청중이 경청하는 가운데 원의범 등 13명의 학자가 발표를 하고 마지막 종합토론을 통하여 한국밀교사상을 종합 정리하였다. 밀교학술대회에서 발표한 '육자진언 신앙의 사적 전개와 그 특질(경정)' 등 학술논문은 '한국밀교사상사'로 단행본을 발간하였다(45,8.30).

(2) 불교연합 활동

한국불교종단협의회가 주최하고 대통령이 동참하는 남북통일 기원법회에 총무 재무 홍교부장이 참석하여 평화통일을 기원하였다(38,5.3). 정부가 불교재산관리법을 입법예고하여 한국불교종단협의회는 불교인의 입장을 논의하기 위해서 간담회를 열었다(41,6.20). 간담회에서 시국이 어수선한 시기에 나라 안정을 위해서 불교가 해야 할 본분사를 잘 실천하기로 다짐하였다.

　　진호국가를 위한 기원법회를 국회 정각회 회원들을 초청하여 통리원 회의실에서 봉행하였다(41,9.17). 기원법회는 혜일 통리원장을 비롯해 종단의 보직스승과 스승대표, 정각회 회원 등 50여명이 동참하여 부처님의 가지원력과 종조님의 무진서원으로 불법이 흥왕하고 나라가 안정되어 민주화가 순조롭게 진행되며 평화통일이 이루어져 안락한 국가사회가 건설되기를 기원하였다. 기원법회 후 간담회에서 통리원장은 진각종이 진호국가불사로 호국정신을 구현한 역사적 사실을 전하고 독실한 불자 정치지도자가 많이 나오길 기원한 후 정각회 회원들에게 창교 40주년 기념 범종을 증정하였다.

　　한국불교종단협의회는 서울올림픽 대회를 봉축하는 행사로 한강에 10만 연등 띄우기 행사를 계획하였다(42,9.17). 종단은 홍보위원장을 맡아서 500만원의 기금을 부담하고 서울시내 신교도가 행사에 참여하였다. 올림픽 대회 후 홍교부는 연예인불교회 회원을 종단에 초청하여 총인원에서 법회를 열고 연예인불교회 활동을 격려하였다(43,11.16). 연예인불교회는 발족 이후 종단을 방문 정기법회를 가지고 신심을 다독여 왔다. 연예인불교회의 정기법회에서 종단은 밀교의 교리와 육자진언의 수행에 대하여 설명하고 종단을 홍보하였다.

　　정부가 추진하고 있는 '새 질서 새 생활 운동'에 동참하기 위해 종단 차원의 실천운동을 벌이기로 하였다(45,9.1). 이미 생활혁신운동을 신행 차원에서 실천하고 있는 종단은 총금강회와 심인당의 신교도를 통해서 적극 동참하기로 하였다. 진각문학회는 해외포교원에 도서보내기 운동을 전개하기로 하였다(45,11.1). 진각문학회가 주관하고 종단 불교신문 법보신문 불교방송 한국불교아동문학협의회의 협찬으로 전개하는 해외 포교소에 도서보내기운동은 도서, 정기간행물 또는 도서기금 후원 등으로 펼치기로 하였다. 도서보내기운동은 미국 LA 불광심인당에서 설립추진 중인 미주불교문고에도 큰 도움이 되어서 진언행자의 참여가 높았다. 해외 포교소 도서보내기 운동은 2천460권의 도서와 2천47구좌의 도서기금이 접수되었다. 수집한 도서와 도서기금은 미국 불광심인당 미주불교 문고에 보내고 일부는 중국 해동포교소에 보내기로 했다(46,6.1).

한국불교종단협의회는 불기2535년 부처님오신날을 맞아서 민족화합기원 대법회를 여의도 광장에서 개최하였다(45,5.18). 민족화합기원 대법회는 각 종단대표 신행단체 등 5만 여명이 동참하여 민족화합과 평화통일을 기원하였다. 종단의 시내 스승과 신교도 청년회 자성학생 진선여중고 학생이 참석한 가운데 혜일 통리원장은 기원문을 통해서 모두가 중지를 모아서 민족의 화합과 세계평화를 이룩하기를 기원하였다. 대법회 후 제등행렬이 시작되었으나 시국의 상황에 저항하는 대학생들의 시위로 순조롭게 진행되지 못하였다.

(3) 불교방송 참여

불교계의 숙원인 불교방송 설립이 논의되어 종단은 이사理事 종단으로 참여하기로 하였다(42,12.22). 불교방송(BBS)이 설립 준비를 끝내고 개국을 맞아서 혜일 통리원장이 개국 축하메시지를 발표하였다(44,4.29). 혜일 통리원장은 메시지를 통해서 교계와 각계각층의 성원과 원력이 모여서 개국한 불교방송은 한국불교 천오백년사에 있어서 가장 큰 불사이며 세계불교 초유의 일로서 한국불자들의 큰 영광이라고 축하하였다. 그리고 불교 방송의 개국이 한국불교의 새로운 출발로서 불자와 국민 나아가 인류에게 지혜의 등명이 되고 참 삶의 지팡이가 되기를 기원하였다. 불교방송은 자체프로그램 '종단의 시간'에 진각대학에 대한 소개를 하였다. 인강 진각대학장을 소개하고 설립취지 학생선발 운영방안 등 대학전반에 다하여 설명하고 설립예정인 위덕대학교도 소개하였다. 무외(교무국장)와 자혜원(실상심인당 주교)가 참석하여 진각대학에 대한 자세한 설명을 하였다. 종단의 대구 기로원이 불교계의 주목을 받아온 터라 부처님오신날 특집으로 대구 MBC가 기로원을 소개하고 시설과 스승의 일상생활을 인터뷰하였다(42,5.1).

(4) 경승 활동

경찰청이 경찰의 정신교화를 위해서 경찰승려 제도를 도입하여 종단이 경승제도에 동참해서 경승 15명을 위촉받았다(41,7.2). 한국불교종단협의회는 조계종단이 맡아오던 경승제를 범불교 차원으로 확대하여 조계종 44명, 태고종 22명, 진각종 15명, 천태종 12명, 총화종 12명, 대한법화종 7명, 일승종 2명, 진언종 1명 등 115명이 새로 위촉되었다. 종단은 지역 안배를 고려해서 서울 5명(경정 혜정 관증 효봉 무외) 대전 1명(휴명) 대구 4명(락혜 덕일 효암 이일복) 부산 1명(석봉) 제천 1명(덕혜) 포항 1명(법광) 울릉도 1명(의현) 등을 위촉하였다. 위촉 받은 경승은 연수교육을 거쳐서 일선 경찰서별로 배속돼 경찰관들의 교화를 담당하였다. 종암경찰서에서 일정, 지현 정사가 경승위촉장을 받았다(44,4.20). 종단 스승의 경승 활동이 늘어나서 종단은 종지에 입각한 효율적인 경승활동을 할 수 있도록 경승임용 및 활동지원을 규정한 경승준칙을 제정했다(44,7.31). 경승준칙은 경승호칭, 요원선발, 정원, 활동 및 지원, 경승단조직 등을 담았다. 종단의 경승 활동이 활발히 전개되어 총인원 소관 종암경찰서 불자들이 모임을 갖고 불심을 돈독히 하기 위해 종암경찰서 법우회를 창립하였다. 총인원 탑주심인당에서 경승단과 법우회 회원 연합합창단이 참석하여 종암경찰서 법우회 창립법회를 열고 부처님의 가르침에 따라서 사회를 선도하는 등불이 되기를 기원하였다.

5) 국제활동과 불교성지 답사

(1) 국제활동

종단의 총인 원정각, 통리원장 혜일, 교육원장 인강, 종의회의장 각해, 부의장 대안화 안인정이 세계불교도우의회(WFB) 제14차 스리랑카 대회에 참석하였다(38,7.30). 대표단은 WFB 스리랑카 대회에 다녀와서 영어회화의 필요성을 절감하고 서울시내 스승들의 영어회화 교육을 시도하고 종무원 2명을 특별히 선발하여 영어회화 교육을 시켰다. WFB 스리랑카 대회 후 제15차 WFB 카트만두 대회에 종단의 4원장 등 9명이 참가하고 인도 태국 등의 불적지 답사를 하였다(40,11.25). 종단의 국제활동이 활발해지면서 해외불교인사의 총인원 방문도 잦아졌다. 티베트 망명정부의 인도 뉴델리 티베트하우스 소장 도붐 툴쿠가 종단을 방문하고 6일간 체류하면서 종단을 이해하고 상호 교류를 논의하였다(38,8.17). 도붐 툴쿠 소장은 제14차 WFB 스리랑카 대회에서 종단의 대표단과 알게 되어 종단을 방문하였다. 총인원 방문 인연으로 도붐 툴쿠는 경정정사의 인도 유학의 준비와 체류에 많은 도움을 주었다. 제14차 WFB 스리랑카 대회에서 종단 대표단이 스리랑카 고도古都 캔디의 불치사佛齒寺를 방문하여 교분을 맺은 찬다난다가 종단의 초청으로 총인원을 방문하였다(39,5.25). 스리랑카 승가의 최고위급이고 대통령 국정자문인 찬다난다는 부처님오신날 봉축사절로 방한하여 총인원을 방문하게 되었다. 혜일 통리원장은 오찬을 베풀고 간담회를 열어서 종단과 스리랑카 불교 간의 우의증진과 상호교류를 협의하였다. 특히 찬다난다가 계획 중인 국제불교회관 건립사업에 협력하기로 하였다. 네팔의 트리뷰반대학 교수이며 WFB 임원인 샤카가 총인원을 방문하고 친선교류를 논의하였다(41,8.26).

　　티베트 달라이라마의 스승 링린포체(6세)가 방한법회의 일환으로 총인원을 방문하고 법회를 열었다(45,5.20). 링린포체는 현 달라아라마의 스승 링린포체가 1983년 입적하여 1년 8개월 만에 환생하여 왕사로 받들어졌다. 링린포체의 총인원 방문법회는 탑주심인당에서 스승과 신교도가 참석하여 삼귀명례와 경전독송(티베트경전) 오대서원으로 시작하였다. 동참자의 따뜻한 환영을 받으며 법회장에 입장한 링린포체는 혜일 통리원장의 환영인사와 꽃다발을 받고 한국말로 '감사합니다'라고 화답하였다. 링린포체는 청법가에 이어 육자진언을 3번 지송하고 '같은 믿음을 가진 형제들을 만나 반갑다'고 인사한 후 '반야심경과 옴마니반메훔을 항상 염송해서 자비롭고 착하게 살기 바란다'고 당부하고 '마음이 정화되면 가정과 국가가 고요해지고 그렇지 않으면 시끄럽다'라는 명쾌한 법어를 하였다. 법회가 끝나고 링린포체는 축복의 징표인 카닥을 진언행자들의 목에 걸어주면서 축원하였다. 또한 금강회 간부에게는 축복 징표인 붉은 실을 손목에 걸어주며 축원했다.

(2) 불교성지 답사

스승교육의 일환으로 실시하는 해외성지답사를 일본에 이어서 인도에서 실시하였다(43,11.17). 인도 불교성지순례를 통하여 부처님의 발자취를 더듬어 보고 부처님의 고행과 가르침을 체험하기 위한 성지순례단을 4급 이상 행계의 스승으로 결성하였다. 성지순례단은 도흔 단장을 비롯하여 17명으로 구성하여 인도 태국 네팔 싱가포르를 둘러보고 불적지와 해외문화에 대한 견문을 넓혔다. 성지순례단은 뉴델리에서 인도 유학중인 경정의 방문을 받고 인도생활에 대한 궁금한 의문을 풀기도 하였다. 인도 성지순례는 2차로 계획하여 지광 단장 등 20명의 스승이 인도 태국 네팔 홍콩을 둘러보는 성지순례를 실시하였다(44,12.1). 성지순례에 대한 스승의 반응이 높아서 인도 성지순례 3차 순례단을 구성하였다. 성지순례단은 단장 혜강을 위시하여 17명의 비교적 젊은 스승으로 구성하여 인도 태국 네팔 홍콩을 경유하며 불적지를 답사하였다(45,10.14). 성지순례단은 뉴델리에서 유학중인 경정이 델리 인근의 순례에 동참하여 불적지와 생활에 대한 환담하였다. 특히 관증, 무외는 인도 유학에 대한 의견을 교환하고 인도유학을 준비하였다.

6) 스승의 동정과 심인당 신개축

(1) 스승의 동정

종단이 연륜을 쌓으면서 초기 스승의 열반을 많이 맞게 되었다. 종의회

의장과 통리원장을 역임한 아당이 지병으로 열반에 들었다(27.5.7). 원오제 스승과 함께 초기 종단의 교화에 큰 기여를 한 후 기로에 진원한 실상행이 열반에 들었다(31.1.18). 총인원 기로원에 주석하던 원오제가 세수 90세 법랍 32년으로 열반에 들었다(36.1.19). 원의회에서 종사에서 대종사로 추서하고 종단장으로 장례를 치르기로 결의하였다. 원오제대종사 장의위원회를 증명 원정각 총인, 위원장 장명 통리원장 등으로 여법하게 구성하고 통리원 대강당에서 고결식을 거행하였다(36.1.25).

도흔이 종권파동으로 퇴직 결의를 받았으나(35.5.15) 다시 복직되어(36.11.16) 광주 남선심인당으로 전보되었다(36.11.25). 이로서 종권파동은 완전히 수습되었다.

교화일선에서 활동할 스승은 수시로 임명되었다. 그 중에서 특별한 사실은 미국 LA 불광 심인당을 개설하고 지현을 주교로 임명한 일이었다(44.7.31). 지현은 종단의 첫 해외 파견 교직자로서 불광심인당에서 교화에 임하였다. 지현은 불광심인당에서 교화 중에 해외의 이점을 살려 대북對北 활동도 상황에 맞추어 벌였다. 향후 종단의 대북 활동은 지현의 역할이 매우 컸다. 또한 종립 심인고등학교 교장을 역임한 백봉을 대원심인당 주교에 임명한 일이었다(40.11.12). 백봉은 심인고 교장 역임 당시 학교의 문제로 권고 사임하여 교육원에서 근무하는 중 교화일선에 임명되었다. 백봉은 일선 심인당에서 교화하면서 스승의 생활에 적응하지 못하여 결국 자진 사임하였다(44.4.23). 종단 스승의 양성과 임명이 매우 중요한 사실을 일깨우는 계기가 되었다.

종단의 역사가 쌓이면서 초기 교화의 스승이 열반에 드는 일이 많아졌다. 초기 교화에 힘쓰고 기로에 진원하여 수양하던 혜공이 자택에서 열반에 들었다(39.4.17). 혜공은 종조의 여동생 자회심의 부군으로 교화 초기에 종조를 도와서 종단발전을 위해 정진하였다. 종단의 총인권한대행, 통리원장, 종의회 의장, 사감원장 등을 역임하면서 종단의 안정과 발전에 정진한 혜공은 노령에 와병 치료하던 중 열반에 들었다. 종단은 혜공의 장의를 종단장으로 결정하고 장의위원회를 구성하여 장의를 집행하였다. 원정각 증명, 혜일 장의위원장으로 구성한 장의위원회는 대구 희락심인당에서 고결식을 거행하고 칠곡 장지에 유택幽宅을 마련하였다. 진기 원년에 입교하여 범찰심인당에서 교화하고 기로원에 진원하여 수행하던 송복이가 열반하였다(42,6.3). 송복이는 교화 중에 삭발 출가하는 등 수행과 교화에 용맹 정진하였다.

교화스승의 열반과 신임 스승의 증가로 스승의 친화와 소통의 필요성이 높아갔다. 통리원은 스승의 친목과 협동정신을 고취시키고 체력단련을 강화하려는 취지로 스승 한마음수련회를 마련하였다. 한마음 수련회를 통하여 스승 사이의 친화력을 높이고 법담회를 활성화하는 등 종단화합의 계기를 마련할 수 있었다. 경주 각성심인당 헌공불사에 맞추어 제2회 스승 한마음수련회를 경주 온천관광호텔 잔디밭에서 개최하였다(45,5.23). 스승 한마음수련회는 모든 스승이 참여할 수 있는 운동 놀이 등 다양한 종목으로 청백 두 팀을 나누어서 진행되었다. 수련회는 원로스승이 수여하는 시상을 끝으로 환희한 마음으로 회향하였다.

한편 대안화의 회갑기념 사회집 '밀행삼매'출판기념회가 선화동 송정클럽에서 열렸다(41,9.26). 밀행삼매는 지현 자혜원 등 후학이 스승의 회갑을 기념하고 공덕을 기리기 위해 스승의 법문과 일화를 모으고, 후학과 신교도의 글을 묶어서 편집하였다. 출판기념회는 스승과 신교도, 또한 인연있는 인사 200여명이 참석하여 축가와 축사 사회집 봉정 등 다양하게 진행되어 흐뭇한 시간이 되었다. 그러나 출판기념회는 회갑연 등 현실 행사를 금지한 종조의 뜻에 비추어 적잖은 논란도 낳았다.

(2) 심인당의 신개축

총인원 인접부지를 매입하여 2층 건물을 지어서 종무원이 입주하였다(36,4.20). 유치원 건축을 위해 초기부터 건축자재 제작과 창고로 사용하던 2층 건물을 철거하고 총인원 경내를 정비하였다(36,9.3). 총인원 정문을 이전 건립하고 남쪽 도로 인접의 부지에 유치원 반지하 1층 지상 1층의 건물을 신축하여 지상 1층은 유치원 지하 1층은 창고 등으로 사용하고 총인원 서북쪽 경계담이 인접하여 현대식 온실을 지었다(37,10.26). 총인원 인근 부지에 월곡동 점포 3층 건물을 완공하고 3층은 스승과 종무원의 주거로 하고 1-2층은 점포로 임대하였다(37,12.20). 월곡동 점포의 임대 수익금은 스승자녀 장학금 조성에 사용하였다.

종단은 혼란을 겪어도 교화는 그나마 조금씩 발전하였다. 서울 서남지역 교화를 위해서 능인심인당 교도를 주축으로 개설한 실상심인당의 건물을 2층으로 증축하고 2층은 심인당과 자성학교, 1층은 사택 등으로 사용하기로 하였다(27,6.14). 영등포 지역의 교화에 크게 기여한 능인심인당이 노후하여 구 건물을 철거하고 신축하고 헌공하였다(27,11.27). 그간 통리원 건물에서 교화하던 탑주심인당의 건물을 2층 우산각으로 건립하고 헌공불사를 올리고 종단 본부도량의 위용을 갖추었다(28,12.17). 탑주심인당은 2층은 심인당, 1층은 대강당과 부대시설로 사용하였다. 충북 북부의 교화를 담당하던 장엄심인당이 건물이 노후하고 점포 공용으로 교화에 불편한 일이 많아서 부지를 따로 매입하여 사택과 심인당 2층을 신축하여 헌공하였다(37,11.22). 장엄심인당 건물의 2층은 심인당, 1층은 자성학교 겸 유치원으로 사용하였다.

　　대구지역의 교화도 구경심인당을 개축하는(28.9.12) 등 진전을 보였다. 승원심인당(31.12.30)과 불승심인당도(32.12.19) 2층 우산각으로 개축하여 도량의 위용을 갖추었다. 그러나 의밀심인당은 슬라브 1층으로 개축하고 사택을 지었다(32.12.19). 한편 구미지역의 교화를 개척하기 위해서 구미시 원평동 946의 494에 대지 236평을 매입하여 우산각 2층과 사택 1동을 건축하고 보광심인당을 개설하여 헌공하였다(33.3.21). 또한 남산동심인당에서 집행하는 종단 행정업무를 옮기기 위해 매입해 둔 복현동 대지에 2층 건물과 사택 1동을 지어서 경전敬田심인당을 개설하고 헌공불사를 봉행하였다(36.10.21). 안동지역의 교화를 위하여 대지를 매입하여 건축하고 옥정玉淨심인당을 개설하였다(37.12.27).

　　대전지역의 응화심인당이 노후하여 개축하고(27.9.21) 나아가 득도심인당이 노후하고 협소하여 개축하고 헌공하였다(28.8.31). 부산 동래의 화친심인당의 교화가 크게 발전하여 동래구 명륜동에 164평의 부지를 매입하여 우산각 2층 건물을 신축하고 명륜明輪심인당을 개설하여 헌공하였다(27.11.21). 범석심인당의 시설이 협소하고 불편하여 3층의 건물을 지어서 교화에 편리하게 하였다(31.12.15). 정정심인당의 여유 부지에 3층 상가 건물을 지어서 스승의 수생사업을 위해 임대하기로 하였다(37.10.26). 경남 밀양의 수계심인당의 위치가 불편하여 밀양읍 삼문동에 대지 212평을 매입하여 우산각 2층 건물을 지어서 심인당을 이전하고(33.1.4) 옛[舊] 심인당은 처분하기로 하였다.

　　경주의 교화도 차질 없이 진행하여 항설심인당의 노후 건물을 개축하고(28.10.18) 민가를 개수하여 교화하던 정경심인당의 건물이 노후하여 인근에 대지를 매입하여 우산각 1층 건물을 짓고 심인당을 확장하고 이전하였다(29.8.28). 경주 감포지역에 교도의 수행 편의를 위해서 감포읍 436번지에 2층 주택을 매입하여 임시도량을 마련하고 감포심인당을 개설하였다(29.8.29). 도량의 정화 계획에 따라서 포항 기계의 범찰심인당의 건물이 노후하여 철거하고 우산각 1층 건물을 신축하고 헌공하였다(28.8.29). 기계면 계전의 누후한 건물을 철거하고 우산각 1층 건물을 지어서 헌공불사를 올렸다(28.12.27). 또한 구룡포 위덕심인당 목조 2층 건물이 노후하여 우산각 2층으로 확장 개축하고 헌공하였다(29.10.2). 한편 울릉도 남양의 선원심인당의 노후 건물을 철거하고 2층 건물을 신축하였으나(30.3.4) 심인당 화재로 2층 일부분이 손실되어 2층 일부분을 개축하였다(31.3.30). 포항 상원동 종조 자택지에 스승 후생 기금조성 목적으로 사용 관리하던 舊건물을 철거하고 지하 1층 지상 3층의 상가 건물을 신축하고 준공하였다(37.2.22).

　　광주 남선심인당을 개축하고 준공하여 광주 교화에 매진하기로 하였다(28.9.26). 제주 식재심인당이 협소하여 우산각 2층으로 신축하고 헌공불사를 올리고 신교도의 신심을 북돋우었다(29.9.23).

　　총본산 총인원의 정문을 이전하고 정문현판식을 가졌다(38.1.1). 신년 종조전 참배와 하례법회를 마치고 총인 통리원장과 서울 대전 스승 종무원 종립학교 교장이 참석하여 총인원 현판식을 가졌다. 교화의 터전인 심인당이 연륜이 쌓이면서 노후되었기에 개축하여 교화환경을 일신하였다. 또한 교화 발전에 따라서 필요한 지역에 심인당을 개설 신축하였다. 제천 장엄 심인당을 이전하여 신축하던 공사가 마무리되어 헌공불사를 올리면서 처음으로 본존가지 작법도 동시에 하였다(38.4.30). 춘천 방등심인당 사택이 노후하여 인접부지 105평을 매입하여 2층 건물의 사택을 개축하였다(43.12.16). 서울 전농동 무애심인당이 낡고 협소하여 종단 양식의 우산각으로 개축하고 헌공불사를 올렸다(45,4.18). 서울지역의 교화가 발전하여 강서구 화곡동, 강남구 대치동, 성남 태평동에 심인당을 개설하고 신축하였다. 화곡동에 대지 87평을 매입하여 2층 건물을 짓고 법륜法輪심인당을 개설하였다(40,11.16). 경기 성남에 인구가 늘어나서 태평동에 대지 2필지 116평에 지하 1층 지상 3층의 건물을 신축하고 대원大圓심인당을 개설하였다(40,11.17). 행원심인당은 진선여중고 인근 대치동에 2층 대지 322평을 매입하고 건물을 신축하여 개설되었다(40,11.19). 행원行願심인당은 사택 2층과 심인당 지하 1층 지상 2층을 우산각 건물을 신축하여 심인당 건물은 지하 1층과 지상 1층은 유치원과 자성학교로 이용하고 2층은 교화에 사용하였다.

　　대전 입실심인당이 문제가 발생하여 폐지되어 건물을 허물고 인접 대지 220평을 더 매입하여 사택 2층과 지하 1층 지상 2층의 우산각 건물을 지어서 대승심인당으로 개명하여 교화하였다(40,12.27). 대승심인당은 지하 1층은 자성학교 지상 1층은 유치원 지상 2층은 교화에 사용하였다. 전북 서쪽의 교화를 위해서 군산 오룡동에 부지를 매입하여 15평 건물을 완공하여 보덕심인당을 개설하였다(42,1.5). 익산 교도의 요구에 의해서 심인당 2층, 사택 2층의 건물을 지어서 관행심인당을 개설하고 교화하였다(43,11.2).

　　대구 희락심인당이 협소하고 낡아서 확대 중축重築하고 헌공하였다(38,5.24). 노후한 건물을 철거하고 2층 우산각 건물과 사택을 지어서 행대심인당 교화환경을 바꾸었다(39, 11.15). 또한 대구 수성동 시경(40,10.14), 성당동 보원(41,3.27), 비산동 신익(41,5.28), 달성동 정원(42,8.11), 성서 이곡동 최정(41,10.30), 대현동 낙산 심인당(44,11.27) 등도 개축하여 우산각 건물을 지어서 교화 환경을 일신하였다. 경북 영천의 천혜(45,3.28), 경남 합천의 입정심인당(46,3.31)도 노후한 건물을 철거하고 우산각 건물을 지어서 교화에 편리하게 하였다. 대구 경북의 교화 진척으로 심인당을 개설하고 교화에 착수하였다. 심인중고등학교 교화와 대구 남부지역의 교화 확대를 고려하여 대명동에 심인당을 우산각 지하 1층 지상 2층 건물을 지어서 대명大明심인당을 개설하고 헌공불사를 하였다(39,12.20). 건물의 지하 1층은 유치원으로 쓰고 지상 1층은 사택, 2층은 교화에 이용하였다. 경북 성주에 2층의 우산각 건물을 지어서 성진星珍심인당을 개설하고 교화하였다(41,12.1). 구미지역에 보광심인당 교화가 불어나서 인동 지역에 우산각 2층 심인당과 사택 2층을 신축하고 지원智元심인당을 개설하고 교화하였다(43,3.21). 대구의 신교도가 경산지역으로 유입하여 경산시 중방동에 대지 692평을 매입하여 우산각 건물로 지하 1층 지상 2층의 심인당, 2층 사택 및 유치원을 건축하고 경산심인당 열어서 교화를 시작하였다(44,3.21) 심인당 지하는 학생회 지상 1층은 자성학교 2층은 교화에 사용하였다. 경북 하양에서 참회원 명칭으로 교화하던 도량을 인수하여 법상法相심인당으로 개명하여 교화하였다. 법상심인당은 박신자(명선각)가 진각종 교법을 찬동하고 수행하려는 의사를 받아들여서 교화하게 하였다.

　　부산 경남에도 심인당의 신개축 불사가 많았다. 경남 서부의 충무시 무전동에 가옥을 전세하여 묘법심인당을 개설하고 교화를 시작하였다(40,6.11). 진주시에 신교도의 신행을 돕기 위해서 2층 우산각 건물을 신축하고 보천普天심인당을 개설하여 교화를 개시하였다(43,10.26). 울산지역의 아축심인당 교도가 늘어나서 신정동에 대지 250평을 매입하여 지하 1층 지상 2층의 우산각 건물을 짓고 정지正智심인당을 개설하여 교화하였다(40,11.14). 울산 인근 양산의 교화를 위해서 남부리에 대지 313평에 지하 1층 지상 2층의 심인당과 사택 2층 등 부속 건물을 지어서 불일심인당을 개설하고 헌공하여(44.3.27), 심인당 지하는 자성학교, 지상 1층은 유치원, 2층은 교화로 사용하였다. 부산 해운대 중동에 대지 331평을 매입하여 지하 1층 지상 4층 건물과 부속건물을 짓고 교화와 수련으로 사용하기로 하고 헌공하였다(44.12.21). 신축 건물의 지하 1층은 자성학교, 지상 1층은 강당, 2층은 지륜智輪심인당으로 교화하기로 하였다. 또한 본 건물의 지상 3-4층은 수련원 숙소로 이용하고, 부속건물의 1층은 수련원 식당, 2층은 사택으로 사용하기로 하였다. 심인당 신축과 더불어 노후 심인당의 개축도 병행하였다. 경남 진영의 삼학심인당을 우산각 2층으로 개축하였다(42.11.17). 동래구 온천동 화친심인당이 노후하여 2층 건물과 부속건물을 신축하고 헌공불사를 올렸다(46.3.19).

경주 포항 지역의 교화도 꾸준히 진척되었다. 교석심인당이 협소하여 우산각 2층 건물을 짓고 교화 환경을 개선하였다(41.3.26). 감포심인당을 2층 우산각 건물로 지어서 헌공하였다(41.12.15). 경주시 강동면 모서리의 상석심인당을 계획하고 우산각 구조의 1층 심인당, 1층 사택과 부속건물을 짓고 헌공불사를 하였다(45.12.19). 포항관구청 보정심인당이 노후하여 인접 대흥동에 부지 1,064평을 매입하여 우산각 2층과 사택 2층을 신축하고 관구청의 면모를 일신하였다(39.11.14). 영일 오천의 신락심인당이 노후하여 우산각 2층과 사택을 신축 완공하고 헌공하였다(45.12.19). 울릉도 도동 여래심인당의 교화환경이 열악하여 우산각 2층과 사택 2층을 신축하고 교화환경을 바꾸어서 헌공불사를 올리며, 동시에 보살십선계 수계관정불사를 올렸다(40.9.10). 여래심인당 개축 중에 천부동에 가옥을 매입하여 교도의 불편을 해소하고 교화의 활성화를 위해서 합강소를 다시 개설하고 이태복 보살이 자수自修하며 관리하게 하였다(40.6.26).

7) 종립 교육기관 증설

(1) 유치원의 설립 확대

어린이 교육에 이바지하고 교화의 저변확대를 위해 운영하는 유치원 설치는 계속되었다.

　　대명심인당의 개설과 동시에 유치원 설치를 계획하여 대구시 교육청의 인가를 받아서 2학급으로 대명유치원을 시작하였다(40,2.21). 신익심인당 개축과 함께 유치원 건물을 신축하여 신익유치원 2학급 규모로 교육청의 인가를 받았다(40,12.18). 구미 인동에 지원심인당을 신축하면서 유치원 시설도 구비하여 2학급의 인가로 인동유치원을 개원하였다(43,3.14). 대구 성서 이곡동 최정심인당 개축에 임하여 유치원 설립도 계획하여 지하에 2학급 규모의 최정유치원을 개원하였다(44,3.3). 영주 심지심인당 건축과 병행하여 유치원 개설을 위하여 교사를 신축하고 2학급의 인가를 받아 진각유치원을 개원하였다(44,3.14). 경산 중방동에 경산심인당 신축에 맞추어 유치원 건물을 독립으로 짓고 중방유치원을 4학급으로 개원하였다(45,3.6). 영천시 문외동 천혜심인당을 개축하면서 유치원 건물을 따로 지어 2학급 유치원을 개원하였다(46,3.11).

　　울릉도 여래심인당을 개축하고 심인당 1층에 유치원 시설을 마련하고 1학급으로 유치원을 시작하였다(44,3.2). 대전 신덕심인당 옆에 새로 건물을 지어서 탁아원을 개원하였다(44,3.16). 경남 양산 불일심인당을 신축하여 1층에 유치원 시설을 마련하여 2학급의 유치원을 개원하였다(46,3.20). 경남 진주시에 보천심인당 개설에 맞추어 심인당 경내에 탁아원을 설립인가를 당국에서 받아 개원하였다(45,3.2).

유치(아)원의 설립이 늘어나면서 종단산하 종립유치원 운영을 보다 활성화하기 위해 시범유치원 제도를 실시하였다(44.3.1). 시범유치원 첫 사업으로 서울의 탑주유치원과 포항 보정유치원을 선정했다. 선정된 두 유치원은 다른 유치원 원장과 교원이 함께 견학하여 좋은 수업 연구자료를 제공받을 수 있도록 하였다. 탑주유치원의 경우에는 3학급으로 110명의 원아들이 박혜정 원장과 교사 4명의 지도 아래 불교의 자비심을 바탕으로 심성교육을 중요시하며 창의력, 사고력, 실천력을 길러주는 교육을 성실히 하였다. 종단은 시범유치원 제도를 통해 얻은 성과를 바탕으로 전국 19개 유치(아)원의 상호 발전을 꾀하고 종립 유치원으로서의 특성을 보다 강화하기로 하였다.

유치원 교육이 활발하게 추진되면서 유치원교사의 연수도 지속하여 개최되었다. 유치원 교사연수는 주로 동하계로 자성학교 교사와 함께 또는 별도로 개최하여 다양한 연수 교육을 받았다. 종립유치원 제6기 연수(자성학교 제11기 연수)가 열려 교리강좌와 전문 교양강좌 등 강의를 듣고 분임토의 등 자체 활동을 하여 교리이해와 전문지식을 쌓았다(42.8.12). 유치원 교사의 단독연수로서 제8기 연수가 2박3일간 총인원에서 열렸다(43.7.20). 유치원 교사연수는 37명의 유치(아)원 교사가 참석하여 교리의 이해와 유아교육의 지식을 넓히고 교육의 실제 활동을 실습하였다.

(2) 위덕대학교 설립인가

정부의 교육부로부터 종단이 추진해 오던 종립대학교의 설립 가인가假認可를 받았다(45.11.2). 종립대학교 설립은 종조의 무진서원을 담아서 숙원사업으로 추진해 왔다. 종립대학교는 교명 위덕대학교(가칭)로 불교학과 등 총 10개 학과 400명의 정원으로 교육부의 가인가를 받고 개교 준비에 들어갔다. 대학설립 승인내용은 인문사회계열 불교학과(입학정원 40명), 법학과(40명), 경제학과(40명), 경영학과(40명) 등 4개 학과, 이공계열 전기공학과(40명), 제어계측공학과(40명), 통신공학과(40명), 전자재료공학과(40명), 통신공학과(40명), 전자계산기공학과(40명) 등 6개 학과였다. 손제석(서주) 회당학원 이사장은 종립 위덕대학교는 개교로부터 10개년 장기계획을 세워 인문대, 사회과학대, 공과대, 의과대, 자연과학대 등 30개 학부 및 학과와 대학원, 연구소 등을 갖춘 명실상부한 종합대학으로 발전시키고, 종립대학의 본질을 살려 밀교학연구의 구심점이 될 계획을 밝혔다.

한편 종단은 일찍이 종립대학 설립위원회를 구성하여 대학설립을 추진하고, 대학설립을 위한 인재양성의 일환으로 경정을 인도에 유학을 보냈다(43.8.31). 대학설립의 구체적인 추진을 위해 종의회(임시 278회)에서 종립대학 설립 및 설립자금 지원을 결의하였다(45.3.20). 그리고 각해 통리원장 집행부가 대학부지로 매입한 경주군 강동면 유금리 일대 4만5천여 평의 부지를 무상으로 회당학원에 출연하고, 부근 25만여 평의 부지도 추가 매입하기로 하였다. 또한 대학설립자금으로 부산시 전포동 부지를 회당학원에 무상 출연하기로 의결하였다.

종조의 창교이념과 종립학교의 건학이념을 기리기 위해 진선여중고 교정에 회당기념관의 건립을 계획하고 착공하였다(34.7.13). 회당기념관 건축공사를 완공하고 회당기념관에서 헌공불사를 올렸다(39.10.21). 회당기념관은 총건평 1,514평에 2,084석의 관람석과 기념실 도서실 특별실 구내식당 등을 구비하여 교육활동 학술활동 등으로 사용하도록 하였다. 회당기념관 헌공불사는 교직원 학생대표 신교도와 학계 교계 관계인사 등이 기념관의 좌석을 가득 메운 가운데 진행되었다. 종단의 신교도 연합합창단의 오대서원으로 시작한 헌공불사는 발원강도(인강 교육원장) 기념사(혜일 통리원장) 축사(오녹원 한국불교종단협의회 회장) 축원(서경보 일붕선원 총재) 외 축사에 이어서 기념공연 등으로 진행되었다. 한편 혜일 통리원장은 회당기념관이 인성개발을 위한 문화의 전당으로서 지역사회의 각종 문화, 교육의 장으로 활용하게 되고, 계속적인 시설과 환경정비를 통해서 종조의 교육이념을 실현하는 전인교육의 도량으로 불교중흥과 이 나라 교육발전에도 큰 역할을 다하도록 당부하였다.

종립학교의 교육열을 고양하고 격려하기 위해서 묘지관장학회를 설립하여 심인중고 학생 3명에게 장학금을 지급하였다(44,9.1). 묘지관장학회는 선정심인당에서 교화하다 열반한 묘지관의 4자녀가 어머니의 위덕을 기리기 위해 설립하였다. 묘지관의 4자녀는 평소 부모(父 신흥복)가 자주 말씀한 보살정신을 실천하기 위해서 신행생활을 돈독히 하면서 기금을 출연하여 장학금 지급을 지속하기로 하였다.

제3장

교법의 정체성과 교화의 사회화

1. 종단체제의 개선과 복지시설 확충

1) 종단체제의 개선

(1) 종행정의 전개

종권에 대한 지나친 관심의 부작용을 줄이기 위해 통리원장 임기를 3년 단임으로 종헌종법을 개정한(42,4.20, 265회) 후 지광을 통리원장으로 선출하였다(46,6.23). 또한 중앙교육원장에 도흔을 선출하였다. 도흔 교육원장은 전임 지광 원장의 잔여임기가 만료되어 다시 교육원장에 선출되었다(47,4.21). 지금까지 종단의 4원장 등이 의원으로 참석하던 통리원 원의회의 의원을 축소하여 총인 통리원장 중앙교육원장과 통리원 교육원의 각 부장으로 축소 개정하였다. 집행 의결기관인 원의회의 기능에 맞추어서 통리원 교육원에 한정하여 원의회 의원 구성을 개정하였다. 지광 통리원장이 취임하여(46,7.3) 업무를 보면서 통리원 각 부장을 선임하고 집행부를 구성하였다. 통리원 각 부장은 총무 일정, 재무 성초, 홍교 락혜, 건설 우승이 각각 맡았다. 통리원과 동시에 중앙교육원도 교법부장 휴명(46,9.11), 교육부장 석봉을 선임하였다(47,3.11).

도제양성의 기초교육기관인 진각대학이 활성화되기까지 잠정적으로 진각대학장을 교육원장이 겸임하기로 하고 도흔을 2대 진각대학장에 선임하였다. 또한 소암 사감원장이 임기 만료되어 재선임하였다(46,10.21). 스승의 수행 휴양기관인 기로원처럼 연로한 신교도의 수도 휴양기관인 수도원 설립을 결의하고(45,10.23) 청도군 화양읍 항자심인당 부지 내에 공사를 착공하였다(46,4.26). 수도원 설립에 따른 수도원법을 결의하였다 (47,3.11).

지광 통리원장의 중요사업인 청정국토건설본부 발족을 결의하였다 (47,3.11). 원정각 총인의 건강관계로 총인의 결재권을 통리원장에게 위임하기로 결의하였다(47,6.3). 지광 통리원장은 사감위원회를 통하여 소위 12인 종권파동 사건에서 입은 불명예를 회복하고 교적부의 인사기록을 정정하기로 하였다(47,11.25). 종단발전과 종무기강을 바로잡기 위한 행위가 쌍방의 인식 차이에서 증폭되어 법정문제와 체탈도첩 등의 불명예를 입은 사실을 바로잡고 12인의 정사와 가족관계인 전수의 교적부상 사건관련 기록을 삭제하고 명예를 회복하기로 하였다.

종단의 통리원장과 유지재단 이사장을 분리하여 맡아오던 규정을 개정하여 통리원장이 유지재단 이사장을 당연직으로 맡도록 개정하여 통리원장 지광을 유지재단 이사장으로 선출하였다(48,4.20). 종헌 종법을 개정하여 총인의 권한을 변경하였다. 총인은 종단의 행정업무 보다 종교적 교법업무에 치중하기로 하였다. ① 총인은 종단을 대표하고 법통을 승수한다. ② 임기는 6년으로 하고 재임할 수 있다. ③ 모든 교법에 관한 사항을 의결한다. ④ 종법에 정하는 바에 따라 교직자(스승)를 임면한다. ⑤ 종헌 종법개정에 대한 재가와 공포를 한다. 단, 종헌 종법에 관해서 거부권을 가진다. 또한 통리원장의 임기는 3년 단임제로 하고 일차에 역임한 후 재임할 수 없다는 조항을 재확인하였다(48,5.24). 도제양성의 중요성에 비추어서 통리원장이 도제양성의 지도자를 선임하기로 하였다. 스승의 행계승급 연한을 조정하고 종사의 정원을 7명에서 10명으로 늘였다.

원정각 총인의 열반에 따라서 제7대 총인에 각해를 만장일치로 추대하였다(48,5.24). 제7대 총인 각해의 추대식을 종단의 스승과 신교도 및 불교계와 관계기관의 인사 1천여 명이 동참한 가운데 총인원 대강당에서 거행하였다(48,6.16). 각해 총인은 추대식에서 취임선언문 서명과 종조의 부법 교계인 4대법통을 승수하여 총인의 권위를 널리 알렸다. 종조의 부법 교계를 봉안한 법인장을 선두로 8인 스승의 호위를 받으며 등단한 총인 각해는 오불봉청으로 시작한 추대법회에서 법어를 통해 "심인을 밝히는 사람은 큰 욕심을 가집니다. 대욕은 이웃을 보살피고 아픈 곳을 찾아 나서는 청정한 힘입니다. 진실을 앞세우고 저 허물을 들추지 않습니다. 미움을 살피고 은혜를 드높입니다. 이룬 것을 드러내지 않고 참회를 그치지 않습니다. 역사를 방향 잡고, 진각종문을 키워가는 큰 인물을 힘써 길러서 이 시대의 모든 아픔을 어루만지며 불조혜명의 부름을 받들어 갑시다"라고 교시敎示하였다.

종단 스승의 행계를 조정하여 대종사 종사를 품수稟受하였다. 각해 인강 대안화 안인정을 대종사에, 도흔 혜일 보인정 묘법을 종사에 품수하였다(48,9.29). 또한 대종사에 품수한 4명의 종사의 자리에 지광 일정 영안행 일성화를 종사로 품수하였다(49,4.17).

제8대 종의회의 임기가 끝나서 스승총회를 개최하고 제9대 종의원 37명을 선출하였다(49,4.19). 스승총회는 선거권자 172명이 참석하여 60명의 피선거권자 중에서 혜일 등 37명을 선출하였다. 종의회는 제297회 정기종의회를 열고 혜일 종의회 의장, 일정 복선정 부의장을 선출하여 제9대 종의회를 구성하였다(49,4.19). 지광 통리원장이 임기를 마쳐서 종의회는 제24대 통리원장에 락혜를 선출하였다(49,6.20). 락혜 통리원장은 종단의 스승과 신교도, 송월주 조계종 총무원장 등 내외 귀빈이 참석하여 총인원 대강당에서 취임식을 거행하였다(49,6.30). 락혜 통리원장은 총무부장 손개락, 재무부장(서리) 혜인, 홍교부장 덕혜, 건설부장 대경 등을 종의회 인준을 받아서 집행부를 구성하였다(49,7.27). 통리원 부장의 인준과 동시에 중앙교육원도 교법부장 혜정, 교육부장 효암을 인준 받아 집행부를 개편하였다. 락혜 통리원장은 통리원 집행부를 구성하면서 종헌종법의 개정의 필요성을 강력히 주장하고 종의회의 결의를 받아 종헌종법 개정작업에 착수했다. 동국대 불교학과 석사과정에 재학중인 종비생 김치원이 군복무 후 복학하지 않고 인도 델리대 불교학과 석박사과정에 유학 보내기로 원의회에서 결의하였다(49,12.14).

　　사감원장 임기 만료로 진당을 제29대 사감원장에 선출하고(49,10.20) 혜명을 사감부장에 인준하였다(49,12.24). 한편 종의회는 학교법인 회당학원 이사장에 혜일을 추천하였다(49,12.29). 교육원장 도흔의 임기가 끝나서 성초를 제6대 교육원장에 선출하였다(50,4.17). 성초 교육원장은 종헌종법이 개정될 때까지 진각대학장을 겸임하였다.

　　종단의 종헌 종법 개정 등 종행정의 개선에 의욕을 보인 락혜 통리원장이 임기 중에 사임하였다(51,4.16). 종단의 제반 업무를 활발히 추진하던 중에 건강이 쇠약해지고 특히 재무업무를 제대로 지휘 감독하지 못하여 재정의 문제가 발생하였다. 심인당 건설을 목표로 매수하여 둔 서울 성내동 부지의 재再매매과정에서 금전상의 부조리가 발생하여 종단 재산의 손실과 신뢰를 실추하여 통리원장의 직책을 사임하였다. 락혜 통리원장의 사임으로 종의회를 개최하여 제25대 통리원장에 성초, 제7대 교육원장에 일정, 진각대학장에 석봉을 선출하였다(51,4.17). 성초 통리원장은 총무부장 회정, 재무부장 수성, 문화사회부장 효암을 종의회 인준을 받아서 통리원 집행부를 구성하였다. 또한 종의회는 교육원의 교법부장 혜정, 교육부장 관증, 그리고 진각대학 교무처장 의현을 인준하였다. 성초 통리원장은 종단 내외의 귀빈 등 스승과 신교도가 동참한 가운데 취임식을 거행하고 업무를 시작하였다. 그리고 종의회는 종단 재정의 문제로 물러난 락혜 통리원장에게 행계2급 강등과 공권정지 5년의 징계를 결의하였다(51,7.18). 또한 공석 중인 건설부장에 혜명을 인준하였으며, 사회복지법인을 설립하기로 하고 세부사항은 이사회에서 결의하기로 하였다(51,10.22).

성초 통리원장 집행부는 종헌종법 개정위원회를 구성하여 종헌 종법의 수정과 보완을 하기로 하였다. 또한 금강수도원의 토지 및 건물 모두를 진각복지법인에 이관하기로 하였다(52,4.20). 종의회의 임기만료로써 스승총회를 열어서 제10대 종의회 의원 37명을 선출하였다(52,4.22). 종의회 의원은 혜일 등 정사 30명과 일성화 등 전수 7명이 선출되었다. 종의회 의원의 개편으로 종의회(312회)를 개최하고 의장 휴명, 부의장 수정 일성화를 선출하고 제10대 종의회를 구성하였다. 이어서 금강수도원의 건물 및 토지 소유권과 관리권을 진각복지법인에 모두 이관하기로 결의하다. 교육원은 연구기관인 종학연구실을 종학의 체계적인 연구를 위하여 개원하기로 하였다(52,6.23). 종단의 미래지향의 발전을 위해 종단발전기획위원회의를 설치하고, 국제포교 및 대북한 교류와 통일 이후의 북한 포교를 추진하기 위하여 국제불교연구소를 설치하기로 하였다. 열반스승 추모불사에 사용하는 사진(영정)을 위패로 전환하고 총인원 내에 자연석으로 된 육자진언탑을 세우기로 결의하였다. 종의회는 종단 인사의 방북 추진은 정부의 통일정책에 기여하고 종단의 홍보에도 도움이 되도록 집행부에 일임하여 책임을 지고 신중하게 추진하도록 하였다(52,9.3). 동시에 종단발전기획위원회 규정과 국제불교연구소 규정을 결의하였다. 종조의 존영 제작은 종단 원로스승의 추인으로 통리원장이 결정하도록 위임하였다. 종단 국제포교의 기반을 위해서 중국 스리랑카 학생 각 2명씩을 종비장학생으로 위덕대에 위탁교육을 시키기로 하였다. 종비생으로 인도유학에서 돌아온 무외를 문화사회부장에 임명하였다(52,12.28). 무외는 종단의 종비생으로 인도에 유학을 떠나서(46,8.1) 박사학위를 받고 귀국하여 처음 보직을 맡았다.

원의회의 결의에 따라서 박준석朴埈奭을 종비생으로 일본 유학을 보내기로 하고, 종단의 18명의 대표단이 북한 금강산 순례단에 참가하기로 하였다(53,4.19). 종의회는 교법부장 효봉과 문화사회부장 무외를 인준하고, 청소년 사단법인을 설립하기로 하였다. 종단의 홍보지 '진각종보'를 '밀교신문'으로 개칭하였다. 진각문화회관을 학교법인 회당학원에 기부하기로 결의하다(53,4.21). 청소년 사단법인의 명칭을 '사단법인 비로자나 청소년 문화교류협회'로 하고 정관을 심의 결의하였다. 미국 포교의 발전으로 미국 동부 워싱턴 지역에 심인당을 개설하기로 하였다(53,6.25). 심인당 본존을 장엄하기 위해 본존 양식을 제작하여 길상심인당에 봉안하고 추후 보완 결의하기로 하였다. 종조탄생 100주년 기념사업봉행위원회 운영내규를 결의하였다. 금강수도원의 자산을 진각복지재단에 이관하여도 수도원 운영은 통리원에서 하기로 하였다(53,10.20). 원의회는 락혜 통리원장의 징계 사면을 종의회에 상정하기로 하였다(53,12.15). 종단의 포교활동을 강화하기 위하여 문화사회부의 포교국을 다시 포교부로 확대 개편하고 문화사회부장 무외를 포교부장에 임명하고 건설부장 혜명을 문화사회부장, 건설부장에 의현을 임명하였다(54,1.20). 종의회는 문화사회부장 혜명, 포교부장 무외, 건설부장 의현을 인준하였다(54,4.1). 종단의 해외 유학생 초청 계획에 의해서 중국 유학생을 2명을 초청하여 포교부에서 관리하기로 하였다(55,4.12).

(2) 종단 정체성의 정비

종단은 총인의 권능에 대한 논의를 지속하여 왔다. 처음 총인은 종단의 교법과 행정의 최고 권능을 함께 수행하여 왔다. 교법파동 이후 종헌개정기초위원회가 초안한 종헌종법개정안을 심의 의결하였다(24.10.28). 그 중에서 대표적인 개정안은 총인의 권능에 관련한 조항이었다. 총인은 종단을 대표하고 법통을 승수하여 교법의 권위를 상징하는 자리로 바로 잡았다. 총인이 맡고 있던 종단의 현실업무를 통리원장이 행사하게 하여 원의회의 의장을 총인에서 통리원장으로 옮겼다. 또한 종단의 상시 의결기관이던 원의회를 통리원의 상시 의결기관으로 하였다. 이에 따라서 총인추대조례를 총인추대법으로 격상시켰다.

    총인의 권능은 종권파동 이후 행정 인사 재정의 최고 결재권을 가지고 책임을 지도록 바뀌었다. 총인이 재정의 최후 결재권을 가짐으로써 세간의 법적 책임을 지게 되는 상황도 예상되었고, 총인이 노령화 되면 행정 인사 재정의 모든 문제를 집행하기에 어려운 상황도 예견되었다. 따라서 총인의 권능문제를 다시 거론하였다. 종단의 행정 인사 재정의 최종 결제와 책임을 총인이 지느냐 통리원장이 지느냐를 논의하였다. 총인의 권능을 논의하면서 소위 총인 책임제, 통리원장 책임제 등의 표현이 있었으나, 이는 세속의 정치적 표현이므로 적합하지 않았다. 종의회(292회)는 총인의 권능에 대하여 오랜 논의 후에 다음과 같이 최종 결의하였다. ① 총인은 종단을 대표하고 법통을 승수한다. ② 임기는 6년으로 하고 재임할 수 있다. ③ 모든 교법에 관한 사항을 재결하고 공포한다. ④ 종법에 정하는 바에 따라서 교직자(스승)를 임면한다. ⑤ 종헌종법개정에 대한 재가와 공포를 한다(단 종헌종법에 관해서 거부권을 가진다). 종헌종법에 대한 거부권은 곧 총인은 종헌종법 개정에 대하여 종의회로 하여금 재심을 요구하는 일이다. 따라서 총인은 종단의 최고지도자로서 권능과 종교 본연의 교법에 관하여 권위를 가지게 되었다. 통리원장은 재정과 행정을 관장하고 책임을 지도록 하였다(48,5.24). 또한 종단 행정의 원활한 집행을 위해서 통리원장이 유지재단 이사장을 당연직으로 맡기로 하였다. 종권의 집착을 불식시키기 위해서 개정한 통리원장 3년 단임을 재확인하여 통리원장 임기는 3년으로 하고 1차 역임한 사람은 다시 통리원장이 될 수 없게 하였다. 총인의 권능을 개정하고 스승의 행계 승급연한도 개정하였다. 그리고 종사의 인원수를 7명에서 10명으로 하였다.

락혜 통리원장은 집행부를 구성하고 종헌종법의 개정의 필요성을 강력히 주장하며 종의회의 결의를 받아 종헌종법 개정위원 7명과 간사 1명을 선임하였다(49,7.27). 종헌종법 개정위원회의 위원장은 통리원장이 맡고 위원에 혜일 일정 효암 덕일, 그리고 간사에 경정을 임명하여 개정 작업에 들어갔다. 경정은 인도 유학에서 박사학위를 받고 귀국하여 위덕대학교 근무를 내정 받았다. 대학이 개교할 때까지 종헌종법개정의 임무를 부여받고 종헌종법 개정의 초안을 마련하였다. 종헌종법 개정위원회는 경정이 마련한 초안을 검토하여 종헌종법개정 공청회를 열고 종헌 종법에 대하여 광범위하고 심도 있는 토의를 하였다(49,10.19). 공청회 결과를 반영하여 종헌종법의 개정안을 마련하여 종의회에 상정하였다. 종의회(303회)는 종헌종법을 심의하고 종헌을 원안대로 결의하고, 종법은 다음 정기 종의회에서 종헌에 의거하여 심의하기로 하였다(50,4.17). 이어서 종의회는 종헌종법과 제 규정을 심의하여 만장일치로 개정하기로 결의하고 공포하였다(50,12.12). 종헌은 종조의 정신과 종단의 실정에 맞추어서 개정하여 종단의 정체성을 밝히는데 중점을 두었다. 종헌은 우선 총강을 통해서 종조 정신과 종단의 정체성을 뚜렷이 하였다. 종조의 유교에 따라서 진기18년 처음 종헌을 제정할 때 일본 진언종의 종헌을 참조하였다. 그 중에서 첫 3장의 내용은 고유 명칭과 일부의 내용을 제외하고 거의 진언종의 종헌을 따랐다.

종헌종법 개정위원회는 총 3장으로 구성되어 있는 첫 앞부분을 총강으로 하여 7절로 나누고 종단의 교의를 중심으로 종조의 정신을 밝혔다. 개정한 종헌의 내용은 다음과 같다.

제1장 총강總綱

제1절 종명 종통 종지

제1조(종명宗名)

1. 본종은 대한불교진각종大韓佛敎眞覺宗이라 한다. 총인원總印院(園)을 총본산으로 하고 심인당心印堂 포교소 및 기타 이에 준하는 장소를 통하여 교화 활동을 한다.
2. 본종의 명칭은 종조 회당대종사의 자내증自內證에서 연유하며 본종의 교리와 신행의 근원根源인 법신불을 의미한다.

제2조(종통宗統)

1. 본종은 불법의 심수心髓인 밀교정신을 본지本旨로 하고 밀교의 법맥을 심인心印으로 전수한 종조 회당대종사의 자증교설自證敎說을 종지宗旨로 하여 교법을 세우고 종문宗門을 열어서 시대에 맞는 교화 이념으로 방편을 펴는 불교종단이다.

제3조 (종지宗旨)

1. 본종은 법신비로자나불을 교주教主로 하고 육자대명왕진언을 신행의 본존本尊으로 받들어 삼밀수행(六字觀)을 통하여 법신불 진리를 체득하고 즉신성불과 현세정화 함을 종지로 한다.

제2절 교주教主 본존本尊 종조宗祖

제4조 (교주) 본종은 대일경大日經 금강정경金剛頂經에서 설하는 이지불이理智不二의 법신 비로자나불을 교주로 하며, 또한 신행에 있어서 근본본존根本本尊으로 한다.

제5조 (본존本尊)

1. 본종은 교주 비로자나불 및 종조의 자내증의 심인心印인 육자대명왕진언 옴마니반메훔을 신행의 본존으로 한다.
2. 육자진언을 심인당 포교당 및 이에 준하는 장소에 본존으로 모신다. 따라서 본종은 신행의 대상으로 등상불等像佛을 모시지 않는다.
3. 본종은 교주 법신 비로자나불의 자권속自眷屬인 금강계 37존과 육자대명왕진언을 상징하는 금강륜金剛輪을 종단의 표상으로 하고 이를 의식 의궤의 대상으로 할 수 있다.
4. 금강륜에 관한 의례는 진각의범에 의한다.

제6조 (종조宗祖)

1. 본종의 종조는 밀교의 법맥을 심인으로 전수한 회당대종사이며 종단 교법의 권위는 종조의 자내증의 법문에서 출발한다.
2. 종조의 자내증의 법문은 심인진리가 중심이며 이 심인(佛心印)은 법신불의 본성本性이요 육자대명왕진언의 본원本源이다.

제3절 소의경전

제7조(소의경전) 본종은 교주 법신 비로자나불과 심인으로 전수한 회당 대종사의 법이法爾의 당체설법當體說法에서 분류된 다음의 경본을 소의경전으로 한다.

1. 대일경 2. 금강정경 3. 대승장엄보왕경 4. 보리심론 5. 종조법전 6. 기타 삼학소재의 경률론을 신행에 참고할 수 있다.

제4절 기원紀元

제8조(기원) 본종의 기원은 진기眞紀 원년(불기2490, 단기4280, 서기 1947) 6월 14일부터 기산한다.

제5절 사법嗣法

제9조(사법)

1. 본종은 밀교의 법맥을 심인으로 전수한 종조의 "옛날에는 의발衣鉢이요, 이제는 심인법이라"의 심인법心印法에 의하여 법맥을 상승한다.
2. 법맥상승의 의례는 진각의범에 의한다.

제6절 계율과 계단

제10조(계율) 본종의 계율은 전통과 사실에 근거하고 밀교전래의 삼매야계와 종조의 심인계를 중심으로 한다.

제11조(계단) 본종의 계단은 삼매야계단이라 통칭하며 삼매야계단은 보살오계단 보살십선계단 보살십중계단 전법사중계단 및 전법심인계단 등을 개설하여 스승과 신교도에게 수계관정授戒灌頂을 행한다.

제12조(도량) 본종의 모든 계단은 총인이 지정하는 도량에서 설치한다.

제13조(계사) 본종 계단의 계사는 총인이 임명하여 종신직으로 하며, 각 계단의 3사 7증사證師는 계단 개설시 총인이 위촉한다.

제14조 계단의 설치 계사의 자격 규정과 계단에 관한 사항은 종법으로 정한다.

제7절 의식과 교화

제15조(의식) 본종의 의식은 전통과 교법에 근거하고 사실에 맞게 하여 간소와 편의를 위주로 한다.

제16조(교화)

1. 본종의 교화는 전 종단인이 행하며, 공식 법요 및 의식의 집행은 스승만이 행할 수 있다.
2. 본종의 교화는 본종 교의의 선포宣布와 의식의 집행을 기본으로 하며 진각교전을 중심 교전으로 한다.
3. 본종의 교화는 정례 공식불사 의례를 기본으로 하되 대중과 장소에 맞게 조정할 수 있다.
4. 본종은 도상숭불睹像崇佛보다 진리각오眞理覺悟를 위주하며 참회와 깨침을 실천의 기본으로 한다.

제17조 본종에서 집행하는 항례법요와 교화 의식은 진각의범에 의한다.

이처럼 종헌의 총강을 종조정신을 바탕으로 개정하여 종단의 정체성을 명확히 밝혔다. 그리고 종단의 정체성에 비추어서 개정된 종헌의 총강에 따라서 관련한 조항도 개정하였다. 그 중에서 중요한 내용은 총인의 정의와 인의회의 구성이다. 총인은 종단의 법통과 교법의 신성神聖을 상징하고, 심인법통을 승수하고 종단의 최고의 권위와 지위를 가지는 자리로 정의하였다. 총인의 자격은 2급 종사이상, 승속 22년 이상, 연령 60-75세까지로 하였다(임기 중에는 75세가 넘어도 임기 만료까지 할 수 있다). 총인의 임기를 5년으로 정하고 1차에 한하여 재임할 수 있게 하였다. 그리고 총인을 자문하는 의결기관으로 인의회印議會를 두었다. 인의회의 명칭은 초기 종단의 인회 총인회의 정신을 따랐다. 인의회는 종사 행계이상의 스승이 맡고 총인이 의장이 되어 종단의 교법과 수행에 관한 사항을 심의 의결하게 하였다. 그런데 개정 초안은 사감원을 현정원으로, 중앙교육원을 교법원으로 명칭변경을 시도하였으나, 개정위원회의 심의과정에서 사감원과 교육원으로 존치하였다. 다만 관구청은 교구청敎區廳으로 명칭을 바꾸었다.

  종법의 개정은 포교 및 교육법을 통리원 포교부와 교육원 교육부의 고유 업무로 이관하고 신설된 통리원 포교부의 사무분장에서 신교도의 조직 및 신행단체 관리, 자성학교 청소년 포교, 각종 연수회, 법회 의식집행, 교화자료 제작, 교첩 교도증에 관한 사항을 맡기로 하였다. 종립학교 관리법을 신설하고 학교법인의 이사와 감사는 종의회의 복수추천을 받아 이사회에서 선출하고 이사장은 스승 중에서 선출하고 통리원장과 위덕대학교 총장은 당연직 이사로 하였다. 또한 진각대학법과 해인행운영법을 새로 제정하고 회당장학회 운영법을 신설하여 스승 자녀, 종무원 자녀 및 신교도 자녀를 대상으로 하는 장학회를 운영하기로 하였다. 스승과 종무원 자녀의 장학금 지급한도는 중등 고등 전문대 대학교의 등록금 전액을 지급하기로 하였다. 종의회는 교육규정, 교직자퇴임식 시행규정 등 제 규정 등도 심의 통과시켰다. 또 진각대학 학칙을 일부 개정하여 교양과정을 기본교육으로, 연구과정을 전문교육으로 각각 명칭을 변경하고 편입학 자격에서 교육부에서 인정하는 불교대학(4년)을 졸업한 자는 3학년에 편입하고 불교학 관련 석, 박사학위소지자는 4학년에 편입할 수 있도록 하였다.

또한 성초 통리원장 집행부는 종헌종법 개정위원회를 구성하고 제307회 종의회의 종헌 종법개정 시에 누락된 부분을 보충하고 수정이 필요한 부분을 개정하기로 하였다(53.2.25). 또한 의제규범을 제정하기로 종의회에 상정하고(53.4.19), 본존장엄 법의 낙자 수행복 등의 법안도 종의회에 상정하기로 하였다(53.9.29). 수도원 운영관리에 관한 수도원 운영법의 삭제도 검토하였다(53.10.11). 스승의 활동범위가 다양해지면서 전문직 스승 법안을 보완하고(53.12.16), 종법 개정안을 종의회에 상정하였다(54.4.14).

(3) 종행정의 개선

종단은 교화발전과 시대변화에 맞춰 종무행정을 개선하였다. 사회의 경제발전에 맞추어서 심인당 교화활동에 필요한 심인당 차량구입 조건을 개선하였다. 심인당 삼종시 헌상금이 3억 이상이면 25인승 또는 35인승의 버스를 구입하고, 4억 이상이 되면 45인승 대형버스를 구입할 수 있도록 개정하였다. 또한 스승을 보좌하여 심인당 교화에 임하는 화도보살을 두어서 일정의 급여를 지급하게 하였다(48.5.24). 연례행사의 하나로서 종무행정을 담당하는 종무원이 한해의 업무를 회향하고 새해의 업무를 계획하는 종무원 연수를 총인원과 설악산에서 실시하였다(50.12.19). 통리원과 교육원의 종무원과 각 관구청 지근처무가 락혜 통리원장과 성초 교육원장의 업무교육 및 자체 업무평가의 계획 등으로 1박2일간 연수를 진행하고 종단 종무원의 긍지와 자부심을 높이는 계기로 삼았다.

　　종단이 사회발전에 발맞추어 교화발전을 구상하고 계획할 종단발전기획위원회(종발위)를 설치하였다(52,6.23). 종발위의 설치를 결의하고 다시 종발위의 운영 내규를 마련하였다(52,9.3). 종발위는 운영 내규에 따라 활동을 시작하기 위해서 1차 운영회의를 열어서 4개 전문분과위원회를 구성하고 임명장을 수여하였다(52,10.13). 종발위는 종무행정 포교 사회문화복지 교육교법 등 4개 분과위원회를 두고 각 분과의 활동상황을 중심으로 월 1회 운영회의를 열어서 심의 토의하기로 하였다. 종발위의 위원장은 회정 총무부장이 맡고 관천 법정 회성 원명 장익 등의 전문위원과 선상신 광혜 성산 등의 실행위원을 두고 지현이 간사를 맡아서 업무를 추진하기로 하였다. 종발위의 출범과 동시에 남북불교의 교류 등 대외의 교류활동을 위해서 국제불교연구소를 설립하고 운영규정을 마련하였다(52,9.3). 그러나 종발위는 별다른 결과를 얻지 못하였다.

　　정보화 사회의 흐름에 동참하기 위해 종단의 행정과 교화의 전산화를 추진하였다. 종단 내외의 다양한 교화정보를 수집 전달하기 위해서 전산실을 설치하고 운영하기로 하였다(52,7.1). 전산실은 자료의 체계적 장기관리를 위한 문서의 표준화와 전산작업, 통합 자료 관리체계를 통한 부서별 업무관리, 중앙과 지역 간의 종행정의 일관성 확립, 통계와 분석을 통한 신교도 관리, 종단 인터넷 개설, 종단 산하기관의 전산망 구축 등의 사업을 하기로 하였다. 전산실은 업무추진의 단계로서 1차로 종단행정의 전산화 내용개발과 통신 포교작업을 하고, 2차에 총인원과 교구청 및 심인당 간의 연결망을 통하여 교화정보와 신교도 관리의 체계를 수립하기로 하였다.

　　전산실의 설치에 따라서 종단의 홈페이지를 개설하여 사이버 포교

시대를 열었다(52,9.25). 종단 홈페이지는 종단 소개 교육사업 복지사업 포교사업 등 종행정의 3대 지표와 활동방침 등의 섹션을 구성하여 운영하였다. 종단 홈페이지는 정보기술의 발달에 따라 다시 새롭게 단장하고 동영상 등의 신개념을 도입하였다(54,5.1). 종단은 홈페이지 개설과 더불어 종교계 최초로 종단의 이미지표준화(CIP) 작업을 끝내고 선포식을 하였다(54,4.19). 종단의 이미지표준화 사업은 새로운 포교활동을 위해 종단을 상징하는 새 얼굴(심벌)과 캐릭터를 제작하였다. 춘기강공에 즈음하여 '금강신심, 금강진각'이란 주제로 종단이미지 표준화 선포식을 봉행하고 종단의 심벌마크와 캐릭터, 로고타입, 전용색상, 국영문 전용서체 등을 발표하였다. 종단의 CIP 작업의 연장으로 죽비竹篦의 캐릭터를 도안하여 명칭을 공모하여 '깨침이'로 확정하였다(54,8.11).

　　종단의 교화발전에 의해서 정보가 늘어나서 진각종보의 명칭을 밀교신문密教新聞으로 개칭하고 월 2회 발행하기로 계획하고(53,3.15) 종의회에 상정하기로 하였다(53,4.19). 밀교신문은 창간26주년을 맞아 격 주간으로 발행하여 시대 변화의 요구에 부응하고 종단과 불교계의 정보를 보다 신속하고 정확하게 제공하며 전면 가로쓰기로 발행하기로 하였다. 밀교신문은 또한 인터넷 밀교신문 '밀교뉴스넷'을 개설하여 인터넷 서비스를 시작하였다(54,5.1). 밀교신문은 인터넷 서비스를 통해 매일 오전 10시와 오후 6시 두 차례 뉴스를 업그레이드하여 신속하게 종단 내외의 뉴스를 제공하였다.

2) 사회복지사업의 전개

(1) 진각복지회 설립

종단은 스승의 퇴임 후 수행 휴양기관인 기로원 설립 후에 연로한 신교도의 수도 휴양 기관인 수도원(修道院) 설립을 종의회(280회)에서 결의하였다(45,10.23). 수도원 신축공사를 청도군 화양읍 항자심인당 부지 내에 착공하고(46,4.26), 수도원 설립에 따른 수도원법을 결의하였다(47,3.11). 수도원 건물이 완공되어 종단의 스승과 한국불교종단협의회 회장 의현 및 2,300여명의 신교도가 참석하여 수도원 개원 헌공불사를 올렸다(47,3.11). 수도원은 연건평 1,400평의 콘크리트 건물로 심인당을 비롯하여 거주실 식당 휴게실 양호실 세탁실 목욕실 등 편의시설을 갖추었다. 수도원 헌공불사에 이어서 1명의 각자와 9명의 보살 등이 처음 입소하였다(48,8.12).

종단은 스승과 신교도의 복지시설인 기로원과 수도원을 설립하고 다시 대사회의 복지사업을 계획하였다. 락혜 통리원장은 신년사를 통하여 사회에 능동적으로 참여하는 교화사업의 일환으로 복지사업을 추진하여 대사회활동을 확대할 것을 다짐하였다(51,1.1). 사회사업의 계획이 구체화 되어 가면서 종의회(311회)는 사회복지법인을 설립하기로 하고 구체적인 내용은 이사회에서 결의하게 하였다(51,10.22). 사회복지법인은 발기인 총회를 열어서 법인의 명칭을 진각복지회로 정하고 법인의 이사와 감사를 선임하였다(51,10.23). 법인대표 김선관(통리원장) 이사 김영호 최해욱 이상대 김상균 손규열 박종두 손개락 양택근을 선임하고 사업계획 및 예산을 심의하였다. 진각복지회는 사회복지시설 설립 및 운영지원사업을 통하여 종단의 대사회포교사업의 일환으로 국제구호 및 협력, 불우이웃결연 및 후원사업 등을 펴기로 하였다. 한편 종단은 성북구 하월곡동 19-3번지 소재 부동산 등을 진각복지회 목적사업에 대한 사업비로 지원하였다.

　　진각복지회는 보건복지부의 설립인가를 받고 업무수행에 들어갔다(52,2.18). 진각복지회는 조계종에 이어 불교계의 두 번째 사회복지법인으로 진각종 유지재단이 출연한 총 9억 2천만원 규모의 동산 및 부동산을 기본자산으로 하여 복지사업을 시작하였다. 진각복지회는 광제중생, 밀교중흥의 창교이념을 구현키 위해 정부 및 지방자치단체로부터 위탁받는 각종 사회복지관 등을 운영하고, 다양한 복지사업을 위해 복지기금을 조성하는 한편, 자원봉사 센터를 개설, 소외받고 고통 받는 이웃들을 위해 부처님의 법음과 자비를 직접 전달하기로 하였다. 특히 복지법인은 종단이 운영해 오던 수도원, 청정국토가꾸기운동 등 복지관련 사업들을 종합적이고 체계적인 사회활동으로 펼치고, 장단기적인 계획을 세워 청소년수련원, 어린이 포교를 위한 자성단 발족, 장묘사업, 국제교류 등을 통해 종교단체로서의 역할뿐 아니라 일반 사회복지단체로서 역할도 적극 추진하기로 하였다. 진각복지회는 현판식 및 개소식을 하고 정식업무에 들어갔다(52,3.10). 종립 위덕대학교 사회복지학과 신설과 때를 맞춰 설립한 진각복지회는 종단의 교육불사에 이어 복지불사의 시대를 열어가기로 다짐하였다.

(2) 복지사업과 복지시설 수탁

진각복지회는 이사회를 열고 인강 안인정 대안화 보인정 등 원로 퇴임스승을 고문으로 추대하고 복지타운 건립과 복지시설 수탁을 결의하였다

(52.4.21). 진각복지회는 법인설립 이후 서울 종로구청으로부터 옥인어린이집(정원 59명)을 수탁하고 운영에 들어갔다(52.3.5). 그리고 시립이나 구립의 시설의 위탁운영보다는 전국 6대 교구청별로 직영복지관을 설립하는 방침을 세웠다. 또한 전국의 종립학교 학생과 심인당 신교도를 중심으로 자원봉사를 모집, 자원봉사센터를 운영하기로 했다. 이와 함께 장기적으로 위덕대 의과대학 신설과 연계 복지병원설립, 실버타운 및 납골당 건설 등을 계획하고, 이미 확보한 경북 의성의 임야 43만평에 대한 활용방안을 강구하기로 하였다.

복지법인은 성북구청에서 석관제일어린이집을 수탁받았다(52.5.1). 진각복지회는 진각복지재단으로 명칭 변경하고 총인원 인접 종단 종무원 사택에 실직자 자녀의 보호를 위한 시설로서 '선재의 집'개원식을 하였다(52.5.1). 서울 성동구청으로부터 성동구청 관내 무료 세탁방을 수탁 받아 밀각심인당에 설치하게 되었다(53.2.22). 또한 인근의 금호 2가 어린이집도 수탁 받고(53.2.26) 관악구 구립 양지어린이집을 수탁(53.3.27), 신내 어린이집을 수탁 받아(54.7.14) 복지재단의 사업을 활발히 전개하였다. 복지재단은 복지관으로는 처음으로 부산 강서구청에서 낙동종합사회복지관을 수탁하여 지역주민을 위한 복지사업을 시작하였다(53.3.30). 낙동종합사회복지관은 968평의 대지에 건평 433평의 지하 1층, 지상 2층 규모로 지하 1층에 식당을 비롯한 조리교육실, 샤워실, 연회실(체력단련실)을 갖추고, 1층에 컴퓨터교실, 미술교실, 피아노 교실, 미용교실, 진료실(물리치료실), 상담실, 어린이집, 2층에는 대강당(예식장), 사회교육실, 아동도서실, 독서실, 휴게실 등의 시설을 완비하였다.

서울시의 성북노인종합복지관을 수탁하여 개관하였다(53.9.30). 성북노인종합복지관은 지역 노인의 공동체 의식을 조성하고, 저소득노인의 자립능력 배양과 건강 예방, 치료 등 종합적인 서비스를 제공하여 지역노인들의 복지향상에 역점을 두었다. 성북노인종합복지관은 연면적 329평에 지하1층 지상5층 규모의 시설로서 경로식당 상담실 기능회복실 사회교육사무실 이·미용실 교육실 실외휴게실 치매주간보호실 작업치료실 특수치료실 자원봉사자실 체력단련실 문화강좌실 등을 갖추었다.

복지재단은 '선재의 집'의 운영을 중단하고 그 자리에 날로 증가하는 치매노인의 부양문제를 해결하기 위해 마련된 진각치매단기보호소를 개소하였다(54.1.30). 진각치매단기보호소는 대지 100평, 건평 60평의 단독 2층 건물로 치매노인의 안전보호를 위한 숙박실 의무실 물리치료실 목욕실 세탁실 등 시설을 갖추고, 간병인 간호사 생활보조원 등 치매노인을 위한 전문인력을 두었다. 진각치매단기보호소는 서울시가 실시한 재가노인복지 확충사업에 따라 진각복지재단이 제안한 치매노인복지에 대한 사업계획이 채택돼 서울시의 보조로 운영하였다. 또한 의정부 장애인주간보호시설 '곰두리네 집'을 수탁하여 개원불사를 하고 운영하였다(54.8.3).

진각복지재단은 전국불교사회복지대회에서 불교사회복지진흥 공로패를 받았다(53.5.12). 종단은 복지재단과 함께 경기 강원 북부 수재민을 위해 긴급수해대책반을 가동하여 수재민수호사업과 지원사업을 펼쳤다(53.8.2). 복지재단은 현세정화 교화이념의 실현을 위해 진각복지재단 산하 진각사회봉사단 발대식을 가졌다(53.10.16). 진각사회봉사단은 스승님과 신교도 등 봉사단원을 통하여 소외되고 어려운 이웃을 돌보고 각종 봉사활동에 참여하여 체계적인 보살행을 전개하기로 하였다.

종단 청소년 사단법인 비로자나청소년협회는 문화관광부의 정식 설립인가를 받고(54.7.21), 총인원 대강당에서 출범식을 하고 청소년 문화창달과 건전문화 보급에 앞장서기로 하였다(54,8.24). 비로자나청소년협회는 사단법인 설립을 기념하기 위해 서울 대구 대전 부산 경주 포항 등 전국에서 중고등학생 등 청소년 3백여 명이 모여서 경북 안동 하회마을에서 홍천 대명유스호스텔까지 통일의 염원하는 100km 국토순례 대장정을 시행하였다(54,7.24). 비로자나청소년 협회의 설립준비로 진각복지재단은 제천시 송학동 소재 제천시 청소년 수련관을 수탁하여 종단 인사와 제천시장 등 관계 인사가 참석하여 개관식을 하였다(53,11.9).

진각복지재단은 한국국제협력단의 민간지원단체(NGO)에 등록하기로 하였다(53,7.16). 진각복지재단 한국국제협력단 민간지원단체(JGO)는 네팔과 스리랑카에 JGO 이름으로 국제지부를 설립하고 국제포교의 새 전기를 마련하였다(53,11.25). 진각복지재단은 네팔의 JGO을 설립하고 (53,11.25) 이어 국제지부 설립을 위해 스리랑카를 방문하고, 스리랑카 정부 산하 직업훈련소와 건물 및 대지(4천평) 사용의 장기임대계약을 체결했다 (53,11.25). 직업훈련소 임대계약 후에 시설을 정비하고 현지인 직업훈련과 영어 한글 컴퓨터 교육, 태권도 등 한국전통문화와 교양강좌 등을 실시하였다. 한편 임대체결식에서 스리랑카 유력 종파인 시얌종 대표단은 현지인을 중심으로 진각복지재단 스리랑카지부 후원회를 결성하기로 하였다.

JGO 시설임대 계약에 따라서 진각복지재단은 스리랑카 네곰보 카타나 현지에 JGO 사회직업훈련센타를 개원하고 전통적인 불교국가 스리랑카에 한국불교의 자비복지사상을 펴는 등 해외복지활동을 시작했다(54,7.19).

종단 포교부는 JGO와 함께 LA 불광심인당, 워싱톤 법광심인당 등 해외심인당 청소년을 대상으로 한국문화체험 프로그램을 개최하고 종단을 홍보하고 한국불교문화의 우수성을 알렸다(54,8.2).

3) 교법연구와 교육활동

(1) 교법연구와 회당사상 연찬

교육원은 교법 의식의 집전과 연구 작업을 지속하였다. 교육원의 각 과정의 교육과 불적답사 등은 꾸준히 진행하였다. 교화 스승의 요구에 부응하여 진각교전의 해석서인 '진각교전자료집성'을 발간하였다(49,4.1). 진각교전자료집성은 교법부의 종학연구원인 김영덕 연구원이 진각교전의 술어를 해설하여 편찬 간행하였다. 종조열반 35주기 추념식을 봉행하면서 종조전의 종조존영을 새롭게 조성하여 존영 봉안식을 하였다(52,10.16). 종조열반 추념식과 존영 봉안불사에는 총지종 통리원장 총지화, 불교방송사장 성낙승, 현대불교사장 김광삼 등이 내빈으로 참석하였다. 총인원 종조전 종조존영을 봉안에 이어서 종조탄생 100주년을 앞두고 금강원 성역화불사의 일환으로 금강원의 종조전 종조존영 봉안을 하였다(54,6.27).

스승의 법의 위에 수하는 낙자絡子를 새롭게 디자인하여 제작을 시작하였다(49,8.26). 낙자의 제작이 완료되어 총인원 종조전에서 가지관정불사를 하였다. 그리고 추기강공 중에 낙자 정대식頂帶式을 하였다(53,10.20). 지금까지 비공개로 하던 죽비와 낙자의 가지관정 의식을 공개하였다.

매년 11월 월초불공 다음 주간에 시행하는 신교도 보살십선계 수계관정 불사는 차질없이 진행되었다. 특히 미국 LA 불광심인당에 삼매야계단을 개설하고 37명의 신교도에게 수계관정불사를 하였다(51,10.24). 수계관정불사 후에 특별법회도 열어 100여명의 신교도들이 법문을 듣고 신심을 높였다. 심인당 본존의 가지불사도 계속하였다. 대구 기로원 내에 주거 스승의 수행 편의를 위해 심인당을 마련하고 본존가지불사를 하였다

(53.12.23). 구미 보광심인당(48.9.26)과 능인 보정 명륜 심인당의 본존가지불사를 하였다(54.12.25).

심인당 정면 본존판에 대한 논의가 지속하여 본존과 본존해인의 변경을 공식 논의하고 교법차원의 행정근거 서류를 마련하기로 하였다(52.9.3). 본존 변경의 대안을 마련하고 본존장엄 법의 낙자 수행복 등의 변경안을 교법위원회에서 결의하고 교법포교 분과위원회에 상정하기로 하였다(53.9.29). 그 중 새로 제작한 낙자 정대 관정은 추기강공 중에 실시하기로 하였다. 종의회는 원의회의 결의를 거친 본존장엄은 본존에 육자진언 범자를 넣어서 길상심인당에 시범으로 시행한 후 다시 결정하기로 하였다(53.10.20). 본존장엄의 의안을 인의회에 위임하여 결정에 따르기로 하였다(54.10.19). 원의회는 나무로 본존을 제작하고 본존과 좌대를 개금하기로 하였다(55.2.22). 본존제작은 연화 좌대위에 불꽃형의 광배면에 육자진언 범자를 새기는 양식으로 결정하였다. 본존진언 위에는 닫집 형태를 만들어서 장엄하였다. 그러나 연화좌대 위의 본존진언과 닫집 형태는 흡사 불상 안치처럼 보여서 종조의 무등상불無等相佛의 정신에 어긋나는 양식이라는 비판도 일었다.

교육원은 종학연구의 활성화를 위해 종학연구실을 별도로 마련하고 강도불사를 하였다(52.7.20). 그리고 종학과 불교학의 연구증진을 목적으로 진각논문대상 공모를 시작하였다(53.3.15). 제1회 진각논문대상에서 응모한 논문계획서를 심사하여 당선작을 발표하였다(53.5.25). 진각논문대상에 응모한 논문계획서를 심사하여 남희숙(조선 후기에 간행된 다라니경과 진언집에 대한 연구) 등 6명을 선발하였다. 진각논문대상은 연례행사로 시행하기로 하여, 매년 3월에 논문응모 계획을 공고하고 5월에 논문작성 당선작을 발표하였다. 논문당선자는 논문을 집필하여 제출하면 논문발표회를 거쳐서 회당학보에 게재하였다. 종학연구실은 연구활동을 교류하려는 계획으로 일본 평간사와 학술교류 협정식을 하였다(54.6.14). 제21차 한일불교문화교류대회 중에 평간사 교학연구소를 방문하여 학술교류협정을 맺고 양자 간의 연구활동을 교류하기로 하였다.

교육원은 종단의 본존진언인 육자진언을 설하고 있는 티베트문헌 마니카붐의 영인본을 해제를 붙여 출간하였다(54.6.14). 마니카붐은 육자진언 신행을 집대성한 문헌으로 티베트에서 마니경전으로 존숭받고 있다. 종단은 인도 티베트하우스 소장인 도붐 툴쿠의 종단방문에 즈음하여 마니카붐 영역英譯을 의뢰였으나 완결되지 못하였다. 마니카붐의 영인본 간행은 마니카붐과 육자진언 연구의 중요한 자료가 되었다.

회당학회는 '한국근현대 불교개혁론의 비교연구'라는 주제로 회당사상 심포지엄을 개최하였다(47.10.22). 불교방송 세미나실에서 300여명의 신교도와 일반 불자들이 참석한 가운데 발표와 질의를 통하여 불교개혁에 대한 이해를 높였다. 회당사상 심포지엄에서 김보삼(만해선사와 불교개혁론, 만해사상연구회) 한보광(용성선사의 불교개혁론, 동국대 교수) 한종만(소태산의 불교혁신론, 원광대 교수) 권영택(회당대종사의 불교개혁론, 진각종 교법국장) 정병조(한국 근현대 불교개혁론 비교연구, 동국대 교수)가 발표하여 청중의 깊은 관심을 받았다. 회당학회는 제3회 심포지엄을 열고 회당정신에 대하여 집중 논의하였다(48.10.29). 대전 신덕심인당에서 개최한 심포지엄에서 혜정(회당대종조의 불신관) 곽만연(현대사회 병리현상 치유와 회당사상, 동아대 교수) 임재찬(회당의 충효관, 육군3사관학교 교수) 김호성(천수경과 회당의 심인불교, 동국대 강사) 조용헌(한국 근세사상사의 맥락에서 본 회당, 원광대 교수) 등이 발표하여 회당의 참회정신, 이타정신, 자주정신, 보은정신, 건전한 가정윤리 등을 강조하였다. 나아가 회당정신이 오늘날의 사회를 사랑과 자비가 넘치고 질서가 확립되는 사회로 만드는 중요한 사상이라는데 의견을 모았다.

회당학회는 청년회원이 주도하여 회당사상과 불교 및 밀교의 교리 수행 의식체계에 대한 조사 연구발표를 목적으로 창립하였다(46,4.22). 회당학회는 스승과 신교도가 참여하는 학술신행단체로 출범하여 매년 학술 심포지엄 개최, 회당학보 발간 등 활발한 활동을 전개해 하였다. 그러나 회당학회 운영의 주체 및 종단의 지원과 학술활동 등에 불화가 발생하면서 진기51년부터 활동을 중단하였다. 이후 종단 교육원이 주도하여 회당학회를 재창립하였다(54,3.14). 회당학회는 불교학 연구자와 학회 참여를 희망하는 일반인까지 참여하는 열린 학회를 지향하여 총회를 열어서 학회 회칙을 개정하고 임원을 선출하였다. 학회장 혜정(종학연구실장) 부학회장 관증(교육부장) 지성(총금강회 서울지부장)을 선출하였다. 회당학회는 추계학술대회를 다보빌딩 불교문화진흥원 3층 대법당에서 개최하였다(54,11.25). 또한 회당학회는 회당학보 발간, 소식지 발행, 학술발표회 등의 활동을 지속하여 가기로 하였다. 회당학회는 학회지 발간(6집)과 국제학술대회 등을 계획하고 회원배가운동을 전개하였다(55,4.11). 그러나 회당학회는 국제학술발표회의 행사와 회당학보 발간에 치우쳐서 회당학을 연찬하는 학술활동에는 미진하였다.

교육원은 종립 위덕대학교의 개교와 동시에 선발하여 위탁교육을 실시하고 있는 종비생의 교학 및 수행연수를 매년 여름과 겨울방학 중에 실시하기로 하였다. 종비생 연수는 위덕대학교 1기 종비생인 장미룡 박성규 배수경을 대상으로 총인원에서 처음 실시하였다(50,8.19). 종비생 연수는 종립학교 종비생의 기본소양과 교화자질 개발을 위해 교리와 교법의 이해 수행실수 및 관련 기관의 견학 등으로 실시하였다. 종비생 연수는 종비생 제도가 시행되는 동안 지속하였다. 교육원은 종비생 연수와 더불어 예비교화스승 교육도 시작하였다. 종단의 종무행정을 맡아 정진하는 종무원 중에서 일선 교화에 나갈 즈음 교화에 필요한 마음자세를 다지고 소양을 기르는 교육을 일정기간 실시하기로 하였다. 총인원에서 종무원 20여명을 대상으로 예비 교화스승교육을 처음 실시하였다. 교화자의 마음가짐 품위유지 숙지사항 등을 중점으로 교육하여 일선 교화에 대한 두려움을 극복하고 자신감을 가지는데 좋은 기회가 되었다(52.2.9).

교육원은 신교도와 일반 대중에게 종단의 교리와 수행법의 이해를 돕고 수행하려는 신심을 북돋우기 위해 대중 순회법회를 실시하였다. 서울지역 법회는 탑주심인당에서 지광 통리원장이 초청법사로 나서 술 담배 노름 외도 등 현대 생활인의 4대 중병을 설명하고, 4대 중병에서 벗어나는 수행법을 설법하여 큰 호응을 얻었다(48.9.2). 대구지역 법회는 심인중고등학교 대강당에서 지광 통리원장과 락혜 홍교부장이 법사로 해서 삼밀수행을 통하여 육행실천을 하면 청심정토가 되어 청정국토를 성취할 수 있다고 역설하여 박수갈채를 받았다(48.9.24).

또한 혜정 종학연구실장이 밀교교리대법회를 계획하여 전국에서 큰 호응을 받았다. 광주 전남 교리법회는 영광심인당에서 400여명의 청중이 모인 가운데 부처님과 내가 둘이 아니므로 이를 깨닫기 위해서 수행해야 한다고 설하고, 첫째, 진리를 깨닫기 위해 서원하고 둘째, 일체 병고 해탈을 서원하며 셋째, 서로 수원을 끊고 화합할 것을 서원해야 한다고 설법하였다.(54.3.24). 밀교교리법회는 호응이 대단하여 전국을 순회하며 실시하고 부산 교리법회에서 회향하였다(54.11.17). '삼라만상이 모두 법신불의 몸이다'라는 주제로 혜정은 500여명의 청중에게 참회하고 삼밀수행을 통하여 우주 법계와 하나가 되는 삶을 살아가도록 설법하여 큰 공감을 일으켰다.

(2) 밀교문화대학 개설

종단 도제의 기본교육기관인 진각대학은 매년 3월에 입학과 졸업을 통하여 교육활동을 지속하였다. 진각대학은 정규 교육과정과 더불어 각종 연수와 답사를 통하여 교육의 내실을 강화하였다. 진각대학의 답사는 주로 종단 4성지의 순례와 국내 중요 불적지 답사를 통하여 종단에 대한 자부심을 키우고 불교문화의 중요성을 인식하였다. 종단은 진각대학 교육을 충실하게 하도록 통리원 뒷편 구舊 신광정밀 건물을 매입 개축하여 독립 건물을 마련하였다. 교수연구실, 행정실, 4개의 강의실을 갖춘 진각대학 건물의 현판식을 거행하고 강의에 들어갔다(50,5.14).

진각대학은 창교 50주년을 계기로 부설 교양대학으로 밀교문화대학을 개설하였다. 밀교문화대학은 우선 서울의 신교도와 일반불자를 대상으로 제1기 155명의 신입생을 모집하여 종학 밀교학 불교학 등의 강의를 통하여 종단을 체계적으로 이해하도록 강의를 시작하였다(51,3.12). 밀교문화대학은 서울에 이어 대구에서 130여명의 신입생을 모집하여 진각문화회관에서 종학 밀교학 일반불교 등을 강의하였다(51,9.30). 신입생 155명으로 강의를 시작한 밀교문화대학 서울 제1기 수료식을 총인원 대강당에서 올리고 71명이 수료하였다(52,3.11). 밀교문화대학은 포교의 인적 자산인 포교사 양성을 위해 포교사 과정을 개설하고 교육을 실시하였다(53,3.10). 밀교문화대학은 교육과정 중에 불적지에 대한 소양을 높이기 위해 포교부 호당과 허일범 교수의 인솔로 25명이 동참하여 일본 성지순례도 실시하였다(54,9.26).

4) 교화사업과 기념행사

(1) 청정국토가꾸기 운동

지광 통리원장은 주요 사업으로 청정국토 가꾸기 운동을 실시하였다. 청정국토가꾸기 운동은 환경보전 생명존중 지은보은 사업을 전개하기 위해 한국불교종단협의회 회장 서의현, 환경부장관 황산성 및 스승과 2,500여 명이 참석하여 진선여자중고등학교 회당기념관에서 운동본부 발족식을 거행하였다(47.9.16). 청정국토가꾸기 운동본부는 청정국토가꾸기 제1기 일꾼학교를 개설하였다(47.11.29). 청정국토가꾸기 운동을 추진할 기간요원 양성을 위해 일꾼학교는 1차로 서울지구를 비롯해 6개 지구 심인당본부에서 305명의 실무추진요원이 전문교육을 받았다. 청정국토운동 일꾼학교는 심인당별로 본부장 사무장 총무 전문사업부서장을 우선하여 일반회원에까지 교육을 확대하기로 하였다. 제1기 일꾼학교는 1박2일간 진행하여 첫날은 지광(청심정토) 박광서(생명존중의 길, 서강대 교수) 손성섭(환경보전의 개념과 환경오염의 실태 및 해결방안, 신교도) 성초(청정국토가꾸기 운동 실천요령, 청정국토운동 본부)의 강의와 〈일본 쓰레기 제조작전〉이란 비디오를 시청하였다. 특히 손성섭은 1993년도 환경관계 유공 국무총리 표창 수상자로서 환경보전에 대한 인식을 새롭게 하였다. 이튿날은 경기도 부천 환경모범단체를 방문해 '환경보호 생활화 실제'라는 설명을 들었다.

청정국토운동 본부는 사업계획을 구체화하고 66개 심인당에 본부를 두고 운동을 활성화하기로 하였다(48.1.20). 본부는 구체적인 추진내용으로 환경정화 생명존중 지은보은 교육홍보 및 연구기획 사업 등 5개 사업을 병행해 추진하기로 하였다. 또한 환경정화 사업으로 청정마을가꾸기 운동과 환경특강 일꾼학교를 통해 지구별 순회교육 녹색이벤트운동을 하고, 생명존중사업으로 헌혈운동 장애인돕기, 지은보은사업으로 무의탁 노인 돌보기, 교육홍보사업으로 소식지 발간, 제안제도 도입, 교화 및 홍보자료 발간 등의 세부사업을 추진하기로 하였다. 청정국토운동은 환경정화운동을 실천한 성과로써 모범적인 사회운동으로 인정되어 환경부장관의 감사패를 받았다(49,4.6).

종단은 청정국토운동에 이어서 국난극복과 평화통일을 위한 육자진언비 건립 지진불사를 총인 각해, 통리원장 성초, 교육원장 일정 등 스승과 종무원이 동참하여 총인원 뜰에서 거행하였다(52,9.1). 육자진언비의 건립이 완성되어 육자진언비 제막식을 겸하여 국난극복 참회 대법회가 이틀간 거행되었다(52,10.15). 육자진언비는 높이 8m의 자연석에 육자진언을 음각으로 새겨 육자진언의 위력으로 호국불교의 전통을 이어서 경제난국의 극복과 평화통일을 서원하는 진언행자의 원력을 담아 건립되었다. 육자진언비 제막에 즈음하여 한국불교종단협의회가 주최하고 종단이 주관하는 제6차 국난극복기원 참회대법회가 불교계 및 정관계 인사 등 5천여 명이 동참한 가운데 총인원에서 다채로운 행사로 진행되었다(52,10.16). 육자진언비를 장엄하기 위해 진언비 주위에 마니륜을 배치하여 회랑을 만들어 회향불사를 하였다(54,10.16). 종조열반절 추념불사에 이어 총인원 육자진언비 앞에서 장엄불사 회향법회를 열고 남북평화통일을 서원하였다. 이 자리에서 진선여중고 학생 350명이 회당대종사를 기리는 백일장도 실시하였다.

(2) 종조 기념사업

종단은 종조열반 30주년을 추념하기 위한 기념사업을 기획하였다. 종조열반 30주년을 맞아 종단의 과거와 현재를 재조명하고 새 도약의 기틀을 마련하는 계기로 범종단의 기념사업회를 구성하였다(47,2.25). 종조열반 30주년 기념사업회는 증명 원정각 총인, 회장 지광 통리원장을 주축으로 자문 부회장 운영위원 등을 두고 집행위원장 락혜로 구성하였다. 기념사업회는 종조의 은혜를 갚고 종단의 위상을 높이기 위한 기념사업의 일환으로 300여명의 종단 내외 학생과 일반 시민이 참석하여 총인원 경내에서 회당백일장을 실시하였다(47,9.25). 종조의 옛 자취를 더듬어 보고 높은 가르침을 되새겨보는 종조 유품전시회를 총인원 대강당에서 개최하였다(47,10.16). 종조 유품 20점 사진 39점을 수집 정비하여 자료집을 제작하여 전시회장에서 배부하였다. 진각합창단과 금강합창단은 합동으로 종조열반 30주년 기념 진각음악발표회를 가졌다. 진각음악발표회는 대전 엑스포 불교문화행사의 일환으로 우송예술회관에서 발표회를 성대하게 열고(47,9.2), 국립중앙극장에서 국내 정상의 성악가들이 동참하여 종조의 위대한 밀교중흥의 업적을 기리는 추모음악회를 개최하여 불교계의 큰 관심을 받았다(47,10.19). 회당학회는 종조열반 30주년을 추념하는 '한국근현대 불교개혁론의 비교연구'라는 주제로 회당사상 심포지엄을 개최하였다(47,10.22). 불교방송 세미나실에서 300여명의 신교도와 일반 불자들이 참석한 가운데 발표와 질의를 통하여 불교개혁에 대한 이해를 높이고 종조 회당대종사의 불교개혁 정신을 기렸다. 종조열반 30주년 기념사업회는 1년 동안 종단의 새 도약의 기반을 다지고 사회의 위상을 높인 여러 사업을 전개한 후 기념사업을 회향하였다(47,12.20). 종조열반 30주년 기념사업의 회향법회는 서울 마가레트호텔에서 스승과 신교도 및 관계기관의 인사들이 참석하여 성대히 거행되었다. 종조열반 30주년 기념사업회는 회향법회에서 사부대중 대토론회 등 1년간 추진한 14개의 사업을 발표하였다.

종단은 창교 50주년을 기념하는 사업도 추진하였다. 창교 50주년 사업을 마련하고 불교 TV에서 홍보방송을 하였다(50,6.10). 혜정 교법부장은 불교텔레비전의 '날마다 좋은날'프로그램에 출연해 종단 소개 및 창교 50주년 추진사업 등을 소개하였다. 혜정은 창교 50주년 사업으로 신교도 성지순례(진각성지와 인도불적지), 진각문화회관 개관, 기념음악회, 서원가 CD 제작, 밀교학논문, 밀교사전, 진각의범 발간 등 포교 및 문화사업 계획을 설명하였다. 창교 50주년의 업적을 기리고 종교문화의 기틀을 다지기 위한 진각음악제를 개최하였다(50,10.19). 창교 50주년 기념음악제는 종단 통리원이 주최하고 대구교구청 한국불교종단협의회 대구경북불교방송국이 후원하여 유가합창단 금강합창단 진각합창단이 공동으로 참가하여 대구 시민회관에서 20여곡의 합창을 통하여 1,000여명의 관중을 감동시켰다. 창교 50주년을 맞이하여 락혜 통리원장을 비롯한 종단 4원장과 신교도 대표 100여명이 울릉도 금강원 종조전을 참배하고 창교절 기념불사를 올렸다(50,6.12). 창교절 기념불사 후에 금강원 경내의 정화작업을 하면서 종조의 위업과 창교의 정신을 길이 받들어 가기를 서원하였다. 한편 전국 각 심인당은 창교절 불사를 올리고 창교 50주년의 의미를 되새겼다.

이후 종단은 종조성지에 대한 관심을 지속적으로 고취하여 각해 총인, 성초 통리원장 등 종단의 간부스승 등이 성지순례단을 꾸려서 금강원을 참배하고 울릉도 각 심인당을 순방하였다(52,5.28). 금강원에 대한 관심이 높아서 방문자수가 늘어남에 따라서 금강원을 울릉도 관광명소로 지정하였다(53.2.1). 이에 따라 성초 통리원장은 창교 52주년 기념 금강원 순례법회를 실시하였다(53.6.16). 성초 통리원장을 비롯한 종단 간부와 각 교구청장 등의 순례단은 금강원을 참배하였고 울릉군수 등 기관장과 금강원과 울릉도 현안에 대하여 환담하고 독도수비대를 찾아 위문품을 전달하였다.

종조탄생절에 즈음하여 회당대종사 일대기 '불법佛法은 체體요 세간법世間法은 그림자라'를 간행하고 봉정식을 봉행하였다(53.5.10). 회당대종사 일대기의 봉정식에 이어서 각해 총인을 위시한 종단의 주요 간부와 스승 신교도 및 종교계 지도자들이 참석한 가운데 세종문화회관 세종홀에서 출판법회를 봉행하였다(53.7.26). 한편 회당대종사 일대기 '불법佛法은 체體요 세간법世間法은 그림자라'는 지현이 미국 불광심인당에서 교화하는 동안에 집필하고 종단에서 감수하였다.

5) 포교활동의 다각화

(1) 방송매체와 대중포교

종단은 불교방송의 설립에 적극 동참하여 방송국 설립 출자금으로 15억원을 출연하기로 결의하고(47.7.13), 또한 불교방송국 주식을 1억원 상당 매입하기로 추인하였다(49.7.27). 불교방송이 대구지국을 설립함에 따라 종단은 이사회에 준하는 수준으로 경영에 참여할 수 있을 정도의 자금을 출연하기로 하였다(49.10.20). 이에 따라 대구불교방송에 2억원을 출연하고 진각문화회관에 입주하도록 허가하였다(49.10.29). 불교계에 불교방송에 이어서 불교텔레비전방송의 설립자금으로 1억8천만원을 추가출연하고 이사직을 유지하기로 하였다(54,12.19).

불교텔레비전 방송이 밀교강좌를 계획하여 종단은 제작에 참여하였다(51,9.29). 밀교강좌는 밀교의 역사와 교리를 시리즈로 제작하고 방영하는 프로그램으로 혜정 교법부장이 교리부분을 담당하고 경정 위덕대 교학처장이 역사분야를 담당하여 24회 제작 방영하기로 하였다. 밀교강좌의 호응이 높아서 불교방송이 BBS 교리강좌에 밀교의 기본교리를 편성하여 방송하였다(53,2.19). 혜정 종학연구실장이 3개월 동안 밀교의 기본교리 강좌를 실시하였다. BBS 교리강좌가 청취자의 호응이 높아서 3개월 연장 방송을 시작하면서 불교방송 대법당에서 공개방송을 하였다(53,5.14). 공개방송의 인기가 크게 높아서 2차 공개방송도 실시하였다.

한국방송공사(KBS)가 드라마 '태조 왕건'을 제작하여 방영하면서 육자진언의 내용을 왜곡하여 방송하였다. 종단차원에서 경정 교학처장은 KBS에 육자진언에 대한 정확한 자료를 보내는 등 엄중 항의하여 제작자의 실수라는 답변을 받았다(54,11월).

불교의 대중화를 위하여 한국불교종단협의회가 주최하고 불교TV가 주관하여 열린 문화축제 불교문화대제전에 종단이 참여하였다(50,9.13). 불교대제전 진각종의 날에 락혜 통리원장의 인사말과 혜정 교법부장의 '비로자나불과 삼밀수행법'의 강연을 하였다. 또한 진각합창단 심인고 사물놀이반, 신교도 장기자랑 등의 공연을 펼쳐서 대중의 큰 박수를 받았다. 종단은 불교방송이 편성한 특집 프로그램 '길을 찾아서'에 출연하여 9주 동안 종단의 교화 활동을 소개하였다(52,6.12). 불교방송은 9주에 걸쳐서 종단개괄 복지사업 포교활동 교육활동 교리강좌 신행상담 공식불사 중계 등 종단을 여러모로 소개하였다. 불교방송이 환경캠페인 방송에 성초 통리원장이 동참하였다(54.3.1). 성초 통리원장은 우리 전통의 보자기문화가 자원절약 환경보존 미풍양속 등 우수성이 많은 점을 지적하고 일회용 포장지의 사용 자제를 홍보하였다. 불교방송 김규칠 사장이 종단을 방문하여 불교방송에 대한 종단의 적극 지원과 참여에 대하여 고마움을 전하였다(54.6.21). 한국불교종단협의회가 주최하는 대한민국 종교예술제에 성초 통리원장이 참석하고(54.10.24), 또한 한국 새천년 종교인 윤리헌장 선포식에 참석하였다(54.12.15). 조계종 고산 총무원장이 종단을 방문하여 성초 통리원장과 종단화합과 남북불교교류 등에 대하여 의견을 교환하였다(53.4.14).

한국불교종단협의회 부설 풍경소리가 제작 설치하고 관리하는 지하철의 '자비의 말씀' 게시판의 홍보에 종단이 동참하였다(53.8.24). 서울지하철 '자비의 말씀'에 종단도 참여하여 미아삼거리역 등 8개의 역에 각각 4개씩 32개의 게시판을 설치하였다. 매년 부처님오신날 연등축제 거리행사에 참여하여 불교문화체험상(53.5.31) 등 다양한 수상을 하였다. 종단협의회가 주관하는 '국운융창과 국민화합기원 신년대법회'에 성초 통리원장이 참석하였다(55.1.19). 불교종단협의회와 서울도시철도공사가 운영하는 부처님오신날 '봉축열차' 개통식에 참여하였다(55.4.9). 고려대장경 전산화 작업이 완료되어 '고려대장경 전산화 본 발표와 봉정식이 올림픽 펜싱경기장에서 봉행되었다(54.12.6). 고려대장경 전산화 작업은 고려대장경 연구소가 주관하고 종단에서 기금을 찬조하여 진행되었다.

성초 통리원장이 불교종단협의회 회장단 초청 청와대 국정간담회에 참석하였다(51.5.31). 종교 불교계인사의 청와대 초청은 정권이 바뀌거나 국정 현안이 지중할 때마다 있었다. 성초 통리원장이 세종문화회관 소강당에서 개최된 '제2의 건국 범국민 추진위원회 창립총회'에 참석하여 추진위원으로 위촉받았다(52,10.2). 문화관광부 장관이 초청하는 불교계 지도자 초청간담회에 성초 통리원장이 참석하였다(53,6.23). 군승 파견과 종립 위덕대학교 군승 지정이 문제가 되어 조성태趙成台 국방장관이 성초 통리원장을 초청하여 의견을 교환하였다(54,2.25).

(2) 사회 지원활동

국가경제가 어려워서 생계가 곤란한 사람을 보호하는 사업을 하였다(51,1.15). 실상심인당은 가정에 우환으로 생계의 위협을 받고 있는 이웃 가정을 찾아 매달 일정액을 지원하기로 하였다. 종단은 국가의 IMF 구제금융의 위기를 극복하려는 운동에 적극 동참하였다(51,11.30). 국가의 경제위기 극복의 일환으로 '국가경제 살리기 10대 자비실천'방안을 마련하고 전국 심인당에 지침을 시달하였다. 국가경제 살리기 10대 자비실천 운동은 '탐진치 삼독 버리기'를 시작으로 '우리농산물 애용' 등 열 가지 실천 방안을 생활 중에 실천하는 운동이었다. IMF 경제위기 여파로 발생한 실직자들을 위해서 보건복지부 주최하는 다양한 자활지원프로그램의 구호사업 및 취업알선 상담에 종교계 사회단체 등과 함께 종단이 동참하여 활동하였다(52,6.15). 노숙자 상담활동은 조계종 태고종 총지종 등 불교계와 기독교 가톨릭 성공회 사회단체 소속 2백여 명이 상담원으로 참가한 가운데 실시되었다.

　　대전교구청은 스승과 신교도 등이 대전교도소를 방문하여 정기법회를 시작하고 재소자 대상으로 법회와 공양물품을 전달하였다(52,6.16). 대전교도소 정기법회가 성과를 거두어서 재소자 교화의 조직적인 활동을 위해 신교도 16명을 교화위원으로 위촉하였다(54,4.1). 교화위원은 일정한 재소자 교화교육을 받고 재소자와 자매결연을 맺어 정기적인 상담과 지원을 하였다. 대전교구청은 교도소 법회와 더불어 소년원생의 갱생교육을 실시하는 대덕직업전문학교에서 교화활동을 하였다(53.1.11). 대전교구 스승이 대덕직업전문학교 종교지도위원회 불교분과에 참여하여 정기적인 법회와 법락회 서원가 등을 지도하고 불자로서 신심을 높이기 위해 오계 수계불사를 하였다.

한국에서 일하는 스리랑카 근로자를 위한 외국인법회를 시작하였다. 문화사회부 국제불교연구소의 주선으로 스리랑카 근로자 20여명이 매 자성일 종단을 방문하여 법회를 하고 한국어를 배웠다(53.6.13). 이웃주민을 대상으로 일요한문교실을 운영하고 있던 심지심인당은 금강불교노인대학을 개설하여 수요일마다 불교강의를 진행하였다(53.4.21). 금강불교노인대학에 더하여 주부한문교실을 열어 매주 화요일 명심보감을 통한 한문을 강의하였다(54.9.5). 대구교구 영주시 심지심인당은 진각복지재단 구로지부에서 운영하는 실상교양문화대학을 개설하여 매주 수요일과 자성일에 동화책 읽기 종이접기 사물놀이 불교기초교리 등을 교육을 실시하였다(55.2.21).

진호국가불사의 한 방편으로 종단은 군부대 지원을 지속해 왔다. 군불교 진흥을 위해 종단은 군부대를 방문하고 위문품을 전달하였다. 겨울철에 열악한 환경에서 국토방위에 애쓰고 있는 해병대 1사단에 단주 2천개 초코파이 1천개를 지원하고, 군법당이 없이 군포교 활동을 벌이고 있는 75사단 호국철마사 군법당 건립비로 2천만원을 지원하였다(53.2.21). 종단이 처음 군법당 건립에 지원한 호국철마사 법당 낙성식에 성초 통리원장이 참석하여 군불자 장병들을 위로하고 군포교 지원을 약속하였다. 또한 종단은 육군 신병훈련소 군법당 건립에 2억 2천만원을 지원하기로 결의하였다(53.6.25). 종단은 육군훈련소 훈련장병 3천 5백명에 대한 수계법회를 성초 통리원장 휴명 종의회의장 조계종 포교원장 육군훈련소장 군승단장 및 대전교구청 신교도가 참석하여 육군훈련소 호국연무대 대법당에서 거행하였다(53.10.2). 군포교 활성화를 위해 종단이 지원하는 육군훈련소 입소대 대법당 신축 기공식을 현지에서 가졌다(53.11.12). 육군 신병교육대 군법당 건축비가 증액되어서 종단은 증액분 1억 3천만원을 승인하고, 조계종과 진각종 두 종단 대표의 약정식 교환과 양 종단 종의회의 인준을 받기로 결의하였다(53.10.20). 육군훈련소 입소대 법당 신축이 종단의 전액 지원과 군승단이 주도하여 완공되어 금강법당金剛法堂이라 이름하여 낙성 헌공불사를 하였다(55.4.10). 성초 통리원장은 군승단 사무총장 등의 예방을 받고 군장병 하계수련회 지원금으로 1천만원을 전달하였다(54.7.4).

종단이 연례행사로 진행하는 통일기원 도라산 점등법회가 서부전선 도라산 전망대에서 열였다(47.5.18). 통일기원 연등 점등법회는 지광 통리원장과 서울지역 신교도 및 부대사병 등 2,000여명이 참석하여 전진부대 군악대의 연주로 시작하였다. 서부전선 도라산 연꽃 전망대는 임진강을 사이에 두고 북한군 초소와 500m 앞에 위치하고 있어서 대북방송을 통하여 부처님오신날 메시지를 보냈다. 도라산 연꽃 전망대 연등 점등법회는 해마다 부처님오신날을 즈음하여 진행하며 군장병에게 위문품을 전달하였다.

종단은 군포교 지원과 더불어 군부대를 방문하여 장병위문도 꾸준히 하였다. 성초 통리원장은 해병 9258부대 백령도 군법당 흑룡사에 위문품을 전달하고 장병을 위로하고(52.1.15), 육군 25사단 비룡부대를 방문하고 위문품을 전달하고 장병의 노고를 치하하는(53.12.27) 등 매년 연말 군부대를 방문하여 위문품을 전달하고 장병을 격려하였다.

6) 심인당 헌공불사와 화합승단

(1) 심인당의 신설

종단이 연륜이 늘어가면서 심인당의 신설과 더불어 개축이 필요한 심인당이 많아졌다. 대구 서부지역의 교화를 위해서 선륜宣輪심인당을 신설하여 건물을 헌공하였다(52.5.19). 선륜심인당은 대구광역시 진천동 126번지에 부지를 매입하여 건축 지진불사를 하고(51.10.11), 건축공사를 진행하여 우산각 2층 건물과 유치원 건물을 완공하여 헌공불사를 올렸다. 전남 광주에 봉은奉恩심인당을 개설하고 개시불사를 올렸다(54.9.29). 봉은심인당은 영광심인당으로 개칭하여 신축 이전한 옛 남선심인당의 건물에 새로 심인당을 신설하여 교화를 시작하였다. 경북 고령에 보현普賢심인당을 마련하고 개설불사를 하였다(53.6.25).

미국 교화의 폭을 넓히기 위해 불광심인당 개설에 이어서 워싱톤 근교 뉴저지주에 법광法光심인당 개설불사를 하였다(53.10.27). 중국 흑룡강성에 포교소 설치를 위해 현지답사를 하고(45.7.30) 흑룡강성 아성시 홍성향 해동촌 삼조에 심인당 건물 30평 부속건물 20평을 건축 완료하고 해동포교소라는 명칭으로 교화를 개시하는 헌공불사를 하였다(51.6.24). 헌공불사는 중국의 종교법에 따라서 포교소라고 이름하고 종단의 간부 스승 그리고 교구 신교도 대표들이 동참하여 봉행하였다. 해동포교소 헌공을 올린 후 삼매야개단을 개설하고 신교도에게 보살십선계 수계관정을 실시하였다.

서울지역 포교의 중심인 밀각심인당을 개축하고 많은 스승과 신교도가 참석하여 개축헌공불사를 하였다(50.11.21). 밀각심인당 개축건물은 연면적 857평에 심인당과 사무동의 2개동을 짓고, 사무동은 사무실과 숙소로 이용하고, 심인당동은 주차장 식당 강당 심인당으로 이용하였다. 인천 법화심인당이 협소하여 덕화德華심인당으로 개명하여 이전 신축하였다(52.12.28). 덕화심인당은 요양원을 같이 지어 복지사업을 시작하였다. 신촌심인당이 상가 밀집지역에 있어서 주위가 번잡하여 혜원심인당으로 명칭 변경하여 이전 신축하였다(50.6.21). 혜원심인당은 우산각 건물로 지하부터 주차장 자성학교 심인당으로 사용하고, 사택과 사무실은 별개의 건물을 지었다.

경북 하양에 개별로 교화하던 참회원을 인수하여 교화하던 법상심인당이 교세가 늘어서 신축하고 헌공불사를 올렸다(48.5.12). 법상심인당은 철근 콘크리트 구조 우산각 양식으로 심인당 2층 사택 2층의 건물로서 심인당과 자성학교 등으로 사용하였다. 대구에서 일찍부터 교화하던 불정심인당이 신교도가 불어나서 연건평 324평에 지하 1층 지상 2층 규모의 건물을 신축하여 헌공불사를 올렸다(51.6.12). 전북 군산지역에 작은 건물을 지어서 교화를 시작한(43.1.5) 군산群山심인당을 개칭하여 보덕普德심인당으로 하고 군산시 오룡동 954-5에 부지를 매입하고 건물을 신축하여 헌공불사를 하였다(46.10.23). 보덕심인당은 지하 1층 지상 2층의 심인당과 부속건물을 갖추고 심인당 사택 어린이집으로 사용하였다. 광주지역의 교화의 중심인 남선심인당을 영광심인당으로 개칭하고 이전 신축하여 헌공불사를 하였다(48.3.24). 영광심인당은 지하 1층 지상 2층의 심인당과 지상 2층의 사택을 갖추고 교화 환경을 일신하였다. 특히 유치원을 부설하여 광주 교화의 기틀을 튼튼히 하였다. 대전에서 교화하다 중지하고 있던 사천왕심인당을 남선심인당으로 개칭하고 심인당 사택 창고 등을 신축하고 개시불사를 하였다(54.10.23).

경주 건천의 실각심인당이 노후하여 심인당 지상 2층, 사택 지상 2층의 건물을 지어서 교화환경을 바꾸어 헌공불사를 하였다(48,5.20). 경주 동쪽 해안 인근의 광명심인당이 협소하여 장소를 옮기고 2층 우산각 건물을 신축하고 헌공하였다(54,12.26). 울산에서 초기 교화를 이끌어 온 아축심인당을 개축하여 심인당 지하 1층 지상 2층, 그리고 사택 2층과 부속건물을 지어 헌공불사를 하였다(47,12.23). 부산 보불심인당이 노후하여 개축하고 지하 1층 지상 2층의 심인당과 2층 사택과 부속 건물을 지어서 헌공불사를 하였다.(49,4.21). 부산 영도의 교화 중심인 복전심인당이 협소하여 교화에 어려움이 많아서 지하 1층 지상 2층 심인당과 2층 사택의 건물을 지어서 헌공하였다(49,4.21). 부산 남부지역의 교화를 담당한 남도심인당의 환경을 개선하기 위해서 지하 1층 지상 3층의 건물을 신축하여 헌공불사를 올렸다(50,5.21). 공업도시 창원에 교화를 펴기 위해 창원昌原심인당을 개설하고 교화를 시작하였다(52,12.29). 창원심인당은 후에 새로 건물을 매입하여 이전하고 교화환경을 개선하였다(54,12.27). 동시에 부산지구 교구청을 이전하고 이전 개관불사를 하였다(54,12.27).

　불광심인당이 교화하던 2층 목조 건물을 1층은 사택과 자성학교, 2층은 심인당과 도서관으로 개조하여 심인당 환경을 정비하여 헌공불사를 하였다(46,11.16). 불광심인당 헌공불사는 통리원장과 스승 27명 신교도 대표 24명과 현지의 신교도와 불교계 인사가 참석하여 성대히 올리고 미국 교화의 발전을 서원하였다.

　금강수도원을 신축하여 헌공불사를 하였다(47,3.23). 종단은 진각문화 창달과 보급을 위해서 옛 건축부 부지에 진각회관을 건립하기로 하였다. 진각회관 건립은 원의회의 결의(41,12.24)와 종의회의 확정의결을 거쳐 (43,5.25) 추진되어 왔다. 원의회는 진각회관 건립은 10층 규모로 하고 다목적 다용도로 스승 후생복지로 사용하기로 하였다. 진각회관 건립은 종의회가 원의회의 결정을 추인하여 추진하였으나, 그 과정에 많은 문제가 발생하여 늦추어졌다. 진각회관은 종단의 복지와 포교 활성화를 위해 대구시 대봉동 56-1번지 현지에서 건축 지진불사를 올리고 1,500평의 부지에 지하 1층 지상 8층의 건물을 짓기로 하였다(48,11.19). 현대 대중화 사회에 부응하여 지역 불교문화의 활성화에 크게 기여할 진각회관의 건축이 전 종도의 염원 속에 완공되어 무변법계에 헌공하였다(50,10.17). 진각회관은 진각문화회관으로 최종 명칭을 확정하고 주차장 사무실 세미나실 등 다목적으로 사용하기로 하고 8층은 새로 개국한 대구불교방송이 사용하였다.

    총인원 종무원의 주거환경을 개선하기 위해 총인원 뒤뜰에 성취관을 지어서 헌공하였다(51,11.17). 성취관은 지하 1층 지상 4층의 건물로 종무원 거주처로 사용하였다.

(2) 스승의 발자취

종단의 교화가 전개되면서 스승의 임명과 퇴임이 많이 이루어졌다. 젊고 유능한 스승이 교화에 나서고, 교화에 평생을 바친 원로스승이 퇴임하여 기로원에 진원하였다. 또한 연로한 원로스승의 열반 소식도 이어졌다. 종단 교화초기부터 종조의 무진서원을 받들어 교화하고 종조열반 후 종조의 유교를 실천하면서 교화에 정진하던 원정각 총인이 주석처인 밀각심인당에서 열반에 들었다(48,2.25). 원정각 총인은 울릉군 북면 천부동에서 탄생하여 종조 회당대종사와 일생의 반려자로서 인연을 맺었다. 종조의 중생교화의 무진서원에 함께하여 창교의 어려움을 극복하며 중생교화에 매진한 후 종조의 열반 후 종도의 간청에 따라 종단의 최고법통인 총인직을 수행하며 종조의 교법 유교를 실천하였다. 교화 중에는 근검절약의 생활을 솔선수범하며 세속과 성직을 조화시키며 광제중생의 서원으로 교화에 정진하였다. 세연이 다하여 세수 90세, 법랍 48세로 종조 법통의 교계를 부촉하고 열반에 들어 법계에 귀향하였다.

종단은 장의위원회를 구성하여 장의절차를 진행하고 고결식을 베푼 후에 다비의식을 거행하였다(48.3.1). 장의위원장 지광 통리원장과 국내외 스승과 신교도가 운집하고 회당학원 이사장 손제석 등 종단산하 각 기관의 구성원이 집결하여 한국불교종단협의회 의장 서의현 및 불교계 관계 정치계의 내빈 등 4,000여명이 동참한 가운데 총인원에서 고인의 근검절약의 정신을 받들어 장엄하면서 간결한 고결불사를 올렸다. 고결불사는 원정각 총인의 행장 소개와 육성법문을 듣는 추도묵념에 이어서 장의위원장의 고결사 등의 중요 순서로 진행하여 스승을 잃은 심정을 가누며 생전의 업적을 회고하였다. 장의절차는 고결불사를 마친 후 150여명의 스승이 운구차로 이운하여 고양시 벽제다비장에서 다비불사를 거행하였다. 상주 손제석이 입회한 가운데 4명의 스승이 습골拾骨하여 1차로 10과, 2차 54과, 총 64과의 사리를 수습하였다.

종단은 원정각 총인의 열반49일불공을 전국 심인당에서 여법하게 봉행하여 회향 추념불사를 열반지인 밀각심인당에서 올렸다(48.4.14). 종단의 간부와 스승 및 신교도 100여명이 동참하여 원정각 총인이 법계에 상주하여 종단 교화의 법등이 되어 주시기를 서원하였다. 이 날 회향 추념불사에 동참하지 못한 신교도는 당해 심인당에서 생전의 위덕을 기리는 불사를 올렸다. 원정각 총인의 열반49일불공을 회향하고 종단은 서울 대구 대전에 사리 친견법회를 열었다. 원정각 총인 사리 친견법회는 서울(총인원 대강당)을 시작으로(48,4.19) 대전으로 이운하여 법회(신덕심인당)을 열고 (48,4.26) 또한 대구로 이운하여 법회(불승심인당)을 5일간 봉행하였다(48,4.27). 열반한 원정각 총인의 열반비와 탑을 생전에 교화한 밀각심인당에 건립하기로 하였다(49,10.23). 신교도와 일반불자 약 35,000여명이 생전 대정진의 결정체인 영롱한 사리를 친견하며 법열을 느꼈다.

원정각 총인의 열반 후 최정심인당에서 교화한 중덕重德(49,8.26), 관음심인당에서 교화 정진한 선덕심善德心(50,8.23), 밀각심인당에서 교화 중에 열반한 혜강慧岡(51,2.3), 정제심인당에서 교화한 정정원定靜苑(51,2.28), 보정심인당에서 교화한 법광法光(51,6.16), 관음심인당에서 교화하고 제 16, 17대 통리원장을 역임한 장명蔣明(51,10.20), 각계심인당에서 교화한 대경大慶(52,5.26), 법화심인당에서 교화한 총지정總持定(52,5.26) 스승 등 많은 스승이 열반에 들어 법계로 돌아갔다.

한평생 교화에 전념하다 수행과 여생을 향수하던 안인정의 사회집詞華集 봉정 및 퇴임식을 하였다(50,3.21). 종조의 유지를 받들기 위해 극구 사양하였지만, 따르던 스승과 신교도가 편집 출간한 사회집 '연꽃으로 물들이고'의 봉정을 강권하여 올렸다. 또한 기로진원을 앞두고 대안화의 후학들이 '회향의 죽비 소리'를 펴냈다(52,5.6). 대안화의 곁에서 교화 생활을 한 후학들이 펴낸 '회향의 죽비 소리'는 대안화의 행장 교화일화 설법 모음의 3편으로 편집되었다. 사회집은 대안화는 '크고 편안한 빛'법호처럼 연꽃을 닮은 스승으로 묘사하고 있다. 특히 대안화는 "상불像佛 앞에서는 불보살의 명호를 부르는 것이 맞는 법이요, 마음부처님自性佛을 찾아내기 위해서는 진언을 부르는 것이 맞는 법이다. 이 진언을 부르는 사람은 먼저 자기 몸이 건강해지며, 온 가족에 우환이 없어지고, 가난이 해탈되며, 조상이 천도되고 자손들이 잘 된다"고 육자진언의 무량한 공덕을 설하였다.

종단은 스승의 화합과 건강을 다지기 위해 주기적인 행사로 한마음수련회를 가졌다. 지광 통리원장의 취임으로 제3회 스승한마음수련회를 대둔산 국립공원에서 가졌다(46.9.27). 한마음수련대회는 1박2일간 법락회와 등반대회 체육회 등 화합과 건강을 다지며 진행되었다. 성초 통리원장은 제천 청소년수련관에서 제10회 스승한마음수련대회를 가졌다(54.5.25). 한마음수련대회는 '젊은 층을 제도해야 한다, 자성학교 학생회 청년회를 활성화하자, 대중법회를 활성화하자'는 등의 주제로 법락회 체육회 분임토의 등으로 2박3일간 실시되어 화합과 건강을 다지고 21세기 교화방안을 논의하였다.

종단 스승이 해외 심인당을 방문하여 법회를 열고 해외 포교를 격려하는 기회도 자주 갖었다. 락혜 통리원장은 중국 흑룡강성 해동포교소를 방문하여 해동촌의 농업촌장 상업촌장 당서기 등 촌내 유관 인사와 신교도들이 참석한 가운데 수요불사를 올리고 법문을 하였다. 락혜 통리원장은 법문을 통해 "조국독립을 위해 우국충정을 불태우던 선열들의 얼이 서린 이 땅에 심인진리를 뿌리 내리기 위해 여러분과 마음을 모아 용맹정진할 수 있어 감개무량하다"면서 향후 중국 포교계획과 통일 후 북한포교 등에 관해 의견을 교환하고 신교도들의 발심과 용맹정진을 당부하였다(50.7.29). 락혜 통리원장은 중국 방문에 이어 미국 LA 불광심인당을 순방하고 자성일불사를 집전하며 신교도의 수행을 격려하였다(50.8.23). 자성일불사를 마치고 신교도와 대화의 시간을 가지고 수계관정불사, 청년회 한글학교, 자성학교 운영 등에 대한 건의를 들었다. 락혜 통리원장은 또한 불광심인당 주교인 지현 정사의 안내로 LA 총영사관을 방문하고 박태희 총영사와 환담하며 종단의 포교활동에 대해 공관의 관심과 지원을 요청하였다. 또한 남가주사원연합회 소속 불교지도자들과 아침공양을 하며 교포불자들의 종단이미지에 관한 견해를 청취하였다. 락혜 통리원장은 8일간 현지 방문을 통해 중앙일보, 미주 한국불교방송 등 현지 언론들과 인터뷰를 가졌다. 성초 통리원장은 종사 스승과 함께 미국 법광심인당 불광심인당과 캐나다 토론토의 현지 신교도 가정 방문을 하고 현지 교화의 어려움을 듣고 종단의 지원을 약속하였다(54,11.16). 성초 통리원장은 임기만료가 다가오면서 종교활동을 통해 국민화합과 국민 복지증진에 기여한 공로로 정부의 국민훈장 동백장을 받았다(54,6.9).

  기로원 스승의 수행을 본받고 법문을 듣는 한편 기로스승의 생활을 살펴보기 위해 교구청마다 기로원 방문을 정례화 하였다. 경주교구청은 기로원과 수도원을 차례로 방문하고 과일 등 준비한 공양물과 공양금을 전달하고 법담을 나누었다(52,6.15).

7) 청소년과 신교도의 교화활동

(1) 자성학교와 심인당 활동

종단은 어린이 교화를 이끌어 가는 자성학교의 활동을 다양하게 지속하였다. 해마다 여름 겨울에 진행하는 지도교사 연수는 유치원교사와 합동 또는 단독으로 꾸준히 실시되었다. 제17기 자성학교 교사연수가 1박2일간 '자주성 실현'을 주제로 총인원에서 열였다(47,12.27). 자성학교 지도교사 연수는 강좌와 자체활동을 통해 '자주성의 실현'의 주제에 맞추어 자주성을 길러서 자기 생활을 주체적으로 할 수 있는 자성동이 교화를 다짐하였다. 자성동이 교화를 위한 여름자성학교가 연례행사로 교구별 또는 심인당별로 실시되었다. 지원심인당은 '우리도 부처님 같이'를 주제로 걸고 180여명의 자성동이가 참석하여 자성동이 캠프를 열었다(50,7.21). 자성학교 캠프에 참여한 관계자는 캠프장의 시설과 연수시설보다 지도자 양성과 교육이 시급함으로 지도자 모임의 활성화와 종단차원의 지원을 강조하였다. 대구교구 자성학교 교사협의회는 진각문화회관에서 대구 자성학교교사협의회 창립 11주년 기념 자성동이 서원가합창제를 개최하였다(51,8.30). 자성동이 서원가합창제는 대구교구 스승 신교도 학생회 자성동이 등 200여명이 참석하여 자성동이가 갈고 닦은 서원가 실력을 겨루었다. 서울교구 자성학교교사협의회는 5차 모임을 가지고 협의회 임원을 개선하고 셋째 자성일마다 정기모임을 가지고 자성학교 운영을 논의하기로 하였다(53,2.7).

한편 심인당은 심인당소식지를 발간하여 신교도의 신행의 정보를 교환하고 신교도의 화합을 도모하고 이웃 교화의 정보지로 활용하기로 하였다. 시경심인당은 소식지 '시경'을 창간하고 교리와 심인당 소식을 공유하고 이웃에 배부하여 심인진리를 널리 전하기로 하였다(53,12.20). 상석심인당은 '상석소식지'를 제호로 하여 월간 소식지를 창간하였다(54,4.1). 상석소식지는 심인당 교화활동을 중심으로 신교도의 동정을 실어서 이웃과 함께 보는 작은 포교지를 지향하였다.

(2) 합창단 활동

종단의 포교와 신교도의 신심을 북돋우는 합창단 활동은 교구 또는 심인당 별로 활발하게 전개하였다. 서울교구 진각합창단은 종조열반절 추모음악제를 서울 교육문화회관에서 열고 큰 박수를 받고 추모의 분위기를 높였다(46,10.13). 추모음악제는 '종조님을 기리며' 등의 합창, 불교방송 찬불가 진행자 조미애의 '심인당에서' 등의 독창, 청년회 중창단의 '우리도 부처님 같이' 등의 중창을 통해 큰 호응을 받았다. 또한 국악원 수석연주자 박용호의 청송곡 등 대금연주, 가릉빈가 중창단의 '임은 변함없으리' 등의 중창, 종무원 남성 합창단과 진각합창단의 '금강원에 바치는 노래' 등의 연합 합창이 이어져서 큰 성황을 이루었다. 총금강회 서울지부가 주최하는 송년음악회가 서울 교육문화회관 대공연장에서 열려 진각합창단 등의 공연으로 즐거운 시간을 가졌다(54,12.19). 송년음악회는 '즐거운 합창, 하나 되는 신교도'라는 주제로 열려서 성초 통리원장과 스승 및 백진호 총금강회장 등 진각가족 1천500여 명이 자리를 함께 하였다. 대전 엑스포 불교행사의 일환으로 진각합창단과 금강합창단이 합동으로 대전 우송예술회관에서 음악회를 성황리에 개최하였다(47,9.2). 또한 종조열반절을 추념하여 진각합창단과 금강합창단이 국내 정상의 음악가들이 협찬하는 가운데 국립극장에서 추모음악회를 열고 종조의 위대한 업적을 기려 불교계의 큰 관심을 받았다(47,10.19). 종조열반 추모음악회는 한국불교종단협의회와 불교방송국의 후원으로 1천 500여명의 참석하여 국립극장 대극장에서 합창단과 성악가 오현명 백남옥의 독창 등의 공연으로 청중의 가슴을 울렸다.

진각종 창교 50주년 진각음악제가 유가합창단 금강합창단 진각합창단이 참가하여 대구시민회관에서 개최되어 1천여 명의 청중에게 큰 감동을 안겼다(50,10.17). 대구교구청 한국불교종단협의회 대구불교방송이 후원하고 종단이 주최한 진각음악제는 부산 대구 서울 3개교구 합창단의 합창 및 대구시립국악단과 테너 김완준의 찬조 공연으로 청중의 뜨거운 박수를 받고 종조 회당대종사의 밀교중흥 50년 업적을 기렸다.

부산교구 유가합창단이 단원 50명으로 창단하고(47.5.25) 종조열반 30주년을 기념하는 창단발표회를 가졌다(47.12.14). 유가합창단 창단발표회는 합창단의 서원가 합창과 대구 금강사 사물놀이단의 영남농가, 불자가수 변해림의 찬조 출현으로 열기를 더하였다. 유가합창단이 부산불교방송국이 주최하는 제1회 BBS 불교합창제에 참가하여 공연하고 큰 호응을 받았다. 울산 아축심인당은 우담바라합창단 창단법회를 갖고 활동을 시작하였다(50.11.15). 우담바라합창단은 경주 울산 지역의 종단 행사에 자발적으로 활동하다가 42명의 신심 깊은 단원을 구성하고 정식으로 창단하였다. 인근 교구의 스승과 신교도 및 금강합창단과 유가합창단의 단원 등의 축하를 받으며 창단한 우담바라합창단은 서원가 보급을 통하여 지역사회 교화와 종단행사 지원에 힘쓰며 친목도모 등의 공덕복전을 짓는데 정진하였다. 경주반야합창단은 신교도 청년회 고등학생회 위덕대학교 학생 등 300여명과 함께 제27회 신라문화제 거리행사에 동참하여 사물놀이패 등의 공연을 펼쳐 관중의 이목을 끌었다(53.10.8).

대전교구의 포교 활성화와 신교도 친목도모를 위해 심인합창단을 창단하였다. 심인합창단 창단법회가 성초 통리원장 등 종단간부와 대전 대구 서울 교구 스승 및 진각합창단장 금강합창단장이 동참하고 심인합창단 단원이 모여서 신덕심인당 회관에서 열렸다(51.10.24). 심인합창단은 가릉빈가 합창단과 재소자 한마당 합창제를 대전 엑스포아트홀에서 열어서 청중을 숙연하게 하였다(54.11.15). 재소자 참회한마당 음악제는 대전교도소가 주최하고 대전교도소 교정협의회와 대전교도소 불교분과위원회 주관으로 대전교구청이 후원하여 열렸다. 심인합창단이 지도하여 재소자 14인으로 구성한 가릉빈가 합창단은 석 달 동안 연습하여 교도행정상 처음으로 일반 수형자가 교도소 밖에서 공연한 기록을 남겼다. 재소자 참회한마당 합동음악제는 '눈물로 참회합니다'를 시작으로 참회와 희망의 노래를 불러서 청중의 호평과 격려를 받았다. 특히 명인 공옥진이 재소자와 함께 꾸민 '흥부전'을 각색한 춤과 노래는 가슴을 울리는 반응을 받았다. 재소자 참회한마당에서 '흙으로 가더라도'와 '업'을 공연한 가릉빈가 합창단원 최봉종은 출소하여 대한불교조계종 찬불가 공모에서 장려상을 수상하였다. 대전교도소는 공연 실황을 비디오 제작하여 전국 50여 교도소와 소년원에 배부하였다.

대구교구 금강합창단은 활발한 활동을 하여 종단과 신교도의 많은 격려를 받았다. 대구교구 금강합창단이 법요의례용 18곡을 수록한 서원가 CD를 제작하여 배포하였다(50.7.1). 서원가 CD는 창교 50주년 기념사업의 하나로 60여명의 합창단원이 바쁜 생활 중에 시간을 내어 6개월간 연습하여 제작하였다. 금강합창단은 창단 10주년을 기념회 총금강회가 주최하는 장애인 돕기 자선음악회를 주관하여 대구시민회관 대강당에서 1천 5백여명의 청중이 모인 가운데 실시하였다(53.12.1). 금강합창단 임원과 총금강회장은 장애인돕기 자선음악회에서 마련한 기금 1천3백만원 중 1천만원을 수성구 등 5개 구청에 전달하고 대구사랑운동본부에 2백만원 더불어 복지관에 1백만원을 전달하였다(54.3.29). 대구시 합창연합회가 주최하는 대구시민화합을 위한 대합창제에 금강합창단이 불교계 합창단은 유일하게 참가하였다(54.6.24). 금강합창단은 대구문화예술회관 대극장에서 열린 '남촌' 등의 3곡을 합창하여 청중의 관심과 갈채를 받고 종단을 홍보하였다. 창단 11주년을 맞은 금강합창단이 대구시민회관에서 정기연주회를 가졌다. 이웃돕기 자선음악회를 겸하여 열린 연주회는 종단의 간부와 스승 신교도 및 대구시민 700여명의 동참하여 수준 높은 공연을 펼쳐서 겨울밤을 따뜻하게 하였다. 금강합창단이 대구광역시 문예진흥기금 지원단체로 선정되었다(55.4.1). 음성공양을 통해 대구지역 문화발전에 기여한 공로를 인정받아 대구시 문예진흥기금 지원단체로 선정된 금강합창단은 향후 추진하는 모든 행사 때마다 대구시로부터 후원을 받게 되었다.

종단은 종조의 일대기를 음악 서사시로 승화시킨 교성곡 '회당' 발표회를 대구 문화예술회관에서 개최하였다(51.12.17). 교성곡 회당은 시인 지현(장용철)이 회당의 일대기를 탄생 깨달음 교화의 빛 열반 등의 생애에 따라 쓴 글을 작곡가 이달철이 작곡하여 만들었다. 교성곡 '회당' 발표회는 대구 문화예술회관 대극장에서 2천여 명의 청중이 운집한 가운데 열려서 이병삼의 '석굴암', 조정래의 '새의 이름', 경북심포니오케스트라의 '민둥산의 하루 밤' 등의 가곡과 클래식 연주로 시작하였다. 영남대 교수 장한업이 지휘하는 67인조 오케스트라의 반주로 교성곡 회당, 탄생 1곡, 깨달음 2곡, 교화의 빛 3곡, 열반 4곡의 순서로 금강합창단 유가합창단 심인합창단 우담바라합창단 등 4개 합창단과 2인의 솔리스트로 구성한 합창단 200여 명의 합창이 장엄하게 울려 퍼졌다.

종단과 현대불교사가 공동주최한 국악 교성곡 '혜초'가 국립중앙극장 대극장에서 공연되었다(53.2.27). 창작국악 교성곡 혜초는 문화관광부가 이달의 인물로 지정한 혜초의 구법순례기 왕오천축국전을 토대로 혜초의 구법역정과 사상을 음악으로 표현한 작품이었다. 혜초는 신라 계림에서 출발하여 중국 광동성을 거쳐 남인도에 도착하여 오천축을 두루 순례한 후 다시 중국에 돌아와서 활동하다 열반한 밀교의 승려이다. 교성곡 혜초는 지현이 작사를 맡고 김회경이 작곡하여 불굴의 의지와 어려움을 극복하며 불법을 찾아 떠난 혜초의 깊은 구도심을 국악선율을 바탕으로 서양음악과 접목시켜 불교음악의 새로운 시도를 보여준 작품이었다. 교성곡 혜초의 공연은 작곡가 유승엽이 인도 전통악기 오카리나로써 창작곡 '703년 연화장'과 '천축국을 향하여'의 연주로 시작하였다. 이어서 종단의 진각합창단을 비롯해 청룡사 묘각사 길상사 불광사 보명사 수원포교당 서울대 성악과 남성합창단 등 불교계 연합 9개 합창단 총 300여명이 출연해 중앙국악관현악단 60명과 함께 협연하고, 승려 도신 판소리 최진숙 바리톤 유훈석의 특별공연으로 1천5백여 명의 청중들을 감동시켰다.

(3) 금강회의 역량강화

총금강회는 제5차 대의원대회를 열고 제2대 회장 최재홍을 선출하였다(46,9.26). 회장 최재홍은 중앙금강회의 활동을 정상화하기 위해 총금강회를 다시 결성하고(42,11.4) 제1대 회장을 맡아서 임기를 마치고 회장에 재선출되었다. 종조열반 30주년을 맞아 종단발전에 대한 의견을 수렴하고 지혜를 결집하는 사부대중 대토론회가 총인원 대강당에서 열렸다(47,11.18). 전 스승과 심인당 신교도 대표가 동참하여 6개 교구청 19명의 발표자가 종행정 교리교법 포교 등에 걸쳐서 다양한 의견을 개진하였다. 총금강회는 전국 대의원 총회를 경기도 양평 웨밀리플라자타운에서 개최하였다(48,12.19). 대의원 총회는 84명의 대의원이 참석하여 총인원 종조전에서 발단식을 하고 양평으로 옮겨 회칙 개정 등 현안을 토론하였다. 대의원총회를 통해 총금강회 부의장 6명은 지부장이 당연직으로 맡고 회장단을 포함한 대의원 20명이 운영위원회를 구성하여 총금강회 주요현안을 심의 의결하기로 하였다. 총금강회는 회장 부회장 각 지부 지부장 등 13명의 운영위원이 참가하여 운영위원회를 개최하고 신년도 사업계획 및 예산안을 심의 통과하였다(49,3.23). 총금강회는 창교 50주년을 기념하여 종단이 주최하는 금강원참배불사에 동참하였다(50,6.14). 전국 금강회 대표 80여명은 성초 통리원장 등 간부들과 함께 2박3일간 울릉도 금강원 참배와 울릉지역 심인당 방문을 하고 신심을 돈독히 하였다.

총금강회는 대구 진각문화회관에서 대의원총회를 개최하고 제3대 회장 박종태를 선출하였다(50,12.26). 대의원총회는 회장선출에 앞서 대의원과 임원의 4년 임기를 일괄 2년으로 하는 회칙을 개정하였다. 총금강회는 대구 진각문화회관에서 대의원총회를 가지고 제4대 회장 백진호를 선출하였다(52,12.24). 백진호(철원) 총금강회 회장은 진각문화회관에서 전국 지부장 회의를 개최하고 교구 순회 밀교교리대법회, 신교도 친선 한마당축제 등의 사업계획을 확정하였다(54,3.30). 총금강회는 진각문화회관에서 종단과 간담회를 가지고 종단발전 방향에 대한 의견을 교환하였다(54,5.22).

총금강회 서울지부는 창립(38,6.15) 이래 활발한 활동을 전개하였다. 서울지부는 밀각심인당에서 총회를 열고 총금강회의 활동 계획에 맞추어 회장단이 포교사 역할을 하는 등 사업계획을 결의하였다(54,2.19). 총금강회 서울지부는 서울교구 제1회 친선체육대회를 진선여중고 교정과 체육관에서 500여명의 스승 신교도가 참석하여 실시하고 명랑체육회 법락회 등으로 화합과 친목도모를 하였다(50,10.3). 총금강회 서울지부는 연례행사인 서울교구 친선체육대회의 명칭을 제4회부터 한마음대동제로 변경하여 실시하였다(53,7.17).

전국 각 심인당 금강회는 심인당별 행사로 정기 혹은 일회로 시행하였다. 행원심인당 금강회는 결혼상담소를 개설하고 미혼 불자간의 만남을 주선하였다(49,6.1). 결혼상담소는 미혼불자의 만남을 주선하고 불교의 인연법으로 이혼을 사전 예방하는 사업도 함께 하였다. 대구 시경심인당 금강회는 지역 내 노인을 초청하여 위안잔치를 가졌다. 연례행사로 실시하는 노인초청 위안잔치는 제3회 행사를 수성구청장 등 기관장이 동참한 가운데 지역노인 200여명을 초청하여 음식공양과 공연을 통하여 위로하였다(51,10.17). 밀각심인당 금강회는 성동구민 등이 참석한 가운데 지역노인을 초청하여 음식을 공양하고 기념품을 전달하였다(53,9.30). 울릉지역 여래 총지 선원 3개 심인당은 연합으로 3일간 진행한 우산문화행사 기간 중 울릉지역 800여명의 노인을 초청하여 경로잔치를 베풀어 기념품을 전달하는 등 종단 홍보를 하였다(54,8.25).

서울 실상심인당의 실상복지회는 심인당 금강회와 진각회의 후원으로 심인당에서 이틀간 제1회 실상문화제를 개최하였다(51,11.28). 실상문화제는 1부 울릉도 특산품 판매와 바자회를 열고, 2부는 서울교구 신교도 대표들이 동참하여 실상 대토론회를 열고 사회봉사활동, 포교의 활성화, 수행법 등의 토론을 진행하였다. 선혜심인당 교수불자회는 경주 대자원을 방문해서 물품과 격려금을 전달하였다(52,12.19). 진각복지재단 밀각지부는 지역 환경미화원에게 백미를 전달하였다(52,12.19). 수계심인당 금강회는 낙동종합사회복지관을 방문하고 아동도서 300권을 기증한 후 복지관 관할의 독거노인을 찾아 봉사활동을 하였다(53,6.1). 금강회는 돌아오는 길에 심망원(고아원)을 찾아 신발 등 필요한 음식과 생필품을 전달하였다. 신덕심인당 신덕회는 보훈의 달을 맞아 대전국립묘지를 참배하고 순국선열과 호국영령의 뜻을 기렸다(54,6.25).

진각문학회는 경기도 화성군 조암에서 정기총회를 열고 신임회장에 홍일정을 선출하고 시낭송회를 가졌다(54,7.22). 시낭송회를 겸하여 열린 총회에서 부회장 천낙열 우종태 사무국장 용현숙 고문 황인발을 선출하였다. 한편 유가심인당의 익명의 신교도가 14억 상당의 건물을 종단에 희사하였다(54,5.10). 신교도가 희사한 건물은 경기도 수원에 소재하고 연건평 230평의 지하 1층 지상 3층의 건물이다. 익명의 신교도는 건물의 기증서를 전달하는 자리에서 종조 회당대종사의 창교이념과 사상을 정립하며 진각종지 종풍을 진작시키는 연구기금으로 사용해 주기를 당부하였다.

(4) 학생회 청년회 활동

청소년, 청년조직은 청년회 고등학생회의 창립, 재창립 등 부침浮沈을 거듭하면서도 꾸준히 활동을 전개하였다. 경주청년회가 재창립하고 활동을 재개하였다(50,5.28). 경주 고등학생회(22,9 창립)와 청년회(39,10 창립)는 의욕적인 활동을 전개한 후 침체기를 거치던 중 위덕대학교 개교를 즈음하여 재창립하였다. 경주지부 청년회는 재창립총회에서 회장 최종술 부회장 권용웅 강명희를 선출하였다. 최정심인당 청년 학생회가 창립법회를 열고 정식 창립하였다(51,2.22). 청년회 창립회원 15명, 학생회 창립회원 25명은 모두 최정자성학교 출신으로 자성동이 포교의 결실을 확인하였다. 경주 안강의 신혜심인당은 안강청년회를 창립하고 회장 이상훈을 선출하고 심인당 교화 활성화와 지역사회 봉사 등 활동을 전개하기로 하였다(51,3.3). 초창기 학생회의 모범적인 활동을 전개한 보원심인당 학생회가 재창립하고 최두용을 회장에 선출하였다(51,9.14). 의밀심인당 청년회 학생회는 43명의 회원이 모여 창립총회를 열고 청년회 회장 황보정, 학생회 회장 탁영미를 선출하고 참석한 신교도와 청년 학생회원의 박수를 받았다(52,5.17). 대전청년회 학생회가 대전교구청에서 재창립 법회를 열고 청년회장 고형민, 학생회장 임성순을 선출하고 동참한 스승 신교도 전국청년회 임원 선배들의 축하를 받았다(52,10.1). 전국청년회 밀각지회가 심인당 청년회의실에서 창립총회를 열고 회장 이계환, 부회장 손열 김남주 김수현을 선출하였다(53,1.24). 포항 보정심인당 학생회가 재창립하고 활동을 시작하였다(52,6.21). 무애심인당 학생 청년회가 회원 30여명이 모여 창립법회를 열고 활동을 시작하였다(53,4.18).

청년회 학생회는 다양한 활동을 진행하고 신심을 다지고 교화에 이바지 하였다. 서울 청년 학생회의 정기행사인 제3회 체육대회가 진선여고 체육관에서 100여명의 회원이 참가하여 열기를 달구었다(50,6.23). 김재곤 회장이 이끄는 학생회가 주최한 체육대회는 이원팀과 자주팀으로 나누어서 대동제와 농구경기를 펼쳐서 신심을 다지고 우의를 돈독히 하였다. 서울학생연합회는 경기도 광주의 사회복지법인 향림원 부속 재활원에서 일일봉사활동을 실시하였다(51,8.17). 청년회와 학생회원 50여명이 동참하여 재활원 정원을 정비하고 지체아동과 놀이를 함께 하며 뜻깊은 시간을 보냈다. 박혜경 학생회장과 현진욱 청년회장이 진심으로 봉사활동에 임한 회원들에게 깊은 감사를 표하였다. 서울학생회는 정기축제행사인 제18회 진우의 밤 행사를 총인원 대강당에서 성황리에 진행하였다(51,12.27). 진우의 밤은 김재왕 등 4명의 공연을 시작으로 콩트 연극 등 11개의 프로그램으로 300여명의 참석자에게 기쁨을 안겨 주었다. 밀각청년회는 대학로 마로니에 노천극장에서 실직가정 학생 학자금지원을 위한 사랑나누기 문화공연을 개최하고 작은 보은행을 실천하였다(53,4.24). 사랑나누기 문화공연은 진각복지재단이 주최하고 밀각청년회 학생회가 주관하여 학생회 천지소리의 풍물공연 댄스공연, 서울예전 예음회의 사랑나눔터의 찬조 노래공연 등으로 진행되어 많은 시민의 호응을 얻었다.

정보화기술의 보급으로 서울학생회는 홈페이지(http://my.dreamwiz.com/jg1318)를 개통하고 본격적인 운영에 들어갔다(55,1.29). 홈페이지 주소는 Jingak의 jg에 학생회원 나이인 13세에서 18세까지를 의미하며 '저희 집은요', '서울학생회 소개', '옛날 옛적에' 등으로 구성하였다.

종단은 강원도 고성군 잼버리캠핑장과 설악산 일원에서 제1회 청소년수련회를 실시하였다(50,7.24). 청소년수련회는 전국 심인당 중고등학생회 간부와 심인중학교 진각회원 등 300여명이 모여서 '마음의 등불을 밝히자'의 주제로 3박4일간 6개 팀으로 나누어서 진행하였다. 총인원에서 종조전 참배와 발단식으로 시작한 수련대회는 이튿날 설악산 일대에서 청정국토가꾸기운동을 펼치며 설악산을 종주하였다. 셋째 날은 우천 속에서도 심성법문을 듣고 조별활동을 통하여 삼포해수욕장에서 바다프로그램과 촛불예참 캠프파이어 등을 수행하였다. 제2회 청소년 간부수련회는 교육원이 주관하여 전국 학생회원과 심인중고 진각학생회 진선여중고 연화학생회 회원 300여명이 참가하여 위덕대와 경주 일원에서 실시하였다(51,7.21). 청소년수련회는 '나라사랑 진리사랑'의 주제로 위덕대에서 발단식을 하고 신라문화원이 마련한 경주문화유적에 대한 슬라이드 시청을 하고 불교의 자주정신을 되새겼다. 이튿날은 경주 신라문화원의 안내로 경주 남산 유적답사를 하며 불교문화유산의 우수성을 살피고 불교의 자아발견의 정신을 고취하였다. 또한 수련회는 위덕대 칠포해수욕장 월포해수욕장에서 체육행사 법락회 미니올림픽 물놀이 등을 행사를 하며 단체활동을 통한 협조와 배려의 심성을 단련하였다.

부산지부 청년회는 명륜심인당에서 부산교구 스승 신교도 청년 학생회원과 전국청년회 회장단 등 150여명이 동참하여 창립 30주년 기념법회와 행사를 실시하였다(51,3.16). 기념행사는 서원가 부르기 연극 창작무용 장기자랑 등 평소 닦은 실력을 보이며 청년회 창립의 뜻을 기렸다. 부산청년회는 원오제의 발원으로 창립하여(20,3.1) 5개 지회를 두고 등반대회 체육대회 회향제 등을 하면서 신심을 다독이고 교화에 이바지하였다. 경주 포항지구 경주 포항 안강청년회와 위덕대 불교학생회가 연합하여 위덕대학교에서 대동제를 열었다(51.4.27). 대동제는 가족동반 100여명이 모여서 위덕대 심인실에서 자성일불사를 올리고 족구 등 체육행사를 통하여 종립 위덕대학교의 개교 의미를 되새기고 청년회 활동에 전력하기로 하였다. 경주청년회는 창교 50주년을 맞아 서라벌문화회관에서 제1회 음성공양제를 열었다(51.11.23). 음성공양제는 스승 신교도 및 지역공관장과 주민 400여명의 관객이 참석하여 우담바라합창단과 경주 청년회 중창단이 서원가와 건전 가요를 공연하여 청중의 박수를 받으며 종단을 홍보하는 기회가 되었다.

신덕심인당 청년불자 모임인 심우회는 원주 소쩍새마을을 방문하여 따듯한 자비심을 전하였다(52.1.16). 심우회는 280여명의 가족이 모여 생활하는 소쩍새마을에 다과와 베개 등 공양물과 공양금을 전하고 IMF 한파로 생활이 어려운 소쩍새마을 가족을 위로하였다.

전국청년회는 연중 주요사업의 하나인 하계수련대회 제23회 대회를 '진각50년과 진각청년'이란 주제로 회원 100여명이 참가하여 종조탄생지 금강원에서 개최하였다(50.8.15). 수련대회는 '진각 50년의 문화, 진각 100년의 문명'에 대한 주제강연과 공청회를 가지고 청년회의 발전방향을 모색하고, 퀴즈대회 주제곡 발표와 종조전 참배 심인당 도보순례 등을 통하여 종조의 뜻과 진각 50년의 의미를 마음에 새기며 3박4일간의 공동체 한마당을 마무리하였다. 전국청년회는 2년간 중지되었던 '밀교청년'을 제호를 바꾸어 '진각청년'으로 속간하였다(51.11.15). 한편 서울청년회는 소식지 대일大日을 꾸준히 발행하였다. 대일 55호는 죽비 디딤돌 대일논단 한글마당 밀교진각종 선지식초대 오륜탑 등으로 구성하여 다양한 내용을 실었다(47,10.31). 탑주학생회가 발간하는 소식지 '옴마니반메훔'의 3호를 발간하고 학생회 활동을 알렸다(48,3.1). 서울청년회는 회지 대일과 함께 소식지 진언의 소리도 월간으로 병행하였다(52,2.1).

전국청년회 출신 모임인 역대진각청년모임은 제7회 정기이사회를 밀각심인당 청년회관에서 개최하고 진각청년의 밤 개최와 청년회 발전에 관하여 논의하였다(51,9.20). 역대진각청년모임이 주최하는 제4회 진각청년의 밤을 진각문화회관에서 열고 스승 신교도 역대 및 현역의 회원 100여명이 동참하여 옛 추억을 회상하며 화기애애한 분위기를 보냈다(51,11.15). 전국청년회는 제5회 수련운영회의를 밀각심인당 청년회관에서 열고 회원수련의 단계적 실시에 대하여 논의하고 수련원 교수의 역량강화를 논의하였다(51,9.20). 해마다 실시하는 전국청년회 회향제를 경주에서 양일간 열고 대의원회 정기총회, 회장 이취임, 올해의 주인공상 시상식 등을 실시하였다(51,12.27). 전국청년회는 선상신 회장 취임과 역대청년모임 4주년 기념행사로 회원 60여명이 모여 소백산에서 진각청년등반대회를 개최하고 문화재를 답사하고 회원의 신심과 단합을 북돋우었다(52,5.24). 전국청년회는 서울 장안웨딩프라자에서 결산회향제를 열고 신임 회장에 김구용을 선출하는 등 다양한 행사를 실시하였다(53,12.4). 전국청년회는 진각문화회관 내 청년회관에서 청년회 회원과 종단의 국장 등이 참석하여 간담회를 가지고 청년회 사업과 지원에 대하여 논의하였다(53,4.17).

종단은 경산심인당에서 진각스카우트단 발대식을 가지고 스카우트 활동을 시작하였다(53,7.21). 진각스카우트단은 한국 보이스카우트 경북연맹 1500단의 소속으로 발대식 후 경북 울진에서 2박3일간 야영대회를 열고 스카우트의 기본정신인 자립심과 인내심을 가지고 협동심과 공동체의식을 길렀다. 진각스카우트가 주관하고 통리원이 후원하여 진각청소년지도자 리더쉽 연수를 경주 보문 유스호스텔에서 70여명이 참가하여 실시되었다(54,1.18). 청소년지도자 리더쉽 연수는 청년회 등에서 활동하는 청소년지도자를 대상으로 3박4일간 야영법 및 야영기술 습득 건강과 안전 등 청소년 활동에 필요한 전문지식 습득과 체험활동을 위한 다양한 프로그램으로 진행하였다.

8) 남북교류와 국제교류

(1) 남북교류

종단이 북한 불교계와 교류하게 된 계기는 지현정사가 열었다. 사단법인 조국평화통일불교협회 미주상임부회장인 지현정사가 제2차 남북해외불교지도자 합동기원법회 및 간담회를 위해 남측 실무지도자로 원효종 전 총무원장 정산과 함께 방북하였다(49,4.23). 불광심인당 주교 지현은 미국에서 교화하면서 남북 불교계 교류에 적극 참여하여 오던 중 남북해외불교지도자 합동기원법회를 기획하고 실무대표로 8박9일간 방북하고 돌아왔다. 총인 각해를 비롯한 종단 간부스승과 신교도 대표는 평화통일을 기원하는 진호국가불사를 백두산 정상에서 봉행하였다(51,6.26). 진호국가불사는 울릉도 금강원과 총인원 종조전에서 금강수와 금강토를 채취하여 백두산 천지에 가지加持하고 비로자나부처님의 자비광명과 종조 회당대종사의 무진서원이 온 누리에 가득하여 남북 평화통일이 성취되도록 서원하였다.

  종단은 북한 동포돕기 성금모금운동을 벌리고 1차 모금한 5천 5백만원을 북녘동포돕기 불교추진위원회에 전달하였다(51.8.15). 북한동포돕기 성금은 서울 봉은사에서 열린 민족화합통일정토 서원대회가 주최한 광복 52주년과 민족화합통일정토 서원 전국순례단 회향 서울법회에서 전달하였다. 종단과 보광심인당은 북녘동포돕기 불교추진위원회로부터 북한동포돕기에 기여한 공로로 감사패를 받았다(51.10.7). 감사패는 조계사에서 열린 북녘동포돕기 제2차 백일결사인 북녘동포 겨울나기 백일결사 입재식에서 전달받았다.

불광심인당 주교 지현은 평불협 미주 본부 상임부회장 자격으로 3박4일의 일정으로 방북하여 북한측 불교대표와 국수공장을 설립하기로 합의하였다(51.12.27). 국수공장은 범종단 불교계 통일운동단체인 평불협 미주 본부에서 식량위기의 지속으로 굶주림에 처한 북한주민들에게 동포애를 전하기 위한 대북지원사업 가운데 하나로서 추진해 왔다. 지현은 북한측과 국수공장의 명칭을 '금강국수공장'으로 하고 황해도 사리원에 설립하며, 3월말로 예정한 준공식에 북한 측이 지현을 비롯해 법타 등 평불협 대표 3인을 다시 초청하기로 합의하였다. 북한 사리원의 '금강국수공장'의 운영에 필요한 후원금 지원을 위한 금강국수공장 후원회 창립법회가 서울 종로구 서울호텔에서 열렸다(52.4.17). 종단은 조선불교도연맹 중앙위원회 서기장 명의의 방북초청을 받았다(52.5.2). 조불련은 지현 등 평불협 대표의 방북 기회를 통해 상호 교류를 희망해 오던 방북초청을 창교 51주년 축하 메시지와 함께 보내왔다. 성초 통리원장은 조불련의 창교 51주년 축하 메시지와 방북초정을 공개하는 간담회를 가지고 조불련과 접촉을 지속하고 우의를 증진시킬 방안의 모색을 강구하였다(52.6.1).

종단은 통일부에 북측과 접촉신청서를 제출해서 총무부장 회정 문사국장 원명 복지법인 사무국장 지현 등 3명의 접촉 승인을 받았다. 그리고 실무대표진을 중국 북경에 파견해 조불련과 실무회담을 가지고 방북 일정 규모 등을 논의하기로 하였다. 종의회는 종단 간부의 방북을 승인하고 실무자의 접촉을 통하여 타당성을 검토하고 시행하기로 하였다. 또한 대북 교류와 국제포교를 추진하기 위해 국제불교연구소를 설치하기로 하고 구체적인 제도방안을 마련하여 보고하도록 하였다(52,6.23). 국제포교와 대북교류를 위한 국제불교연구소를 개소하고 활동을 시작하였다(52,7.20). 종의회는 국제불교연구소 규정을 결의하고 연구소장은 문사부장이 겸임하기로 하였다(52,9.3). 국제불교연구소는 국제교류와 경전 연구를 위해 네팔인 나레쉬 만 바즈라짜리아를 비상임 연구위원으로 위촉하였다. 나레쉬만 비상임연구원은 네팔 출신으로 1989년 네팔 카투만두 트리뷰반대학교를 졸업하고 93년 인도 델리대학교 불교학과 불교연구문학 석사와 98년 불교학과 철학박사학위를 받았다. 그 후 네팔 크리티푸르시 트리뷰완대학교 네팔문화역사 및 고고학과 전임강사와 네팔 카투만두시 마헨드라 산스크리트대학교 강사를 맡았다. 나레쉬만 박사는 경정이 해외불교 학생 지원을 위해 종단의 스승과 신교도로 구성한 은진회恩眞會(은혜갚는 진각인의 모임)의 지원을 통해 5년간 과정을 마치고 박사학위를 받았다.

　　조불련의 방북초청에 따른 실무회담을 베이징에서 열고 방북초청과 국제재가불교 성직자연합, 통일과 민족화합을 위한 교류와 인도적 지원 등을 논의하였다(53,3.2). 종단대표 총무부장 회정, 문사부장 무외, 복지재단 사무국장 지현과 조불련 서기장 심상진 등 대표단은 중국 베이징 시내의 한 음식점에서 회담을 가지고 상호 관심사를 중심으로 교류를 지속하여 추진해 나가기로 합의하였다. 한편 한국종교인평화회의(KCRP) 조선종교인협회(KCR) 아시안 종교인평화회의 등이 공동주관한 북경종교인평화모임을 2박3일간 중국 북경에서 열었다(53,4.25). 북경종교인평화모임은 한국에서 성초 통리원장을 비롯해 KCRP 회장 고산(조계종 총무원장) 등 6대 종교대표 30여명, 북한에서 장재언 조선종교인협회장 등 5명, 일본대표 모찌지 니세이 등 6명이 참석해 기념세미나와 종합토론을 비롯하여 남북한 종교관계자모임 등 다양한 내용으로 진행되었다. 종교인 북경평화모임은 한국 일본의 종교지도자가 모금한 성금을 북측 대표들에게 전달하고 차기 회의를 서울이나 평양에서 개최하기로 합의하였다.

　성초 통리원장과 종단 간부스승 및 조계종 등 범불교도 1천1백여 명이 분단 이후 처음으로 방북하여 금강산 신계사神溪寺에서 법회를 봉행하였다(53,6.3). 방북초청 북경 실무모임에 따라서 성초 통리원장과 종단 간부스승 등 종단 대표단이 교계에서 처음으로 공식으로 북한을 방문하여 보현사普賢寺에서 남북평화통일기원대법회를 봉행하였다(53,9.18). 종단은 북한 조불련 위원장 박태화의 초청장을 받고(53,8.24) 당국의 승인 절차를 거쳐 7박8일간 북한을 공식방문 하였다.

　종단은 북한 동포돕기 모금을 지속하여 관행유치원 자모들이 내놓은 성금(53,5.21) 등 모금한 물품을 선적하였다(54,2.12). 성초 통리원장은 민족의 화합과 통일을 위한 천일정진 불교연대 입제식 및 화해평화의 날 선포식에 참석하였다(54,3.1). 조불련이 종단협의회에 중앙위원회 위원장 박태화 명의로 불기2544년 부처님오신날 봉축 특별메시지를 보내왔다(54,4.26). 조불련이 보낸 온 특별메시지는 봉축법요식에서 발표할 남북공동발원문과는 성격이 달라서 주목을 받았다. 종단은 창교 53주년을 앞두고 조불련 중앙위원회의 축하메시지를 받았다(54,6.8). 조불련은 메시지에서 창교 이래 진각종이 걸어온 애국애민의 실천행은 오늘 광범한 대중의 환영을 받고 있다는 내용으로 창교절을 축하하고 통일조국 실현을 위해 공동으로 노력하자고 하였다. 성초 통리원장과 종단간부 등 대표단이 조불련 위원장 박태화의 초청으로 2차 방북하여 보현사에서 6·15남북정상 공동선언 실천결의 법회를 봉행하고 북한 일대를 시찰하였다(54,9.19).

(2) 국제교류

교직자의 불적지 참배와 교화와 수행에 대한 견문을 넓히기 위해 실시하는 정기적인 불적지 순례가 계속하여 실시되었다. 일본밀교의 실상을 살피고 교화와 수행의 상황을 경험하기 위해 고야산 오사카 나라 등 불적지를 순례하였다(47,6.21). 지광 통리원장의 인솔로 18명의 순례단이 5박6일간 불적지 순례를 하고 돌아왔다.

한국과 일본을 오가며 정기적으로 실시하는 한일불교문화교류대회 제15차 대회가 일본 정토종 총본산 지은원知恩院에서 개최되었다(48,10.3). 지광 통리원장 도흔 교육원장이 참석하여 '생명과 함께 사는 기원, 국제 가족의 해'를 주제로 자연에 대한 중요성을 공감하고 상호간의 우의를 가져서 세계평화발전을 기원하였다. 한일불교문화교류대회는 제20차 (53,5.25) 대회에 이어 제21차 대회를 일본 동경 천초사에서 개최하여 성초 통리원장과 종단 간부가 참석하였다(54,6.12).

한국 중국 일본 3국을 번갈아 오가며 실시하는 한·중·일 불교우호교류회의 제2차 사무준비협상회의에 통리원장 지광 교육원장 도흔이 참석한 가운데 북경에서 개최되었다(48,12.15). 사무준비협상회의는 3개항을 합의하고 교류회의는 공동성명을 발표하며 제1차 대회를 중국 북경에서 개최하기로 하였다. 불교우호교류회의 실무준비협상회의의 합의에 따라 제1차 교류회의를 중국 북경에서 개최하였다(49,5.22). 종단의 지광 통리원장 등 20개 종단대표가 참석한 교류회의는 3개 항의 결의를 하였다. 결의 내용은 3국 불교교류 연락위원회를 상설하고, 연락위원회가 연도별 교류 협력사항과 계획을 책임지고 공동대처하는 북경선언을 채택하고, 제2차 회의는 한국에서 개최하고 제3차는 일본에서 개최한 후 순환적으로 매년 개최하기로 하였다. 불교우호교류회의 제2차 회의는 서울에서 '21세기에 있어서 한·중·일 불교의 사명'을 주제로 삼고 상호교류 및 우호증진 방안을 논의하였다(50.9.9). 불교우호교류회의는 한국에서 종단의 통리원장 락혜를 비롯한 19개 종단 대표와 정계지도층 인사 등 500여명, 중국에서 중국불교협회 부회장 명양 등 200여명, 일본에서 일본불교회 회장 나까무라 고우류와 종단대표 300여명이 참석하여 3박4일간 서울 워커힐 호텔에서 개최하였다. 또한 한·중·일 불교우호교류대회 제3차 회의가 성초 통리원장과 한국 종단대표 200여명이 참석하여 '부처님의 가르침을 세계로'를 주제로 일본 교토에서 열렸다(51.10.26). 교류회의는 2박3일간 회의를 진행하고 아시아의 안정과 세계평화에 기여할 수 있는 5개항의 사업을 공동추진하기로 하는 일본선언을 채택하였다. 종단은 매년 한 중 일 불교우호교회의에 동참하였다.

　한·중·일 불교우호교류회의를 통하여 상호교류를 위해 중국불교협회 회장 조박초가 한국불교종단대표를 초청하였다(51.6.16). 중국불교협회의 초청에 따라 종단 통리원장 성초 문사부장 효암을 비롯한 한국 종단 대표 23명이 중국불교 사찰을 둘러보고 중국불교와의 교류와 협력을 다지는 계기를 마련하였다. 한국불교종단협의회는 중국불교대표를 초청하여 호텔 프라자 덕수홀에서 중국불교대표단 방한 환영식에 참석하였다(52.9.12). 중국불교협회 부서기장 장림 등 한·중·일 불교우호교류회의 중국대표단 일행이 종단을 방문하였다(54.3.28). 종단은 한·중·일 불교우호교류의 일환으로 중국불교협회 소속 승려 2명을 유학승으로 초청하여 위덕대학교에서 위탁교육하기로 하고 초청공문을 발송하였다(54,5.24). 중국 유학승은 한국어 연수비 등 5년간 학비와 체류비를 전액 지원받아 종립 위덕대학교에서 한국문화와 불교를 교육 받도록 하였다. 중국 구화산 불교협회장 인덕 등 홍보사절단 일행이 종단을 예방하여 오찬을 하며 환담을 나누었다(54,6.26).

종단은 티베트 망명정부 문화종교장관 일행의 예방을 받고 달라이 라마 한국 방문 등 한국 티베트 간 불교교류 등을 논의하였다(54,6.3). 티베트 망명정부 국제관계 담당자 텐진 담돌게톡트상이 국제불교연구소 소장 회정의 초청을 받아 종단과 위덕대학교 등을 방문하고 청소년국토순례대행진에도 참석하였다(54,7.21).

성초 통리원장이 호주에서 열린 세계불교도우의회 제20차 대회에 참석하였다(52,10.29). 성초 통리원장 등 종단 대표 11명은 스리랑카를 국빈 방문하고 스리랑카 최대 종파인 시암종단과 불교발전과 문화인력교류를 위한 상호교류 협정을 체결하고 부처님 진신사리眞身舍利 2과를 이운해 왔다(52,12.15). 종단은 스리랑카 캔디시를 방문하고 스리랑카 불교의 중심지인 불치사佛齒寺 박물관에 금동 비로자나불상을 봉안하였다(54,7.21). 성초 통리원장 등 종단 스승과 시암종 총무원장 주駐스리랑카 한국대사 캔디시 의회 의장 등이 참석하여 '한국 주간 2000년' 행사가 열리고 있는 캔디시 불치사 박물관에 금동 비로자나불상을 봉안하고 양국 불교계의 우의를 다졌다.

종단은 주한 인도대사관을 방문하여 인도 지진피해 구호성금 1천만 원을 전달하였다(55,2.2). 아프가니스탄 탈레반 정권이 불적지의 불상을 파괴하는 훼불사건에 대하여 종단은 성명을 발표하고 훼불만행을 즉각 중단하도록 촉구하였다(55,3.14).

9) 종립 사회교육기관

(1) 유치원의 활성화

전국 각 지역에 종립유치원을 설립하여 운영하고 있는 가운데 전북 익산시 관행심인당에 유치원을 개원하였다(47.3.8). 관행유치원은 성초 통리원장 등 종단 스승이 참석하여 신축 지진불사를 올리고(52.9.4) 공사를 진행하여 스승 및 신교도가 참석하여 헌공불사를 올렸다(52.12.25). 관행유치원은 당국의 2학급 인가를 받고(46.12.21) 교사를 신축하여 교육을 실시하였다. 대구 최정심인당 유치원 증축 지진불사를 올리고(52.7.21) 공사를 진행하였다. 경전유치원이 아동 수가 늘어나서 신축공사를 계획하고 지진불사를 올렸다(53.10.12). 신축 경전유치원은 경전심인당 인근에 연건평 2백 30평의 지상 3층 건물로 건축하여 교육시설로 활용하기로 하였다.

유치원교사의 종교적 소양과 교양 증진을 위해 해마다 시행하는 제13기 유치원교사 연수를 실시하였다(48.7.19). 중앙교육원은 3박4일간 총인원에서 88명의 유치 유아원교사의 참여로 교사연수를 열어서 수행 강의 참여교육 등 다양한 내용으로 진행하였다. 전국 종립유치원 유아원교사의 참여의욕을 북돋우고 교육사례발표 등을 통하여 상호 정보교환에 도움을 주고자 매년 실시하는 제15회 유치원교사 연수를 실시하였다(50.7.16). 유치원 교사연수는 총인원에서 80여명의 교사가 참여하여 '마음의 등불을 밝히자'를 주제로 2박3일 동안 지도사례발표 전문교육 교리강연 등으로 실시되었다. 대구교구 유치원연합회는 서구 구민운동장에서 제17회 대구교구 유치원 가을운동회를 개최하였다(54.9.30). 교구 내 6개의 유치원 연합으로 마련한 가을운동회는 개구쟁이올림픽 등 다채로운 운동으로 유치원 가족의 즐거운 한마당이 되었다. 중방유치원도 임당초등학교에서 제10회 중방가족 한마당을 개최하여 유치원생 및 가족 친지 700여명이 참석하여 기와 밟기 가마타기 등 옛 전통놀이를 재현하며 화합의 시간을 보냈다(54,10.1).

(2) 위덕대학교의 개교

종립 위덕대학교 설립을 위한 교사 신축 지진불사를 지광 통리원장 등 종단 원로스승, 회당학원 이사장 손제석, 대구일보 사장 박권흠 등 50여명이 참석하여 설립부지에서 올렸다(48,1.21). 위덕대학교 설립 본인가를 교육부로부터 통보받았다(49,12.16). 교육부는 위덕대학교 설립을 승인하는 가인가를 하고(45,11.14) 개교 준비를 점검한 후 최종 개교를 승인(대행81441-2889)하였다. 한편 학교법인 회당학원은 이사회를 열고 종단의 추천을 받아 회당학원 이사장 손제석을 초대 총장에 선출하였다(49,12.21). 위덕대학교의 신축교사가 완공되어 신축 헌공불사를 올리고 한국불교계 2번째 종립대학교가 되었다(50,1.16). 종립 위덕대학교는 종조의 교육사업에 대한 무진서원과 누대 스승과 신교도의 원력이 성숙하여 설립되었다. 헌공불사에서 동참한 모든 이들은 종단의 무거운 기대감에 부응하여 위덕대학교는 종조님의 위없는 가르침을 펴는 복전이 되고 민족과 인류를 요익하게 할 인재를 양성하는 교육의 요람으로 성장하기를 기원하였다. 대학 신축 헌공불사에 이어 회당학원은 제15대 이사장에 혜일을 선출하여 대학교 등 종립학교 발전에 정진하도록 하였다(50,1.16). 또한 이사회는 위덕대학교 초대 정교에 덕일을 선출하여 대학 교화에 힘쓰도록 하였다. 회당학원은 회당학원 서무국장에 이종관(효운)을 임명하였다(50,3.22).

종립 위덕대학교는 12:1이라는 경쟁으로 신입생을 모집하고 입학식과 총장 취임식을 공학관 앞 광장에서 실시하였다(50,3.11). 위덕대학교 손제석 총장은 3개 계열 9개 학과 409명의 신입생과 교수 학부모 등이 참석한 입학식에서 선진한국을 이끌 인재를 육성하고 문화발전과 과학기술 혁신에 기여하면서 지역사회에 봉사하는 대학으로 발전시킬 뜻을 밝혔다. 한편 입학식에는 각해 총인과 락혜 통리원장 등 종단 관계자 및 신교도를 비롯하여 이의근 경상북도지사, 이원식 경주시장, 박기환 포항시장, 손수태 육군제3사관학교장, 박권흠 대구일보 사장, 황윤기 국회의원, 장윤일 경주대 총장 등 1천여 명이 참석하였다.

위덕대학교는 대학본부를 신축하고 신축 헌공불사를 대학본부 광장에서 봉행하였다(52,8.23). 위덕대학교는 대학본부의 헌공불사로써 세계 각국과 인터넷 연결이 가능한 LAN시스템 등 각종 첨단시설을 갖추고 있어서 지역 명문사학으로 발돋음 할 새로운 기틀을 마련하였다. 헌공불사에는 각해 총인을 비롯해 성초 통리원장 등 종단 4원장과 스승 및 지광 회당학원 이사장 대학 관계자 등 5백여 명이 참석하였다. 위덕대학교는 계속하여 인문사회과학관 학술정보관을 신축헌공하고(54,3.16), 예체능관인 금강관을 신축헌공하여(54,10.31) 종립대학으로서 면모를 일신하여 갔다.

위덕대학교는 신라고도 경주에 위치하여 문화재보존과 발굴을 위해 대학박물관을 개관하고 초대 관장에 교학처장 경정을 겸임 임명하였다(53,10.16). 위덕대 박물관은 지역 유적유물 조사활동을 위해 박사 1명 석사 1명 등 2명의 전문 인력을 채용하고 인문사회과학관 4층에 연구실과 유물 정리실을 설치하였다. 위덕대학교는 주간 9개학과 야간 4개학과를 증과하고 특수대학원인 경영대학원을 설치하기로 하였다(51,2.20). 또한 교육대학원 설립인가를 받았다(53,11.19), 위덕대학교는 첫 입학생을 4년간 교육하여 첫 졸업식을 거행하여 162명의 졸업생을 배출하였다(54.2.22).

위덕대학교는 종립대학의 특성을 살리기 위해 밀교문화연구원을 개원하고 종단의 교육원과 함께 창교 50주년과 밀교문화연구원 개원을 기념하는 밀교학세미나를 개최하였다(51,11.20). 밀교학세미나의 논문은 교육원에서 '밀교학 연구'로 간행하였다(52,10.16). 밀교학 연구는 제1집을 끝으로 발간되지 않았다. 밀교문화연구원장 김무생(경정)은 개원 2주년을 기념하여 밀교학보 창간호를 발간하였다(53,9.1). 밀교학보는 밀교학을 연구하는 길라잡이 역할을 함으로써 밀교학의 체계적인 연구에 활기를 불어넣기 위해 발행하였다. 밀교문화연구원은 종단의 국제불교연구소와 공동으로 한국일보 송현클럽에서 '21세기 포교현실과 새로운 방향 모색'을 주제로 창교절 기념 학술세미나를 열었다(54,6.23). 창교 53주년 기념세미나는 경정의 기조연설 등 포교방향을 모색하는 연구논문이 발표되었다. 한편 도서출판 해인행은 위덕대학교 진각종 교학의 교재로서 진각종보에 연재한 경정의 '진각종지를 말한다'를 '현대밀교'라는 제목으로 출판하였다(50,8.20). 위덕대학교 출판부는 대학의 종학강의 교재와 종단의 이해를 돕기 위해 진각종보에 연재한 경정의 '초기 진각종사'와 '종조법어 해리'를 모아서 '현대한국밀교사'와 '법어로 본 회당사상'의 제목으로 출간하였다(55,3.1).

위덕대학교 개교에 즈음하여 기로스승 대덕관이 열반한 스승 각인의 유지를 받들어 평생 모은 재산 1억1천2백만원을 장학금으로 대학에 전달하여 대학은 각인·대덕관 장학금으로 예치하였다(49,12.11). 또한 기로스승 대자심이 밀교문화연구원에 연구기금 1천만원을 전달하였다(53,8.19). 대자심은 한평생 교화에 헌신하고 기로원 진원에 즈음하여 밀교학 연구를 독려하는 의미에서 연구기금을 쾌척하였다.

위덕대학교는 종립대학으로서 종단의 인재를 육성하기 위해 개교부터 종단의 종비생 교육을 실시하였다. 종단은 장미룡 박성규 배수경을 위덕대학교 1기 종비생으로 선발하여 수학하기로 하였다(50,3.22). 종단은 매년 일정수의 종비생을 선발하여 수학하게 하였다. 종비생으로 위덕대를 졸업하는 장미룡 박성규의 대학원 진학을 집행부에서 면접하여 결정하고 합격하면 49일불공을 시킨 후 진학하도록 하였다(53,12.15). 또한 종비생 모집은 기존의 내규대로 하여 신입생에 한하여 선발하고, 현직 스승의 대학원 진학비 지원은 집행부에서 검토하여 원의회에서 다루기로 하였다. 종단 중앙교육원 교재편찬위원회는 종립 중고등학교의 종교교과서 종교(불교)를 편찬하여 교육부의 3차에 걸친 심의를 거쳐 교과용 도서로 최종승인을 받았다(50,1.3).

종단은 위덕대학교 대강의실에서 성초 통리원장을 비롯한 총장과 교직원 200여명이 참석하여 종립학교 순회법회를 가졌다(52,6.19). 종단의 교육원은 종립학교에 근무하는 심학교사 전원이 동참한 가운데 2박3일간 총인원에서 심학교사연수를 개최했다(53,8.12). 심학교사연수는 종립학교의 설립배경과 건학이념을 고취시키기 위해 종교의 이해, 불교의례와 삼밀행 등의 강의를 실시하고, 불교문화의 체험과 이해를 위해 서울 예술의 전당과 롯데월드에서 열리고 있는 간다라불교미술대전, 만다라예술대전을 관람하는 기회도 마련하였다. 종립학교 심학교사 연수는 매년 정기적으로 실시하였다.

2. 교법의 결집과 총인원 성역화

1) 세대교체와 종행정의 발전

(1) 세대교체와 종행정의 갈등

성초 통리원장의 임기만료가 다가오면서 통리원장 후보 물망에 오른 동同행계行階 세대世代의 스승들이 출마를 사양하여 차기행계 세대의 스승이 후보로 나왔다. 종의회는 효암을 통리원장, 혜정을 교육원장에 선출하였다(55.4.19). 신임 통리원장은 집행부를 세대교체 하였다. 제26대 통리원장 효암과 제9대 교육원장 혜정은 취임식을 하고 공식적으로 업무에 들어갔다(55.5.17). 효암은 총무부장 혜인, 포교부장 혜명, 문사부장 무외, 건설부장 법정을 내정하고, 혜정 교육원장의 제청을 받아 교법부장 관증, 교육부장 의현, 진각대학 교무처장 덕정을 내정하여 인준을 받았다(55.6.29). 또한 각해 총인의 임기만료로 제9대 총인 추대에 대한 절차에 들어갔다. 이때 종의회에서 현 각해 총인을 종신직으로 하는 의안이 상정되었지만 1표 차이로 부결되었다. 따라서 종의회는 차기 총인추대에 들어가, 만장일치로 혜일을 총인에 추대하여(55.10.19), 인의회가 회의를 열어 혜일 총인을 공식 추대하였다(55.10.19). 종단은 혜일 총인의 추대법회를 총인원 특설법회장에서 봉행하여 종단의 스승과 신교도 및 교계 정계 학계 인사 등 3천여 명이 참석하여 총인 추대를 축하하고 종단 발전을 서원하였다(55.11.29).

  효암 통리원장 집행부는 종단의 혁신에 의욕을 보였다. 종조탄생 100주년 기념사업을 진행하고 도제양성을 위해 도제양성위원회를 두었다. 그리고 위덕대학교의 설립에도 불구하고 진각대학원 대학교의 설립을 추진하였다. 교법과 교화의 개선을 위해 스승호칭과 복식문제를 거론하였다. 특히 총인원의 건물 배치에 문제점을 들어서 종조의 비탑을 이전하고 종조전을 탑주심인당으로 사용하였다(56.3.21). 또한 교육원은 일선교화에 나갈 예비스승 교육을 실시하고 교법정립에 힘을 기울였다. 종단의 의식의례의 정비를 위해 국제 전통밀교의식 시연을 하고 진각논문대상 등 교학연구에 힘을 쏟았다. 종단문화의 육성을 위해 전통등傳統燈의 제작을 시작하여 초파일 행사에 활용하고 울릉도에 회당문화축제를 시작하였다. 효암 통리원장은 종단의 총본산과 수련원 마련에 깊은 관심을 가지고 산내 연수원 부지 등 수련원 부지 매입에 열중하였다. 그리고 산내 연수원 부지의 농림지 등 종단의 농림지 관리를 위해 영농조합법인 농림촌農林村을 설립하였다(57.4.4). 또한 효암 집행부는 종단정체성 수립의 명분으로 종헌종법 개정을 시도하였다.

통리원 교육원의 새 집행부가 종행정의 개선과 교법정립에 의욕적인 활동을 하는 중에 제10대 종의회가 임기만료하여 스승총회를 열어 제11대 종의회를 선출하였다(56.4.17). 스승총회는 총인원 대강당에서 제11대 총회를 개최하고 진산 외 27명의 정사와 묘법 외 8명의 전수 등 37명의 종의회 의원을 선출하였다. 종의회는 330회 정기종의회를 열어서 의장 진산, 부의장 진성 지명혜를 선출하여 종의회 구성을 마치고, 휴명을 사감원장에 선출하였다. 효암 통리원장은 제2기 집행부 구성을 위해 포교부장 무외, 문사부장 회성을 내정하고, 교육원장의 제청으로 교법부장 지정, 교육부장 덕정, 교무처장 경당을 내정하였다(56.12.27). 또한 통리원에 기획국과 전산국을 신설하여 종행정의 기획과 전산업무를 확충하였다.

효암 통리원장은 추진하던 사업의 마무리를 위해서 재임再任을 원했으나 실패하였다. 종의회는 통리원장에 회정, 교육원장에 경정을 선출하였다(59.4.20). 또한 사감원장에 혜명을 선출하였다. 경정은 그동안 종립 위덕대학교에서 교학처장 대학원장 부총장 총장직무대행(67.2.17) 등을 거치면서 대학의 개교와 발전을 위해서 일한 후 종단에 복귀하여 교육원장을 맡았다. 회정 통리원장은 취임식을 하고 집행부를 구성하였다(59.5.20). 회정 통리원장은 총무부장 수성, 재무부장 증광, 포교부장 회성, 문사부장 이행정 그리고 경정 교육원장의 제청으로 교법부장 무외, 교육부장 겸 교무처장 경당을 내정하여 종의회의 인준을 받았다(59.6.3). 종단에서 처음으로 전수 이행정을 문사부장에 임명하여 평등한 인사원칙을 시도하였다. 진각대학장은 업무의 관련성에 따라 경정이 겸임하였다.

회정 통리원장은 전라교구를 신설하고(59.6.24) 종단 건축과 문화의 새로운 방안 모색을 위해 한국불교문화센터를 구상하여(59.7.29) 종단정책연구위원회를 발족시키는(60.5.16) 등 종단혁신 작업을 시작하였다. 또한 교화스승 양성의 전문성과 차별화를 위해 종무원의 수행도량인 서원도량誓願道場을 마련하고 탑주심인당 시무인 수각을 주교로 발령하여 종무원과 일반신교도를 분리하여 수행하도록 하였다(59.11.14). 종무원 수행도량 서원도량은 구舊 탑주심인당을 이용하였다.

종단의 창교 60주년을 앞두고 기념사업을 추진하였다. 한편 혜일 총인은 종조의 교법을 다시 확인하고 수립하여 종단정체성을 계승하기 위해 교법결집회의를 시작하였다(59.5.20). 종조열반 이후 종단의 발전과정에서 발생한 교법에 대한 혼선을 해소하여 종단 교화발전의 새로운 계기를 마련하기 위한 불사였다. 이에 맞추어 경정 교육원장은 교법의 정비작업과 스승 재교육의 체계를 혁신하고 전문성을 살리는 계획을 하였다. 교육원의 업무를 전문적으로 지원하고 교법결집회의의 원만한 진행을 위해서 교육원의 전문 활동을 세 팀으로 나누었다(59,6.24). 종조법어의 정리와 교리의 연구를 위한 종조법어연구모임, 수행법과 교법의식의 연구를 위한 진각의범연구모임, 그리고 스승의 설법자료와 <법의 향기> 출판을 위해 설법연구모임을 구성하여 체계적이고 유기적인 활동을 하였다.

종단의 새 집행부가 신선한 혁신을 하면서 업무를 진행하는 중에 제11대 종의회가 임기만료가 되었다. 춘기강공 중에 종의회 의원 선출을 위한 스승총회를 개최하여 제12대 종의회 의원을 선출하였다(60,5.26). 스승총회는 성초 외 정사 34명과 지명혜 대원심 전수 등 37명의 종의회 의원을 선출하였다. 종의회는 제347회 정기회의를 열어서 의장 혜인, 부의장 지명혜 의현을 선출하고 제12대 종의회를 구성하였다. 회정 통리원장은 제12대 종의회 구성에 맞추어서 새 집행부를 구성하였다. 총무부장 회성, 재무부장 지정, 문사부장 호당, 진각대학 교무처장 경일을 내정하였다(60,6.27). 회정 통리원장은 새 집행부를 구성하며 전임 집행부가 추진한 종단업무에 대한 이견을 해소하려는 의지를 품고 있었다. 회정 통리원장이 약 1년 동안 종단 행정을 수행하면서 효암 통리원장이 추진한 계획, 특히 산내와 홍천의 부지 처리를 두고 적지 않은 이견이 노출되었다.

교법결집회의를 통하여 교법의 결집에 매진하던 혜일 총인의 임기가 끝나서 종의회는 총인에 도흔을 만장일치로 추대하였다(60,10.19). 도흔 총인은 인의회의 추대결의를 거쳐서 총인원 특설법회장에서 거행된 추대법회를 마치고 총인의 직무를 시작하였다. 추대법회에는 종단의 스승과 신교도 및 교계 정계 관계 학계 인사 등 3천여 명이 동참하여 새 총인의 추대를 축하하였다. 도흔 총인은 전임 총인이 진행하던 교법결집회의를 지속해 갔다. 그러나 회정 통리원장이 전임 집행부가 추진하던 산내와 홍천의 부지의 처리를 두고 이견을 넘어 갈등이 양상이 깊어지면서 교법결집회의를 일시 중단하였다.

회정 통리원장은 종행정의 쇄신과 교화활동을 차질 없이 수행하려고 노력하였다. 특히 총인원 이전에 대한 논의를 종식시키고 총인원 성역화를 추진하였다(61.1.17). 그간 종단 안팎에서 경제적인 이유로 하월곡동 총인원 부지를 매각하고 서울 근교로 이전하는 논의가 구체적으로 있었다. 그러나 종단 백년대계를 위해서 종단 총본산 총인원이 서울시내에 위치하여 종조의 유교에 따라서 선택한 종사의 역사성을 보존하기로 하였다. 종단은 제33대 사감원장에 효운을 선출하고(61.7.27), 사감부장에 정훈을 임명하는 등 사감위원을 교체하여(61.6.27) 종단내외의 법적 문제 해결에 힘썼다. 또한 포교부장에 덕정을 임명하여 포교업무를 강화하였다. 종행정에서 이견이 갈등으로 깊어지고 종단 안팎의 법적 다툼으로 번지면서 효암 등은 인사 불복으로 맞섰다. 종의회 의장 혜인이 인사 불복하여 종의회는 의장단을 불신임하고 의장 성초, 부의장 진성 대원심을 선출하고(61.12.10) 인사 불복자에 대한 징계처리 준비를 하였다. 종의회와 사감원은 이들에 대한 징계를 논의하여 인사 불복 8명에 대한 체탈도첩의 징계를 내리고(61.12.28), 또한 재심청구에 대하여 징계처분의 적법을 결의하였다(62.3.14). 특히 종행정의 갈등을 겪으면서 종헌 종법의 문제점이 드러나서 종헌종법 개정위원회를 구성하기로 하였다(62.7.18). 그리고 종단문제의 마무리를 위해서 총무부장에 효심을 임명하여 원만한 수습을 위해 노력하였다.

회정 통리원장은 총인원 성역화 불사와 종행정의 갈등 상황을 원만히 매듭짓기 위해 재선을 바랬지만 뜻을 이루지 못했다. 종의회는 통리원장 혜정, 교육원장 경정을 선출하여 종단의 분위기를 쇄신하기를 바랐다(63.4.16). 혜정 통리원장은 총무부장 수성, 재무부장 관천, 포교부장 겸 문사부장 덕정, 그리고 경정 교육원장의 제청으로 교법부장 지정을 내정하고 종의회의 인준을 받아(63,5.19) 집행부를 구성하였다. 또한 진각대학장에 수성, 교학처장에 혜덕을 임명하고 종의회의 인준을 받았다(63,5.19). 그리고 교육부장에 상제를 임명하여 종의회 인준을 받고(63,10.22) 진각대 교학처장을 혜언으로 교체하였다(64,3.26).

　혜정 통리원장은 총인원 성역화 불사에 집중하고 종단의 갈등상황을 수습하면서 종행정을 이끌었다. 스리랑카 JGO 회당국제학교 설립을 추진하고(63,7.25), 밀교수행법회를 시작하는(64,2.18) 등 교화발전의 방안을 모색하였다. 한편 도흔 총인은 종단의 갈등상황이 수습의 길로 들어서자 일시 중단한 교법결집회의를 재개하였다(63,7.17). 제20차 교법결집회의에서 종조법어집 실행론 발행을 결의하고(65,9.30) 초판 실행론을 발행하여 1단계 교법결집회의를 마무리하였다(65,11.23). 교육원장 경정은 교법결집회의에 만전을 기하면서 오랫 동안 진행한 도제양성연구위원회의 작업을 마치고 도제양성연구백서를 발간하였다(63,3.31).

　제12대 종의회의 임기가 다하여 무진설법전에서 스승총회를 개최하고 회정 등 제13대 종의회 의원 37명을 선출하였다(64,4.22). 종의회는 제368회 회의를 열어서 종의회 의장 혜명, 부의장 일석 선본을 선출하고 제13대 종의회를 구성하였다. 혜정 통리원장은 종무행정의 기강을 새롭게 하는 입장에서 보직인사를 단행하여 총무부장 무외, 재부부장 겸 건설부장 수성, 포교부장 상제, 문사부장 덕정 그리고 교육원장의 제청에 따라 교육부장 관천을 내정하고 종의회의 인준을 받았다(65,6.17). 종의회는 사감원장에 증광을 선출하고 건설부장 의신을 인준하였다(64,10.14). 사감원장 증광이 혜언을 사감부장에 임명하여 혜언이 맡고 있는 교학처장에 혜덕을 임명하였다(64,12.2). 또한 통리원 집행부는 종의회와 의견을 교환하고 종헌종법을 대폭 개정하기 위해 종헌종법개정위원회 구성을 합의하였다(64.10.14). 종헌종법개정위원회는 사감원을 현정원顯正院으로 개칭하는 등 큰 폭의 종헌 종법 개정안을 마련하였다.

종의회는 도흔 총인의 임기 만료에 맞추어 성초를 만장일치로 제11대 총인으로 추대하였다(65.10.25). 도흔 총인은 인의회를 열어서 종의회가 총인으로 추대한 성초의 총인 추대를 인준하였다. 성초 총인은 법통승수를 하고 총인의 직무 수행을 시작하였다(65.11.23). 종단은 성초 총인의 추대법회를 총인원 야외 특설법회장에서 봉행하였다(65.11.24). 성초 총인 추대법회은 종단의 스승과 신교도 교계 정계 관계 학계의 인사 3천여 명이 동참하여 성대하게 거행되었다. 성초 총인은 종단이 화합하고 새 기풍을 살려서 교화에 전력할 수 있는 방안을 구상하였다. 혜정 통리원장은 총인원 성역화 불사의 하나로 국제체험관과 교육관(탑주유치원)의 신축을 결의하고(66.4.24), 옛 통리원 본관 건물 철거를 계획하였다(66.8.15). 총인원 성역화 불사에서 중앙 건물인 진각문화전승원 건축의 완공이 임박하여 옛 총인원 본관 건물을 철거하였다(66.9.27). 옛 총인원 본관은 45년 동안 종단 발전을 함께 하고 종사의 뒤안길로 돌아갔다. 옛 총인원 본관을 해체한 자리에서 진각문화전승원 헌공불사를 거행하여(66.10.30), 진각복지센터에 이어 성역화 불사 두 번째 단계를 마무리하였다.

혜정 통리원장이 4년의 임기를 마친 후 회정이 다시 제16대 통리원장에 선출되었다(67.4.26). 종의회는 총인원 성역화 불사와 종단의 불협화음을 매듭짓겠다는 뜻을 굳게 품고 있던 회정을 통리원장에 선출하였다. 회정 통리원장은 임명장을 받고 보직스승을 내정하여 업무에 들어갔다(67.5.1). 교육원장 경당, 진각대학장 회성, 그리고 총무부장 덕정, 교무부장 원명, 기획실장 혜언, 사회부장 호당, 교학처장 정효, 현정부장 도진은 종의회의 인준을 받고 업무에 들어갔다. 회정 통리원장의 취임법회가 전승원 대강당에서 열려서 스승과 신교도 및 교계 정계 관계 학계 등 많은 내외 인사가 참석하여 성황을 이루었다(67,5.21). 회정 통리원장은 종단행정 체계의 개선을 위해 종헌종법개정을 종의회에 요구하고(67,5.21), 종의회와 현정원은 전임 집행부의 불법 행위에 대한 징계를 확정하였다(67,6.25). 회정 통리원장은 종단 4대 성지와 총인원 및 국내외의 교화전당의 신축 개축 등 업무를 전담할 성지조성위원회를 구성하였다(67,6.19). 종의회는 원의회의 결의를 거쳐서 상정한 종헌종법 개정안에 따라서 종헌의 전문 신설을 의결하고 종헌을 대폭 개정하였다(67,9.12). 종의회는 제35대 현정원장에 회성을 선출하고 현정부장 덕운을 인준하였다(67,10.18). 종단의 집행부는 한국의 밀교문화의 종합 정리를 통하여 밀교문화의 연구와 보존을 위해 한국밀교문화총람 사업을 계획하고 정부지원사업으로 추진하기로 하였다(68,4.1).

스승총회는 제13대 종의회가 임기를 다하여 제14대 종의회 의원을 선출하였다. 종의회는 제389회 회의를 열어 의장 덕일, 부의장 지정 경일을 선출하고 제14대 종의회를 구성하였다(68,4.19). 제14대 종의회 구성에 따라 회정 통리원장은 진각대학장 경당, 기획실장 겸 사회부장 호당, 교무부장 서리 겸 교학처장 서리에 법경을 내정하고 제2기 집행부를 구성하였다(68,5.20). 회정 통리원장은 종단 행정의 소통을 위해 중앙의 부서장과 교구청장이 참석하는 간부회의를 정례화하기로 하고 제1차 간부회의를 열었다(68,5.29). 종의회는 종헌종법의 빈번한 개정에 따른 종헌종법의 상호 불합치하는 부분의 개정을 결의하였다(68,11.28). 종의회는 종헌종법의 개정에 미진한 부분을 다시 개정하여 의결하였다(69,4.28).

교육원은 종단의 수행풍토를 진작하기 위해 전 종도를 대상으로 수행연수를 계획하여 시행하였다(68,5.11). 종단은 스리랑카 JGO센터의 교육기관을 지원하는 회당교육재단을 설립하고 이사회를 개최하였다(68,12.12). 한편 국제포교의 일환으로 네팔 카트만두에 반야포교소를 개설하여 본존 가지작법을 올리고 교화를 시작하였다(69,11.27). 반야포교소의 교화는 종단의 종비생으로 위덕대학교에서 박사학위를 받고 국제포교사로 임명된 너빈 바즈라챠리아가 맡았다. 종의회는 종의회 하반기 구성을 위해 의장 덕일, 부의장 무외 원명을 선출하였다(70,4.20). 종단은 제28차 세계불교도우의회(WFB) 서울대회를 유치하여 성공적으로 개최하고 종단의 교화활동을 세계화 하려고 노력하였다(70,9.26~30).

(2) 종행정의 정비

효암 통리원장 집행부는 교육원과 업무협조가 원만하지 못하였다. 그 이유가 통리원과 교육원의 법 체계에 있다고 인식하고 종헌종법의 개정을 시도하였다. 효암 통리원장은 종헌종법의 개정은 진기18년 종헌종법으로 돌아가서 다시 출발해야 한다고 주장하였다. 종의회에서 종헌종법개정위원회 구성을 위임받아(56,10.23) 2여년간 개정작업을 하여 일부를 종의회에 상정하였다(59,3.29). 종헌종법 개정안의 내용은 통리원과 교육원의 업무조정이었다. 통리원장이 종단의 교법과 행정을 관장하고 교육원은 통리원의 업무지원 기관으로 자리매김하였다. 교육원장은 종의회에서 선출해서 통리원장이 임명하는 것으로 개정하고자 했다. 하지만 종의회는 개정안이 완결하지 못하고 연구할 부분이 많다는 이유로 부결하였다. 종단이 여타의 사회조직과 달리, 종교 수행공동체라는 인식의 부족이 문제였다.

회정 통리원장 집행부 말기에 다시 종헌종법 개정이 대두되어 종헌

종법개정위원회의 위원을 인선하여 위원회를 구성하도록 종의회 의장에게 일임하였다(62,7.18). 종의회는 혜정 통리원장 집행부에서 종헌종법개정위원회 구성을 재결의하고(64,10.14), 종의회 의장 혜명, 행계스승대표 덕일, 종의회 3개 분과위원회에서 각 2명 등으로 구성한 종헌종법개정위원회 구성을 인준하였다(64,12.2). 원의회는 종헌 개정을 위해 통리원이 마련한 개정안을 종의회에 상정하기로 하였다(65,11.22). 종의회는 교육원과 현정원에 관한 사항 등 종헌의 개정안을 심의 의결하였다(65,12.13). 종의회에서 선출하던 교육원장을 총인이 추천하고 종의회의 인준을 거쳐 총인의 임명하는 내용으로 개정하였다. 사감원의 명칭을 현정원顯正院으로 개칭하였다. 현정파사의 종조정신을 살려서 옳음을 밝혀서 그름을 다스리는 법을 세우려는 뜻이었다. 그러나 총인의 교육원장 추천은 인사행정에 초연해야 하는 입장에서 고려할 요인이 있었다.

원의회는 총인예우규정을 개정하기로 하고(66,5.31) 종헌종법개정위원회의 개정안은 상임분과위원회 심의를 거쳐(66,6.21) 종의회에서 심의 의결하였다(66,7.10). 종의회는 총인 사서실을 예경실로 명칭변경하고 스승은 65세 정년 이후 주교 및 인의회 의원 외에는 종단과 종단산하기관 직책을 맡을 수 없게 하는 등 12개의 법안을 의결하였다. 총인추대법을 총인법으로 명칭변경하였다. 종단의 빈번한 세간법에 대한 소송사건을 경험하고 '종단과 관련한 분쟁에 관하여 일반 법률보다 종헌·종법이 우선한다'는 조항을 신설하였다. 스승의 임명 연한을 25세 이상 45세 이하에서 30세 이상 43세 이하로 변경하였다. 특히 중요한 조항은 총인이 임면하던 스승 및 주교의 임면권을 통리원장이 인사위원회의 심의자문을 거쳐 임면하게 하였다. 그리고 교육원장을 4원장 중 최하위 원장으로 옮겨서 위치하게 하였다. 스승과 주교의 임면권을 통리원장에 두는 사항은 스승과 주교의 임면이 단순히 행정의 입장보다 수행과 교화를 위한 교법의 입장에서 고려해야 하는 종교공동체의 성격에 대한 인식의 결여에서 문제가 있었다. 또한 교육원장의 위치를 최하위에 놓은 일도 교육원의 성격을 완전히 인식하지 못한데서 연유하였다. 교육원의 성격은 교법(종학)연구와 교법제정이 중심이고 이를 바탕으로 스승의 재교육과 교화방편 개발이라는 기능이 필요한 점을 간과하였다. 또한 교육원의 직제를 교무부와 교법연구실로 변경하여 교육원의 성격을 흐리게 하였다. 이는 교육원의 명칭이 가진 인식에서 일어난 현상으로 교육원의 명칭 변경이 필요하였다.

  종단의 세속화는 직책에 대한 집착이 크게 작용하므로 스승은 종단과 산하기관의 주요 직책을 2개 이상 겸직할 수 없게 하였다. 그리고 인의회 의원을 7인 이하로 한정하여 인의회가 의결한 사실의 신뢰도를 낮추었다. 수행과 자비행을 실행하는 종교공동체의 조직과 운영이 권력과 이윤을 추구하는 세간의 조직과 운영법을 수용하는 관행을 벗어나지 못한 결과였다.

  종의회는 종헌종법개정위원회가 입법 발의한 법안을 계속 심의하여 스승에 관한 의전법 등 17개 법안을 의결하였다(66.12.18). 종립학교법을 종단산하기관 관리법으로 개칭하여 복지법인을 포함하고, 학교법인의 이사 중 스승이사의 범위와 선출과정을 정하였다. 이어서 종의회는 제2차 종헌종법개정위원회 구성안을 의결하고 위원회 구성을 의장단에 위임하였다(67.4.18). 회정 통리원장 집행부가 구성된 후에 종의회는 종헌 전문 신설을 결의하는 등 종헌을 대폭 개정하였다(67.9.12). 종헌 개정에서 제2조 종통宗統을 종지宗旨로 바꾸고 제3조 종지를 종통의 내용을 종요宗要로 바꾸어 실었다. 종단은 종통과 종지의 순서로 서술해야 하고, 종요는 설명어로서 전문술어는 아니다. 종단의 종요가 종단 교법의 법통을 담고 있어서 종통으로 삼은 사실을 간과하였다. 또한 인의회가 통리원장 후보를 2배수 추천하고 종의회가 선출하기로 하였다. 원로스승의 여법한 검증을 사유로 들었다. 종행정을 관장하는 통리원장을 인의회에서 추천하여 정교政敎의 이원법에 어긋나고 종의회의 권한을 축소 간섭하게 되었다. 그리고 인의회는 종헌 전문신설 및 부분개정을 원안대로 종의회에 이첩하기로 하였다(67,10.1). 종의회는 종헌 제34조와 현정원법 종단산하기관관리법을 개정하였다(67,12.19). 인의회의 구성을 종사 이상의 현직스승에서 3급 2호 이상 현직스승 중 인의회에서 선출한 의원으로 개정하였다. 종사는 행계승급의 과정이라는 사유를 들었다. 행계는 승급의 과정이 아니고 품계의 명칭이다. 특히 종사 행계의 품수는 높은 권위를 가진다. 행계와 급호의 관계에 대한 이해가 부족하였다. 인의회는 총인의 심비성과 권위를 행사하는 기구라는 사실을 간과하였다. 원의회는 빈번한 종헌 종법 개정에 따른 관련 규정을 전부 수정하기로 하고(68,4.1), 종헌종법규정 정비위원회를 구성하였다(68,6.30).

종단은 행정의 부주의로 결여한, 제13대 종의회가 종헌종법개정위원회를 발의하고(64,10.14), 종헌종법개정위원회를 구성하여(64,12.2) 종헌종법 개정안을 마련하고 종의회에 의결한 사실을 개정 종헌종법발효관련규정을 정비하여 공포식법에 의거 공포하였다(68,6.1). 원의회는 종헌종법 개정에 따른 관련규정 개정안을 종의회에 상정하기로 하고(68,8.19), 종법개정안은 보완하여 종의회에 상정하기로 하였다(68,11.21). 종의회는 종헌과 인의회법 등 종법을 대폭 개정 의결하였다(68,11.28).

인의회 의원은 종사 이상의 행계 품수자의 당연직에서 3급 2호 이상의 현직스승 중 인의회에서 선출한다고 개정하였다. 종사는 3급 2호의 현직스승 중에서 인의회가 품수 결의하는 내용을 인사위원회가 심의 추천하여 종의회에서 추대하기로 바꾸었다. 종사가 선출 방법에 관계없이 인의회의 당연직 의원이 되면, 인의회가 3급 2호 현직스승 중에서 의원을 구태여 선출하는 사안은 의미가 없었다. 또한 종사의 품수에는 인의회의 의견 반영이 필요하였다. 총인 보좌기구로서 인의회가 교법의 최종 결정과 총인 추대의 책임을 가진 원로기구로서 특수성과 권위는 가진 사실은 존중되어야 하였다. 원의회가 종헌종법개정안을 결의하고 종의회에 상정하여(69,4.16) 종의회는 종헌(계단법) 교육원법 등을 개정하고(69,4.28) 다시 승려법 총인법 등 종헌종법을 대폭 개정하였다(69,9.18).

종단은 종헌종법의 개정을 빈번히 하면서 종행정의 제도 정비도 하였다. 효암 통리원장은 중앙집권화 되어있는 통리원 업무와 예산을 일부 교구별로 이관하고 교구직무스승제도를 도입하여 규정을 제정하였다(57,6.17). 교구직무스승제도의 시행과 지방 종행정의 활성화를 위해 교구직무스승 간담회를 가졌다(57,7.29). 교구활동을 원만히 하기 위해 경주교구 원선심인당과 항설심인당을 포항교구로 이관하였다(58,4.2). 회정 통리원장 집행부는 종단정책연구위원회를 발족하여 시행하기로 하였으나 별 성과를 얻지 못하였다(60,5.16).

또한 종단행정운영발전연구팀을 구성하여 운영계획을 세우기로 하였다. 종의회는 집행부가 발의한 성지조성위원회 구성을 의결하고 위원 구성은 집행부에 일임하였다(67,6.11). 종의회의 결의를 받아 성지조성위원회를 구성하였다(67,6.21). 성지조성위원회는 종단 4대성지와 총인원 및 국내외 전당의 신설 개축 등의 업무를 전담하였다. 종단은 수도원을 폐지하고 기로원을 수도원으로 이전하였다(70,4.26).

종단은 행정체제 뿐만 아니라 홍보기구의 개선도 지속하였다. 종단 홈페이지 메뉴를 새롭게 하고(55,9.3), 인터넷 홈페이지 내용도 콘텐츠를 보충하여(57,1.21) 휴대폰 문자서비스를 실시하였다(58,4.9). 또한 홈페이지 커뮤니티를 개설하고(67,5.26) 한글도메인 6개를 확보하였다(57,11.1). 밀교신문법을 개정하여 발행인과 편집인을 분리하여 편집국장 체제로 독립 운영하였다(55,7.1). 밀교신문 제작판형 변경 등 운영법을 일부 개정하고(59,9.2), 밀교신문의 취재의 편의를 위해 조계사 앞에 사무실을 마련하였다(59,10.19). 그러나 업무의 효율성이 크지 않아서 결국 매각 결의하였다(67,9.12). 또한 불교방송이 부산불교방송국 개국에 따라 종단은 1억 원을 출자하고 운영위원으로 참여하기로 하였다(57,4.15). 인터넷의 발달과 SNS의 보편화 추세에 발맞추어 밀교신문 JPM(Jingak Palm Media)국을 신설하고 종단의 인터넷 방송 진각iTV를 출범하였다(68,4.1).

종단 도서관의 명칭을 확대 개칭하여 장경각藏經閣으로 하였다.(68,12.1) '진각종 70년사'를 전자도서 형식으로 제작하여 종단 홈페이지에서 열람하게 하였다(69,6.15). 도서출판 진각종해인행의 규정을 개정하여 운영하기로 하였다(70,9.20). 종단은 종단의 외호 단체로서 진각문화포럼을 창립하여 종단 교화의 외연을 넓히려는 계획을 하였다(70,3.29). 종단 내외의 단체 설립은 자발성과 계획성이 미비하여 큰 성과는 얻지 못하였다.

2) 교법결집과 교학증진

(1) 교법결집회의

종조열반 후 종단은 종조의 부법과 교법파동을 겪으면서 종단의 정체성 계승에 애써 왔다. 그러나 시대상황과 신교도의 세대가 변화하면서 종단의 정체성 문제는 늘 대두될 수밖에 없었다. 그러나 교법에서 방편인 의義는 변하여도 근본인 법法은 변할 수 없다. 혜일 총인은 종조의 교법을 다시 확인하고 수립하여 종단의 정체성을 계승하기 위해 교법결집회의를 시작하였다(59.5.20). 종조열반 이후 종단의 발전과정에서 발생한 교법에 대한 혼선을 해소하여 종단 교화발전의 새로운 계기를 마련하기 위한 불사였다. 혜일 총인이 교법결집회의를 시작한 까닭은 교법확인과 계승이라는 보편적인 명분도 있었지만 직접적인 구체적 이유도 있었다. 종단의 교법계승과 관련하여 종단내외에서 가장 빈번히 거론되는 내용은 등상불等像佛과 출가문제였다. 등상불과 출가제도는 종조 재세시부터 일어나서 실험적인 실시를 하였다. 그러나 등상불은 종조 재세시에 무상불교無相佛敎의 원리에서 세우지 않기로 하였고, 출가는 실행 제도가 미숙하여 실패한 경험이 있었다. 특히 종조 재세시에 세우려한 출가법은 일반 불교의 출가법과 다른 인식에서 출발하였다.

효암 통리원장은 재임 초부터 등상불과 출가의 도입 주장을 지속하였다. 혜일 총인은 교법에 대한 개인적이고 산발적인 논의를 잠재우고 종단의 정체성으로 계승할 교법과 시대 변화에 맞출 방편법을 확인하고 정리할 필요성을 깊이 느꼈다. 그리하여 당시 종헌 26조, 교육원법 4조1항 그리고 인의회법 5조에 따라서 교법결집회의를 실시하기로 하였다.

혜일 총인은 교법결집회의 계획안을 수립하고 인의회의 결의를 하였다(59.3.31). 그리고 스승 춘기강공에서 총인 교시를 통하여 전 스승의 합의를 모았다(59.4.19). 교법결집회의는 제1차 회의를 열어서 교법결집회의 구성과 결집내용을 결의하였다(59.5.20). 교법결집회의의 성격은 총인 직할의 특별 한시 회의로 하였다. 그러나 도흔 총인의 취임으로 2차 활동으로 연장하였다. 교법결집회의의 목적은 종단의 정체성 계승을 위한 교법의 확립과 수립으로 하였다. 종조열반 이후 종단의 발전 과정에서 발생한 교법에 대한 혼란을 해소하기 위해 교법을 확인하고 교법과 관련된 모든 사항을 결집하고 체계화하여 종단의 정체성을 확립하고 계승한다는 뜻이었다.

 교법결집회의는 결집회의와 실무회의로 업무를 분담하였다. 결집회의는 총인이 의장을 맡고, 종단의 종사스승와 전현직 4원장 그리고 총인이 특별 지명하는 원로스승이 의원이 되었다. 결집회의는 실무회의에서 마련한 내용을 바탕으로, 결집형태로 자유로운 의견을 개진하여 합의하면 종조의 교법으로 결집하였다. 결집회의 의원이 자유로운 의견 개진이 끝나면 총인이 최종 의견을 묻고 죽비를 세 번 쳐서 교법으로 결집 확인하였다. 실무회의는 경정이 좌장을 맡고 혜정 회정 덕일 무외 지정이 의원이 되어 교법결집자료를 논의하고 검토하였다. 실무회의는 논의 검토한 교법결집자료가 마무리되면 교법결집회의에 상정하였다. 또한 실무회의 밑에 스승으로 구성된 연구팀을 두고 종조법어에 대한 자료 수집 및 논의와 검토를 하였다. 실무연구팀으로는 종조법어자료연구팀(전반) 종조법어심화연구팀(후반) 진각의범연구팀을 두어서 연구 작업을 실시하였다. 실무연구팀은 월초불공을 제외한 거의 매주에 때로 합숙하면서 작업을 진행하였다.

 교법결집회의의 결집계획은 종조법전의 결집, 교법체계의 수립, 의례의식의 재정립, 교역자의 위상정립, 그리고 교법현안을 정비하기로 하였다. 종조법전의 결집에는 종조의 존호칭 정립, 종조법어의 결집, 종조일대기 완비 등을 결집하기로 하였다. 교법체계의 수립에는 교주 본존의 확인, 본존양식의 조성지침 정립, 교전내용의 재정비 등을 확립하기로 하였다. 의례의식의 재정비에는 진각의범의 완비, 의제의 확립 등을 정하기로 하였다. 교역자의 위상 정립에는 교역자의 칭호와 행계 호칭의 재정비, 교역자의 생활상 재정비, 퇴임 열반 교역자의 위의와 위상 수립 등을 확립하기로 하였다. 마지막으로 교법현안 정비는 수행과 교화 중에서 발생하는 여러 가지 교법 현안을 수집하여 정비하고 수행과 교화에서 혼선을 줄이는 작업이었다. 교법결집회의에서 결집한 교법은 종단의 행정 절차를 거쳐서 스승강공에 통보하고 보존하여 유포하기로 하였다.

교법결집회의는 총인원 무진설법전에서 총인 등 26명의 의원이 참석하여 제1차 회의를 열고 교법결집의 역사적인 활동에 들어갔다. 한편 교법결집의 실무지원 연구팀으로 종조법어연구모임을 구성하고(59,6.24) 제1차 회의를 열고 월초불공 주간을 제외한 매주 모여서 작업을 하고 홈페이지를 통하여 정보를 공유하기로 하였다(59,7.14). 또한 진각의범연구모임을 구성하고(59,9.1) 연구 작업에 들어갔다.

교법결집회의는 제2차 결집회의에서 종단의 종요宗要와 종지宗旨를 결의하였다. 종요는 진각종의 개요, 즉 종단의 개설적 설명이고, 종지는 진각종의 교법의 중심내용과 신행의 주지主旨를 말한다. 결집한 종단의 종요는 "진각종은 불법의 심수心髓인 밀교정신을 본지로 하고 밀교의 법맥을 심인心印으로 전수한 종조 회당대종사의 자증교설自證敎說을 종지로 삼아서 교법을 세우고 종문을 열어서 시대에 맞는 교화 이념과 방편을 펴는 불교 종단이다"로 하였다. 그리고 종단의 종지는 "진각종은 시방삼세에 하나로 계시는 법신 비로자나부처님을 교주敎主로 하고 부처와 종조의 정전심인正傳心印인 '옴·마·니·반·메·훔[六字心印]'을 신행의 본존本尊으로 받들어 육자관행六字觀行으로 즉신성불卽身成佛하고 현세정화現世淨化함을 종지宗旨로 한다"로 하였다.

결집회의는 이어서 제3차 회의에서 종단의 종풍과 창교이념, 그리고 종조와 스승의 호칭을 확정하였다. 종풍은 진각종의 풍의風儀, 또는 기풍氣風을 일컫고 창교이념은 진각종의 불교종파로서의 존재의미를 가리킨다. 결집회의는 종단의 종풍은 "종조 회당대종사의 심인법心印法에 귀명하여 밀교의 오의奧義를 전하고 육자진언의 신행으로 즉신성불의 직로를 개시하며 현세정화를 실행하는 승속동행을 풍격風格으로 한다"로 규정하고, 창교이념은 "밀교중흥·심인현현·현세정화"로 확인하였다. 창교이념에 생활불교 실천불교를 자주 거론하지만 생활불교 실천불교는 이념보다는 구호의 성격이 강하고 현세정화에 포함된 내용이어서 제외하였다.

교법결집회의는 이어서 종조와 스승의 칭호를 확정하였다. 먼저 종조의 존칭호를 확정하였다. 공식 존칭호는 종조宗祖 진각성존眞覺聖尊 회당悔堂 대종사大宗師, 공식존호는 진각회당대종사眞覺悔堂大宗師, 약식 존칭호는 종조, 종조 회당대종사, 회당대종사, 대종사 등으로 받들기로 하였다. 교역자의 총칭과 행계칭호도 개정하였다. 교역자의 총칭은 스승으로 하고, 여남女男 교역자는 각기 전수傳授 정사正師로 부르기로 하였다. 교역자의 행계칭호는 전교傳敎 범사梵師 인사印師 종사宗師로 정하였으나 전교는 관례에 따라서 시무와 혼용하기로 하였다. 범사 인사 등의 칭호는 종조 재세시에 스승의 품위에 맞추어 부르던 칭호였다. 또한 스승과 스승, 스승과 신교도, 신교도와 신교도의 상호 호칭도 정하였다. 스승에 대한 호칭은 행계호칭보다 총칭인 스승 전수 정사 등의 호칭을 원칙으로 하였다. 신교도의 호칭은 남녀 각각 각자覺子 보살로 부르기로 하였다. 그리고 다양한 호칭에 대한 용어 해설도 함께 결의하였다. 종의회는 교법결집회의의 스승칭호에 대한 결집에 따라 승려법을 개정하여 행계칭호를 결의하였다(60.1.17). 교법결집회의는 제4차 회의에서 종단의 교법현안을 결집하였다. 여러 가지 교법현안 중에서 정송법定誦法과 정시법定施法에 대한 결집을 먼저 하였다. 정송법과 정시법은 종단신행의 기본법이기 때문이었다. 위의 결집내용은 진기65년 추기강공을 통하여 전 스승에게 통지하고 숙지하게 하였다.

교법결집회의에는 수각(김치원)시무가 인도 유학하여 델리대에서 박사학위를 받고(58,4.13) 귀국하여 결집회의 행정실무와 진행을 도왔다. 또한 성제(박준석)가 일본 유학하여 교토 대정대大正大에서 박사학위를 받고(64,2.1) 돌아와서 회의 자료를 정리하였다.

교법결집회의는 제5차부터 종조법어 결집에 들어갔다. 종조법어 결집은 종조열반 직후 종조법전 결집으로 시작하였으나(18,11.25) '종조법전'이라는 문건을 결집하고 중단하였다. 그리고 종조법어 결집에 대한 여론이 비등하여 경정이 개인 자격으로 자료수집을 하던 중 종단의 의지를 모아 종조(회당)사상연구회를 발족하였다(33,3.27). 종조연구가 궤도에 오르자 종학연구위원회를 결성하여 본격적으로 진행하였다(36,7.1). 결집회의는 종조법어연구모임이 그동안 수집 정리한 종조법어와 새로 수집한 법어를 검토 정리한 내용을 실무회의에서 다시 검토 정리한 법어를 두고 결집회의 의원들의 자유로운 토론과 의견을 통하여 최종으로 법어를 결집하였다. 교법결집회의를 진행하는 중에 도흔 총인이 추대되어 결집회의를 계속하였다(61,3.29). 그리고 오랫동안 수집 정리한 종조법어 윤문본이 완성되어 실무의원이 울릉도 종조전에서 윤문본 봉정식을 올렸다(61,6.14). 또한 종조법어 결집에 관심을 모으고 연구결과를 공유하고 연구활동 방안을 마련하기 위해 종조법어연구 세미나도 열었다(61,12.13).

그러나 교법결집회의는 제11차까지 개최한 후 종단의 행정 갈등의 여파로 일시 중단하였다. 그리고 다시 제12차 결집회의를 열어 종조법어 결집을 다시 시작하였다(63,6.25). 교법결집회의는 제15차 회의에서 종조법어 결집을 일단 마무리하였다(64.7.16). 교법결집회의 6년간의 작업을 거쳐서 종조법어 결집을 일단 마무리하고 종조법어 합본집 출판 작업에 들어갔다. 종조법어집의 명칭은 종조 재세시 법불교를 간행하면서 종조의 법어를 스스로 '실행론'이라 일컬은 사실에 따라서 '실행론'으로 정하였다. 실행론의 목차는 편·장·절 등으로 분류하고, 법불교의 편 구분에 따라 다라니편, 교리편, 수행편(계율은 장으로 분류), 실행편, 응용편으로 분류하기로 결정하였다. 실행론의 인쇄형식은 현 진각교전의 8.8조 형식 유지와 산문 형식을 겸하기로 하되 가로 띄어쓰기를 하기로 결정하였다. 실행론 편찬 과정에서 실행론전문편찬위원회를 두고 실행론 편찬에 집중하였다. 제16차 회의는 실행론 편찬양식을 논의하고 판형은 진각교전 판형에 따르기로 하였다(65.3.25). 그리고 이미 결집한 종조법어자료를 검토하고, 진각교전 개편을 위한 소의경론 내용도 검토하였다.

교법결집회의는 실행론 편찬 작업에 관련한 세부내용을 논의하고, 또한 진각교전 개편에 대한 문제점을 논의하였다. 현 진각교전 내용 중에서 경론의 내용과 전거 없는 내용의 처리문제 등을 논의하고, 응화방편문의 내용을 검토하였다. 개편하는 진각교전에는 실행론의 중요내용을 중심으로 법불교편으로 하고 소의경론편 응화방편편으로 구분하고 서원가를 제외하기로 하였다. 그 외에 교법상 논점이 되는 부분을 검토 논의하였다. 특히 육자진언의 상징 본존 중에서 '훔'자의 상징 본존은 밀교의 교의에 맞추어 금강살타로 결의하였다. 그리고 일본 진언밀교의 교리 강격 綱格인 육대사만삼밀을 참회문에서 제외하기로 하였다. 육대사만삼밀은 진언밀교의 중심 교리로서 참고할 수 있기 때문이다. 진각교전 중의 인용 문헌이 없는 내용은 응화방편의 밀교교리의 장에 포함하는 문제를 논의하였다.

교법결집회의는 제20차 회의를 열어서 실행론 출판과 진각교전 개편 문제를 논의하고 결집회의를 종결하였다(65,9.30). 결집회의는 실행론 편찬을 최종 결의하고, 진각교전 개편은 육대사만삼밀의 문제에 합의를 하지 못하여 유보하기로 하였다. 교법결집회의는 7년여 간의 회의를 마치고 종사의 큰 획을 긋고 마무리하였다. 교법결집회의는 결집회의 과정에서 겪은 여러 법문으로 말미암아 계획한 교법결집 내용 중에서 실행론 등 극히 일부 내용만 결집하여 큰 아쉬움을 남겼다. 결집회의를 마무리 하면서 종사의 명운이 도래하여 종단의 장구한 발전을 위해서 또 다른 결집회의가 여법하게 열리기를 서원하였다.

　교법결집회의가 끝을 맺고 실행론 편찬은 제1판 인쇄를 하여 (65,11.24) 우선 스승에게만 보급하여 수정과 보완을 거쳐서 제2판을 인쇄하여 신교도에 보급하였다(66,5.10). 그리고 실행론의 편·장·절(가나…)의 편제는 차후 실행론 내용의 증보가 이루어져도 그대로 유지되도록 하였다. 실행론 증보는 증보할 내용을 새로운 장·절 또는 '가나…'를 만들어서 하면 기존의 장·절 '가나…'는 변함없이 유지될 수 있기 때문이다. 종단은 실행론을 초판 발행하고 가장 먼저 총인원 종조전에서 종조법어 실행론 봉정불사를 올렸다(65,11.23). 종조법어 실행론 봉정불사를 통하여 실행론은 종조의 가지加持를 통하여 수행과 교화의 법본法本이 되었다. 종의회는 종조 진각성존 회당대종사 법어집 실행론 편찬을 최종 의결하였다 (65,12.13). 종단의 실행론 발행은 종단의 교법수립과 수행 및 교화에서 종조의 법어가 드디어 중심이 되어 진각밀교의 초석을 다지는 계기가 되었다.

　종단은 실행론의 말씀 120개를 발췌하여 영어 중국어 일본어 싱할리어 네팔어 티베트어 몽골어 등 7개국 다언어 법어집 '진각'을 출간하였다(66,6.1).

(2) 교법정리와 교학연구

종단 교직자의 남녀 구별의 호칭을 정사, 전수로 부르기로 하였다(55,6.12). 스승의 호칭을 행계 명칭에 따라서 부르는 관행을 막기 위한 초치였다. 그러나 정사, 전수 역시 행계 명칭이어서 문제는 여전히 남았다. 교법결집회의는 종단 호칭을 여법하게 정리하여 교직자의 행계별 호칭을 전교傳敎 범사梵師 인사印師 종사宗師로 개정하였다(60,1.17). 정사의 의상에 대한 논란이 일어나서 밤색 황색 개량한복의 수행법을 제작하여 대외 행사 및 공식불사에 입도록 하고 동절기에는 밤색, 하절기에는 두 가지 색을 겸하도록 하였다(55,12.11). 그러나 의상에 대한 여론이 비등하여 다시 밤색 양복은 생활복으로 하고 계절에 관계없이 법복은 노랑색 한복으로 공식불사에 착용하고 법의와 낙자를 수하는 등의 의제를 결의하였다(56,3.21). 교역자의 의제를 성급하게 정하여서 논의가 계속되어 의제법은 종헌종법계정과 함께 다시 심의하기로 하였다(56,10.23). 종단은 종조의 대각절의 중요성을 인식하여 5월 16일을 대각절로 시행하기로 결의하였다(56,12.17). 그러나 종단 기념행사의 여법한 시행은 깊은 숙고가 필요하였다. 탑주심인당 건물의 명칭을 무진설법전無盡說法殿으로 개칭하였다(57,3.28). 종단은 초파일의 음력시행에 따라서 기념행사의 양력 음력 시행에 대한 정리가 요구되었다. 효암은 석가모니부처님 관련 기념일을 음력으로 시행하는 안건을 제안하여(57,3.28), 종의회는 교법포교상임위원회에서 심의하기로 하였다(57,4.15). 그리고 심인당 본존 양식의 변화로 진언본존 좌우에 삼십칠존의 법만다라만 게시하여 참회문을 제외하여 교화일선에서 참회문의 포함을 요구하는 일이 있었다. 인의회는 진언본존의 양식이 다양하여 여법한 본존 양식을 연구하고, 종조의 참회정신을 살려가는 실천행을 하고, 참회문을 본존양식에 포함하면 교법의 혼란을 일으킬 수 있어서 포함하지 않기로 결의하였다(64,4.21).

종단은 보살십선계 수계관정불사와 본존가지불사를 지속하여 시행하였다. 그리고 스승의 행계 승진을 위해서 전법관정불사를 봉행하였다(58,4.20). 스승의 행계에 따른 전법관정의 명칭을 전법갈마관정(전교), 전법연화관정(범사), 전법금강관정(인사), 전법심인관정(종사)으로 정하고 각기 계상戒相을 정하여 전법관정불사를 올렸다(63,4.15). 그리고 각 행계별로 법기法器를 수여하는 계획을 마련했으나 확정하지는 못하였다. 그리고 종조탄생 100주년 기념행사의 하나로 종단의 수계관정 의식에 필요한 금강수金剛水의 취수의식을 울릉도에서 일반에 공개하였다(55,6.21). 또한 한국 일본 티베트 몽골 등 4개국 세계밀교의식 시연법회를 열고(56,9.27), 화보집 '밀교의 호마와 관정'을 발간하였다(58,12.1). 그러나 밀교의 비밀의식을 공개의 문화행사처럼 시행한 사실은 논란이 있었다. 종단 성지조성불사의 하나로 대각지 표지석을 세우고 제막식 불사를 올렸다(57,5.12). 표지석 제막불사는 농림촌 최정심인당 경내에 표지석을 세우고 혜일 총인과 스승이 동참하여 봉행되었다.

종단은 종조 100주년 기념사업에 즈음하여 교법의 연구와 정립에 큰 관심을 쏟았다. 교육원은 교법부와 종학연구실 합동으로 진각종 교법확립과 활성화를 위한 워크숍을 열었다(55,7.26). 종조 100주년 기념사업을 계획하면서 열린 워크숍은 종조법어록 편찬과 진각교전 개편, 그리고 진각의범 제정에 따른 다양한 과제를 심도 있게 논의하였다. 종단 교법확립의 초석이 되는 소의경론을 전산화하여 CD로 제작하였다. 그리고 37존

관련 경론을 모아서 '37존 의궤집성 1집'을 편집 발간한(57,12.23) 후 계속하여 시리즈로 이어갔다. 다만 소의경론 전산화와 37존 의궤집성의 발간은 치밀한 작업과정이 아쉬웠다. 혜일 총인은 춘기강공을 통하여 본존 육자진언 등 교법을 바르게 계승하여 교법을 확립하고 수행과 교화의 혼란이 없도록 하자는 법어를 내렸다(59,4.19). 교육원은 혜일 총인의 춘기강공 유시와 교법결집회의의 개최 등을 감안하여 강공 주제를 교법의 확립에 맞추어서 정하기로 하였다. 교육원장 경정은 추기강공부터 교법확립의 계획에 따라서 강공주제를 정하여 강공의 내용을 기획하였다(59,10.18). 교법확립에 따른 첫 강공주제는 종단의 종지와 종요로 정하고 혜일 총인이 '진각밀교를 확립하자'로 법어를 하고, 경정은 주제강론으로 종지와 종요에 대하여 논의하였다. 교법의 확립에 맞춘 강공의 주제는 종조와 종지에서 시작하여 진각의범을 끝으로 마무리 짓고(67,4.17) 강공주제와 관련 논문을 보태어 '진각밀교의 교학체계'를 발간하였다(67,4.16). '진각밀교의 교학체계'는 종단의 종지 종요와 참회 심인 진각의 종조의 중심사상, 본존 육지진언과 삼밀수행 그리고 당체법과 이원진리 등의 종조의 실천법에 관련한 내용을 실었다.

　　종단의 교법수립은 진각논문대상을 통하여도 진행되었다. 진각논문대상은 불교와 밀교분야의 논문을 통하여 교법수립의 저변을 다져왔다. 또한 종단의 교법수립에 직접 관련이 되는 지정주제를 제시하여 논문의 응모를 받았다. 논문대상의 지정주제는 '건당', '재가와 출가', '등상불과 무상불' 등으로 이어져서 교법수립의 참고자료를 제공하였다. 또한 진각논문대상은 진각종학 분야에도 응모를 받는 등 계속하여 시행되었다.

　　회당학회 역시 종단의 교법수립에 큰 역할을 해 왔다. 회당학회는 종조 100주년을 기념해서 국제학술대회를 열고 몽골 티베트 네팔 일본 등 국내외 학자들이 참여하여 '회당사상과 밀교'의 주제로 진행하였다 (56,10.17). 국제학술대회는 혜정 학회장의 기조연설에 이어서 경정(회당사상의 특질과 사상) 등 국내외 학자들의 발표와 토론으로 진행하였다. 회당학회는 학술대회의 발표와 토론의 글을 모아서 '회당사상과 밀교'의 학술지를 발간하였다(67,9.5). 회당학회는 종단의 교법수립과 더불어 종조사상의 계승을 천착하기 위해서 종조 직제자의 교화업적을 살피는 학술회를 열었다(67,11.15). 종조 직제자 원정각 원오제 실상행 석암 등의 행적을 통하여 종조사상의 계승을 엿보는 학술회의를 진각문화회관에서 열고 종단내외의 관심을 받았다. 회당학회는 국제학술회의를 중국 일본 스리랑카 네팔 몽골 미국 대만 등 해외에서 개최하여 육자진언 삼십칠존 밀교전래 등 상호 관심사에 대한 학술적 탐구를 진행하였다. 회당학회는 국제학술회의를 통하여 종단의 국제적 홍보와 인식을 넓히는 계기를 마련하였다. 그러나 국제학술회의가 행사적인 측면이 높고 준비 부족 등으로 학술적 깊이와 성과에 대한 비판은 면하지 못하였다. 국제적 상호관심과 친선을 위한 국제학술행사는 학구적 천착과 연구과정 등의 학술연찬을 거쳐서 의미있는 연구 결과를 도출할 수 있기 때문이었다.

위덕대학교는 밀교문화연구원을 중심으로 종조사상과 교법수립에 많은 힘을 기울였다. 종조탄생 100주년을 기념해 밀교문화연구원은 '회당대종사의 심인사상'을 주제로 심포지엄을 열었다(55,5.14). 밀교문화연구원은 또한 부처님오신날 봉축과 종조탄생 100주년을 기념하여 세미나를 위덕대 대강당에서 열고 종조의 종파관과 밀교의 수행법에 대하여 발표를 하였다(56,6.18). 종조탄생 100주년 사업의 하나로 위덕대 불교학과 교수들이 실행론 읽기모임을 통하여 종조논설문을 공동 연구하고 '회당논설집'을 출판하였다(56,11.10). 또한 '회당논설집' 출판을 기념하여 위덕대 강당에서 '회당사상과 새불교 운동'을 주제로 심포지움을 개최하였다 (56.12.12). 종조 실행론 읽기 모임에 동참한 불교학과 교수들이 종조 논설문을 공동 연구하면서 토론한 내용을 바탕으로 종조의 사상을 8가지 주제로 분담하여 발표하였다. 발표한 논문은 밀교문화연구원 논문집 '밀교학보' 제4집(2002)에 실었다. 밀교문화연구원은 심포지움을 마치고 경주교육문화회관에서 스승과 신교도 및 대학 구성원이 참석하여 '회당논설집'과 회당일대기 '사람 없는가 하였더니, 거기 한 사람 있었구나'(강지훈 지음, 상하권)의 출판 봉정법회를 열고 심포지움을 회향하였다. 위덕대 출판부는 종조의 진각밀교의 연구논문집 '회당사상과 진각밀교'(경정, 56.10.16)와 회당사상에 대한 기획논문집 '회당사상'(61.12.21)을 출판하였다. 종조사상 기획논문집 '회당사상'은 창교 60주년 기념으로 밀교문화연구원이 기획하여 종단 내 학자들이 종조사상을 일반 대중이 쉽게 읽을 수 있게 집필한 특별 논문집이었다.

특히 진각종의 창교을 통하여 일으킨 밀교 교학을 '진각밀교眞覺密敎'로 규정하였다. 진각밀교라는 술어는 박태화가 종보을 통하여 '진각밀교의 정리正理"라는 글을 발표하면서 처음 사용하였다(30.8.1). 창교 30년을 맞아서 종단의 좌표를 정립하려는 기획특집의 글에서 박태화는 종조의 밀교 재가사상을 강조하여 붙인 이름이다. 그러나 경정은 종조 회당대종사가 밀교의 비로자나불 진언수법 삼밀수행 등을 수용하고 자내증으로 재해석한 특수한 밀교 교학을 종지宗旨로 하여 창교한 진각종의 교법을 일컬어 진각밀교라 하였다. 종조는 전래의 밀교 교학을 수용하여 자내증으로 재해석하여 참회 심인 진각의 실천이념을 중심축으로 특수한 교학을 세웠다. 진각종은 정통 밀교를 본지本旨로 하면서 무등상불 진언본존(육자진언) 의식의례 재속주의 사원양식, 그리고 정송 정시 은혜를 비롯한 생활 중에 실행하는 신행 등으로 특수한 신행체계를 세웠다. 종조 회당대종사는 진각밀교의 특수한 신행체계를 정통밀교正統密敎에 대하여 마치 이교적異敎的이라는 표현을 하였다.

　　종조의 진각밀교의 교학이 정립되어 가면서 덕일은 회당대종사를 첫 박사학위 연구주제로 삼아서 학위를 받았다(57,10.1). 덕일은 종조의 진각사상과 용성의 원각사상, 소태산의 원각사상을 비교 연구한 학위논문을 '대각·원각·진각'이라는 이름으로 출판하였다(58,10.16). 또한 혜담은 종립 위덕대에서 '진각종 교학의 형성과정 연구'로 위덕대의 첫 교학 관련 박사학위를 받았다(65,2.22). 그리고 보성은 미국 LA 웨스트대학에서 종조의 불교개혁사상을 주제로 연구하여 박사학위를 받았다(65,5.14). 보성은 종무원에 입문하여 종무를 보다가 자진 미국에 건너가서 수학하고 LA 불광심인당에서 교화보조업무를 보면서 수학을 마치고 귀국하였다. 보성의 학위논문 'Jingak, Hoedang's Reform on Korean Buddhism'은 다시 영문판으로 출판하였다(70,9.26). 한편 경정의 박사 학위논문 '진언의 이론과 실제(The Theory and Practice of Mantra)'가 종조와 진각종을 알리는 최초의 영문 학위논문으로 출판되었다(68,5.10). 경정이 인도 델리대에서 받은 학위논문은 인도 인도학 최고 권위의 출판사 문쉬람(Munshiram Manoharlal Publishers)에서 출판하여 세계적으로 배포되었다. 이즈음 종단의 교학 관련 석사 학위논문도 다수 배출되었다.

　　종단은 진각밀교의 교학정립과 교화를 진행하는 가운데 정부로부터 밀교문화를 정리할 과제를 받았다. 종단은 정부에서 '한국밀교문화총람'의 연구과제를 받아서 편찬불사를 시작하였다(70,2.25).

(3) 도제의 양성과 진각대학원

교화에 일선에 나갈 교화스승 예비자를 위한 교육을 처음 시작하였다(56,5.21). 종단의 교리와 의식을 확인하고 교화 실무를 익히는 교육을 15주간 실시하였다. 교화 예비스승 교육은 내용과 방법 그리고 기간을 개선하면서 계속하여 교화준비에 많은 도움을 주었다. 종비생 연수도 다양한 변화를 겪으면서 지속하였다. 그러나 종비생 제도가 뚜렷한 이유없이 흐지부지되어 종비생 연수는 끝나고 종단의 도제양성에 큰 차질을 예고하였다. 교육원장 경당은 종단의 수행 풍토를 진작시키고 교화의 활성화를 도모하려자 종단의 구성원을 위한 수행연수를 시작하였다(68,6.12). 수행연수는 스승을 비롯해서 신교도와 종단 산하기관의 직원에 이르기까지 순차로 2일간 수행실수를 중심으로 진행하였다.

불교의 존립요건이 불佛·법法·승僧이라면, 불교의 계승발전의 주축은 승僧이다. 부처님과 진리는 스승에 의해서 세간에 실현될 수 있기 때문이다. 예로부터 종교에서 도제의 양성은 최대의 관심사였다. 도제徒弟는 수행과 교화라는 특수 목적을 위해 종교단체에서 특별히 양성하는 교육수습생을 일컫는다. 종단의 도제양성은 교화현장에서 특별히 자격이 엿보이는 신교도를 선발하는 방법으로 대체하였다. 도제양성은 수행과 전문 지식의 교육만큼이나 직접 체험하여 습득하는 과정이 함께 중요하다. 도제양성은 특수한 장소에서 특별한 과정을 거치면서 조각하듯이 종교적 소양과 인격을 다듬는 과정이다. 종단은 종비장학생 제도를 도입하여 도제양성의 첫 시험을 시작하였다. 그러나 도제양성에 대한 인식과 양성방편이 성숙하지 못하여 도제양성의 제도가 정착하지 못하였다.

종단 내외에서 도제양성의 필요성이 끊임없이 제기되어서 효암 통리원장은 도제양성위원회 결성을 결의하였다(56.5.21). 통리원장 직속의 도제양성위원회를 구성하고 혜정을 위원장으로 내정하였다(56.6.19). 도제양성위원회는 종단의 도제양성 제도를 확립하기 위한 법적 절차를 거쳐서 활동을 시작하였다(56.9.26). 혜정 위원장은 도제양성위원회 첫 회의를 열고 활동의 방안을 논의하였다(57.3.20). 도제양성위원회의 활동은 상황이 여의치 못하여 소강상태로 유지되었다. 그 가운데 종단은 티베트 불교의 교리와 의식을 습득하려는 의도로 남인도에 유학생을 파견하는 방안의 도제 양성법을 마련하였다(58.12.12). 도제양성에 대한 식견의 부족으로 유학생 파견은 무산되었다.

종단은 도제양성위원회의 활동을 새롭게 하기 위해 경정을 위원장으로 하는 9명의 위원을 선임하여 재구성하였다(59.7.29). 도제양성위원회 계획을 승인하고(61.2.21) 위원회 규정을 제정하여 시행하기로 하였다(61.3.20). 도제양성위원회는 연구와 발표를 거듭하여 종단의 도제양성방안을 담은 도제양성연구백서를 출간하였다(63.4.1). 도제양성위원회의 활동이 마무리되면서 종의회는 도제양성법의 개정을 결의한 원의회의 결의(63.2.17) 내용을 수정하여 "종비생은 종단이 필요로 하는 모든 분야의 학문을 수학한다"는 등의 도제양성법 개정을 결의하였다(63.3.23). 도제양성연구백서는 종단의 교육헌장을 비롯해서 도제의 개념과 양성의 원칙, 과정 등 도제양성의 모든 분야를 담았다. 그러나 도제양성에 대한 종단 구성원의 인식이 성숙하지 못하여 실행되지 못했다. 종단 발전의 백년대계를 위한 도제의 양성은 아직 제자리에 정착하지 못하였다.

종단 내의 교육기관인 교육원과 진각대학의 교육활동은 어려운 가운데 지속하였다. 교육원은 스승재교육 기관으로 꾸준히 교육활동을 개선하였다. 교육의 정규과정을 충실히 실행하고 특별 교육으로 해외 불적답사도 실시하였다. 특히 교육원 아사리과정은 '혜초의 발길 따라'라는 주제로 인도네시아의 보르부드르, 수마트라와 중국의 우루무치 돈황 등의 답사를 통하여 혜초의 역사적 발자취를 느껴봤다(59,11.23). 도제양성의 기본교육기관인 진각대학은 정규교육 과정을 충실히 이행하면서 불적답사 등 특별활동도 다양하게 실시하였다. 특히 진각대학은 '정진실수'를 교육과정의 특별과정으로 도입하여 산내 연수원 등에서 수행정진을 중심으로 일과를 보내는 정진실수를 실행하였다(59,6.20). 진각대학의 정진실수 과정은 교육생의 큰 호응을 받아서 교육원에도 도입하였다. 진각대학은 진각대학 20년을 맞아서 '진각대학 20년사'를 편찬하여 20년의 교육활동을 집성하였다(63,3.13). 진각대학 20년사는 진각대학이 대학원으로 승격하는 시점에 맞추어서 원래 교육원과 종단의 역사를 집성하는 과정으로 계획되었다. 진각대학 20년사는 종단 교육과정의 변천과 진각대학 설립 및 교육활동은 담은 '진각대학 설립과 발전' 등 진각대학의 활동상을 담았다. 진각대학은 대학원으로 승격되기 전 마지막 제19회 졸업식을 거행하였다(63,3.13).

  종단은 진각대학의 교육이 진행되는 중에 진각대학원대학교 설립을 구상하였다. 종의회는 진각대학원대학교를 설립하기로 하고 법인설립 추진위원회 구성을 집행부에 위임하였다(55,12.11). 원의회는 학교법인 진각학원 설립추진위원회를 구성하기로 의결하고 혜정을 위원장으로 하고 위원을 내정하였다(55,12.27). 진각대학원대학교 설립 추진은 당시 대학원 대학교 설립의 사회 분위기에 맞추어서 추진되었으나 중단되었다. 종단 종립의 회당학원과 위덕대학교가 설립이 되어 있는 상황에서 진각학원과 대학원대학교를 설립하려는 의도가 정당하지 못하였기 때문이다.

  진각대학은 사회의 고학력 상황을 수렴하고 진각대학의 교육을 강화하기 위하여 진각대학의 대학원 승격을 추진하였다. 원의회는 진각대학원 관련 종헌종법 개정을 결의하여 종의회에 상정하였다(61,7.24). 종의회는 진각대학의 대학원 승격을 의결하고 관련 종헌 종법을 개정하였다(61,8.21). 원의회는 진각대학원 관련 규정을 일부 개정하고(62,2.21) 종의회의 의결을 거쳐서 진각대학원 승격을 확정하였다. 진각대학원은 인증과정과 본과정을 두고 진각대학의 교육과정을 수렴하였다. 대학원의 인증과정은 기존의 진각대학의 교육과정을 수용하여 교육을 실시하고, 본과정은 위덕대학교 불교대학원과 연계하여 정규 석사학위 과정으로 교육을 실시하기로 하였다. 그러나 진각대학원의 정규 석사학위 과정은 얼마 후 인식부족과 운영의 미숙으로 중단되었다. 진각대학원은 진각대학의 활동을 수용하여 답사활동을 하는 한편 종단 사성지 순례를 실시하였다(63,9.21). 원의회는 진각대학원운영위원회와 합동 회의에서 진각대학원 학칙을 개정하여 종의회에 상정하였다(66,2.21). 교육과정에 수행정진을 강화하여 교육기간 전 일정을 수행과 교육에 정진하도록 하였다(69,3.1). 종단은 국제포교의 준비를 위해 외국인 종비생에 대한 교육을 실시하였다(65,11.21).

3) 총인원 성역화와 교화의 다변화

(1) 총인원 성역화와 교화환경 개선

총인원 터는 종조의 유교에 따라서 선정하여 서울 동북방에 자리하고 있다. 서울 동북방에 종단의 본부를 건설하라는 종조의 유지가 깃들어 있는 곳이다. 총인원 건설 40여년 후에 총인원 부지는 서울의 팽창에 따라서 도심의 깊숙한 곳이 되었다. 서울 도심의 땅값이 오르자 총인원 부지를 매각하고 서울 근교로 옮기려는 움직임이 일어났다. 총인원 이전의 분위기는 구체적 의견으로 발전하였다. 총인원 부지 매각과 이전 장소 선정의 실제 계획까지 공공연 하게 나돌았다. 효암 통리원장은 총인원 건물배치와 총인원 정비를 위해 종조 비탑을 이운하고 탑주심인당을 종조전으로 이전하였다. 종조 비탑의 이운과 탑주심인당 이전은 종의회의 결의를 받아(56.3.21) 해탈절에 맞추어 실행하였다(57.7.15). 종조 사리탑은 탑주심인당 뒤 공간으로 옮기고 종조 행적비는 탑주심인당 앞에 두었다. 종조전은 울릉도 종조전으로 일원화하고 탑주심인당을 종조전으로 이전하여 총인원 정비를 하려는 계획이었다. 총인원 정비의 논의가 나오면서 총인원 이전 문제가 동시에 거론되었다.

　　종조 비탑의 이운과 탑주심인당의 재배치는 전문적 검토 없이 즉흥적으로 시행한 종행정의 결과이었다. 또한 총인원 이전은 세간의 가치에 집착하여 역사적 상징성과 미래에 대한 안목의 결여로 빚어진 현상이었다. 종단은 정부의 종교단체 지원사업을 신청하면서 총인원 이전 문제를 논의하였다. 총인원 부지의 역사적 상징성과 종단 발전의 먼 미래를 감안하여 총인원은 도심에 안착하고 있어야 한다는 주장이 제기되었다. 총인원이 도심에 여법하게 안착하도록 총인원 성역화 사업이 필요하다는데 의견을 모았다. 정부의 지원사업은 총인원 성역화 사업의 일환으로 진행하기로 하였다. 원의회는 총인원 성역화 사업으로 대한불교진각종 문화전승관(가칭)과 진각복지센터 건립안을 의결하였다(61.1.17). 총인원 성역화는 총인원을 비로자나불(오불)이 안주하는 터전으로 조성하기로 뜻을 모았다. 진각문화전승관은 구조상으로 중앙이 불의 상징이 되고 북방에 복지센터, 동방에 탑주심인당, 남방에 교육관, 서방에 국제관을 배치하기로 하였다. 종의회는 원의회가 상정한 전승관과 복지센터 건립을 승인하였다(61,1.18). 진각문화전승관은 정부의 지원사업으로 하고 복지센터는 서울시의 지원사업으로 추진하기로 하였다.

총인원 성역화 불사의 계획이 구체화 되면서 탑주심인당을 본래 자리로 옮기고 종조사리탑을 이운하기로 결의하였다(61,4.11). 탑주심인당 주교 효암은 집행부와 행정 갈등을 겪으면서 심인당 이전을 거부하였다. 종의회는 전승원 건립의 세부안을 다시 논의하기로 하고 건립 재정을 위해 추가경정예산을 편성하기로 하였다(61,4.19). 총인원 성역화의 시작으로 전승원과 복지센터 건립 지진불사를 올렸다(61,10.18). 전승원은 지하 2층, 지상 6층의 건물을 짓기로 하였다. 종의회는 전승원 건물의 개요를 승인하고 건축에 따른 기반시설 부담금은 집행부에 위임하였다(61,12.10). 원의회는 진각복지센터와 지하주차장 건축비 지원을 결의하고(61,12.19) 종의회에서 복지센터 건축비 지원을 최종 결의하였다(61,12.28). 복지센터 건립을 위해 종조사리탑 이운 불사를 올리고 사리탑을 해체하여, 사리함은 총인주석처에 임시 봉안하였다(62,1.15). 밀교신문에 전승원 시공업체 모집공모를 하여(61,11.1) 설명회를 열고(61,11.19) 시공업체를 선정하여(61,11.29) 공사에 착수하였다.

효암이 스승인사에 불복하여 구舊 종조전 탑주심인당에 교화를 하면서 일부 신교도들이 심인당 옆에서 심인당 이전을 거부하는 천막 농성을 벌렸다. 전승원 시공업체는 농성 교도들의 방해를 피해 야간에 종조전을 철거하였다. 시공업체의 공사 계약해지의 요청으로 계약해지와 계약변경은 건설추진팀에 위임하고 종의회에 보고하기로 하였다(62,3.13). 공사 시공업체를 변경하여 성역화불사는 순조롭게 진행되었다. 먼저 진각복지센터 건물이 완성되어 개관하였다(63,10.23). 진각복지센터는 지하 2층, 지상 5층의 연건평 4,429.25평 규모의 건물로 노인전문요양원으로 사용하였다. 복지센터는 진각족지재단 사무처와 진각홈케어 데이케어 등 복지 관련 용도로도 사용되었다. 복지센터 완공에 이어서 전승원 건축은 계획대로 진척되었다.

　　종단은 전승원 건립불사 모금운동을 시작하여(63,11.12) 탑주유치원장 본심인 전수의 1천만 원을 비롯해서 스승과 신교도가 모금운동에 동참하였다. 진각전승원 건축의 완공에 대비하여 전승원 개관추진위원회를 구성하여 위원장에 수성 총무부장, 위원에 각 부서 부장, 집행위원에 각 부서 국장과 전승원 추진팀장이 맡았다(64,4.13). 전승원 건물 상량불사를 종단의 스승과 신교도들이 동참하여 봉행하였다(64,10.14). 전승원 건립불사 모금운동이 진행되는 가운데 포항교구청이 전승원 기금마련 바자회를 여는(64,10.30) 등 모금 운동에 활발히 동참하여 후원금이 10억을 돌파하였다(64,11.30). 전승원 건축이 막바지에 접어들어 건물의 일부를 사용하게 되어 전승원 입주불사를 올렸다(65,1.17). 또한 춘기 스승강공에 즈음하여 전국의 스승이 동참한 가운데 전승원 입주 원만강도불사를 올리고 전승원이 여법하게 운영되어 교화발전의 터전이 되고 불법이 흥왕하는 새 역사의 종풍이 진작되기를 서원하였다(65,4.21).

　　진각전승원 건축이 완공 단계에 이르면서 진각문화국제체험관의 건립의 건을 결의하고(66,3.29) 교육관(탑주유치원) 신축의 건도 결의하였다(66,4.19). 종의회는 국제관 교육관 건립을 최종 결의하였다(66,4.24). 원의회는 전승원 완공에 따른 총인원의 구舊 통리원 건물의 철거를 위한 시공사 선정 평가단을 구성하였다(66,8.15). 국제관과 교육관의 공사추진을 위한 추진팀을 구성하고 외부전문가 2인을 포함하여 종단 집행부 국장단으로 팀원을 꾸렸다(66.9.18). 구 통리원 건물 철거와 전승원 입주불사를 전승원 1층에서 올리고 전승원 입주를 시작하였다(66.9.10). 총인원 서울 이전 불사로 세워진 통리원 건물은 총인원 본관으로 45년간 종사와 함께 한 후 해체작업에 들어갔다(66.9.27). 총인원 구 통리원 건물의 철거는 총인원의 45년의 역사를 마감하고 또 다시 새 역사를 시작하는 의미를 담고 있었다.

총인원 성역화 불사로 임시 해체한 종조사리탑의 건립을 위한 공모의 건을 결의하였다(66.10.16). 진각문화전승원 건축이 완공되어 전승원 앞뜰에서 헌공불사를 봉행하였다(66.10.30). 전승원 헌공불사는 종단의 전국 합창단이 교성곡 '불법은 체요 세간법은 그림자'의 연주를 시작으로 종단의 스승과 신교도를 비롯하여 교계 정계 학계 언론계 및 스리랑카 수메다 지 자야세나 정무장관, 세계불교도우의회 팔롭 타이어리 세계본부 사무총장, 팃사 위제랏너 주한 스리랑카 대사, 카만 싱 라마 주한 네팔대사 등 수많은 인사가 동참하여 성대하게 진행되었다. 전승원 건립에 이어서 국제관 교육관 건축의 교통영향평가 및 개선대책을 결의하였다(67.3.12). 국제관 교육관 주차장 건축의 심의를 다시 종의회에 상정하기로 하여(67.8.23) 종의회는 원의회의 상정안을 결의하였다(67.9.12). 원의회가 국제관 교육관 주차장을 통합 연결하는 내용을 결의하여(67.12.10) 종의회는 총인원 주차장 신축공사 등 원의회의 상정안을 결의하였다(67.12.12).

총인원 성역화 불사 2차사업인 국제관 교육관 주차장 건축에 대한 지진불사를 올리고 시공에 들어갔다(68.3.10). 국제관은 정부지원을 받아서 지하 2층, 지상 5층의 규모로 짓고, 교육관은 탑주심인당과 외관이 같은 2층 건물을 계획하였다. 총인원 주차장은 지하층이 연결 가능하도록 주차시설을 한 공간으로 조성하기로 하였다. 총인원 성역화 불사가 마무리 단계에 들어서 진각문화전승의 대관운영을 결정하고 대관운영규정을 심의하고 수정 보완하였다(68,4.1). 원의회는 전승원 대관운영 주체를 통리원장에서 총무부장으로 변경하고 종의회에 보고하기로 하였다(68,5.15). 전승원의 층별 명칭으로 1층을 로비층으로 변경하고 차후 보완하기로 하였다(68,12.18). 종조사리탑을 조성하기로 한 전승원 1층 뒤 공간에 추복전을 건립하는 안을 결의하였다(69,4.28).

진각문화국제체험관의 완공으로 국제관의 운영을 위해 운영팀의 명칭을 진각국제교화사업단으로 정하여 종단의 신설부서로 하기로 하고 종헌 종법 등 법적 절차를 거쳐서 종의회에 상정하기로 하였다(69,10.27). 총인원 성역화 불사의 마지막 불사로 종조사리 이운불사를 봉행하였다(70,12.2).

종조사리탑은 진기22년 10월 17일 총인원 건설공사의 일환으로 착공되어 10월 25일 사리 봉안불사를 가지고 12월 27일 준공하였다. 그 후 진기56년 7월 24일 종조전으로 탑주심인당이 이전함에 따라 진기57년 4월 4일 탑주심인당 건물 뒷편으로 이운하였다. 총인원 성역화 불사로 사리탑을 해체하여 사리함을 이운하고(62,1.15) 최종으로 사리탑을 이전하고 사리이운 불사를 올렸다. 그러나 종조사리탑과 행적비의 관계 및 총인원의 배치 등에 따른 사리탑의 위치는 여전히 숙제로 남겼다. 총인원 성역화 불사는 중앙에 진각문화전승원과 사방의 탑주심인당 교육관 국제관 진각복지센터가 오불의 배치로 조성되었다. 또한 중앙의 전승원이 육자진언을 상징하는 6층 육자탑의 건물로서 육자진언이 비로자나불의 총진언인 사실을 나타내고 있다. 총인원 성역화 불사로 총인원이 오불 육자진언의 원력이 생동하는 밀엄정토의 본거本居가 되었다.

종단의 교화가 역사를 거듭하면서 심인당의 신축보다 개축이 주를 이루었다. 경기 남서부의 교화를 위하여 미리 터를 마련하여 둔 안산에 심인당을 신축하고 헌공불사를 올렸다(64,12.28). 세월이 흘러 여러 심인당 건물이 노후되고 협소하여 개축을 진행하였다. 충남 논산의 혜정심인당을 개축하고 헌공불사를 올렸다(56,12.20). 서울 신촌심인당이 시장 통에 위치하여 장소를 옮기고 명칭을 혜원惠園심인당으로 바꾸어 신축 헌공하였다(57,1.20). 서울 강남구 대치동 행원심인당을 매각하고, 역삼동 진선여고 회당기념관 앞에 새롭게 심인당 건물을 신축하고 헌공불사를 올렸다(59,12.1). 행원심인당이 진선여고 교내에 자리한 일은 공교육과 교화의 관계에 대한 이론異論의 여지를 남겼다. 수원 유가심인당이 노후 협소하여 주위의 터를 더 매입하여 개축하고 헌공하였다(57,12.26). 유가심인당은 신축 건물에 교계 최초의 어린이 공공도서관 화홍 어린이 도서관을 개관하고 개관식을 하였다(59,5.30). 화홍 어린이 도서관은 심인당 1층에 90평 규모로 시청각실 등 3천여 권의 장서를 갖추었다.

    춘천 방등심인당 시설이 노후하여 시 외곽으로 장소를 이전하여 신축하고 헌공불사를 하였다(67,4.8). 충북 청주 각계심인당이 좁은 골목길 안에 위치하여 시 외곽에 넓은 터를 매입하여 신축하고 헌공불사를 올리고 교화환경을 개선하였다(68,9.18). 대전 득도심인당이 건물이 낡고 위치가 좋지 않아서 넓고 전망이 좋은 곳에 부지를 매입하여 신축하고 헌공하였다(60,12.12). 대구 서부 선정심인당이 노후하여 개축하고 헌공하였다(57,6.26). 대구 신암동 낙산심인당 역시 좁은 골목 안에 위치하여 대구 동쪽에 좋은 터를 마련하고 신축하고 이전하였다(63,6.8). 경주 교화에 큰 역할을 한 홍원심인당을 반월성 가까이 도로변에 규모가 크고 뜰이 넓은 다목적 한옥 건물을 매입 수리하고 이전 헌공불사를 하였다(57,4.1). 홍원심인당의 이전으로 지역민과 관광객이 주목받는 환경을 갖추고 경주 문화를 알려는 명소가 되었다. 포항 상륜심인당의 건물이 무척 노후하여 개축

확장하여 교화환경을 일신하였다(66.11.15). 또한 종단 해외 교화의 일환으로 네팔 카투만두에 반야포교소를 마련하고 교화에 들어갔다(69.8.29).

심인당 교화환경을 개선하고 교화가 진행되는 동안 종단은 스승의 화합을 위한 노력도 계속하였다. 스승의 화합과 건강을 위해서 주기적으로 실행하는 스승 선지식 한마음 체육대회를 지속하여 창교 60주년 기념으로 강원도 홍천에서 가졌다(60.11.1). 원로스승의 기로진원도 해마다 늘어나서 각해 도흔 등 11명의 스승을 위한 기로진원식을 올리는(57.4.17) 등 기로진원식이 계속 이루어졌다. 원로스승의 기로진원과 더불어 스승의 열반 소식도 이어졌다. 종단의 원로로서 7·8대 총인을 수행한 각해가 세랍 78세로 열반에 들었다(57.4.21). 종단은 종단장으로 각해의 고결식과 다비식을 여법하게 올리고 산내 연수원에 산골散骨하여 안주하게 하였다. 초기 종단부터 종조를 보필하여 교화를 시작하여 종단의 혼란기에 종단을 지킨 인강이 세랍 77세로 열반에 들었다(59.1.29). 일찍이 종문에 들어서 경주 지역 교화의 터를 이루고 스승의 사표로서 품위를 보여준 안인정이 법랍 44세 세랍 80세로 열반에 들어서(59.3.10) 경주 교구장으로 장의절차를 봉행하였다. 대구 초기교화에 크게 기여하며 정사正邪에 대한 대쪽 같은 자세를 견지한 대안정이 열반에 들었다(61.12.24). 대안정은 1916년 경북 고령에서 출생하여 진기3년 보정심인당 교화를 시작으로 평생을 교화에 바쳤다. 종단의 업무에 정열을 보이며 교화를 한 석봉이 열반에 들어서(65.8.20) 여법하게 장의를 봉행하였다. 종단의 발전에 크게 공헌한 휴명이 열반에 들었다(66.8.27). 휴명은 스승의 자세를 견지하며 직위에 걸림 없이 사익私益의 편향偏向을 지극히 경계하였다.

또한 새 불교가 나왔다는 모친 실상행의 말에 감명을 받아 입문하여 종조의 종단 헌법제정을 돕고 말년에 종단에서 종조법어 연구에 정성을 바친 운범 각자覺子가 열반에 들었다(64,5.21). 종조의 아들로서 종단의 난관을 극복하는 데 일조하며 마지막에 위덕대학교 설립에 혼신을 다하고 총장과 학교법인 회당학원 이사장을 역임한 서주(손제석) 각자覺子가 열반에 들었다(70,5.21). 서주의 고결식은 진선여고 회당기념관에서 학교장으로 거행하였다.

(2) 문화 복지 포교와 산내 연수원

진각복지재단은 공공 복지기관의 수탁 또는 재수탁을 거듭하면서 꾸준하게 범위를 키우며 활동하였다. 대구 지정심인당의 건물을 보건복지부의 종교 유휴시설 활용 지침에 따라서 노인요양시설로 개조하여 보은노인요양원을 개원하였다(57,12.9). 보은노인요양원은 국고보조를 받아서 건물의 개보수를 완료하고 시설보강을 하여 개원하였다. 인천 덕화심인당을 이전 신축하면서 요양원 시설을 갖추어서 덕화노인요양원을 열었다(57,12.9). 비산동 기로원 부지에 노인요양원 신설은 집행부와 대구교구청에 위임하였다(58,4.21). 비산동 기로원 노인전문요양원의 신축을 종의회의 승인을 받아서 건축공사에 들어갔다(59,3.29). 대구 비산동 신익심인당 경내에 보은전문요양원 건물을 완공하여 개원불사를 하고 지역사회의 복지 발전에 초석을 놓았다(61,4.26). 비산동 요양원 시설이 부족하여 건물을 증축하기로 하고 증축에 따른 인접부지의 무상임대를 의결하였다(65,4.26).

종단은 스리랑카 JGO센터 부설유치원을 세우고 개원하였다(59,1.10). 스리랑카 JGO센터 부설 유치원은 JGO센터의 강당을 부분 보수하여 유아교육시설로 재정비하고 정원 50명을 등록 받아 입학식을 가졌다. 또한 스리랑카에 국제학교 설립을 계획하고 설립법인의 구성을 종의회에 상정하기로 하고, 네팔 JGO센터 건립은 보류하기로 하였다(63.6.23). 종의회는 스리랑카 JGO센터 회당국제학교 설립을 승인하였다(63.6.23). 회당국제학교는 신축 공사를 마무리하고 개교하였다(64.11.16). 회당국제학교는 3년간 순차적으로 500명 이상의 학생을 수용할 수 있는 9,663㎡ 규모의 3층 건물을 건립하여 도서관 과학실 음악실 실습실 운동장 식당 등의 부대시설을 차례로 마련하기로 하였다. 회당국제학교의 교사를 증축하고 헌공불사를 하였다(66.12.14).

　진각복지재단은 종교와 이념을 넘어 보살행을 실천하는 개인과 단체를 선정하여 사회에 복지발전을 진작시키려는 취지로 진각복지대상을 시행하여 제1회 수상자를 시상하였다(60.5.10). 복지실천상에 사회복지법인 우성원 김종수 원장이 선정되고, 개인부문은 관악노인종합복지관 봉사자 윤예병이 선정되었다. 또한 단체부문은 늘푸른봉사단과 르노삼성자동차 유틸피아 봉사단이 받았고, 진각복지대상은 사회복지법인 원봉공회 서울지회가 수상의 영광을 안았다. 진각복지재단은 법인설립 10주년을 기념하여 제3회 진각복지대상 불교사회복지프로그램 시상식을 겸한 기념식을 거행하였다(62.12.8). 진각복지재단의 본부로서 총인원 성역화 일환으로 진행한 진각복지센터를 개관하였다(63.10.23). 진각복지센터의 개관으로 진각복지재단은 복지사회 구현을 위해 새로운 계기를 마련하였다.

　진각복지재단과 더불어 종단의 복지사업으로 산내 연수원이 큰 관심과 주목을 받았다. 효암 통리원장은 종단 본산 부지를 확보하려는 뜻으로 경주시 산내면 내일리 1번지 등 218필지의 대지 입찰에 참여하기로 하였다(55.8.30). 산내 대지 입찰을 결의하고(55.10.5) 대지 내의 농지관리를 위한 영농법인 설립을 계획하였다. 종의회는 영농법인 설립의 발기인은 집행부에 위임하고 법인 설립의 구체적인 사항을 차기 종의회에 보고하기로 하였다(56,3.21). 산내 부지의 경매물건의 건물 토지 수목 비품 임차인 정리 협의금을 결정하였다(57,1.4). 종단은 산내 연수원 지진불사를 스승과 신교도가 참석한 가운데 봉행하였다(57,4.1). 산내 연수원은 부지 30만여 평에 실내집회장 생활관(숙박실 25개실) 식당 야외집회장 체육활동장(눈썰매장 등) 자연체험장 수련의 숲 강의실 휴게실 양호실 등 기존의 시설이 이미 갖추어져 있는 상태였다. 종단은 산내 연수원 지진불사를 계기로 종교수행공간과 사회복지시설을 갖춘 종합복지타운으로 개발하기로 하였다. 영농법인 농림촌을 설립하고 종단 산하 부동산의 관리와 산내 연수원 조성사업을 하기로 하였다(57,4.4). 영농조합 농림촌의 대리대표는 진산이 맡았다.

산내부지 개발을 위해 성지조성비 9억원을 대여하기로 하고 산내면 내일리 1번지 외 255필지 부지 매입하여 사회복지법인 진각복지재단에 장기대여 해 주기로 하였다(57,4.15). 종의회는 한편 산내 연수원 청소년 수련관 신축에 필요한 재정을 확보하기 위해 사학진흥재단 융자신청을 승인하였다(57,10.22). 경상북도 태권도타운 추진사업을 산내지구에 유치하기 위해 경주시에 사업계획서를 제출하기로 하였다(58,6.22). 집행부는 산내에 명상타운 건립 계획을 세우고 종의회에 상정하기로 하고, 산내 연수원 신축비 부족금을 청소년 육성기금에서 융자하기로 결의하였다(58,7.30). 종의회는 산내 명상웰빙타운 건립 계획안 작성 경비 5억원을 승인하였다(58,9.2).

효암 통리원장은 산내부지 외에 홍천부동산 경매에도 참여하기로 하여 종의회는 강원도 홍천군 남면 부동산 매입을 승인하였다(58,12.21). 종단의 형편에 넘치는 부동산 매입에 대한 집착이 후일 큰 화근의 씨앗이 되었다. 회정 통리원장은 산내 연수원 실무팀을 구성하여 법적 기술적 검토를 모색하고, 산내 연수원과 영농법인의 관리는 통리원 직속으로 운영하기로 하였다(59,5.25). 효암 집행부와 갈등이 일어나면서 종의회는 홍천 물건을 집행부와 영농법인이 협의하여 매각하기로 결의하였다(60,10.29). 영농법인 농림촌의 운영권이 문제가 되면서 산내 연수원 운영허가권의 양수讓受를 위해 법적 대응을 하기로 하였다(61,11.23). 영농법인 농림촌 대표 진산의 징계로 대표이사에 일학을 추천하기로 하였다(61,12.28). 홍천 물건의 본래 소유자 정심회正心會가 홍천부동산의 재매입을 원하였다. 정심회는 부동산 재매입 대금 중 잔금을 납부하지 못하여 상당한 기간 동안 상호 우여곡절을 겪은 후 잔금을 완납하였다(62,2.21). 정심회의 잔금 납부로 상호 법적 대응은 하지 않기로 하였다. 산내 연수원 사용부지와 건물의 사용권은 진각복지재단에 부여하기로 하였다(63,3.23).

혜정 통리원장 집행부는 산내 연수원과 홍천물건의 관리는 각기 총무부장 수성과 재무부장 관천이 담당하여 처리하기로 하였다(63,7.21). 산내 연수원 관리와 운영이 문제가 많아서 매각 또는 임대하는 방안을 종의회에 상정하기로 하였다(67,8.23). 또한 산내 연수원 관리는 산내 연수원 협의체를 구성하여 협의하기로 하였다(63,9.25). 산내 연수원은 임대하기로 하고(67,10.31) 영농조합법인 농림촌의 정상화 방안을 종의회에 상정하기로 하였다(68,3.18). 종의회는 농림촌 정상화 방안을 심의하여 집행부에 위임하기로 하였다(68,12.23). 산내 연수원 부지는 결국 매각하기로 결의하였다(69,4.28). 또한 종단산하기관 정리방안으로 영농법인 농림촌을 해산하는 방안을 논의하고(70,8.8) 종의회에 상정하기로 결의하였다(70,10.18). 산내 부지와 홍천물건은 깊은 숙고와 정리된 계획 부실의 사업이 초래하는 위험과 종단의 백년대계보다 실적위주의 독선적 종행정이 빚은 불화의 전형을 보여주었다. 산내 연수원은 운영방향에 따라서 명암을 분명히 보여 주었다.

종단의 사단법인 비로자나청소년협회(VIYA)는 짜임새 있는 활동을 하며 성장하였다. 비로자나청소년협회는 청소년의 건전한 여가활동의 기회를 마련하기 위해 제1회 청소년 댄스경연대회를 열고(55,5.1) 매년 부처님오신날 기념행사로 정착시켰다. 또한 서울 돈암동에 소극장 미아리 사랑방을 수탁하여 협회활동의 폭을 크게 넓혔다(55,6.1). 소극장은 실내 공간 66평에 각종 조명 음향시설 등을 완비한 200석 규모의 공연장으로 청소년을 비롯해 지역 주민들에게 다양한 문화 예술 프로그램을 제공하였다. 그리고 지역에서 활동하는 각종 문화단체를 발굴 육성시켜 건전한 지역문화를 창달하고 보급하는 문화공간의 역할을 하였다. 비로자나청소년협회는 활동 범위의 확장을 위해 지부 설립을 계획하고 먼저 대구경북지부를 발족시켰다(64,12.18). 대구경북지부는 심인중고등학교 실내체육관에서 발대식을 가지고 초대 지부장으로 시경심인당 주교 회성을 추대하였다. 아울러 종단산하 청년연합회장 전병창 심인고등학교 심학교사와 학생연합회장 김준영 자성학교교사연합회장 정호정(월광화) 등을 지도위원으로 위촉하였다.

종단은 산하 교화단체의 역량을 결집하고 교화 비젼을 공유하기 위해 진각문화전승관에서 교화결집대회를 열었다(67,11.30). 통리원 사회부가 주관하여 교구와 심인당 단위의 합창단 중창단 연희단의 공연, 그리고 진선여중 연화학생회의 댄스와 율동 공연도 함께하며 화합과 교화역량을 다졌다(67,11.30). 또한 사회부와 VIYA는 청소년 포교의 역량을 모으고 교화의 비젼을 함께 나누는 청소년 교화결집대회를 진각문화전승원에서 개최하였다(67,12.29). 교구와 심인당에서 활동하는 청소년 단체의 조직을 결집하고 소통을 강화하기 위해 청소년 회원 500여명이 참여하여 청소년

포교의 결의를 깊게 하였다.

종단은 출판문화의 계승을 위해 진각복지재단의 활동의 일환으로 총인원 경내에 해인서림을 열고 신교도와 지역주민의 문화공간을 마련하였다(56,1.18). 총인원 성역화 불사로 일시 중단한 해인서림을 다시 운영하기 위한 해인서림 설립 운영계획안을 결의하였다(68,4.1). 해인서림 운영과 함께 종단의 출판기구인 해인행의 활성화를 위해 관련 종헌종법을 개정을 결의하였다. 해인행 운영관련 종헌종법을 개정하여 도서출판진각종해인행으로 개칭하기로 하고(70,9.20) 공포하였다.

종교의 교화역량은 복지와 문화가 어울려서 한층 활기를 가진다. 교화의 역량을 한 단계 더 높이려는 계획으로 종단의 문화기구 설립을 계획하였다. 한국불교문화센터 건립을 구상하여 건립추진위원회를 구성하였다(59,7.29). 한국불교문화센터 건립추진위원회는 통리원장 직속의 주관부서 및 특보단이 중심이 되어 문두루비법 복원을 비롯해 총인원 성역화 건축 등 다양한 종단 문화 창출과 전시 방안을 모색하기로 하였다. 한국불교문화센터 건립은 의욕에 상응하는 계획의 구체성이 결여하여 성취하지 못하였다. 종단은 다시 회당문화재단 설립을 결의하고(65,10.25) 구체적인 계획을 세워 문화재단 설립안을 결의하였다(65,11.22). 종의회는 문화재단 설립의 법적 근거를 위해 종헌을 개정하였다(66,4.24). 다시 구체적인 설립 계획을 종의회에 상정하기로 하였다(68,9.27). 회당문화재단 설립도 뜻대로 진행되지 못하였다. 문화재단 설립의 미완성은 계획과 운영방안이 즉흥적 의욕과 전문성 결여의 결과였다.

효암 통리원장은 부처님오신날 봉축행사로 전통연등제작에 큰 관심을 가졌다. 전통등 제작 전문팀을 구성하여 전통등 제작에 힘을 기우리고 봉축행사에 선보였다. 종단은 전통등 제작의 관심을 일으키고 봉축 분위기를 띠우는 제1회 등경연대회를 총인원 대강당에서 열고 최우수상 '연꽃들의 향연'(법상, 호국비룡사 법사) 등 수상작을 시상하고 전통등 제작의 열기를 높였다(56,5.9). 대형 전통등이 대중의 호응을 받아서 전통등 보급에도 관심을 가졌다. 문화사회부는 제1회 불교문화강습회를 밀각심인당에서 열고 전통등 제작과 서원가 강습회를 열었다(56,8.26). 종조탄생 100주년 기념행사의 일환으로 기념사업회 사무국이 불교문화강습회를 열었다(56,9.9). 불교문화강습회는 진각밀교아카데미 발족을 겸하여 종단 및 유관기관의 직원과 신행단체 종립학교 교사 학생 및 일반 불자들이 동참하여 대구 진각문화회관에서 열었다.

전통 장엄등이 세간의 관심을 끌게 되자 종단의 대형 전통등이 진주남강 유등축제에 초청되어 전시되는 등 각종 축제에서 호평과 주목을 이끌어 냈다. 부처님오신날 봉축 행사에 등장한 장엄등을 중심으로 총인원 경내에서 진각오색등축제를 열었다(61,5.23). 오색연등축제는 총인원 경내에서 5일간 진행되어 축제에 참가하는 지역주민이 넘쳐나서 해마다 지역축제로 열었다.

종조탄생 100주년 기념행사의 하나로 창작 교성곡 '회당-불법은 체요 세간법은 그림자라'를 공연하여 세간의 큰 이목을 끌었다. 창작 교성곡 회당은 지현이 작사하고 김회경이 작곡하여 극립극장 해오름 대극장에서 사부대중 2천여명이 참석하여 성대하게 거행되었다(56,12.9). 안숙선 중요무형문화재 제23호 가야금병창 보유자와 장사익 소리꾼, 서울 진각, 대구 금강, 대전 심인합창단 및 길상사 합창단, 불광사 마하보디합창단, 대한불교소년소녀합창단, 국립창극단, 노사나혼성합창단 등 400여 명이 오느름 국악관현악단, 바로크모던 필하모니 오케스트라 등과 함께 초연한 '불법은 체요, 세간법은 그림자라'는 국악과 양악의 선율이 어우러진

장중한 야단법석의 드라마였다. 교성곡 회당의 공연은 회당 대종사의 구도역정을 음악으로 승화시켜 음악이 시작되는 각 장마다 무대 뒤에 마련된 대형 화면에는 회당 대종사의 생애가 파노라마로 선보여 눈길을 끌었고 마지막 합창이 공연될 때 수많은 연등이 위에서 내려오는 무대연출로써 2천여 명의 청중들로부터 큰 환희심과 감동을 불러 일으켰다.

종단 문화의 선두로 활동한 합창단은 교구와 심인당의 합창단을 넘어 청년회 합창단도 창단하였다. 서울청년회는 노래 전문활동반 'J&B소올'출범식을 가지고 문화코드를 통한 새로운 청년포교에 나섰다. 서울청년회는 8월 22일 서울 성북구 하월곡동 총인원 내 무진설법전에서 'J&B소올'창립총회를 겸한 출범식을 개최하고 사업계획 등을 밝혔다(58,8.22). 'Jingak New Buddhist Band of Soundholic'의 약자로 '음악을 사랑하는 진각종 불자들의 밴드'를 의미하는 노래 전문반 J&B소올은 수준 높은 공연을 펼치며 꾸준히 활동하였다.

종단은 종단의 불사의식 서원가 법구 등 각종의 소리를 통일하려는 작업을 시도하였다. 소리통일화 작업의 하나로 서울합창단과 함께 공연무대를 통하여 소리통일화 작업을 처음 시도하였다(59,12.26). 소리통일화 작업은 법회의식과 합창을 시연하며 청중의 큰 호응을 받았다.

한편 종단은 종조탄생지 울릉도 지역의 특성에 맞는 문화축제를 정착시키고 지역주민의 안녕과 발전을 도모하여 종단과 울릉군의 교류 활성화를 위해 울릉문화축제로서 제1회 회당문화축제를 개최하였다(55,6.20). 회당문화축제는 제6회에 '독고아리랑'을 주제로 도동 해변 특설무대를 중심으로 울릉군민을 비롯해 관광객과 함께 나라를 사랑하는 감흥의 축제를 즐겼다(60,8.3). 회당문화축제는 격년으로 지속하여 매회 마다 주제를 바꾸며 특색있게 꾸며 제10회는 '초발심'을 주제로 한여름의 울릉주민과

광관객이 흥겨운 시간을 보냈다(64,7.26).

종교활동에서 복지와 문화는 새의 두 날개처럼 밀접한 관계를 가진다. 종단은 문화와 복지를 교화활동의 두 축으로 삼기 위해 문화복지연대를 결성하였다(58,12.16). 진각복지재단 회향의 밤 행사를 겸하여 결성한 문화복지연대는 종단의 외곽기구로서 상임공동대표로 지현과 김종엽이 맡았다. 진각복지재단은 자주 전문 사회의 3대역량 강화를 지표로 삼아 후원결사운동 만월회萬月會를 결성하여 후원자를 늘여왔다. 진각복지재단의 건전한 발전을 지속하기 위해 안으로는 복지사업의 연구와 정책기능을 강화하고 밖으로 문화와 복지의 연대 활동을 위해 문화복지연대를 결성하였다. 문화복지연대는 복지와 문화단체가 연대하여 폐사지 음악회를 시작하였다. 문화복지연대가 주최한 폐사지 음악회는 문화관광부 진각복지재단 조계종 등의 지원을 받아서 전국 폐사지 투어콘서트 형식으로 양주시 사암연합회의가 주관하여 제1회 회암사지에서 시작하였다(59,10.16).

이 폐사지음악회는 종단이 주최하고 진각복지재단 신라문화원이 공동주관하여 제6회 경주 홍원심인당에서 펼쳐졌다(66,11.17). 종단은 대구 두류공원에서 제7회 폐사지 음악회를 계속하였으나(67,10.19) 폐사지 음악회 본래 취지와 전문성 부족으로 중단하였다. 문화복지연대는 폐사지 콘스트와 더불어 월곡지역 문화축제 제1회 월곡동이야기를 개최하였다(61,10.21). 월곡동이야기는 월곡동 문화 예술인 및 단체들의 조직화를 통해 월곡동 지역 역사를 주제로 한 문화컨텐츠화를 시도하여 월곡동 지역사랑의 공감대 형성을 목적으로 개최하였다. 총인원이 위치한 월곡지역 문화행사로 시작한 월곡동이야기는 제3회로 중단하였다(63,10.24). 종단은 월곡동이야기 축제를 계속하여 총인원 일대에서 제1회 진각문화제를 실시하였다(68,5.5). 종단은 서울에 이어서 대구에서 문화축제를 계획하여 제1

회 심인문화제를 개최하였다(68,11.27). 심인문화제는 종단의 합창단과 민족음악관현악단 오느름 오케스트라가 창작 교성곡 '회당-불법은 체요 세간법은 그림자라'를 재공연하는 등 수성아트피아 용지홀에서 다양한 프로그램으로 진행하였다. 제2회 심인문화제는 창작서원가 경연대회를 겸하여 대구 엑스코 오디토리움에서 개최되어 청중의 큰 호응을 받았다(69,12.15).

(3) 종조탄생 100주년, 창교 60주년 기념사업

종단은 종조탄생 100주년을 앞두고 종조탄생 100주년 기념사업을 위한 운영내규를 정하였다(53,10.20). 종의회(319회)는 종조탄생 100주년 기념사업 봉행위원회 운영내규를 심의 결의하였다. 운영내규는 기념사업 봉행위원회를 통리원장 직속 전담부서 형태로 구성하고, 실무위원을 위촉하도록 하였다. 종단은 종의회의 결의에 따라 진각성존 종조 회당대종사 탄생 100주년 기념사업을 기획하고 봉행위원회를 구성하였다(54,10.10). 봉행위원회는 위원장 성초 통리원장, 집행위원장 회정 총무부장을 선임하고 포교 교육 복지의 3대 종책사업을 중심으로 종조의 이원자주 정신을 구현하기 위한 종단문화의 사회화 대중화를 전개하기로 하였다.

　봉행위원회는 종조탄생 100주년 엠블럼을 확정하고 시행에 들어갔다(54,11.6). 회당대종사 탄생100주년 기념 엠블럼은 한글 '회당'과 100'을 조합하여 회당대종사의 이원자주사상과 미래지향적인 화합종단의 의지를 표현하였다. 이원자주사상의 이원二元은 '100'을 구성하고 있는 두 개의 열린 원으로 나타내고, 자주는 '100'을 구성하고 있는 1로 표현하였다.

또 '1'을 이루고 있는 밤색은 밀교의 오방색을 혼합한 종단의 기본색상으로 스승을 의미하고, 두 개의 열린 원을 이루고 있는 노란색은 수행자의 수행복 색상으로 신교도인 진언행자를 나타내 화합종단의 비전을 제시하였다. 탄생 100주년 기념사업 엠블럼 확정에 이어서 탄생 100주년 기념사업 주제를 '참여·화합·회향'으로 정하였다(54,12.12). 탄생 100주년 기념사업 주제에 따라서 '즐거운 신행, 하나되는 신행, 함께하는 신행'을 슬로건으로 세워서 종단의 정체성을 확립하고 포교활성화를 통하여 종단 교화발전의 전기로 삼기로 하였다.

종조탄생 100주년 기념사업 봉행위원회는 기념사업회 공식 홈페이지를 개설하고 기념사업 활동을 활발히 추진하였다(55,1.1). 기념사업 홈페이지는 종조의 생애 사상 연보 앨범 등을 수록하고, 조직도 사업소개 기획코너를 비롯해 종단 소개와 이미지 통합작업 코너를 별도로 구성하는 등 3개의 프레임으로 구성하였다.

종단은 종사를 거듭하면서 다양한 방편을 마련하여 교화활동을 전개하였다. 종조탄생 100주년 기념행사를 다채롭게 진행하여 종조의 새불교 운동정신을 조명하고 되새겼다. 진각성존 종조탄생 100주년 기념사업 계획을 마련하고 종의회에 보고하였다(55,10.5). 진각성존 종조 회당대종사 탄생 100주년 기념사업 봉행위원회장에 문사부장 무외를 선임하였다(55,6.12). 종조탄생 기념사업계획을 확정하고 발표하였다(55,10.23). 종조탄생 기념사업 계획안은 '참여·화합·회향'의 3개 영역의 50여개의 사업을 장단기 사업으로 나누어 실행하도록 하였다. 기념사업의 주요내용에서 참여불사는 학술세미나, 소리통일화작업, 서원가 아카데미 설립 등 7개 사업, 화합불사는 진각 50년사 발간, 소의경전 전산화, 밀교의식 시연, 회당대종사 탄생100주년기념관 건립, 창작서원가 발표 등 27개 사업, 회향불사는 탈북자 정착지원, 청정국토가꾸기운동 재추진, 심인인권위원회 설립 등 6개 사업을 중점불사로 결정하였다. 특히 신행체계 일신을 위한 포교백서 발간, 종단 정체성확립을 위한 다양한 기획, 정보화시대에 부합하는 불사영역 확대 등은 종단의 대사회적 역량을 한층 끌어올릴 수 있는 불사로 기대를 모았다.

종조탄생 100주년 기념사업 봉행위원회는 총인원에서 스승과 신교도 각계인사 1만여명이 동참한 가운데 종조탄생 100주년 기념사업 선포식을 거행하였다(56,5.10). 기념사업 선포식은 회당대종사 영상 다큐멘터리 상영을 시작으로 김대중 대통령 축사, 기념사, 선언문 낭독 등으로 진행하여 현세정화 심인구현의 종조정신을 계승할 신심을 다졌다. 회당대종사의 생애를 다룬 다큐 '불법은 체요 세간법은 그림자'가 불교TV에서 방영하였다(56,5.19). 회당대종사 다큐 '불법은 체요 세간법은 그림자라'는 회당대종사의 탄생에서 열반까지 전 생애와 사상을 현대적으로 재조명하고, 그 동안 제대로 소개되지 않았던 구도역정과 수행일화, 불교개혁론, 비공개 자료 등을 집대성하여 1부와 2부로 나누어 110분 분량이었다. 대전교구 심인합창단은 종조탄생 100주년과 월드컵 4강 진출을 기념하여 평송청소년수련원 대강당에서 진각행자와 시민 등 1천여명이 동참하여 정기연주회를 열었다(56,6.28).

교육원은 교화의 활성화를 위해서 종조탄생 100주년을 계기로 교화지 '법의 향기'를 발간하였다(56,7.15). 법의 향기는 월간으로 몇 번의 개편을 거치면서 중단 없이 간행되었다.

진각문학회는 진각문학 특집회를 발간하여 종조탄생 100주년을 기념하였다(56,9.1). 진각문학 특집호는 종조의 자비, 순례의 저녁, 님은 가고 없어도 등 회당 대종사 추모시를 비롯하여 '회당 종조님을 그리며'를 주제로 추모대담 등 종조를 기리는 내용을 실었다.

효암 통리원장 집행부는 종조탄생 100주년을 기념하여 인사위원회를 열고 원정(손대련), 장명, 락혜(김석모) 등의 사면복권을 정리하여 사감원에 이첩하고 종단의 해묵은 아픔을 해소하고 화합을 서원하였다. 종의회는 사감원에서 결의한 사면복권 내용을 정리하여 결의하였다(56,12.17). 사면복권의 내용은 원정과 장명은 종단의 전 직책을 사실대로 교사에 기록하고, 장명을 선사록에 기재하며, 락혜는 3급1호로 복권 결의하였다. 교육원은 종조탄생 100주년 기념사업의 일환으로 진각교전 사경대회를 열고 신교도의 신심을 북돋우었다(56,11.29). 종조 탄생 100주년 기념사업은 의욕적인 계획만큼 실행의 역량이 미치지 못하여 아쉬움을 남겼다.

종단은 종조 탄생 100주년 기념사업과 더불어 창교 60주년 기념사업을 시작하였다. 회정 통리원장 집행부는 창교 60주년 기념사업 집행위원장에 총무부장 수성을 임명하여 기념사업계획서를 작성하게 하였다(59,11.4). 회정 통리원장은 '포교·교육·복지'의 3대 종책지표와 연계하여 창교 60주년 기념사업의 추진을 발표하였다(60,1.23). 또한 총무부장 회성 등 60주년 기념사업 준비위원을 임명하였다(60,7.20). 그리고 집행위원장 회성이 기념사업 기구를 구성하게 하여(60,11.22) 창교 60주년 기념사업 운영규정을 제정하였다(61,2.21).

창교 60주년 특별사업으로 현대불교신문사가 주관하는 불교박람회에 특별 홍보관을 마련하여 종단홍보를 하였다. 전시관에 심인당을 꾸며 진각성존 회당대종사와 종단의 주요불사 행사 등을 영상으로 선보이고, 터치스크린을 마련해 밀교의 역사와 종단의 연혁 육자진언 옴마니반메훔 및 수행과정 교리 등을 설명하였다. 홍보물 코너로 해인서림을 운영해 관람객에게 다양한 불교용품을 소개하였다. 진각60년을 주제로 전국 순회

교리법회를 열어서 보정심인당(61,5.11)과 황룡사지 등에서 실시하여 교리를 익히고 문화공연을 보며 신심을 북돋우었다(61,6.2). 포교부는 대구 진각문화회관에서 자성동이를 대상으로 만다라 사경대회를 열어서 부처님을 생각하고 몸과 마음을 수련하는 정화의 시간을 가졌다(61,7.14).

종단이 주도적 역할을 하던 세계불교도우의회(WFB) 한국본부가 창교 60주년 기념 국제컨퍼런스를 개최하여 '미래불교와 불교도의 역할'을 주제로 국내외 학자들의 논문 발표와 토론이 이루어졌다(61,10.9). 특히 미안마 군부 압정에 대한 특별발표문을 내는 등 WFB의 활동과 불교의 사회참여에 대한 깊은 논의를 하였다.

위덕대 유아교육학부는 진각성존 회당대종사의 일대기 동화책 '회당대종사-소년기'를 발간하였다(61,12.26). 위덕대 유아교육학부 김수향이 유아교육학부에서 3차 동화구연대회를 거친 스토리보드를 바탕으로 글을 쓰고 이미희가 그림을 그린 이 책은 한글과 영문을 함께 수록해 교육 효과를 더욱 높였다. 창교 60주년 기념사업의 일환으로 제작한 회당 대종사 동화 일대기는 계속하여 성인기, 창종기, 열반기 등의 내용을 담아 5권으로 완간할 계획을 하였다.

(4) 교화활동의 대중화

진각복지재단은 성북노인종합복지관에서 인정과 사랑이 넘치는 풍요로운 사회를 만들려는 실천운동으로 인간 4사 운동 선포식을 하고 활동에 들어갔다(56,3.12). 인간 4사 운동은 인사·감사·봉사·희사를 생활화하고 함께 참여하는 실천운동이었다. 마음에서 우러나는 인사, 자연과 사회에 대한 감사, 일상생활에서 봉사, 아낌없이 나누고 베푸는 희사 등을 작은 것에서부터 실천하는 운동이다.

　　종단은 교화활동을 다방면으로 확보하기 위해 성북지역 6개 노선버스에 종단 광고를 하였다(57,6.12). 포교부는 대중포교의 일환으로 총인원 인근 간선도로를 운행하는 마을버스에 종단 광고를 실시하였다. 도서출판 진각종해인행은 불교도의 신행체험을 공유하여 수행 문화를 널리 펴기 위해 신행수기체험담을 공모하였다. 신행수기체험담 제2회는 다양한 신행수기가 응모되어 최우수상은 견성관의 '어머님전상서' 등이 수상작으로 선정되었다(57,5.10). 종단의 문화 창달과 신행의식을 고취하기 위해 창작서원가 가사를 공모하였다(60,10.20). 창작서원가 가사 공모는 250여 편의 작품이 응모되어 자성동이 서원가 부문과 일반 서원가 부문으로 나누어서 심사하여 대상은 지심화의 '나는야 자성동이'를 비롯해서 27편의 수상작을 선정하였다(60,12.26). 종단은 교화의욕을 북돋우기 위해 가족과 이웃제도 모범심인당 10곳을 선정하여 시상하고 4백만원의 포교비를 전달하였다(61,6.14).

　　혜정 통리원장 집행부는 교화활동의 대중화를 위해 불교TV BTN과 공동기획으로 밀교수행강좌를 방영하였다. 밀교수행강좌는 보정심인당의 강좌를 비롯하여(63,10.12) 1년간 계속하고 회향하였다(64,10.16). 밀교수행강좌에는 혜정을 비롯하여 경정, 지정 등 다수의 스승이 참여하여 밀교의 홍보와 종단의 수행을 알렸다.

　　전국 심인당 교화는 신교도 야단법석, 이웃 김장나눔, 경로잔치, 독거노인 돌보기 등 교화방편을 통하여 교화활동을 하였다. 아축심인당은 낙동종합사회복지관에서 울산 마음의 전화 창립발기인대회를 열고 청소년 상담활동을 위한 준비단계에 들어갔다(55,7.17). 마음의 전화는 심리상담 등을 통해 가치관이 뚜렷한 청소년의 지도 육성을 취지로 정사 효심을 비롯하여 아축심인당 신교도 40여 명이 참여하였다. 신덕심인당 자비복지회는 신교도 자녀들의 신심을 고취시키고 자성학교와 학생회의 발전을 도모하기 위해 장학제도를 마련하고 장학금을 전달하였다(56,3.3). 불교계의 템플스테이가 사회에 크게 관심을 받아서 탑주심인당이 템플스테이 지정 사찰로 선정되었다(58,5.11). 한국불교전통문화체험사업단은 한·일월드컵 이후 널리 알려진 템플스테이 사업을 전문화하고 상시적으로 운영하는 체계를 구축하기 위해 조계종·진각종·태고종·관음종 등 4개 종단 소속 총 38곳의 사찰을 템플스테이 운영사찰로 선정하였다. 불정심인당 불정마음학교는 경북대학교 수련원에서 생사 수행프로그램을 개최하였다(69,11.27). 생사수행프로그램은 이틀간 실시하여 생사일여生死一如의 삶을 이해하고 실천하는 계기를 마련하였다. 심인당 교화는 새로운 방편을 모색하며 교화활동을 하였다.

　　종단의 유소년기의 심성교육과 미래 신교도 확보 방안으로 자성학교 교화를 꾸준히 이어왔다. 시대와 사회 환경의 변화로 자성학교 교화방편도 새롭게 강구하였다. 여름 겨울 실시하는 자성학교 캠프에 가족이 동반하는 방안도 시도하였다. 행원심인당은 청년회 학생회 자성동이가 공동으로 한마음수련회를 열고, 시복심인당은 부모가 함께 참여하여 가족캠프를 열어 새로운 캠프문화의 가능성을 보였다(55,7-8월). 자성학생 포교지 '자성 찾는 아이들'의 제호를 '자성동이'로 변경하여 다양한 내용을 담아 월간으로 발행하였다(55,10.1). 자성학교 교사의 전문화를 위해 종단 차원에서 유급 자성학교 교사제도를 도입하였다(56,1.1). 유급교사제도는 우선 20개 심인당에 시범으로 시행하고 전국으로 확대할 계획을 하였다. 지역 아동의 교육과 자성학교 교화의 보편화를 위해 지역아동센터를 열어 운영하였다. 종단은 1차로 본원심인당 청소년 아동복지센터 수탁과 건물

부지의 매입을 결의하고(59.9.2) 건축 지진불사를 올렸다(59.9.11). 매년 여름 겨울에 실시하는 자성학교 교사연수는 빠짐없이 진행하여 제26기 자성학교 교사연수를 70여명의 교사가 참석하여 총인원에서 열었다(55.12.26).

회정 통리원장 집행부는 자성학생의 몸과 마음을 증진시키려는 취지로 자성동이 미니 축구 풋살대회를 계획하였다. 자성동이 풋살대회는 제1회로 위덕대 잔디구장에서 16개팀 200여명의 자성동이가 동참하여 이틀간 진행하였다(60.8.18). 자성동이 풋살대회는 연례행사로 치루고 중학생팀의 경기도 마련하였다. 자성동이의 지도력 향상을 위해 제2회 자성동이 리더십캠프를 열어서 큰 반응을 일으켰다(60.1.4). 자성동이 리더십캠프는 자성학교 전담교사회의 주최로 초등학생 5·6학년 학생을 대상으로 산내 연수원에서 '열린 진각나라 앞서가는 자성동이'를 주제로 진행하였다. 자성동이 리더십캠프는 포교부와 전국자성학교교사연합회가 주최하여 몇 년간 지속하였다. 종단은 문화관광부의 후원으로 초중고교의 청소년이 전통문화 유산을 체험하는 청소년 신라역사캠프를 열었다(67.8.13). 청소년 신라역사체험캠프는 3박4일간 위덕대학교와 홍원심인당을 중심으로 경주 일원에서 신라의 문화유적을 탐방하고 역사의식과 화랑정신을 기르고 한국불교의 특징인 호국불교와 전통문화에 대한 인식을 새롭게 하였다.

종단 교화에 교구와 심인당 합창단의 활동은 꾸준히 이어져 왔다. 합창단은 교구별 심인당별로 창단되어 종단과 심인당 행사 참여와 자체 활동을 하며 교화에 크게 이바지하여왔다. 서울·대구·부산·대전 등 4개 교구합창단이 연합하여 합창단 협의체를 구성하였다(58.9.17). 서울·대구·부산·대전 교구합창단 임원들이 대구 진각문화회관 7층에서 연석회의를 가지고 '종단 교구합창단 발전을 위한 모임'을 결성하고 서울 진각합창단

대성지 단장을 회장에 추대하고 교구합창단의 정보교류와 연합 합창제 등을 하기로 하였다.

종단의 신교도회인 금강회도 신행활동과 더불어 종단과 심인당의 교화에 동참하여 왔다. 총금강회 서울지부는 탑주심인당 금강회 주관으로 남양주에서 제6회 서울교구 한마음대동제를 열고 다양한 프로그램을 통하여 교구 화합을 다졌다(55,7.17). 대구지부 금강회는 전국 단위의 금강 상조회를 조직하고 신교도 초상 장례에 도움을 주고 봉사활동을 하기로 하였다(56,1.1). 총금강회는 지금까지 교구별로 각기 시행하던 한마음체육대회를 교구별로 동시에 진행하기로 하였다(56,5.19). 종조탄생 100주년을 기념하여 총금강회가 주최하고 각 교구지부가 주관하여 전국 제1회 한마음체육대회를 울릉도를 비롯하여 6개 교구에서 진행하였다(56,10.3).

총금강회 서울지부는 밀교교리의 보급과 신교도의 교리이해를 위해서 온라인과 오프라인 두 방식의 교리강좌를 열었다(58,2.2). 교리강좌는 기초불교1(무외) 기초불교2(김경집) 대승불교1(장익) 대승불교2(이태승) 밀교(경정) 종학(혜정) 등 12주 동안 진행하기로 하였다. 종단 홈페이지를 통하여 한 주제를 매일 2시간 강의하고 토요일은 오프라인 강의를 통하여 질의 응답을 하기로 하였다. 인터넷 교리강좌가 시작되어 첫 공개강좌를 총인원 대강당에서 열고 무외정사의 초기불교 강의와 질의응답의 시간을 가졌다(58,2.22). 교리강좌에 이어서 총금강회는 실행론 인터넷강좌를 추진하였다(58,8.18). 실행론 인터넷 강좌는 총금강회가 대전교구에서 임원회의를 가지고 후반기 중점 사업을 정하였다.

포교부는 산내 연수원에서 제1차 신교도 지도자 교육을 실시하였다(58,10.2). 신교도 지도자 교육은 서울·대구 교구 신교도 지도자 100여명이 동참하여 종단의 종학과 불교 소양교육 등으로 진행하였다. 총금강회 대전지부는 신교도의 신심 단련과 친목을 위해 신덕심인당 진각문화회관에서 심인산악회를 창립하고 발대식을 가졌다(60,6.17). 총금강회는 계룡산에서 제1회 전국 합동등반대회를 열고 지부간의 친목과 종단을 홍보하였다(61,10.27). 총금강회 합동 등반대회를 계기로 전국에서 산발적으로 시행하던 등반행사가 교구별 산악회로 조직되었다.

포항교구는 지역불자의 불교 교양을 높이고 포교활동의 폭을 넓히려는 취지로 포항불교대학을 열고 입학식을 가졌다(61,3.19). 총금강회 역대 회장과 지부장이 중심이 되어 총금강회 원로회를 발족하였다(61,4.1). 총금강회 원로회는 친목과 화합을 도모하며 종단발전과 총금강회 후원 등을 위해 힘을 모으기로 하였다. 총금강회는 산하조직으로 금강복지회를 공식 출범하였다(67,11.30). 금강복지회는 진각문화전승원에서 발대식을 하고 지부조직을 정비하는 등 본격적인 활동을 하기로 하였다.

종단 산하 단체로서 진각차문화협회가 결성되었다. 진각차문화협회는 진각다회의 조직체계를 정비하고 사단법인으로 출범하였다(61,5.31). 진각차문화협회 승의주 이사장은 밀각심인당 밀각다실에서 진각차문화협희 창립불사를 올리고 동시에 '차생활 예절 지도자 사범교육'개강식을 하였다(61,9.15). 진각차문화협회는 강원도 월정사에서 열린 제3차 대한불교차인대회에서 육법공양의식 다례공양을 시연하였다(64,10.17). 진각차문화협회는 활동을 다방면으로 하면서 제9회 동계사범연수와 제4기 차생활 예절 지도자양성 과정 수료식을 하였다(66,2.23).

청년회는 자성학교와 더불어 종단의 미래 교화의 주축으로서 부침을 거듭하면서 활동하였다. 전국청년회는 제28회 진각청년 불교지도자 하기수련회를 위덕대에서 개최하고 '참여·화합·회향의 정점에 서자'는 주제로 2박3일간 진행하며 불교지도자로서의 자세와 사명감을 재확인하고 새로운 활동방향을 점검하였다(55,8.3). 전국청년회는 수련대회를 통하여 청년회활동의 비전을 공유하고 수련회에 동참한 50인이 '진각청년 50인결사'를 결성하여 청년회 활동의 이정표를 새롭게 하고 결의를 다졌다. 전국청년회 지도위원은 중앙회관에서 제16회 정기모임을 가지고 지도위원 명칭을 '진각을 사랑하는 모임(진사모)'로 변경하고 보다 새로운 활동을 하기로 결의하였다(57,6.21). 청년회의 비전을 밝히는 역할을 하던 청년회지 '진각청년'의 발행을 중단한 전국청년회는 이사회를 열고 제73회 '진각청년'으로 속간하고 편집 전문위원회 주관으로 분기별 25일자로 발행하기로 하였다(58,8.28). 전국청년회는 각성심인당에서 '참회와 서원을 새롭게 하는 전국청년회'를 주제로 철야정진법회를 가졌다(61,1.20). 종단 집행부간의 갈등으로 종단이 분열의 위기가 슬기롭게 해결되기를 서원하며 실시한 철야법회는 매시간 발원문을 낭독하며 7시간 동안 한마음으로 지역청년회 전국청년회 종단발전을 서원하였다. 철야정진을 회향하고 위덕대에서 제31대 전국청년회 첫 이사회를 열고 '제2의 창립을 준비하는 청년회'를 활동지침으로 정하였다(61,1.27). 청년회 이사회는 진청 30년사 편집위원 발족, 강원도 전라도 청년회 창립 등을 논의하였다. 전국청년회 활동은 종단의 갈등상황으로 공식 활동이 중지되었다.

종립 유치원의 설립이 늘어나고 운영방안이 다양하여 유치원의 효율적인 관리를 위해 운영관리 위원회를 구성하였다(59,7.29). 유치원 운영관리위원회는 총무부장 수성이 당연직 위원장을 맡고 증광·경일·관천·덕운을 위원으로 선임하였다. 진각복지재단이 산하 유아원을 수탁하면서 유치원 어린이집 교사연수는 중요성이 인정되어 제20기 교사연수를 총인원과 평창에서 개최하는(55,7.23) 등 지속적으로 다양하게 열었다. 종단은 장엄심인당 유치원을 신축하고 헌공불사를 하였다(58,12.20). 대전 장애아 전담 용문어린이집 개원불사가 대전교구 스승과 신교도가 동참하여 열렸다(58,8.24). 전라도 군산 보덕심인당 내에 보덕어린이집을 개설하고 신축 헌공불사를 하였다(58,11.18). 보덕어린이집은 교육시설이 협소하여 증축하고 헌공하였다(69,9.21). 울릉도에 진각복지재단이 울릉군립 꿈나무어린이집을 수탁하고 개원식을 올렸다(60,8.2). 정지심인당 부설 유치원을 신축하기로 하여 신축 지진불사를 올리고(60,11.21) 61년 신학기에 개원하기로 하였다.

종단은 산하 유치원이 상당수에 이르러서 유치원의 원활한 운영을 위해 진각종유치원연합회 구성을 결의하고(67,12.19) 진각종유치원연합회를 결성하였다(67,12.19). 진각유치원연합회는 제2차 회의를 열어서 증광·법정·보리수·관명·선덕을 이사로 선출하고 법정을 초대회장에 선출하였다. 또한 통리원과 유기적 협의체계를 위해서 덕정을 일반이사로 선출하였다. 진각유치원연합회는 유치원간 운영의 정보를 공유하고 자성학교 교화와 연계하는 방안을 모색하기로 하였다.

종단은 위덕대학교를 설립한 후 종립대학으로서 발전 방안을 모색하였다. 원의회는 대구 교구청에서 회의를 열어 위덕대학교 불교회관 건립을 위해 건평 1천여평의 총공사비 30억내에 지원하고 건축하기로 결의하였다(55,8.30). 불교회관은 대학심인당과 불교학부의 강의실 종단 관련 시설을 마련하여 종립대학교의 위상을 높이려는 목적으로 추진하였으나 중단되었다. 불교회관 건립 중단으로 대학교 심인실을 대학심인당으로 개설하고 舊 원선심인당 명칭을 사용하였다. 대학심인당인 원선심인당 주교는 대학 정교실장인 덕일을 임명하고 상석심인당 주교는 이행정을 임명하였다(59,3.30).

위덕대학교는 교수들이 중심으로 회당학원 50년사를 출판하여 대강당에서 출판기념식을 하였다(55,5.29). 회당학원 50년사는 회당학원 교육사의 시작을 종조 회당대종사가 신교도들에게 한글을 깨우치게 하기 위하여 건립한 건국고등공민학교(3,3.1)에 시원을 두고, 그 후 대구 심인중고, 서울 진선여중고 설립에 이어 위덕대학교 개교로써 1차 완성되었다고 기술하였다. 회당학원 50년사 출판기념식은 종단간부와 회당학원 임원을 비롯하여 스승과 신교도, 대학 교직원과 학생 및 경주시장 등 지역인사가 동참하여 성황을 이루었다. 위덕대학교는 인문사회관 금강관 URIS관(58,3.28) 실내체육관 등을 신축하며 지역명문으로 발전하며 개교20주년을 맞아서 기념식을 개최하였다(70,10.27).

덕일정사가 진선여중 교장에 취임하여 스승으로서 처음 종립학교 교장을 맡았다(60,3.3). 종단 교직자의 신분으로 종립학교 교장을 역임한 덕일은 진선여중의 교육과 종립성 확립에 큰 업적을 남기고 퇴임하였다(64,8.26). 진선여중고는 교내 회당기념관 전시실을 개관하여 종조 회당대종사 관련 유물을 전시하였다(63,5.18). 교육원은 정부의 교육과정 개편에 맞추어서 종립중고등학교 종교교과서를 재발간하였다(63,3.16). 종교교과서 재발간을 위해 교육원장 경정이 위원장을 맡고 집필위원회를 구성하여 전공별로 단원을 나누어 중고등 학생이 쉽고 친밀하게 읽을 수 있는 내용으로 집필하였다. 새로 발간한 종교 교과서는 심학 교과서 진각교본(33,3.10)에서 시작하여 1996년 초판된 고등학교 종교교과서로는 14년 만에 개편하였고, 2000년 교육과정개편에 따른 중학교 종교교과서는 10년 만에 개편하였다. 종립학교 정교의 연수는 정교의 역량강화와 교육정보 교환을 위해 중단 없이 진행하여 종교 교과서 개편에 따라 하계연수회를 열었다(63,8.12). 정교 연수는 개편한 교과서의 단위별 수업내용과 활용자료에 대한 발표와 토론으로 진행하였다.

교육원은 그 동안 실시한 교육내용을 인정받아서 서울시교육청의 특수 분야 직무연수기관으로 지정 승인받았다(69,3.1). 특수분야 직무연수기관은 서울시교육청이 매년 서울시교육연수원에서 직접 운영할 수 없는 특수 분야에 대해 일정 요건을 갖춘 비영리기관을 지정해 교원직무학점을 부여하는 제도이었다. 교육원은 유치원 중등교원 직무연수기관으로 지정 승인받아서 한국밀교의 이해와 마음수행 기초과정 직무연수를 시행하기로 하고 첫 연수교육을 유치원 중등으로 나누어서 실시하였다(69,7.17-31).

(5) 국제교류 활동

종단은 종단협의회를 중심을 국내 연합활동을 지속하며 군 사관학교의 교화 등 군포교 지원도 다방면으로 실시하였다. 국내 교화활동을 넘어 국제 교류활동도 확대하였다. 종단은 대북 교류와 연락활동을 계속하였다. 조불련의 초청을 받아 진산 종의회 의장 등 종단 간부가 4박5일간 북한을 방문하고 조불련 청사에서 조불련 위원장 박태화 등 북한 인사와 평화통일 기원법회를 봉행하고 북한 사찰을 시찰하였다(56,11.19). 또한 종단 대표단은 북측과 평양에 탁아소 설치 운영을 논의하고, 명칭 장소 등 탁아소 설립에 필요한 구체적인 사안은 추후 협의하기로 하였다. 조불련은 종단의 기념일과 행사에 꾸준히 축하메시지를 보내며 연락을 하였다.

티베트 불교에 큰 관심을 가져온 효암 통리원장은 진각종 대표단과 인도 히마찰州의 따보(Tabo)사를 방문하고 주지 게쉐왕디, 방장 세르콩 촉툴린포체와 상호 교류에 대하여 논의하였다(57,5.22). 따보사 주지 게쉐왕디의 초청으로 따보사를 방문한 대표단은 법회를 위해 따보사에 머무르고 있던 달라이라마를 친견하였다. 또한 종단 대표단은 인도 티베트 불자 2만여명이 참석하여 달라이라마가 주재하는 무병장수기원 관정법회에 동참하였다(57.5.25). 종단의 혜일 총인과 원로 스승들이 포교부장 무외의 인도를 받으며, 따보사·알치사 등 북인도북인도 밀교성지를 순례하고 (57.8.17) 다람살라에서 달라이라마를 접견하였다(57.8.21).

종단 효암 통리원장과 대표단은 달라이라마가 주재하는 금강계 37존 만다라 관정법회 등에 동참하기 위해 따보사를 방문하였다(58.6.13). 인도 따보사의 공식초청을 받아 8박 9일간의 일정으로 달라이라마 성하가 주재하는 금강계 37존 만다라 관정법회에 동참하고 따보사를 둘러보았다. 금강계 관정법회가 진행되는 동안 통리원장 효암과 따보사 주지 게쉐 왕디는 달라이라마가 증명하는 가운데 양측 교류에 관한 폭넓은 의견을 교환한 후 따보사의 문화적 정신적 교류를 위한 양해각서 조인식을 가졌다(58.6.14). 또한 종단은 따보사 승려 주거 요사채 건립을 지원하기로 하고 요사채 신축 지진불사를 종단과 티베트 의식으로 봉행하였다(58.6.15). 따보사 요사채는 종단의 1억 5천원 정도의 지원으로 연면적 1,320㎡ 지상 2층 규모의 티베트 전통양식으로 건립되어 60여개의 방사와 도서관 등 부대시설을 갖추었다. 따보 요사채는 종단의 교직자가 방문 수행할 수 있는 거주처로 3개의 방사를 특별히 마련하였다. 따보사 요사채가 완공되어 종단은 교육원장 경정 등 대표단이 방문하여 요사채 회향불사를 올리고 상호교류를 확인하였다. 종단이 따보사와 교류를 하고 있는 중에 달라라라마 동아시아 대표부 초페펠졸 췌링 대표가 총인원을 방문하여 통리원장과 환담하였다(58.10.13).

종단의 국제교류는 궁극으로 교화의 결실로 회향하는 일이다. 불교 국제교류 중 스리랑카 네팔 포교소 개설을 결의하고(69.4.28) 국제 교화활동을 계속하였다. 국제포교의 성공은 포교사의 역량에 달려 있다. 종단은 국제포교사 추가선발을 결의하고(65.5.31) 국제포교사 교육을 실시하였다(69.4.6). 국제포교사 교육은 우선 그 동안 종단 종비생으로 교육받은 네팔 너빈 바즈라 챠리야 바즈라와 스리랑카 세나라따나 2명을 대상으로 실시하였다. 교육내용은 종단의 교화에 필요한 개명정진 불사동참 교리와 수행법 심인당 관리 등을 중심으로 진행하였다.

한일불교문화교류대회 제24차 한국대회가 '공생-대승불교의 생명관'을 주제로 제주 약천사에서 개최되어 교류협의회 부회장 효암이 대회사를 하였다(57.5.12). 매년 개최하는 한일불교문화교류대회 제37차 일본대회가 도쿄 진언종 대본산 평간사에서 개최되어 교류협의회 이사장 회정이 만찬 인사를 하였다(70.6.17). 한일과 더불어 한중일 불교교류대회 제6차 일본대회가 교토 청수사에서 개최되어 종단 대표단이 참석하여 계율을 인연하여 진정한 평화세계의 실현을 위해 함께 노력하기로 기원하였다(57.10.29). 한중일 불교교류대회도 중단 없이 열려서 제19차 중국대회가 절강성 열파시 설두사 용화광장에서 3국 불교도 4백여명이 참석하여 열렸다(70.10.11). 교류회에서 통리원장 회정은 '동북아 불교교류의 과거와 미래, 그리고 전망'이라는 주제로 열린 학술대회에서 기조연설을 하였다.

중국불교협의회는 세계불교활동의 주도권을 마련하기 위해 세계불교포럼을 마련하고 제4회 세계불교포럼을 중화종교문화교류협회와 공동으로 무석 영산법궁에서 개최하여 종단 간부도 참석하였다. 종단의 보성은 '불교와 교육'을 주제로 학술분과토론에서 학술발표를 하였다(69.10.24). 중국정부의 계획으로 중국불교협회와 중화종교문화교류협회가 주관하여 중국 천년역사 고도 시안(西安)에서 열린 대승불교종찰 문화국제학술대회에 교법연구위원 보성이 '근대한국불교에서 진각종의 역할'을 주제로 발표하였다(70.11.18). 학술대회는 불교학술활동을 주도하려는 의도로 열려서 17개국 200여 명의 불교계 학술계 대표들이 참여한 가운데 '조사대덕의 위업을 널리 알리고, 함께 수승한 인연을 이어가자'라는 주제로써 3개 분과(중국 대승불교종찰과 문화흥왕, 중국 대승불교종찰과 중국의 실천, 중국 대승불교종찰과 국제교류)로 나눠 진행되었다.

종단은 세계불교도우의회(WFB)의 활동에 적극 동참하였다. WFB 본부회장 판 와나메티, 사무총장 팔롭 타이어리 한국본부 회장 임선교가 총인원을 방문하였다(59.11.15). WFB 한국본부 회장 임선교가 임기 만료되고 한국본부 운영이 미미하여 통리원장 회정을 새 회장에 추대하였다(60.10.17). 종단 간부는 WFB 제23차 타이완 총회에 참석하여 오계실천운동분과 상임위원장에 혜정이 선임되었다(60.4.18). 종단은 창교 60주년 기념으로 WFB 국제컨퍼런스를 경주에서 열고 종단의 역량을 대외에 보였다(61.10.9). WFB 제24차 총회 일본대회에서 진각종 지부가 승인되어 종단은 제5차 방콕대회 이래 WFB 활동에 더 큰 역할을 하게 되었다(62.11.14). WFB 제24차 총회는 진각종을 비롯해 조계종 중앙신도회 열반종 등 17개 지역본부의 가입을 공식 승인하고, 재정분과 상임위원장으로 수각을 선출하였다.

태국에서 열린 WFB 제85차 집행이사회에서 제28차 총회 서울대회를 종단이 개최하기로 결의하였다(69.8.31). 종단은 WFB 제28차 서울대회 종단 개최를 결의하고(69.8.25) WFB 총회 추진위원회 구성과 '불교의 생활화 생활의 불교화'의 주제 선정을 논의하였다(69.12.14). WFB 총회 서울대회 행사추진계획을 일부 수정하고(70.1.26) WFB 원만성취 불사를 시행(70.8.25) 하기로 하였다(70.6.13). 태국 일본 스리랑카 등 20개국 1천여명이 참석한 가운데 WFB 제28차 서울대회를 총인원에서 개최하고 성황리에 회향하였다(70.9.26-30). 종단은 WFB 제28차 서울대회를 성공적으로 회향하여 국내외 불교활동에 역량을 높였다. 세계불교도우의회는 정기적인 세계대회를 통하여 불교도의 단합과 세력을 대외에 드러내는 일과 동시에 사회의 이익과 안락을 위한 구체적 활동의 방향과 방안의 모색에 보다 큰 역량을 보일 과제를 안고 있었다. 종단의 국제 교화는 지역의 상황에 맞추어서 인재를 양성하고 다방면의 방편을 통하여 직간접의 효과를 기대하며 지속성과 일관성을 유지해야 본연의 목적을 달성할 수 있다.

종단은 70년 역사의 법륜을 굴리면서 종조의 즉신성불과 현세정화의 무진서원을 성취하기 위해 정진하여왔다. 진각종은 불교 역사상 특수한 형태의 교법체계와 교화방편으로 새불교운동을 펼치면서 양지와 음지의 곡절을 겪으며 교화활동을 부단히 이어왔다. 법계의 중생이 성불하고 세상의 인간사를 정화하기 위해 종단의 밝은 역사를 엮어가려면 진각종도가 무엇을 어떻게 할 것인지 궁구해야 한다. 종단은 도제양성을 위한 특단의 계획과 실천이 당장 필요하다. 종단의 교법증진과 교화방편 수립은 성숙한 도제에 달려 있다. 종단은 종단체제와 운영을 종교 공동체의 성격에 맞추어 근본적으로 재편할 의무가 있다. 종단체제와 운영이 세간의 체제와 운영을 모방하는 동안 성숙한 도제의 교화활동은 불가능에 가깝다. 승속僧俗이 수행문화를 지키고 수행자의 품위 향상을 위해 종단은 전문 수행처를 마련하고 실행방안을 개발할 당위성의 각성이 시급하다. 도제徒弟 체제體制 수행修行은 종단 존재활동의 근간이다.

부록 : 진기 서기 대조표

서기(년)	진기(년)	서기(년)	진기(년)	서기(년)	진기(년)
2020	74	1995	49	1970	24
2019	73	1994	48	1969	23
2018	72	1993	47	1968	22
2017	71	1992	46	1967	21
2016	70	1991	45	1966	20
2015	69	1990	44	1965	19
2014	68	1989	43	1964	18
2013	67	1988	42	1963	17
2012	66	1987	41	1962	16
2011	65	1986	40	1961	15
2010	64	1985	39	1960	14
2009	63	1984	38	1959	13
2008	62	1983	37	1958	12
2007	61	1982	36	1957	11
2006	60	1981	35	1956	10
2005	59	1980	34	1955	9
2004	58	1979	33	1954	8
2003	57	1978	32	1953	7
2002	56	1977	31	1952	6
2001	55	1976	30	1951	5
2000	54	1975	29	1950	4
1999	53	1974	28	1949	3
1998	52	1973	27	1948	2
1997	51	1972	26	1947	1
1996	50	1971	25		

색 인

㉠

가지(加持) 134, 192, 250, 262, 290, 322, 323, 393
각성종교 61, 86
각자(覺子) 214, 388
각해(선태식) 164, 199, 202, 221, 302, 303
강공(講工) 79, 80, 98, 138, 141, 143, 144, 229, 394
강도(講度; 강도법, 강도부) 69, 78, 80, 81, 137, 138, 139, 140, 213
결계법(結界法) 152
결연교도(結緣敎徒) 136
결인 134, 193
경시 140, 141, 212
경정(김무생) 214, 230, 258, 269, 296, 373, 376, 386, 397
계성학교 36
계전동(초전법륜) 57, 59, 61, 62, 75
고성염송 55, 56
고왕관음경 43, 44
공사(公私) 84, 96, 108
공식불사 80, 94, 135, 136, 137, 210, 263
관가정 62, 63, 64
관동대지진 37
교법결집회의 373, 374, 376, 384
교법연구회 259, 260
교법위원회 252, 253, 260, 323
교화연구(월간 교화연구) 254
국제불교연구소 157, 305, 315, 361
국제포교사 433
금강경 43, 58, 59, 73
금강권(금강지권) 134, 135, 136, 193, 195, 211, 212
금강법당 337
금강살타 22, 23, 24, 26, 390
금강원 28, 249, 250, 322, 332, 359
금강정경 32, 127, 190, 310
금강정유가약출염송경(사종염송법) 135
금강지삼장 24

금강회(중앙금강회, 총금강회) 203, 233, 265, 351
금강회(총인회, 인회) 146, 149, 150, 162, 167, 169
기로원 168, 204, 246, 301, 317, 322, 341, 383
김두하 39, 45, 51
꼬지경(꽃이경) 80, 228, 232, 258

㉡

낙자(絡子) 233, 314, 322, 323, 392
남산동 참회원 68, 69, 70, 71, 75, 77, 83
농림촌 44, 52, 53, 56, 57, 372, 393, 412

㉢

단시 139, 140, 141, 212
단월(檀越) 214
당체설법 21, 22, 23, 131, 311, 394
대봉동 참회원 68, 70, 71
대승장엄보왕경(보왕경) 190, 192, 193, 311,
대안화 287, 303, 318, 343,
대일경 32, 126, 127, 190, 310, 311
대일상 145, 208, 262
대한불교진각종보살회(헌법) 84, 86, 87, 88, 90, 91, 98, 146, 149
도덕정치 49
도정(道正) 137, 141, 142, 145, 151
도제양성(도제양성위원회) 144, 229, 255, 256, 301, 302, 371, 376, 398, 399, 435
도흔(박현기) 122, 194, 221, 222, 303, 374
따보(Tabo)사 431, 432

㉣

명랑 24
무상(無相; 무상불, 무상법, 무상진

리, 무상참회, 무상희사) 59, 60, 61, 72, 73, 77, 96, 140, 141, 385
무시향송 136, 141, 191, 211
무언법 133, 134
미본진언 81, 163
민주(民主) 65, 84
밀각심인당(서울심인당, 하왕십리심인당) 74, 75, 132, 134, 151, 152, 167, 176, 177, 224, 225, 319, 338, 341, 343, 353, 415, 427
밀교문화대학 327
밀교성전 193, 196
밀교신문(진각종보) 209, 210, 228, 229, 264, 306, 316, 384
밀교정신 19, 126, 309, 387

㉤

반야포교소(네팔) 379, 408
백관수 50, 51
법계진각님 89, 90, 112, 114, 131
법대(法帶) 80
법로장(法老長) 100
법만다라(삼십칠존 법만다라) 132, 133, 392
법맥 19, 23, 24, 25, 26, 186, 309, 310, 311, 387
법불교 129, 122, 130, 143, 147, 148, 210, 231, 258, 259, 264, 390
법시(法施) 78, 128, 139, 140
법신불(비로자나불, 대일여래) 21, 22, 23, 129, 147, 185, 309, 310, 311, 333, 365, 396, 402, 406
법의 향기(간행물) 374, 420
법의(法衣) 142, 232, 233, 260, 314, 322, 323, 392
법화경 43, 58, 59, 60
변영로 50, 51
보리심론 127, 128, 129, 131, 143, 232, 311
보살십선계(수계관정) 253, 254, 260, 261, 311, 322, 393
본존(본존장엄) 126, 130, 132, 133,

262, 290, 306, 310, 323, 387
봉건(封建) 63, 64, 65, 88, 98
부법(付法) 23, 24, 25, 163, 164, 186, 303, 384
불공삼장 24
불명수여(佛名授與) 143
비로자나청소년협회 306, 320, 321, 413

ⓢ

사부(事部) 103
사분법 77, 139, 203
사상(四相) 59, 63, 66, 72
사성지 성역화 사업 243, 250
사자상승(師資相承) 24, 25, 26
사종염송법 135
삼고(三苦) 61
삼밀(삼밀가지, 삼밀행, 삼밀선정법) 23, 131, 132, 133, 175, 210, 236, 237, 310, 394
삼보사불(三寶事佛) 88
삼신이불(三身理佛) 88, 94, 149
삼십칠존 법만다라 127, 131, 132, 133, 137, 190, 392
삼종시법(회사) 139, 141, 212, 213
새벽정송 136
새해49일불공 263
새해서원불공(새해서원강도) 93, 134, 138, 213, 263
생활불교 실천불교 82, 388
서남법 138, 150, 163, 164, 165, 168, 175, 185, 187, 188
서원가 94, 95, 98, 193, 233, 263, 266, 390, 416, 419
서원당 71
서원도량 373
석암(김경순) 115, 150, 165, 169, 197, 395
선교(宣敎) 68, 69, 71, 75, 76, 151, 164
선대스승 추념불사 232
성심불단(誠心佛壇) 137
성지조성위원회 250, 378, 383
성초(김선관) 304, 314, 317, 329, 345, 365, 375, 377
세계밀교의식 시연법회 393
세계불교도우의회(WFB) 128, 153, 215, 228, 283, 365, 379, 422, 434

소의경전 167, 190, 192, 193, 195, 254, 310, 311
손원도(會精; 손해봉, 진인종) 122
손제석(서주) 43, 51, 153, 164, 165, 202, 226, 296, 367, 409
수계교도 136
수기교도 136
수도원(금강수도원) 301, 302, 305, 317, 340, 383
수습교도 136
수좌(首座) 142
승속동행 92, 388
신교도수계관정(결연관정, 수명관정, 화도관정) 260
실상행(윤극수) 66, 71, 150, 164, 165, 186, 189, 199, 206, 286, 408
실행론 259, 260, 376, 390, 391
심공(心工) 57, 58, 61, 63, 65, 66, 80, 81, 86, 93, 94
심수전(心修田) 48
심인(심인법) 19, 25, 73, 74, 79, 86, 87, 89
심인당 74, 75, 98, 122
심인불교 20, 65, 71, 72, 73, 74, 75, 98
심인불교건국참회원 72, 73, 76, 84, 86
심인중고등학교 101, 220
심지관경 127
심학교 93, 98
십이정공(십이헌상, 2/10회사) 78, 95, 108, 139
십일희사(1/10회사) 78, 95, 143, 212

ⓞ

아당(박을수) 150, 169, 171, 198, 200, 201, 286
아미타불 본심진언 81
안인정(스승명) 243, 303, 318, 343, 408
약불(단약) 150, 165, 185, 186, 187, 188, 189, 196, 198, 205
양동참회원 64, 65
영식불단(靈識佛壇) 137
옥야경 127
외도(外道) 79, 187, 190, 326
용맹보살 24

우담화 94, 136
우산각 208, 288
운범(강창호, 강복수) 85, 101, 110, 113, 125, 126, 230, 249, 258, 259, 409
원오제(윤신진) 65, 66, 68, 75, 105, 123, 150, 206, 270, 286, 356, 395
원정각(배신) 65, 156, 163, 193, 195-202, 207, 211, 223, 230, 242, 245, 251, 259, 283, 286, 287, 302, 330, 341, 395
원정(院淨) 150, 151, 163, 164
원정(苑淨; 손대련, 시당, 손일심) 95, 106, 151, 184-186, 188-202, 215, 421
월초불공(월초심공) 93, 136, 137, 138, 188, 209, 211
위덕대학교 295, 335, 365, 367, 395, 409, 429
위덕학사 150, 159, 162, 239
유마경 127
육대사만삼밀 131, 390, 391
육자대명왕다라니신주경 132, 134
육자진언(육자심인) 53, 61, 73, 74, 81, 83, 89, 132, 185, 189, 305, 310, 324, 329
육자진언비 329
응원사 66, 67, 108
응화성전 126, 128, 129, 131, 193, 228, 263
의당(구봉회) 200
이미지 표준화(CIP) 316
이부(理部) 103
이송정 58
이영중(이주호) 76, 107, 108-118
이원전문 88, 89, 90
이원진리 394
인강(김희봉) 149, 169, 202, 215, 230, 242, 253, 303, 408
인도기(引導記; 강도부) 137
인법(印法) 79, 85, 99, 100, 122, 131
인정(印定) 151, 153
인회(印會; 총인회) 85, 86, 99, 146, 148-151, 313
일원통솔(일원주의) 65, 79, 85, 88, 90

ㅈ

자기관념도(자기관음밀주관념도) 132, 33, 134, 145
자비인(김희옥) 66, 67, 68, 71, 75, 79, 85, 100
자선자부(慈善事部) 103, 105, 113
자성동이 237, 345
자성동이 풋살대회 425
자성법신 26, 89, 90, 129
자성일 80, 83, 135, 168, 176, 186, 188
자성학교 97, 237, 270, 345, 424
자주(이원자주) 65
장명(스승명) 120, 156-158, 221-225, 230, 241, 242
장세함(藏稅函) 97
재속주의 92, 396
적정(최호석) 161, 189, 192, 198, 199
전수(傳授) 76, 79, 151, 152, 214, 388, 392
절량 77, 141
정공(이성교) 221-224
정묘년 교시 259
정사(正師) 76, 79, 151, 152, 214, 388, 392
정송법 133, 388, 389
정시법 135, 136, 388, 389
제시(제시법) 95, 96, 140, 141, 213, 215
조국통일기원대제 82
종단 홈페이지 315, 316
종비생 143, 169, 203, 214, 226, 325, 370, 398
종요 381, 387
종조(宗祖) 124, 125
종조법어 243, 259, 260, 369, 374, 376, 386, 387, 389, 390, 391
종조법어록 260, 393
종조법전(종조법전편찬위원회) 243, 259, 311, 386, 389
종조비탑 176, 177
종조사리탑(오륜탑) 249, 403, 405, 406
종조사상연구회 258
종지 19, 21, 73, 91, 100, 128, 154, 309, 381, 387
종파아(宗派我) 20, 87, 98
종풍 387, 388

종학연구위원회 230, 258, 259, 389
죽비 80, 322
준제진언 192, 193, 196, 201, 202
즉신성불 127, 131, 310, 387
지광(최해욱) 222, 245, 301-303, 317, 328, 367
진각 19, 20, 56, 84, 86, 87, 88, 89, 90
진각교전 231, 258, 259, 265, 312, 322, 390, 391
진각교전자료집성 322
진각논문대상 323, 394
진각대학(진각대학원) 243, 255, 301, 327, 372, 398
진각문학회 269, 280, 353, 420
진각문화전승관(전승원) 377, 402, 403, 405, 406
진각문화포럼 384
진각밀교 396, 397
진각복지회(진각복지재단) 317, 318, 319, 409-412
진각의범 260, 310, 311, 312, 374, 386, 387
진각차문화협회 427
진각회관 243, 247, 340, 341
진선여자중고등학교 239, 296
진호국가(진호국가불사) 143, 176, 280

차시법(차별희사) 95, 136, 141, 212
참회(참회법, 유상참회, 무상참회) 60, 61, 62
참회원 19, 56, 62, 64, 69, 72, 73, 74, 146
창교(창교이념) 19, 20, 388
청년회(전국청년회) 233, 273, 354, 427, 428
청정국토가꾸기운동본부 318, 328, 420
초전법륜(계전동) 57
총인원 148, 167, 169, 175,
총인원 성역화 사업 375, 401
총지법장 126, 127, 128, 129, 131, 140, 210, 263
총지종 24, 147, 197
춘농상회 40
출가(순정출가, 변의출가) 79, 90,

91, 92, 135, 142, 147, 164, 165, 186, 209, 214, 385
취증법(取證法) 137

ㅌ

탑주심인당 176, 216, 229, 288, 372, 392, 402, 403, 406
통리원 168, 176, 177, 404, 405

ㅎ

하나부처님 32, 131
하영택(서강) 68, 69, 75, 76, 100, 100
학생회 234, 354
한국밀교문화총람 378, 397
해동포교소 252, 338, 344
해인(원해인, 해인판, 본존해인) 59, 66, 67, 80, 82, 83, 94, 95, 98, 130, 133
해인행 86, 130, 248, 384, 414
헌법 84, 85, 86, 87, 88, 90, 93, 97, 99, 149, 167
현수(스승명) 199, 200
혜공(김철) 76, 120, 150, 162, 165, 183, 198, 200, 221, 286
혜일(김영호) 157, 183, 184, 201, 224, 225, 242, 243, 244, 259, 303, 304, 371, 373
회당교육재단 379
회당국제학교 376, 410
회당문화축제 372, 416
회당장학회 226
회당학원 239, 429
회당학회 269, 324, 325, 394, 395
회정(김상균) 257, 317, 360, 371, 374-379, 421, 434
희사(삼종시) 68, 77, 78, 83, 95, 96, 97, 99, 135, 136, 137, 139, 212

기타

4·4조 94, 95
4대법통 186-189, 204
5도 파견 119
JGO 321, 376, 379, 409, 410

경정(김무생) 대한불교진각종 정사

1948년 경북 영천 출생으로 1976년 동국대학교 불교학과를 졸업하고 1981년 같은 대학 대학원(문학석사)을 졸업한 후 인도 델리대학교 불교학과에서 박사학위를 취득했다. 대한불교진각종 교육원 아사리과를 수료했다.
위덕대학교 대학원장 및 부총장(총장 직무 대행), 대전 신덕심인당 주교 및 대한불교진각종 교육원장 등을 역임하였으며, 현재 제13대 대한불교진각종 총인(總印)이시다.
주요 저서로는 《현대밀교》, 《현대한국밀교사》, 《법어로 본 회당사상》, 《회당사상과 진각밀교》, 《The Theory and Practice of the Mantra》, 《그대, 돌아갈 곳이 있는가》, 《지금 어디로 가고 있는가》 등이 있다.

한국밀교문화총서 20
진각종 역사

1판 1쇄 | 2020년 3월 13일
펴낸이 | 대한불교진각종 한국밀교문화총람사업단
지은이 | 경정(김무생)
펴낸곳 | 도서출판 진각종 해인행
       출판신고번호 제 307-2001-000026호
       서울특별시 성북구 화랑로13길 17
       대표전화 02-913-0751

Copyright © 대한불교진각종 한국밀교문화총람사업단

ISBN 978-89-89228-64-6 94220
ISBN 978-89-89228-39-4 (세트)

비매품

- 저자와 출판사의 허락 없이 내용의 일부, 사진 또는 전부를 인용, 발췌하는 것을 금합니다.
- 이 도서의 국립중앙도서관 출판도서목록(CIP)은 서지정보유통지원시스템 홈페이지(http://seoji.nl.go.kr)와 국가자료종합목록시스템(http://www.nl.go.kr/kolisnet)에서 이용하실 수 있습니다.